Kurt Röttgers
Kritik der kulinarischen Vernunft

Kurt Röttgers (Prof. Dr.) lehrt Philosophie, insbes. Praktische Philosophie, an der FernUniversität in Hagen. Seine Arbeitsschwerpunkte sind die Sozialphilosophie und die Französische Philosophie der Gegenwart.

KURT RÖTTGERS

Kritik der kulinarischen Vernunft

Ein Menü der Sinne nach Kant

[transcript]

Bibliografische Information der Deutschen Nationalbibliothek
Die Deutsche Nationalbibliothek verzeichnet diese Publikation in der Deutschen Nationalbibliografie; detaillierte bibliografische Daten sind im Internet über http://dnb.d-nb.de abrufbar.

© 2009 transcript Verlag, Bielefeld

Umschlagkonzept: Kordula Röckenhaus, Bielefeld
Satz: Kurt Röttgers
Druck: Majuskel Medienproduktion GmbH, Wetzlar
ISBN 978-3-8376-1215-8

Gedruckt auf alterungsbeständigem Papier mit chlorfrei gebleichtem Zellstoff.

Besuchen Sie uns im Internet: *http://www.transcript-verlag.de*

Bitte fordern Sie unser Gesamtverzeichnis und andere Broschüren an unter:
info@transcript-verlag.de

INHALT

„[...] durch den vollkommenen Mangel an Vernunft in der
Küche
ist die Entwicklung des Menschen am längsten
aufgehalten,
am schlimmsten beeinträchtigt worden:
es steht heute selbst noch wenig besser."
(Nietzsche, Jenseits von Gut und Böse § 234)

Vorwort

Dieses ist nicht die Kritik der kulinarischen Vernunft, sondern vielmehr die einigermaßen ausführliche Deskription dessen, was eine solche sein könnte, wenn es sie gäbe. Der Gesamttext steht also im Modus des Konditionalis; eine Kritik der kulinarischen Vernunft wurde nicht geschrieben, sondern sie wurde beschrieben.

Disziplinär gesehen, ist der Text eher undiszipliniert; er ist jedenfalls kein „philosophisches Buch" (Ulrich Pothast). Noch weniger freilich ist er ein Kochbuch. Philosophen im Text, wie der Autor, werden sich daher zu fragen haben: Wie bin ich hier hineingeraten? Klassifikatoren werden den Text eher den Kulturwissenschaften zurechnen, weil hinreichend unklar ist, was diese sind. Nicht-Philosophen können den ersten Teil („Vermissungen") vermutlich ohne dramatisch zu nennenden Verlust überschlagen; vielleicht aber haben sie ihn ja auch längst gelesen, nämlich in dem von Iris Därmann in diesem Verlag herausgegebenen Band „Die Tischgesellschaft" (2008).

Alle, die in den vergangenen Jahren mit mir gegessen und getrunken haben, haben Anteil an dem Text; nur einer von diesen allen möchte ich an dieser Stelle danken, meiner lieben Frau Gabriele, die mich u.a. hat lernen lassen, was der Wein ist und kann.

Hagen, im Winter 2008/09

1. Kants vierte Kritik

1.0 Vermissungen: Was „fehlt" im Kantischen Werk?

Natürlich gibt es sie nicht, Kants vierte Kritik.[1] Sie wird auch hier nicht nachträglich ediert oder rekonstruiert. Spricht hier also wieder einmal ein Philosoph über nicht-existente Gegenstände? Ja und Nein. Die Philosophie hat sich noch nie auf das dem Augenschein nach Wirkliche beschränken lassen, sie hat immer das Mögliche mitbedacht, wenigstens als Bedingung des Wirklichen, oftmals aber auch als dessen Überschreitung.[2] Und so gehört zu den Gegenständen des Den-

---

1 Vor einigen Jahren veröffentlichte ein kleiner Verlag in Heidelberg eine Studie über jene Schrift über die Zigeuner, die Kants Kollege Christian Jakob Kraus *nicht* geschrieben hat. (Kurt Röttgers: Kants Kollege und seine ungeschrieben Schrift über die Zigeuner, Heidelberg: Manutius 1993). Auch Kant selbst hat vieles *nicht* geschrieben, z.B. seinerseits eine Schrift über die Zigeuner (s. Kurt Röttgers: „Kants Zigeuner", in: Kant-Studien 88 (1997), S. 60-86) Einiges davon ist von seinen Beobachtern in Nähe und Ferne vermißt worden. Diese vermißte Schrift Kants nenne ich hier „die vierte Kritik".– Eine solche vierte Kritik könnte einerseits jene Super-Kritik sein, die R. Brandt vermißt, sucht und findet (Reinhard Brandt: Die Bestimmung des Menschen bei Kant, Hamburg: Meiner 2007). Es könnte aber auch eine wesentliche Lücke sein oder schließlich eine Critica supernumeraria, die vierte Kritik sozusagen als fünftes Rad am Wagen der kritischen Philosophie. Meine Untersuchung wird alle drei Möglichkeiten prüfen und schließlich bei der These der „Critica supernumeraria" enden.

2 Georg Wilhelm Friedrich Hegel: „[...] die Tat ist dieses, das Unbewegte zu bewegen und das nur erst in der Möglichkeit Verschlossene hervorzubringen und hiermit das Unbewußte dem Bewußten, das Nichtseiende dem Sein zu verknüpfen. In dieser Wahrheit tritt also die Tat an die Sonne,– als ein solches, worin ein Bewußtes einem Unbewußten, das Eigene einem Fremden verbunden ist, als das entzweite Wesen, dessen andere Seite das Bewußtsein, und auch als die seinige, erfährt, aber als die von ihm verletzte und feindlich erregte Macht." Werke, Frankfurt a. M.: Suhrkamp

kens seit eh und je dieses Andere des Wirklichen. Dieses macht eine eigene Ge-genstandssphäre aus, die der Philosoph jedoch nicht zu erfinden braucht, sondern die auch im Denken des Alltags gegenwärtig ist und dort aufgesucht werden kann. Ernst Bloch hat diesen Impetus des Denkens auf das Mögliche hin zum Grundzug seines Denkens gemacht und es als den Geist der Utopie bezeichnet. Oft, und gerade auch bei Bloch, erscheint das Mögliche nicht nur als abstrak-te oder logische Möglichkeit, sondern als Inhalt eines Wunsches. Es ist genau in diesem Sinne, in dem ich von Kants vierter Kritik sprechen möchte. Für die Gei-steswissenschaften generell gilt ja, und hier ist die Philosophie an der Seite der Geisteswissenschaften, daß sie nicht nur das als Gegenstände hat und anerkennt, was es physice und der methodischen Fiktion – bzw. dem Irrtum – nach auch oh-ne die Menschen gäbe, sondern das, was es nur gibt, weil es Menschen gibt, ge-nauer gesagt, weil es Bewußtsein von Seiendem und Möglichem gibt.

Kants vierte Kritik ist der Inhalt eines Wunsches, ist Effekt einer Vermis-sung. Hippel, Kants Tischgenosse, der die Kantischen Tischgesellschaften offen-bar mehr zu schätzen wußte als dessen Kollege Kraus,[3] vermißte unter Kants Schriften eine Kritik der kulinarischen Vernunft.[4] Nun kann man natürlich im

---

1969ff., III, S. 347f. – Claire Lejeune: „Das Schreiben und der Baum der Mitte", in: LE GRIF: Essen vom Baum der Erkenntnis, Berlin 1977, S. 62-75, hier S. 62: „Die Funktion des Textes ist es, das Mögliche an der Grenze des Unmöglichen zu befrei-en [...]" Vgl. auch Sebastian Hüsch: Möglichkeit und Wirklichkeit, Stuttgart: ibi-dem 2004 (im Hinblick auf Kierkegaard und Musil).

3 Kraus verließ aus unbekannten Gründen und sehr zum Bedauern von Kant diesen gemeinsamen Mittagstisch spätestens 1798, nachdem sie zuvor sogar eine gemein-same „Ökonomie" darüber hatten, also Kraus nicht nur einer der 3-9 Gäste von Kants Tischgesellschaft war. Dazu Johannes Voigt: Das Leben des Professor Chri-stian Jacob Kraus. Königsberg:Nicolovius 1819 (= Christian Jakob Kraus: Verm. Schr. Bd. VIII); W. Stark: Kant und Kraus. Eine übersehene Quelle der Königsber-ger Aufklärung, in: Reinhard Brandt/Werner Stark (Hg.): Neue Autographen und Dokumente zu Kants Leben, Schriften und Vorlesungen. Hamburg: Meiner 1987, S. 165-200; Kurt Röttgers: „Zwei Königsberger ‚Bäume'", in: Königsberg-Studien, hg. v. Joseph Kohnen. Frankfurt a. M. u.a.: Peter Lang 1998, S. 273-293.

4 Zur Kantischen „Tischgesellschaft" s. auch Steffen Dietzsch: Immanuel Kant, Leip-zig: Reclam 2003, S. 158-170. Hippels Aperçu könnte sich natürlich auch auf die Doppeldeutigkeit des Worts „Geschmacks" beziehen, so daß er Kants Plan einer „Kritik der Urteilskraft" mit dem gemeinsamen Mittagstisch in Verbindung ge-bracht hätte. Felix Groß: Immanuel Kant, Berlin: Deutsche Bibliothek 1912, S. 55. Wörtlich heißt es dort „Kritik der Kochkunst", warum ich von diesem Alltagsbe-griff abweiche und von einer „Kritik der kulinarischen Vernunft" spreche, wird spä-testens im letzten Kapitel klar geworden sein. Einen dem kategorischen Imperativ nachgebildeten „kulinarischen Imperativ" formuliert der Soziologe Kai-Uwe Hell-mann, ohne allerdings viel daraus zu machen. Er meint, aus diesem folge der Vege-tarianismus, stellt dann die soziologische Frage, ob moralisch nur das sei, was uni-

Kantischen Werk aus zwei Gründen etwas vermissen. Wenn ein Dentist im Werk Kants Äußerungen über Zahnersatz vermißt, so mag das subjektiv verständlich sein, entbehrt jedoch objektiv im Werk Kants jeglicher Grundlage, d.h. das Fehlen ist nicht als Lücke im Werk darstellbar. Anders der zweite Fall: Wenn im Werk eine Lücke, eine Ausblendung oder Vermeidung eines Themas sichtbar ist oder die Überbrückung der Lücke durch etwas Heterologes, dann darf diese Lücke als im Werk angelegte, aber nicht ausgeführte oder gar vermiedene Möglichkeit angesehen werden und eine gesteigerte Aufmerksamkeit beanspruchen. Denn gerade die vermiedenen Möglichkeiten werfen ein besonderes Licht auf das Realisierte. In diesem Sinne habe ich mich an anderer Stelle bemüht,[5] das Fehlen der Zigeuner in Kants Werk als signifikant darzustellen. Anders aber als das Thema der Zigeuner, das bisher sonst niemand in Kants Werk vermißt hat, weil eine Beschäftigung mit diesem Thema im Diskurs der Zeit gar nicht vorgesehen war und nur ein Exzentriker an der Seite Kants sich dieses Themas annahm, wurde eine vierte Kritik von vielen, allerdings auf unterschiedliche Weise, vermißt, einige dieser Vermissungen sprechen Lücken im Werk selbst an, andere verlangen ihm etwas ab, für dessen Fehlen es systematische Gründe im Werk Kants selbst gibt. Ich werde im folgenden zunächst einige solcher Vermissungen schildern, um anschließend auf das von Hippel angemahnte Desiderat zurückzukommen, also:

- Die Kritik der historischen Vernunft;
- die Kritik der sozialen Vernunft;
- die Kritik der seduktiven Vernunft;
- die Kritik der bildlichen Vernunft;
- die Kritik der kulinarischen Vernunft.

Schon zu Kants Zeiten allerdings gab es vorübergehend die Annahme, Kant selbst habe eine (avant la lettre) vierte Kritik geschrieben. Im Jahre 1792 erschien anonym in Königsberg die Schrift „Versuch einer Critik aller Offenbarung". Dort konnte man lesen: „Eine Critik aller Offenbarung überhaupt hat [...] weiter nichts darzuthun, als seine absolute Möglichkeit [...]"[6] Klang das nicht gerade so, als hätte Kant – unter den Bedingungen der Zensur: anonym – hier seine vierte Kri-

---

versalisierbar sei, was er verneint und selbst für soziale Dyaden eine je eigene Moral unterstellt, um abschließend ausführlich die (nun allerdings universalisierte) Moral eines Essens bei McDonalds zu verteidigen. Kai-Uwe Hellmann: „Erst das Fressen, dann die Moral?", in: Ernährung, Kultur, Lebensqualität, hg. v. Irene Antoni-Komar u.a., Marburg: Metropolis 2008, S. 93-111.

5   Kurt Röttgers: „Kants Zigeuner", in: Kant-Studien 88 (1997), S. 60-86.

6   Johann Gottlieb Fichte: Werke, hg. v. Reinhard Lauth u. Hans Jacob, Stuttgart-Bad Cannstatt: Frommann 1964 ff., I, 1, S. 50.

tik vorgelegt? Aber die Vermutung erwies sich als falsch, wie man bereits in der 2. Auflage dieser Schrift ein Jahr später sehen konnte, die den Autor benannte, ein der Fachwelt bis dato weitgehend unbekannter Philosoph namens Johann Gottlieb Fichte.

Nicht eine fehlende vierte Kritik mahnen die „Metakritiken" Hamanns und Herders an, sondern die Notwendigkeit, den Geist der Kritik auch auf die kritische Philosophie selbst anzuwenden. Das ist etwas grundsätzlich anderes, aber es wird darauf unten zurückzukommen sein. Die Einlösungen dieser Forderung des Reflexiv-Werdens der Kritik finden sich dann in F. Schlegels Prinzip der divinatorischen Kritik und vor allem in Hegels Dialektik.[7]

1.1 Die Kritik der historischen Vernunft

Nach dem religionsphilosophischen Intermezzo, das nicht etwas Fehlendes im Werk Kants indiziert – die Religionsschrift Kants nämlich erschien im gleichen Jahr wie die 2. Auflage des Werks des jungen Ungeduldigen – kommen wir also nun auf die erste benannte Lücke im System zu sprechen, nämlich die einer „Kritik der historischen Vernunft". Diese ist mit dem Namen Wilhelm Diltheys verbunden. Seine „Einleitung in die Geisteswissenschaften", erstmals 1883 erschienen, hieß in den ersten Arbeitsentwürfen in der Tat „Kritik der historischen Vernunft".[8] Dilthey macht dort geltend, und zwar zunächst durchaus im Sinne Kants, daß Naturerkenntnis nicht empiristisch verstanden werden dürfe, sondern daß auch Naturerkenntnis nur eine Erkenntnis der „Schatten" ist, „den eine uns verborgene Wirklichkeit wirft, dagegen Realität, wie sie ist, besitzen wir nur an den in der inneren Erfahrung gegebenen Tatsachen des Bewußtseins."[9] Jedoch, und die Wortwahl in der Wiedergabe der Kantischen Wende der Erkenntnistheorie verrät es schon ein wenig, Kant berücksichtigt nicht den Gesamtumfang menschlichen Erkennens: „In den Adern des erkennenden Subjekts [...] rinnt nicht wirkliches Blut, sondern der verdünnte Saft von Vernunft als bloßer Denktätigkeit."[10] Sieht man von der heute etwas anstößigen Metaphorik des Lebens des ganzen Menschen einmal gnädig oder wohlwollend ab, so bleibt als methodisch

---

7 Dazu im einzelnen Kurt Röttgers: Kritik und Praxis, Berlin, New York: de Gruyter 1975, S. 105-138.

8 Wilhelm Dilthey: Gesammelte Schriften, Leipzig, Berlin: B. G. Teuber 1922ff., I, S. IX.

9 Ebd., S. XVIII; zum „Ding an sich" s. auch Klaus Peters: Über die Erkennbarkeit der Welt, in: Dialektik 14. Köln 1987, S. 143-156. Nach ihm ist – zu recht – die Auffassung falsch, nach der Kants Lehre von der Unerkennbarkeit des Dings an sich auf einen Erkenntnispessimismus hinauslaufe.

10 W. Dilthey: Gesammelte Schriften I, S. IX.

gravierender Einwand auf jeden Fall, daß Vernunft und Verstand bei Kant nicht als Prozeß, nicht als Entwicklung oder als ein Werden – oder Dilthey sagte eben als „Leben" – gedacht werden können. Für Kant ist Zeit eine Anschauungsform des inneren Sinns, aber eben eine apriorische Form und damit nicht selbst wandelbar.[11] Mit dieser Schwierigkeit der Wandelbarkeit der Bedingungen von Wandel oder der Zeitlichkeit des Zeitbewußtseins, und zwar seiner Struktur und nicht nur seinen Inhalten nach, hatte wenig später auch Husserls „Phänomenologie des inneren Zeitbewußtseins" zu kämpfen, so weit ich sehen kann, erfolglos bzw. nur in paradoxer Form.[12] Gegen das Bedenken des Fehlens einer Behandlung historischen Bewußtseins hilft auch nicht der Einwand, der auf Kants kleinere geschichtsphilosophische Arbeiten verweist. Denn diese Arbeiten sind, wie Kant selbst eingesteht, methodisch und erkenntnistheoretisch ungesichert, nämlich als „Mutmaßungen", kontrolliert durch vergleichbare Erfahrungen, „um Lücken in den Nachrichten auszufüllen".[13] Jedenfalls glaube ich nicht, daß Kant im Hinblick auf Geschichte in seiner Rechtfertigung von Mutmaßungen gleich streng war wie in der „Kritik der reinen Vernunft" im Hinblick auf Naturerkenntnis. Und so nennt er denn selbst seine Überlegungen eine „bloße Lustreise".[14] Mit

---

11 Auf die Unzulänglichkeit der Kantischen Auffassung von Zeit für die für Geschichte konstitutive Narrativität weisen unabhängig voneinander hin: Paul Ricœur: Zeit und Erzählung, 3 Bde., München: Fink 1988ff. u. Kurt Röttgers: Der kommunikative Text und die Zeitstruktur von Geschichten, Freiburg, München: Karl Alber 1982.

12 Die Paradoxie gerinnt in der Formel vom „urtümlich stehenden Strömen" (Edmund Husserl: Husserliana XV, Den Haag: Martinus Nijhoff 1973, S. 637, passim), in der das zeitkonstituierende Bewußtsein zugleich als unzeitlich und als zeitlich gesetzt sein muß, wenn man einen unendlichen Regreß vermeiden will, oder in anderen Worten einer „sich doch alleinheitlich verknüpfenden Selbstzeitigung, in der Zeitigendes selbst nur ist als Gezeitigtes." (Ms. C 3 II, S. 7, zit. bei Gerd Brand: Welt, Ich und Zeit. Nach unveröffentlichten Manuskripten Edmund Husserls. Den Haag 1969, S. 75) Oder um es ganz deutlich noch einmal mit Husserl zu sagen: „Uroriginal bin ich als Ich der strömenden uroriginalen Gegenwart, zu der schon gehört ein uroriginaler Wandel von urquellender Originalität in verquellende, die als solche schon die Originalität modifizierend die Vorgestalt der Vergegenwärtigung schafft [...] als passiv-urassoziative im stehenden Strömen den sich da konstituierenden Strom in seiner lebendig sich erstreckenden Zeitlichkeit [...] zeitigt [...]" (Ms. C 16 VI, S. 29, ebd., S. 140, Brand hält das für eine Zusammenfassung der Husserlschen Zeitauffassung) Eine der Paradoxie-Auflösungen, mit der Husserl gedanklich experimentiert hat, ist, den Regreß an dieser Stelle zuzulassen und ihn als unschädlich zu erweisen, eine andere ist die von Klaus Held favorisierte Annahme der Fundierung in einer „lebendigen Gegenwart", Klaus Held: Lebendige Gegenwart, Den Haag: Martinus Nihhoff 1966.

13 Immanuel Kant: Gesammelte Schriften, hg. v. d. Preußischen Akademie der Wissenschaften, Berlin: de Gruyter 1910ff., VIII, S. 109.

14 Ebd.

solcher Art von Geschichtsphilosophie geht Dilthey zu recht streng ins Gericht. Die kritische Klärung der Bedingungen historischer Erkenntnis zu überspringen und von einer blinden Akzeptierung der angeblichen Fakten direkt überzugehen zu Mutmaßungen, wo Fakten nicht vorliegen, ist eine erkenntnistheoretische Naivität, die sich Kant im Bereich der Naturerkenntnis und der Metaphysik niemals geleistet hat oder hätte. Deswegen ist die „Kritik der historischen Vernunft" eine von Kant hinterlegte, aber ungelöste Aufgabe. Fichte, immer noch ein Stück verwegener als Kant, hatte der historischen Erkenntnis gegenüber seine Verachtung bekundet, indem er erklärte, er wolle lieber Erbsen zählen als Geschichte studieren. Wenn Geschichtserkenntnis so etwas Ähnliches wie Erbsenerkenntnis ist, dann lohnte eine „Kritik der historischen Vernunft" in der Tat nicht. Dabei hatte allerdings schon Herder auf das Defizit des Historischen in der kritischen Philosophie Kants hingewiesen. Seine Metakritik[15] artikulierte sich als Manifestation des unbeendbaren Prozeßcharakters von Kritik. Mit dem Gedanken, daß die kritische Klärung der Bedingungen historischen Erkennens diesen selbst unterliegt, wird Herder zum Ideengeber des Historismus. Dilthey sagte zum Defizit der Würdigung der Bedingungen historischen Erkennens bei Kant: „Kant [...] gibt eine Konstruktion, nicht eine geschichtliche Darlegung, und diese Konstruktion ist von seinem erkenntnistheoretischen Standpunkt, innerhalb desselben von seiner Ableitung alles apodiktischen Wissens aus den Bedingungen des Bewußtseins, einseitig bestimmt."[16] Die Legitimation einer Redeweise von einer „Kritik der historischen Vernunft" ergibt sich für Dilthey, wie übrigens auch schon für Herder, daraus, daß er Ansätze von Kant für eine solche erkennt, die nur in der Geschichte der Transzendentalphilosophie seit Fichte ungenutzt blieben oder verschüttet wurden. „Die erkenntnistheoretische Systematik, welche von Bedingungen des Bewußtseins ausgeht und durch diese den Gültigkeitsumfang der Erfahrung, weiterhin des Erkennens, abgrenzen will und dann erst zu den Erfahrungswissenschaften fortgeht, indem sie deren Existenz nun erst als gesichert annimmt, ist der Grundirrtum der ganzen Fichteschen Fraktion innerhalb der Erkenntnistheorie."[17] In diesem Sinne würdigt Dilthey, das sei an dieser Stelle en passant gesagt, auch die Willensmetaphysik Schopenhauers als eine Form des Protestes gegen die Fichtesche Abstraktheit in der Erkenntnistheorie.[18] Dilthey formulierte also das Desiderat einer „Kritik der historischen Vernunft" als etwas, das der Kantischen erkenntnistheoretischen Grundlegung fehlt, das aber als Pro-

---

15 Johann Gottfried Herder: Metakritik zur Kritik der reinen Vernunft, hg. v. Friedrich Bassenge, Berlin: Akademie 1955.
16 W. Dilthey: Gesammelte Schriften I, S. 134.
17 Ebd., S. 419.
18 Ebd., S. 397.

gramm nicht gegen sie gerichtet ist, sondern sie ergänzt und vervollständigt. Kant wollte bekanntlich die Metaphysik auf den sicheren Weg einer Wissenschaft schicken, und er schaute als Vorbild einer erfolgreichen Wissenschaft auf die Physik im Sinne der mathematisierten, klassischen Mechanik. Die Aufgabe einer „Kritik der historischen Vernunft" kann man nach Dilthey als zweierlei begreifen: erstens als die hier bisher besonders akzentuierte Klärung der Bedingungen historischen Erkennens, sie ist aber zweitens auch Kritik der Abstraktheit der Erkenntnistheorie und Metaphysik durch den Nachweis von deren Historizität qua Handlungscharakter des Denkens. Kant hat nicht nur einen Aspekt von Vernunft, nämlich das historische Erkennen übersehen, er hat vielmehr auch ignoriert, daß Vernunft selbst eine sich historisch zur Geltung bringende Instanz darstellt (das Herdersche Argument). Beides macht sich eine „Kritik der historischen Vernunft" zum Thema.

An Diltheys Problemaufriß anknüpfend, aber stärker der Kantischen Systematik verpflichtet, hat Hans Michael Baumgartner 1976 seine „Thesen zur Grundlegung einer transzendentalen Historik" vorgelegt.[19] Dort hieß es programmatisch: „Transzendentale Historik zielt der Idee nach auf eine Kritik der historischen Vernunft, die analog zu den Kantischen Vernunftkritiken als Elementarlehre eine transzendentale Ästhetik (als Theorie der historischen Zeit) und eine transzendentale Logik (Analytik und Dialektik), sowie eine transzendentale Methodenlehre umfassen müßte."[20] Die so in den Blick genommene „Kritik der historischen Vernunft" müßte nach Baumgartner auf allen drei Kritiken und ihrer Architektonik aufbauen. Der entscheidende Punkt der Revision des Kantischen Kritik-Unternehmens ist, daß nicht nur die Physik, sondern auch die Geschichtswissenschaft als erfolgreiche Wissenschaft genommen wird und daher eine Kritik im Sinne der Klärung der Bedingungen und Grenzen historischen Erkennens von ihr ausgehen kann, nämlich von den „methodisch reflektierten Verfahrensweisen der Geschichtswissenschaft".[21] Das spezifische vorläufige Ergebnis Baumgartners ist es, daß Geschichte als eine Form des Wissens ein spezifisches Konstrukt ist, wie ja auch Kant Natur als ein Konstrukt[22] dargestellt hatte: „Sie setzt für ih-

---

19 Hans Michael Baumgartner: „Thesen zur Grundlegung einer transzendentalen Historik", in: Seminar: Geschichte und Theorie, hg. v. Hans Michael Baumgartner u. Jörn Rüsen, Frankfurt a. M.: Suhrkamp 1976, S. 274-302.

20 Ebd., S. 274 f.

21 Ebd., S. 276.

22 Immanuel Kant in den „Prolegomena" § 36: „Erstlich: Wie ist Natur in materieller Bedeutung, nämlich der Anschauung nach, als der Inbegriff der Erscheinungen; wie ist Raum, Zeit und das, was beide erfüllt, der Gegenstand der Empfindung, überhaupt möglich? Die Antwort ist: vermittelst der Beschaffenheit unserer Sinnlichkeit, nach welcher sie auf die ihr eigenthümliche Art von Gegenständen, die ihr an sich

re, Wirklichkeit als Geschichte erdeutende Konstruktion die Konstitution der sinnlich konkreten Lebenswelt des Menschen als Basis und Material voraus, ist aber keineswegs mit ihr identisch."[23] So weit also Diltheys und Baumgartners Ausformulierungen des ersten Typs einer vierten Kritik.

1.2 Die Kritik der sozialen Vernunft

Der zweite Typ ist, wie gesagt, die „Kritik der sozialen Vernunft". Dieses Desiderat ist prominent formuliert worden von Rudolf Stammler, hat aber ebenfalls seinen spezifischen Vorläufer in der Zeit Kants[24] und seine Nachhut in der Gegenwart.[25] Rudolf Stammler sagte in seinem Werk von 1896 „Wirtschaft und Recht nach der materialistischen Geschichtsauffassung": „Kant hat seine wissenschaftliche Lebensaufgabe, die Neubegründung der Philosophie als systematischer Wissenschaft, auf das soziale Gebiet nicht ausgedehnt. Er hat [...] keine zusammenhängende Sozialphilosophie geschaffen [...]"[26] Nun hat aber die „Kritik der sozialen Vernunft" nach Stammler eine doppelte Aufgabe. Sie hat erstens die

---

selbst unbekannt und von jenen Erscheinungen ganz unterschieden sind, gerührt wird. Die Beantwortung ist in dem Buche selbst in der transscendentalen Ästhetik, hier aber in den Prolegomenen durch die Auflösung der ersten Hauptfrage gegeben worden. Zweitens: Wie ist Natur in formeller Bedeutung, als der Inbegriff der Regeln, unter denen alle Erscheinungen stehen müssen, wenn sie in einer Erfahrung als verknüpft gedacht werden sollen, möglich? Die Antwort kann nicht anders ausfallen als: sie ist nur möglich vermittelst der Beschaffenheit unseres Verstandes, nach welcher alle jene Vorstellungen der Sinnlichkeit auf ein Bewußtsein nothwendig bezogen werden, und wodurch allererst die eigenthümliche Art unseres Denkens, nämlich durch Regeln, und vermittelst dieser die Erfahrung, welche von der Einsicht der Objecte an sich selbst ganz zu unterscheiden ist, möglich ist." Gesammelte Schriften IV, S. 318.

23 H. M. Baumgartner: „Thesen zur Grundlegung einer transzendentalen Historik", S. 277.

24 Nämlich bei Moses Dobruschka, alias Franz Thomas Edler von Schönfeldt, alias Lucius-Junius Frey in seiner anonym erschienenen Schrift: Philosophie sociale dédiée au peuple François, par un Citoyen de la Section de la République Françoise, ci-devant du Roule, Paris 1793; zu ihm s. vor allem Gershom Scholem: „Ein Frankist: Moses Dobruschka und seine Metamorphosen", in: Max Brod. Ein Gedenkbuch, hg. v. Hugo Gold, Tel Aviv: La Menu 1969, S. 77-92, mehr dazu s. u.

25 Nämlich bei Habermas, Honneth und ähnlichen Versuchen, die Bedingungen sozialer und sozialwissenschaftlicher Erkenntnis mit den Bedingungen sozialen Handelns zu vermengen, d.h. das Vorurteil der sich als wertfrei definierenden Soziologie gegen die Sozialphilosophie bewußt zu bestätigen, s. dazu Kurt Röttgers: Sozialphilosophie, Essen: Die Blaue Eule 1997, bes. S. 72ff.

26 Rudolf Stammler: Wirtschaft und Recht nach der materialistischen Geschichtsauffassung, Leipzig: Veit & Comp. 1896, S. 197.

in die theoretische Philosophie fallende Aufgabe der Klärung der Erkenntnisbe-
dingungen, durch die wir Gesellschaft zum Gegenstand etwa sozialwissenschaftlicher Erkenntnisse machen können. Oder generell gesagt, und wohl in gewoll-
tem Anklang an Kant, der fragte, wie Natur (nämlich als Inbegriff) überhaupt
möglich sei, so fragte Stammler, „in welchem Sinne eine Gesetzmäßigkeit in der
Erkenntnis des sozialen Lebens überhaupt möglich ist",[27] d.h. der Forscher hat
den „objektiven Grundgesetzen seiner Erkenntnis [nämlich des Sozialen, K. R.]
nachzuspüren."[28] Diese Frage hat auch die Form, wie Gesellschaft als einheitlich-
zusammenhängender Gegenstand der Erkenntnis möglich sei. Methodisch hätte
sie so vorzugehen, daß sie „diejenigen Begriffe und Sätze, in denen wir unsere
soziale Erkenntnis vollziehen, in ihrem Inhalte zergliedern und objektiv-logisch
analysieren, um daraus die Eigentümlichkeit der sozialwissenschaftlichen Erkenntnis [...] klarzustellen."[29] Aber nach Stammler hat die „Kritik der sozialen
Vernunft" auch die andere, die praktische Frage zu klären, die sich durch die
Dringlichkeit der sogenannten „sozialen Frage" des 19. Jahrhunderts gestellt hatte.[30] Nach dieser Richtung ist die kritische Aufgabenstellung die, wie eine wohl-
geordnete Gesellschaft „als Sphäre des sozialen Handelns aus Freiheit möglich
sei."[31] Oder in einer anderen Formulierung: „Es ist [...] mit Hilfe der systematischen Zergliederung unserer sozialen Begriffe derjenige Grundsatz herauszufinden, unter dessen bewußter Festhaltung allein eine Einheit in den wechselvollen
Bestrebungen des sozialen Lebens möglich ist."[32] In der Kombination des deskriptiven und des normativen Aspekts der kritischen Sozialphilosophie sieht
Stammler keine Vorgänger: „Auch Kant, dessen Erkenntniskritik – wie der Kundige bemerkt haben wird – für die Entwerfung unseres Planes von bestimmen-
dem Einflusse gewesen ist, hat in seiner Metaphysik der Sitten eine grundlegende
Theorie des sozialen Lebens nicht geliefert."[33] Ich möchte jedoch hinzufügen,
daß es gute Gründe bei Kant gibt, eine solche Kritik der sozialen Vernunft, als
einer Melange aus Deskriptiven und Normativen, zu vermeiden. Die theoretische
Vernunft und die praktische Vernunft sind für Kant zwei „Stämme" unseres Geistes, deren Zusammenhang problematisch bleibt. So etwa nimmt Kant in theore-

---

27 Ebd., S. 14.
28 Ebd., S. 3.
29 Ebd., S. 16.
30 Zu dem Begriff s. Eckart Pankoke: „Soziale Frage", in: Historisches Wörterbuch
    der Philosophie IX, hg. v. Joachim Ritter u. Karlfried Gründer., Basel, Stuttgart:
    Schwabe & Co AG 1995, Sp. 1129-1134.
31 R. Stammler: Wirtschaft und Recht nach der materialistischen Geschichtsauffas-
    sung, S. 17.
32 Ebd.
33 Ebd., S. 22.

tisch philosophischer Perspektive einen durchgängigen Determinismus auch unseres gesamten Verhaltens (durch äußere Ursachen, Motive, Triebe etc.) als möglich an; in praktisch philosophischer Hinsicht geht er uneingeschränkt von der Freiheit menschlichen Handelns aus. Kant hütete sich sehr wohl, beide Perspektiven zu mischen oder Kompromisse schließen zu lassen, etwa in der heute üblichen Art der Quantifizierung der Freiheitsräume etwa im forensischen Gutachterwesen. Man muß daher vielleicht sogar sagen, daß Kant die Sozialphilosophie im neukantianischen Sinne nicht vergessen hat, sondern daß sie in seinen Augen eine unmögliche Unternehmung gewesen wäre. Das Fehlen einer solchen vierten Kritik bei Kant hat also Gründe. Gleichwohl ist bereits zu Kants Zeiten dieselbe Forderung erhoben worden. 1793 nämlich erschien in Paris anonym eine Schrift unter dem Titel „Philosophie Sociale dédié au peuple François [...]". Ihr mutmaßlicher Autor ist der am gleichen Tage wie Danton (05.04.1794) als vermuteter österreichischer Spitzel guillotinierte Lucius-Junius Frey, alias Franz Thomas Edler von Schönfeldt, alias Moses Dobruschka aus Brünn in Mähren.[34] In seinem Unternehmen einer „Philosophie Sociale" als einer jakobinischen Philosophie des glücklichen Lebens in der Gesellschaft, geschrieben für das Volk und entgegengesetzt der Staatsphilosophie, die die Herrschenden entwerfen, um das Volk zu täuschen, verläßt sich der Autor dieser Schrift auf die große Philosophie des „Immortel Kant". Was Kant für die Metaphysik und ihre Kritik geleistet habe, das müsse nun im Sinne von Kant auf die „Philosophie Sociale" übertragen werden. Dieser erste Versuch einer Philosophie Sociale[35] blieb allerdings wirkungslos, und ich glaube zu recht. Diese kritische Philosophie des Sozialen will exakte Erkenntnisse (wie in Mathematik und Physik) des Sozialen ermöglichen, um die Menschheit zu lehren, wie sie zu leben hätte. Das wollten nach Dobruschka auch Sokrates, Jesus und Kant, und letzterer habe sich nur durch Unverständlichkeit vor dem Schierlingsbecher und dem Kreuz retten können. – Wenig später lehrt uns Fourier, wie zu lieben und wie zu essen sei, damit eine harmonische Gesellschaft möglich sei, mehr dazu an späterer Stelle.

---

34 S. o. Anm. 21.
35 Dem Namen nach gab es sie schon vorher: Jean Baptist Durosoy: Philosophie sociale, Paris: Berton 1783, der Sache nach war das jedoch eine Erziehungsphilosophie, die die Wichtigkeit frühkindlicher Erziehung in der Familie betonte; inspiriert sind diese sehr heterogenen Konzepte einer „Philosophie sociale" offenbar durch die Ausweitung des Begriffs „social" durch Rousseau.

1.3 Die Kritik der seduktiven Vernunft

Eher auf der Linie der praktischen, denn auf der der theoretischen Philosophie angesiedelt ist die „Kritik der seduktiven Vernunft", die der rätoromanische Schweizer Iso Camartin mit seinem 1987 erschienenen Buch „Lob der Verführung" vorgelegt hat, genauer: er hat diese vierte Kritik nicht selbst geschrieben, sondern nur als „überfällig" gefordert.[36] Aber immerhin gibt er diesem Desiderat eine starke These mit auf den Weg: „Verführung und Verführbarkeit: das ist die Garantie für verläßliche Erfahrungen!"[37] Das verführbare und verführte Subjekt ist der Konzeption des autonomen Subjekts entgegengesetzt. Das Subjekt der Moderne hatte sich selbst bestimmt als selbstbestimmtes Subjekt. Um sich selbst bestimmen zu können, mußte es sich als frei setzen. Frei zu sein, hieß erstens, in Handlungszusammenhängen als Urheber von Handlungen gelten zu können, zu diesem Zweck hat das Subjekt, bevor es handelte, die Intention zu handeln, so erschien es in seiner Freiheit verdoppelt, nämlich in seiner Intentionsbildung autonom, d.h. selbstgesetzgebend zu sein, und in seiner handelnden Intentionsverwirklichung ungehindert zu sein.[38] Aber soziale Prozesse gehen nicht deswegen weiter, weil es Subjekte gibt, die als Urheber von Intentionen zu gelten hätten, die sie verwirklichten, indem sie u.a. in vertragsförmige Beziehungen mit anderen Subjekten eintreten, die im Grunde ihrer Vernunft auch nichts anderes sind als sie selbst und die ihrerseits Urheber von Intentionen zu sein hätten, die sich verwirklichen wollten. Der soziale Prozeß – der kommunikative Text – geht weiter, weil er Anschlüsse schafft, d.h. verführerische Gelegenheiten zur Textfortsetzung. Verführungsprozesse begründen rhizomatische Verknüpfungen; sie unterwandern hierarchische, deduktive und lineare Verknüpfungen. Sie stehen für die Netzstrukturen postmoderner Subjektivität, für das Selbstverständnis des modernen Subjekts freilich ist Verführung eine Bedrohung. Sie wurde immer abgewehrt, und man versuchte, sich gegen sie zu schützen. Verführungen bewegen sich, um mit Deleuze/Guattari zu sprechen, auf Immanenzebenen, kombinieren Heterogenes und repräsentieren nichts.

Die antike Sophistik noch kannte den Aufschlußwert von Verführungen. In seiner Lobrede auf Helena entschuldigt der Sophist Gorgias die Helena durch Verweis auf ihre Verführbarkeit, welche Eigenschaft aber dem Gebrauch der Re-

---

36 Iso Camartin: Lob der Verführung, Zürich, München: Artemis 1987, S. 12.

37 Ebd.

38 Daß bereits John Locke diese Freiheitsverdopplung absurd erschien, hat nicht den Siegeszug dieser Idee verhindern können, daß es hinter der offensichtlichen Freiheit noch eine eigentliche Freiheit des Subjekts gäbe. John Locke: Works, Neudr. Aalen: Scientia 1963, I, S. 252.

de als solcher innewohne. Der Mensch ist generell der Verführungskraft der Worte ausgeliefert, sowohl in dem, was er glaubt, als auch in dem, was man über ihn glaubt.[39] Da es dem Menschen nicht gegeben ist, die Wahrheit, so wie sie ist, zu sehen, ist er grundsätzlich von der Wirkung der Worte abhängig. So wurde Helena durch die Worte des Paris verführt; aber auch ihr (schlechter) Ruf ist allein ein rhetorischer Effekt, den wiederum der Sophist durch die Wirkung seiner Worte in einer Lobrede auf Helena ändern möchte. So ist die Rede des Sophisten Gorgias das historisch erste Beispiel einer verführerischen Rede über die Verführung. Anders erscheint Gorgias freilich bei Platon. Sokrates nämlich bezweifelt, daß die Rede alles bewirken könne und daß folglich die Überredungskunst die höchste Kunst sei. Während Gorgias ausführte, daß selbst der Sachverstand eines Arztes ganz unnütz wäre, wenn er nicht von der Kunst begleitet wäre, den Patienten mittels der verführerischen Kraft der Worte dazu zu bringen, die Operation vornehmen zu lassen oder die Medizin einzunehmen. Solche Worte müssen schön sein, und sie müssen die richtige Gelegenheit ergreifen, wahr dagegen brauchen sie nicht zu sein; denn bis wir die Wahrheit erkannt haben (wenn sie – nach einem anderen berühmten Fragment des Gorgias – überhaupt erkennbar ist und, falls dieses, überhaupt mitteilbar ist)[40], kann es für den richtigen und entscheidenden Gebrauch der Worte schon zu spät sein.[41] Sokrates wendet ein, daß es doch in einem Gespräch auf den „Kern der Sache" und nicht auf den Anschein ankomme und daß man, um die Worte wahr erscheinen lassen zu können, doch die Wahrheit als solche schon kennen müsse.[42] Und schließlich macht der Sokrates des Dialogs „Philebos" gegen Gorgias geltend, daß es auch eine Rede gebe, der es überhaupt nicht auf die Effektivität ankomme, sondern die allein von der reinen Liebe zur Wahrheit und zum Guten getragen sei.[43] Eine solche Rede würde das Kriterium absoluter Unverführbarkeit durch die Schönheit und Kraft der Worte erfüllen.

---

39 Gorgias, Fragm. B 11, in: Die Fragmente der Vorsokratiker, hg. v. Hermann Diels u. Walther Kranz, 6. Aufl., Berlin-Grunewald: Weidmannsche Verlagsbuchhandlung 1951f., II, S. 288-294.

40 Fragm. B 3.

41 Genau das ist ja die Situation im Dialog „Kriton": Sokrates redet und redet ... und erwägt und erwägt, ob eine Flucht aus dem Gefängnis, wie Kriton sie vorschlägt, wohl gerecht sei, und darüber vergeht die Zeit, in der die Flucht noch möglich gewesen wäre: Reden als Handlungsvermeidung; s. auch Jürgen Frese: „Sprechen als Metapher für Handeln", in: Das Problem der Sprache, hg. v. Hans-Georg Gadamer, München 1967: Wilhelm Fink, S. 45-55.

42 Platon: Gorgias 442-527, hier in der Übersetzung v. Otto Apelt. 2. Aufl. 1922, 453 A.

43 58 C.

Sowohl Sokrates als dann später auch Augustinus gingen dem modernen Subjekt vorbildhaft voraus in ihrem Widerstand gegen die Verführung, der erste, indem er den Dritten als soziale Grundkategorie, die die Sophistik noch kannte,[44] durchstrich und nur noch die agonale Dialogik der gemeinsamen Bemühung um die Sache kannte, der andere, indem er auch noch den Anderen durchstrich und die Seele mit Gott alleine ließ. Die Moderne, die dieses Erbe antrat, verlor dann auch noch den Glauben an Gott, nämlich in seiner Funktion als Garant praktischer und epistemischer Beziehungen, die das moderne Subjekt jetzt selbst autonom gestalten wollte, indem es Gott darauf reduzierte, Weltenschöpfer und Jenseitsverwalter zu sein und jegliches bisher Unverfügbare in seine Verfügungsgewalt zu bringen versuchte, was aber nichts anderes erbrachte, als daß er fortan Schuldige suchen durfte und natürlich auch fand.

Kant kannte in seiner zweiten Kritik nur die Vorstellung des autonomen Subjekts. Wenn das Subjekt verführbar wäre, so wäre der Wille heteronom bestimmt, und das wäre dann unmoralisch. Insofern ist eine Kritik der seduktiven Vernunft bei Kant systematisch ausgeschlossen. Aber es ist die Frage, ob wir noch in derjenigen Moderne leben, die mit derartigen Konzepten wie dem des autonomen Subjekts[45] begreifbar gemacht werden könnte. Inzwischen[46] wachsen doch die Zweifel übergroß; wenn aber dieses Konzept als Gewünschtes und Gewolltes, als normatives Korrektiv gegen das Unheil, das droht, beschworen wird, beweisen doch gerade diese forcierten Beschwörungen, daß wir als diagnostischen Befund von etwas anderem auszugehen hätten. Diese Beschwörer des Geists der Moderne verwenden die Parole: Stärkt die Subjekte in ihrer Autonomie, verwirklicht endlich die Moderne statt an ihr zu verzweifeln! Iso Camartin hat seinem Buch den Untertitel gegeben „Essays über Nachgiebigkeit". Und es ist in der Tat eine berechtigte Frage, ob die Vernunftvorstellung mit Unnachgiebigkeit einhergehen muß oder ob nicht die Rigorosität letztlich zu derjenigen Situation führt, in der

---

44 Kurt Röttgers: „Der Sophist", in: Das Leben denken – Die Kultur denken, hg. v. Ralf Konersmann, Bd. 1: Leben, Freiburg, München: Karl Alber 2007, S. 145-175.

45 Vgl. Kurt Röttgers: „Autonomes und verführtes Subjekt", in: Proteus im Spiegel, hg. v. Paul Geyer u. Monika Schmitz-Emans, Würzburg: Königshausen & Neumann 2003, S. 65-85.

46 Douglas Kellner: „Popular Culture and the Construction of Postmodern Identities", in: Modernity and Identity, hg. v. Scott Lash u. J. Friedman, Oxford: Blackwell 1992, S. 141-177; Stuart Hall: „The Question of Cultural Identity", in: Modernity and its Futures, hg. v. Stuart Hall, Cambridge: Polity Press 1992, S. 273-316; Heiner Keupp: „Ambivalenzen postmoderner Identität", in: Riskante Freiheiten, hg. v. Ulrich Beck u. Elisabeth Beck-Gernsheim, Frankfurt a. M.: Suhrkamp 1994, S. 336-350; Wolfgang Kraus: Das erzählte Selbst, 2. Aufl., Herbolzheim: Centaurus 2000.

die diversen philosophischen Standpunkte (im 19. Jahrhundert) sich überheblich und kompromißlos einander gegenüberstehen und jede mit Jakob Sigismund Beck[47] meint, den „Einzig möglichen Standpunkt" eingenommen zu haben. Nachgiebigkeit und Verführbarkeit – und zwar bereits in den Grundlagen der Moral – würde zu denjenigen moralischen Experimenten anleiten, von denen und von deren Abgleich untereinander z.b. Friedrich Schlegel allein moralische Objektivität im Sinne eines transzendentalen Wir erwarten zu können glaubt.[48]

1.4 Die Kritik des reinen Bildes

Kristóf Nyíri hat die Frage aufgeworfen, „und wieso gibt es bei Kant keine Kritik des reinen Bildes?" – Wer so fragt und eine „Kritik des reinen Bildes"[49] ins Auge faßt, muß sich mit dem Schematismus-Kapitel in der „Kritik der reinen Vernunft" auseinandersetzen. Leistet dieses Kapitel nicht das, was von einer Kritik der bildlichen Vernunft allenfalls zu fordern wäre? Kant selbst erklärte am Ende seines Lebens den Schematismus als „einen der schwierigsten Punkte" und das entsprechende Kapitel für „eines der wichtigsten". Bei Kant selbst findet sich die zunächst lapidar erscheinende Formel, ein Schema sei „ein allgemeines Verfahren der Einbildungskraft, einem Begriff sein Bild zu verschaffen [...]"[50]. Daher muß das Schema weder rein intellektuell noch rein sinnlich sein, sondern als ein Vermittelndes ein Drittes zwischen Sinnlichkeit und Verstand bereithalten. Die Einbildungskraft bringt „das Mannigfaltige der Anschauung in ein Bild".[51] Dadurch begründet sich eine im Unterschied zur diskursiven Erkenntnis symboli-

---

47 Jacob Sigismund Beck: Erläuternder Auszug aus den Critischen Schriften des Herrn Prof. Kant auf Anrathen desselben. Bd. III, welcher den Standpunct darstellt, aus welchem die critische Philosophie zu beurtheilen ist. Riga 1796, ND Brüssel: Culture et Civilisation 1970. Dieser dritte Bd. ist auch selbständig erschienen und erhielt den Titel: „Einzig möglicher Standpunct [...]", vgl. Kurt Röttgers: „Der Standpunkt und die Gesichtspunkte", in: Archiv f. Begriffsgeschichte 37 (1994), S. 257-284.

48 Ausführlicher Kurt Röttgers: „Erfahrungsverluste durch Moral – alles halb so schlimm", in: Ethik und wissenschaftliche Objektivität, hg. v. Josef Fellsches u. Werner L. Hohmann, Essen: Die Blaue Eule 2001, S. 19-38; die These, daß angesichts radikaler Innovationen, für die niemand verantwortlich sein kann, nur das Modell moralischer Experimente hilft, ist aufgestellt in ders.: „Verantwortung für Innovationen", in: Verantwortung als marktwirtschaftliches Prinzip, hg. v. Ludger Heidbrink u. Alfred Hirsch, Frankfurt a. M.: Campus 2008, S. 433-455.

49 Kristóf Nyíri: Kritik des reinen Bildes unter: http://www.phil-inst.hu/highlights/pecs_kant/schema.htm

50 KrV B 179f.

51 KrV A 120.

sche oder figürliche.[52] „Der Inhalt des Wortes ist das Bild."[53] Wenn man das so hört, dann kann man fragen: Fehlt hier eine „Kritik der bildlichen Vernunft" – oder ist sie nicht schon von Anfang an vorhanden? Wer vermißt hier was? Und so ist denn Nyíris These auch nicht, daß es bei Kant eine Kritik des Bildes nicht gebe, sondern daß diese Ansätze des Schematismus-Kapitels aufgrund des Fehlens einer Bild-Logik, einer spezifischen Logik des bildlichen Denkens im Zeitalter Kants, nicht oder nur verworren ausgeführt worden seien und daß sie – bis auf wenige Ausnahmen (er nennt Heidegger und Stekeler-Weithofer[54]) – in der Kant-Interpretation keine große Rolle gespielt haben. Was für Hegel der Begriff ist, das ist vielleicht für eine Gesellschaft nach der Moderne das Bild, das ist jedenfalls die von dem Situationisten Guy Debord aufgestellte These für die Gesellschaft des Spektakels.[55]

1.5 3 + 1

Die vielleicht raffinierteste Form der Vermissungen einer vierten Kritik ist von Reinhard Brandt formuliert worden. Er zeigt,[56] daß diese vierte Kritik nötig und unmöglich zugleich ist. Daß sie nötig ist, ergibt sich aus dem Kantischen Denken selbst, insofern eine zusammenfassende Begründung der drei vorherigen Kritiken von Kant selbst als Desiderat erklärt worden sei, und zwar in der „Einleitung zur Kritik der Urteilskraft". Die Vermissung Brandts zielt also nicht auf etwas ab, das Kant angeblich vergessen oder aus Gründen unterlassen hatte, sondern auf etwas, dessen Bedarf aus der Logik der drei anderen Kritiken heraus darstellbar wäre, ja dessen Nötigkeit Kant selbst empfunden hat, wie Brandt an bestimmten

---

52 So Steffen Dietzsch: „Schema & Bild", in: Perspektive in Literatur und bildender Kunst, hg. v. Kurt Röttgers u. Monika Schmitz-Emans, Essen: Die Blaue Eule 1999, S. 166-173, hier S. 171.
53 Kristóf Nyíri: Vernetztes Wissen, Wien 2004, S. 168; vgl. dort auch den Aufsatz „Bildbedeutung und Kommunikation", S. 131-156, mit dem Hinweis auf Otto Neuraths Programm einer International Picture Language (der Anstoß für die heute allgegenwärtigen Piktogramme insbesondere dort, wo in der Begegnung vieler Kulturen eine schnelle Verständigung nötig ist, wie z.B. auf Flughäfen) und seine Formel „Worte trennen, Bilder verbinden", zit. S. 155.
54 Mit Bezug auf Pirmin Stekeler-Weithofer: Sinnkriterien: Die logischen Grundlagen kritischer Philosophie von Platon bis Wittgenstein, Paderborn: Schöningh 1995 und Martin Heidegger: Kant und das Problem der Metaphysik, Frankfurt a. M.: Klostermann 1998.
55 Guy Debord: Die Gesellschaft des Spektakels, Hamburg: Ed. Nautilus 1978; daran anschließend Mark C. Taylor/ Esa Saarinen: Imagologies, London: Routledge 1994
56 R. Brandt: Die Bestimmung des Menschen bei Kant, S. 497.

Formulierungen meint zeigen zu können. Diese vierte Kritik wäre der krönende Abschluß des kritischen Unternehmens.

Zugleich aber argumentiert Brandt, daß diese vierte Kritik unmöglich ist. Denn Kant verteidige die Dreiteilung, aber praktiziere das Viererschema, das Brandt in der gesamten Kulturgeschichte Europas wiederfindet. Ich werde im folgenden zu zeigen versuchen, wie Brandt argumentiert, um am Ende das genaue Gegenteil zu behaupten: die vierte Kritik ist zwar möglich, aber unnötig, weil in den Metakritiken realisiert. Daher bleibt der Versuch offen, im Werk Kants selbst Ansätze einer nicht Super-Kritik zu suchen, sondern einer ganz anderen Kritik, die – und das ist bei Kant weder angelegt noch gar ausgeführt, sondern wird hier ansatzweise ausprobiert – alle vier Stufen der ersten drei Kritiken durchspielt: Ästhetik – Analytik – Dialektik – Metakritik.[57]

Die bisherigen vier Vermissungen einer vierten Kritik haben also durchaus unterschiedliche Vermissungstypen vor sich: Die Kritik der historischen Vernunft vermißt etwas, das bei Kant tatsächlich fehlt,[58] weil er alle wissenschaftliche Erkenntnis für Erkenntnis vom naturwissenschaftlichen Typ hielt. Die Kritik der sozialen Vernunft dagegen, jedenfalls im Sinne der von Stammler erfundenen kritisch-normativen Sozialphilosophie, vermißt etwas, das Kant aus gutem Grund unterlassen hat. Die Kritik der seduktiven Vernunft ist etwas, dessen Bedarf erst mit dem Ende der Moderne aufkommt, das Kant also im Unwissen der alternativen Möglichkeiten zur Moderne unterlassen hat. Ein bißchen liest es sich wie eine Selbstkritik R. Brandts, wenn er am Ende feststellt, daß Kant die vierte Kritik als Super-Kritik, die die drei zur Einheit zusammengefaßt hätte, unterließ, um nicht ein Fichte werden zu müssen,[59] das Schlimmste was der Kantischen Philosophie hätte passieren können. Die hier im folgenden vorgestellte Kritik ist nicht die Einheit aller möglichen Kritik, sondern weist in die entgegengesetzte Richtung einer Pluralisierung von Kritik. Und die vermißte Kritik der bildlichen Vernunft fehlt nicht wirklich, sondern ist in Kants Werk kryptisch vorhanden und bedarf lediglich der Ausarbeitung auf einem erst heute möglichen Niveau. Und

---

57 Bei Kant heißt es natürlich nicht „Metakritik", sondern „Methodenlehre"; da diese jedoch ziemlich unergiebig ist und die eigentliche Fortsetzung der Dialektik sich außerhalb des Kantischen Werkes, eben bei den Metakritikern Hamann und Herder, findet und dann vor allem bei Hegel, wird hier diese Metakritik in das kritische Unternehmen integriert.– Eine solche „Kritik der kulinarischen Vernunft" hat kaum etwas zu tun mit dem Unternehmen, eine eigene „kulinarische Intelligenz" herauszustellen und ihre Ausbildung zu fordern. So etwa Jürgen Dollase: Kulinarische Intelligenz, Wiesbaden: Tre torri 2006.

58 Auch das wird in der Literatur bestritten: Renato Composto: La Quarta Critica Kantiana, Palermo: Manfredi 1954.

59 R. Brandt: Die Bestimmung des Menschen bei Kant, S. 531.

letzteres trifft auch für die fehlende Kritik der kulinarischen Vernunft zu, das ist meine im folgenden vertretene und erläuterte These.[60]

Würde man uns nun vorhalten, eine Thematisierung des Kulinarischen gehöre doch nun einmal in die Sphäre der Sinnlichkeit, nicht in die der Vernunft, und eine Kritik der kulinarischen Vernunft sei also ein Widerspruch in sich selbst, so würde ich zunächst einmal nicht mit Kant selbst antworten, weil die Explikation des wesentlich komplizierteren als bloß dichotomischen Verhältnisses von Vernunft und Sinnlichkeit bei ihm recht aufwendig wäre, sondern mit Husserl, der Sinnlichkeit als eine „verborgene Vernunft"[61] bezeichnet hat, weil sie sehr wohl auch Regeln der Einstimmigkeit und Unstimmigkeit gehorche, im übrigen aber Vertrauen in die Entwicklung der Gedanken erbitten. Die Kritik des reinen Bildes und die Kritik der kulinarischen Vernunft knüpfen beide an diese „verborgene Vernunft" an, allerdings, weil sie von verschiedenen Verborgenheiten ausgehen, auf sehr unterschiedliche Weise; denn schließlich: Das Bild eines Apfels duftet nicht.[62]

---

60 R. Brandt kommentiert – und ich fühle meinen Versuch mit gemeint – : „Das alles kann man tun, aber auch lassen." (Ebd., S. 503).

61 E. Husserl: Husserliana IV, S. 276. Kant liebte die Einheit, aber respektierte die Vielheit, am wenigsten vielleicht in der „Kritik der praktischen Vernunft", am meisten in der „Anthropologie" und diversen kleineren Schriften.

62 Ralf Konersmann: „Das wahre Stilleben oder die Wirklichkeit der Malerei. Sprachbilder und Bildersprache bei René Magritte", in: Zeitschrift für Ästhetik und Allgemeine Kunstwissenschaft 34 (1989), S. 196-212.

2. Die Kritik der kulinarischen Vernunft

Im Jahr 1999 hat die italienische Philosophin Francesca Rigotti ein kleines Büchlein herausgebracht mit dem Titel „La filosofia in cucina", mit dem Untertitel „Piccolo critica della ragion culinaria", zu deutsch (2002) „Kleine Kritik der kulinarischen Vernunft". Was zunächst wie eine modische Mutwilligkeit aussieht, nämlich Reflexionen über die Zubereitung und den Genuß von Mahlzeiten als Kritik der kulinarischen Vernunft zu bezeichnen, erweist sich beim zweiten Blick als in der Sache viel tiefer begründet. Bei Rigotti heißt es: „Wenn Kant seine vierte Kritik geschrieben hätte, jene ‚Kritik der kulinarischen Vernunft'"[1], die sein Tischgenosse Hippel von ihm angemahnt hatte, dann hätten wir heute ein methodisches Vorbild für eine unerledigte Aufgabe, für die es meiner Ansicht nach nur zwei Vorarbeiten gibt, jenes kleine Büchlein von Rigotti und wichtige Passagen in Michel Serres' Werk über die fünf Sinne und teilweise auch Aspekte im Werk von Michel Onfray. Aus der Geschichte der Philosophie dagegen sind vielerlei Verachtungen für die Kochkunst bekannt. Wie vielfach beginnt die Geschichte der Verachtung für diese mögliche vierte Kritik bereits bei Platon.

Wenn es einen Grund für diese Verfemung der Gaumengenüsse und ihrer kundigen Vorbereitung und Zubereitung der Speisen gibt, dann vielleicht diesen: Entweder kann man es genießen, etwas nach außen den Übergangsraum des Mundes passieren zu lassen, dann wird man Worte reden; oder man kann Speisen den gleichen Raum durchqueren lassen, in umgekehrter Richtung. Wenn beide sich dort begegnen, ist das nicht gut. Ebenfalls abträglich für ein gelungenes Leben ist es, nur eines von beiden zuzulassen. In der Verbindung von beiden gibt es

---

1 Francesca Rigotti: Philosophie in der Küche, München: C. H. Beck 2002, S. 10; vgl. Immanuel Kant: Köche ohne Zunge, Göttingen: Steidl 1997.

verschiedene Arrangements, die leichteste Art ist es, eines dem anderen unterzuordnen. Philosophen neigen dazu, das Essen als pure animalische Notwendigkeit dem Reden unterzuordnen. Sie meinen, auf diese Weise vertuschen zu können, daß auch ihr Reden dazu dient, den Lebensunterhalt – also Essen – zu sichern. Lebenskultur hat noch immer darin bestanden, beides in einem elaborierten Rhythmus temporaler, sozialer und symbolisch-normativer Art zu integrieren.[2] Das macht es dann sinnvoll, der Auswahl der Speisen ebensoviel Sorgfalt zu widmen wie der Auswahl der Begriffe, also eben doch eine „Kritik der kulinarischen Vernunft" in Angriff zu nehmen.

2.1 Kurz-Geschichte der Verfemungen der Kochkunst

Nach Platon ist das Wissen um die Zubereitung der Speisen eine trügerische Kunst. Sie gibt vor zu wissen, was für den Körper gut ist, d.h. für seine Gesundheit, tatsächlich aber schmeichelt sie nur den Sinnen. Darin gleicht sie der Sophistik; auch sie gibt vor, über ein (wahres) Wissen zu verfügen und ist doch nur ein Blendwerk. Im platonischen Dialog „Gorgias", der sich um die Sophistik und um die Redekunst dreht, kommt ausführlich auch die Kochkunst zur Sprache. Hier dient die Kulinarik als Beispiel dazu, auch die Rhetorik herabzuwürdigen; denn so wie die Kochkunst in Wahrheit keine Kunst ist, weil sie keine Anwendung gesetzesförmigen Wissens darstellt, sondern bloß eine kontingente Sammlung von Erfahrungsgehalten,[3] so gilt das gleiche auch für die Rhetorik. Eigentlich wollte das in jenem Dialog „Gorgias" keiner der Gesprächspartner wissen, Sokrates muß daher den Polos geradezu auffordern, daß ihm diese Frage gestellt werde: „Sokrates. Frage mich jetzt, was für eine Kunst mir die Kochkunst zu sein scheint." Brav fragt Polos: „So frage ich denn, was ist die Kochkunst für eine Kunst?" Und Sokrates gibt die Antwort auf die selbst gestellte Frage: „Überhaupt

---

2 Zeit, der Andere und das Symbolisch/Normative sind die drei Dimensionen der Analyse des kommunikativen Textes (des sozialen Prozesses), dessen Rhythmus sich als Skandierung der drei Dimensionen durcheinander ergibt. Vorläufig dazu Kurt Röttgers: Seele und Gesellschaft in der Sicht der Sozialphilosophie, in: Wolfgang Mack/Kurt Röttgers: Gesellschaftsleben und Seelenleben, Göttingen: Vandenhoeck & Ruprecht 2007, S. 10-58.

3 Immerhin war der erste Versuch der Verwissenschaftlichung der Chemie bei Johann Joachim Becher methodisch genau so konzipiert: es sollte eine Sammlung und kritische Sichtung der alchemistischen Rezepturen sein; s. Johann Joachim Becher: Chymischer Glücks-Hafen, oder grosse chymische Concordantz und Collection, von 1500 chymischen Processen: Durch viel Mühe und Kosten auss den besten Manuscriptis [...] zus. getr., Frankfurt 1682, ND Hildesheim: Olms 1974. Vgl. auch Pamela H. Smith: The Business of Alchemy, 2. Aufl., Princeton: Princeton University Press 1997, S. 29f.

keine Kunst, mein Polos."[4] Allerdings räumt ihr Platon als Diätetik unter der Leitung von Medizin oder Gymnastik einen relativen, dienenden Wert ein.[5] Zwar werden Kochkunst und Rhetorik dadurch, daß sie beide bloß Erfahrungsgehalte meinen, nicht identisch, weil es ja um verschiedene Erfahrungen geht, aber sie dienen doch beide ein und derselben Tätigkeitsform, nämlich bloß den Sinnen zu schmeicheln, so wie auch die Putzkunst und die Sophistik, um die es hier hauptsächlich geht. Die wahren und wirklichen Künste dagegen sind in vier eingeteilt: Gesetzgebung, Rechtspflege, Gymnastik und Medizin. Die Tätigkeitsform der Schmeichelei imitiert nun diese wahre Ordnung der Dinge, nicht mehr in der Form eines Wissens, sondern als bloße Mutmaßung: „[...] schleicht sich, sich vierfach teilend, in entsprechender Verhüllung in jeden dieser Teile ein und gibt vor das zu sein, wohin sie sich eingeschlichen hat; dabei kümmert sie sich um das wahre Beste nicht im geringsten, macht vielmehr durch die Lockung des jedesmal Angenehmsten Jagd auf den Unverstand, den sie dermaßen täuscht, daß sie an Wert alles andere zu übertreffen scheint."[6] Die Kochkunst simuliere die Medizin, indem sie ein Wissen darüber vorgebe, was die besten Speisen für das leibliche Wohlergehen seien, wo sie doch in Wahrheit nur den unverständigen Gaumenfreuden huldige. Die Kochkunst verfällt hier also einem Verdikt, das mit der Unterscheidung Wissensorientierung vs. Lustorientierung arbeitet. Dahinter steht die Dichotomie von (wahrem) unvergänglichem Sein (der Ideen) und dem (trügerischen) vergänglichem Schein (des bloßen Werdens). Was den Sinnen schmeichelt, kann nur von der Seite des Scheins sein; denn die unvergängliche Wahrheit des Seins enthüllt sich nicht der sinnlichen Erfahrung. Daher schlägt die Platonische Philosophie der Kochkunst, bzw. die Philosophie ihrer Ablehnung, um in eine absolute Genußfeindlichkeit.

In der „Politeia", als Sokrates die Überlegenheit des männlichen Geschlechts in allen menschlichen Beschäftigungen darstellt, natürlich insbesondere in der Lenkung der Staatsgeschäfte, weil „das Weib" schwächer ist, da erwähnt er nebenbei zwei Ausnahmen: die Kochkunst und die Webkunst, nicht ohne zugleich hinzuzufügen, daß es sich dabei um „nichtige Ausnahmen" handele, auf die näher einzugehen sich nicht lohne.[7] Als er, ebenfalls in der „Politeia" die „gesunde Stadt", im Unterschied zur „üppigen" oder „aufgedunsenen Stadt" beschreibt, da nennt er auch die Ernährung der Bürger: Gerstegraupen als Brei und Brot aus

---

4   462 d; die deutsche Übersetzung von Platons Werken folgt, wo nicht anders ausgewiesen, der Ausg. von Otto Apelt, ND Hamburg: Meiner 1988, allerdings mit der Seitenangabe nach Stephanus.
5   517 e.
6   464 c/d.
7   455 c/d.

Weizenmehl, das werden sie mit ihren Kindern „schmausen" und dazu sogar Wein trinken; erst auf Erinnerung des Glaukon ergänzt Sokrates seine Aufzählung der Speisen durch eine Zukost aus Salz und Oliven, Käse, Zwiebeln und Kohl, ferner Feigen, Erbsen und Bohnen, sowie Blaubeeren und Eicheln. Das reicht nach Sokrates für eine gesunde Ernährung. Glaukon kann sich nicht enthalten ironisch nachzufragen, und wir schließen uns ihm bereitwillig an: „Wenn du, mein Sokrates, eine Stadt von Schweinen anlegtest, womit sonst würdest du sie denn füttern als damit?"[8] Aber zu weiteren Zugeständnissen ist Sokrates nicht bereit. Seit den Platonischen Anfängen steht das Denken über das Essen unter der Vorherrschaft der Diätetik, es geht um Gesundheit, nicht um Genuß. Und nach der Devise, daß nur eine bittere Medizin wirksam sein könne, steht alles Wohlschmeckende unter dem Generalverdacht, der Gesundheit zu schaden.

Allerdings gibt es immer auch etwas differenziertere Deutungen. Aristoteles etwa scheint genau das oben genannte Beispiel aufzugreifen und etwas anders zu interpretieren, wenn er in der Metaphysik davon spricht,[9] daß der Koch nur beiläufig heile, nicht aber aufgrund seiner Kochkunst. Tatsächlich aber liegt hier eine entscheidende Umwertung vor. Denn nun ist Kochkunst keine schmeichelnde Simulation von Heilkunst, sondern ist ihr bloß gänzlich akzidentell. Aristoteles hält aber für alle Wissenschaften und Künste ihnen eigentümliche Zwecke vor, so auch für die Kochkunst, und für diese speziell und die Kunst der Wohlgerüche betont er ausdrücklich ihren Zweck der Lustempfindung.[10]

Im Christentum seit Augustin fiel die Genußfeindlichkeit auf einen wohlbereiteten Boden. Giordano Bruno greift die Analogie geistiger Nahrung und derjenigen aus der Küche auf, und zwar in seiner Verteidigung des „Aschermittwochsmahls". Er kennt jedoch neben dem Gesundheitsförderlichen und dem Gaumenschmeichelnden ein drittes Ingredienz der Botschaften aus der Küche, nämlich den Verdruß, der jedem Genuß seit Adams Südenfall beigesellt ist: das sind die Steinchen, die die Zähne angreifen, die Fischgräten und Knöchelchen, die den Essenden mit Ersticken bedrohen, Haare des Kochs und anderer Unrat in den Speisen. Und ebenso ist in geistiger Nahrung (dem „Gastmahl in Gesprächs-

---

8   372 c/d.
9   1027 a.
10 Eine Umwertung zwischen Platon und Aristoteles versucht Iris Därmann: Aristoteles „verbanne" die Angelegenheiten des Kochens in den oikos, wo Frauen, Kinder und Sklaven zuhause sind, während Männer sich in der Polis betätigen und tummeln dürften. „Eine derart strikte Trennung zwischen oikos und Polis sucht man bei Platon vergeblich." Iris Därmann: „Platons politische Philosophie des Fleischesseropfers", in: Die Tischgesellschaft, hg. v. Iris Därmann u. Harald Lemke, Bielefeld: transcript 2008, S. 87-105, hier S. 87.

form") stets auch neben dem durch Wahrheit Gedeihlichen und dem durch Schönheit Gefälligen das Verdrießliche enthalten.[11]

Wir sehen also, daß von Platon bis Bruno und weit darüber hinaus die Diätetik das Zentrum der philosophischen Beurteilung der Kochkunst darstellte. Das vielleicht krasseste Beispiel einer medizinisch-diätetischen Vermiesung der Lust am Essen stammt vielleicht von S. A. D. Tissot, Arzt in Lausanne, vermutlich also Calvinist.[12] Aber es gibt auch Gegenbeispiele. Bei Hildegard von Bingen dient die Diät der auch der Seele förderlichen Gesundheit des Leibes.[13] Bartolomeo Sacchi schrieb im 15. Jahrhundert unter dem Pseudonym Platina das Werk mit dem bezeichnenden Titel „De honesta voluptate et valitudine", er versuchte also, Wollust und Gesundheit zusammenzubehandeln als Kriterien der Kochkunst.

Das berühmteste Gegenbeispiel ist vielleicht Montaigne. Er schrieb:

„Die alten Griechen und Römer haben es vernünftiger gemacht als wir: Sie widmeten dem Essen (das eine der wesentlichsten Verrichtungen unsres Lebens ist) [...] etliche Stunden, ja den besten Teil der Nacht, aßen und tranken weniger hastig, als wir es zu tun pflegen, die wir alles in Windeseile erledigen, und zogen dieses natürliche Vergnügen durch mehr genußreiche Muße in die Länge, indem sie allerlei nützliche und angenehme, der Geselligkeit dienende Unterhaltungen einflochten. [...] muß man mich, will ich Diät essen, von den andern wegsetzen, und man darf mir kein bißchen mehr vorlegen, als für ihre Einhaltung vorgeschrieben ist – sonst vergesse ich, wenn ich mich zu Tisch setze, sogleich meinen Entschluß. [...] Mir würde alle Eßlust genommen, wenn ich mich nach ärztlicher Vorschrift mit täglich drei, vier mageren Mahlzeiten abquälen müßte. Wer könnte mir dafür bürgen, daß mir zum Abendessen nicht der morgendliche, für alles offne Appetit vergangen sein wird? Laßt uns, vor allem uns Greise, feste zugreifen, sobald sich eine günstige Gelegenheit bietet! Überlassen wir die täglichen Diätempfehlungen den Ärzten und Kalendermachern!"[14]

---

11 Giordano Bruno: Von der Ursache, dem Prinzip und dem Einen, Hamburg: Meiner 1977, S. 5 ff.

12 Samuel A. D. Tissot: Von der Gesundheit der Gelehrten, Zürich: Füeßlin u. Comp. 1768. Es ist derselbe Tissot, der auch durch sein Werk über die „Selbstbefleckung" in der großen Geschichte der lächerlichen Irrtümer der Medizin einen Ehrenplatz einnimmt: Die Onanie, oder Abhandlung über die Krankheiten die von der Selbstbefleckung herrühren, o. O. o. J. (1774) (zuerst 1758). In diesem Werk (S. 46) führt er z.B. an, daß weibliche „Selbstbefleckung" zu unheilbaren Gelbsuchten, Magenkrämpfen und zu „empfindlichen Schmerzen in der Nase" führe. Bei Männern führe es entweder zu Appetitlosigkeit oder zu „unordentlichen Gelüsten" (S. 29) als „Unordnung des Magens" und anderen Krankheiten.

13 Reinhard Schiller: Hildegard-Ernährungslehre, Augsburg: Pattloch 1993.

14 Michel de Montaigne: Essais, Frankfurt a. M.: Eichborn 1998, S. 556f.

Solange aber diese den Ton angeben im Diskurs über das Essen, dient die Koch-kunst noch nicht als prominentes Beispiel oder Paradigma der Urteilskraft als Form des Umgangs mit Wissensdefiziten und daher als eine hervorragende Kul-turleistung. Bei Kant rückt dann zwar der Geschmack an die Stelle, von der aus die Urteilskraft und auch die Kritik erst verständlich werden, aber es ist eher der Geschmack in Fragen der Kunstbeurteilung als der Geschmack in Fragen der Be-urteilung der Produkte aus der Küche. Dem folgt, wie Bernhard Waldenfels süf-fisant bemerkt, das „Historische Wörterbuch der Philosophie": „[...] wo zwischen ‚Esse commune' und ‚Essentialismus', zwischen ‚Humor' und ‚Hybris', zwi-schen ‚Mahayana' und ‚Maieutik' kein Platz bleibt für das Essen, den Hunger oder das Mahl. Der Geschmack wird zwar ausführlich behandelt, aber als bloßes Sprungbrett für die neuere Ästhetik [...]"[15] Und es hat auch keinen der Zeitgenos-sen oder Kant selbst irritiert, daß der Kunst-Geschmack verbaliter auf die Sinn-lichkeit des Schmeckens verweist. Insofern ist zwar eine „Kritik der Urteilskraft" angesagt, zu ihr aber gehört nicht – weder als Teil noch als Seitenstück – eine „Kritik der kulinarischen Vernunft".

In der europäischen Geistesgeschichte war das Denken des Essen vorrangig bestimmt vom den Gedanken einer Diätetik und einer Herabsetzung der soge-nannten „niederen Sinne" und damit von einer Ablehnung einer Ausrichtung am sinnlichen Genießen. Das Problem jedoch war und ist bis heute, daß die medizi-nische Wissenschaft nur über ein höchst unsicheres Wissen über das verfügt, was dem Körper unabhängig von allem Genießen nützt. Angefangen bei der soge-nannten Schroth-Kur, eine Unterernährungsdiät, erfunden von dem schlesischen Fuhrmann Johann Schroth, dessen eine zentrale Maßnahme das Austrocknen des menschlichen Körpers durch Trockentage war, und die schon von Zeitgenossen als Scharlatanerie bezeichnet wurde, über viele andere „gesicherte" Erkenntnisse bis hin zur ständig neu aufgelegten sogenannten „Brigitte-Diät" stellen die Emp-fehlungen eher ein Kuriositäten-Kabinett dar als eine eindeutige Empfehlung für ein gesundes Leben durch Ernährung, wobei allerdings nicht bestritten zu werden braucht, daß es auch einige gesicherte Empfehlungen gibt. So wird heute keiner mehr der Empfehlung (aus dem 18. Jahrhundert) folgen, die Zähne mit Kristall-zucker zu putzen.[16] Diese einseitige und doch immer höchst unsichere Orientie-rung des Denkens über das Essen am Leitfaden der Diätetik ändert sich durch-greifend und erst langsam seit der Französischen Revolution und der damit vom

---

15 Bernhard Waldenfels: „Fremdspeise. Zur Phänomenologie von Essen und Trinken", in: Die Tischgesellschaft, hg. v. Iris Därmann u. Harald Lemke, S. 43-59, hier S. 43.

16 Hinweis von Bettina Blessing, mitgeteilt in ihrem Vortrag u.d.T. „Am Anfang war der Schnaps kein Schnaps, da war er Medizin" des Symposions Medizinphilosophie 2008 zum Thema „Essen".

Bürgertum eingeleiteten sozialen Verallgemeinerung desjenigen Genusses, auf den der Adel nie verzichtet hatte. Der von der Schule der „Ideologen" beeinflußte Brillat-Savarin ist hier ebenso zu nennen wie der deutsche Revolutionsanhänger Georg Forster und vor allem natürlich der Erfinder der „Gastrosophie", der Utopist Charles Fourier (dazu mehr im Kapitel „Die Erfindung der Gastrosophie").

Als Francesca Rigotti am Beginn des 21. Jahrhundert dieses Pensum einer Philosophie des Kulinarischen nachzuholen versuchte, da blieb allerdings auch sie vorrangig dem Leitbild der Nahrungsaufnahme verhaftet, während doch das eigentlich Kulturelle der Aisthetik des Kochens in der Pflege und Kultivierung der Sinnlichkeit besteht. Daher verschreibt Rigotti sich auch dem Schema von Einheit – Vielheit durch Analyse – Einheit durch Synthese, oder, sofern es die Nahrungszubereitung betrifft, dem Mahlen, Manschen und Backen.

Eine Philosophin der Urteilskraft, war Hannah Arendt zugleich eine Meisterin der Kochkunst. Mit letzterem fand sie bei ihren Gästen zu ihrem eigenen Bedauern jedoch nicht den gleichen Anklang wie mit ihren philosophischen Büchern, was natürlich auch mit der Einschätzung zu tun hat, daß eine intellektuelle Frau ihre Bewährung nicht in der Küche zu suchen hat. Dabei ist es so evident, daß letztere, ähnlich wie ein geistreiches Gespräch, wegen des flüchtigen Charakters stärker auf die unmittelbare Wirkung, und das heißt auch die unmittelbare Anerkennung, angewiesen ist als die auf Langfristigkeit angelegten Bücher. Im temporalen Medium des Vorübergehenden liegt ja doch die eigentliche Bewährung der Urteilskraft; die Endlichkeit, die Üblichkeit und der Widerfahrnischarakter bilden die Rahmenbedingung der Ästhetik des Kochens. Gute Speisen sind weder für die Ewigkeit berechnet, sondern in der Regel verderblich, aber, was genauso wichtig ist, mit Geduld muß auch eine Reife abgewartet werden können: der Teig muß gehen, die Beize muß einwirken und mit der Zubereitung einer Peking-Ente muß schon drei Tage vorher begonnen werden, Tomaten müssen am Strauch reifen können etc. – Noch sind gute Speisen überall in gleicher Weise zu haben. McDonalds Anspruch, die gleiche Qualität überall auf der Welt anzubieten, ist anti-kulinarisch schlechthin. Bouillabaisse, Hamburger Fischsuppe und Ungarische Fischsuppe müssen etwas ganz Verschiedenes sein. Raum und Zeit, diese Kantischen Anschauungsformen a priori, bilden auch für die kulinarischen Genüsse ein Apriori.

Es ist nicht ganz klar, was es ist, was wir nicht wissen, daher ist es auch nicht ganz klar, was es ist, was wir wissen. In diesem Mangel an Klarheit in diesem Clair/Obscur unserer Wissensbemühungen hilft nur die Urteilskraft. Wissen distanziert uns die Gegenstände der Welt. Einer der Gründe für Nichtwissen kann daher die zu große Nähe der Gegenstände zu unseren Sinnen sein. Die Gegenstände unserer Sinne können je nach dem Sinn, in dem sie begegnen, leichter oder weniger leicht in Distanz gehalten werden. Gesicht und Gehör machen uns die Distanzierung leichter als Tastsinn, Geruch und Geschmack.[17] Diesen Zusammenhang zwischen Wissen und Schmecken (savoir et saveur), zwischen Erkennen aus Distanz und Berührungs-Erkennen hätte eine Kritik der kulinarischen Vernunft zu thematisieren. Und das affiziert ebensosehr Raum und Zeit.

Einen weiteren ernstzunehmenden Versuch in diese Richtung hat Michel Onfray mit seinem Buch „La Raison gourmande. Philosophie du goût" (1995)[18] vorgelegt. Seine Philosophie der Sinnlichkeit ist allerdings auf einen Hedonismus für unsere Zeit festgelegt, insofern ist sie von vornherein auch anti-kantisch angelegt, während hier, stärker der deutschen philosophischen Tradition verpflichtet, der Versuch unternommen wird, in gewisser Anknüpfung an das große kritische Unternehmen Kants und unter Berücksichtigung gewisser Ansätze in seinem Werk zu einer „Kritik der kulinarischen Vernunft" zu kommen, was eine Würdigung hedonistischer Gesichtspunkte en detail keineswegs ausschließen wird.

Schließlich soll nicht unerwähnt bleiben, daß Roland Barthes einen Versuch unternommen hat, die Kulinarik in sein Unternehmen der Elemente der Semiologie aufzunehmen. Methodisch ist dieses Unternehmen ganz anders gelagert als eine „Kritik der kulinarischen Vernunft"; deshalb sei ihre Erwähnung hier vorausgeschickt, ohne daß im folgenden weiter auf diese Methodik eingegangen werden könnte. In seinen „Elementen der Semiologie"[19] führt er die grammatischen Regeln auf, denen die Ernährung unterliegt: 1) durch Ausschlußregeln (alimentäre Tabus); 2) durch Merkmalsoppositionen (analog den distinktiven Merkmalen der Phonologie – hier z.B. salzig/süß); 3) durch Verknüpfungsregeln (etwa was zu einem Gang gehören kann oder was in der Folge eines Menüs miteinander verbindbar ist); 4) durch Gebrauchsregel, die so etwas wie eine alimentäre Rhetorik konstituieren. Diese Regeln charakterisieren die „langue" des Kuli-

---

17 S. die Äußerung Cézannes, daß man einem Kornfeld so nahe sein müsse, es nicht mehr zu sehen, erwähnt bei Gilles Deleuze/Félix Guattari: Tausend Plateaus, Berlin: Merve 1992, S. 682.– Im Hinblick auf das Gehör hat sich allerdings in letzter Zeit, veranlaßt durch die Durchseuchung der Gesellschaft mit Mobiltelefonen, ein Wandel vollzogen: Während bislang das Akustische entweder als Hintergrundrauschen einer Welt oder als Ansprache, die uns angeht, auftrat, sind wir heutzutage permanent mit Ansprachen konfrontiert, die uns nichts angehen und denen wir gerne entgehen möchten, die wir aber kaum wegblenden können wie ein Vogelgezwitscher; da hilft dann oft nur noch die Verstöpselung der Gehörgänge durch MP3-Player.

18 Michel Onfray: Die genießerische Vernunft, Baden-Baden, Zürich: Elster 1996; es wird im folgenden überwiegend nach der französischen Originalausgabe zitiert: Michel Onfray: La raison gormande, Paris: Grasset 1995

19 Roland Barthes: Œuvres complètes, Paris: Éd. du Seuil 1992ff., II, S. 649f.

narischen; die „parole" dagegen umfaßt die persönlich oder familiär usw. geprägten Zubereitungsarten der Speisen oder deren Menügestaltungen. Die klare Trennung zwischen den Regeln und Normen im Paradigma der „langue" und den individuellen Ausgestaltungen im Syntagma des Redeflusses, die für eine Sprache klarzustellen ist, ist dagegen im Kulinarischen nicht so trennscharf. Das Regelsystem hat hier nur die Form der sedimentierten Üblichkeiten des Vollzugs. Für eine Semiologie des Kulinarischen tauchen freilich unabweisbar weitere Fragen auf, z.B. gibt es eine Metaphorizität in der Sinn-Küche[20] des Kulinarischen. Und das kann nicht in der Übertragung der simplen Feststellung bestehen, daß ja jede Sprache, da sie nicht die Dinge in ihrem Sosein sich aussprechen lassen kann, „metaphorisch" sei, also daß abgesehen von rohem Obst – alle Dinge nicht so gegessen werden, wie sie sind. Metaphorizität im Kulinarischen begönne vielleicht dort, wo etwas Eßbares in einen Zusammenhang eintritt, wo es „eigentlich" nicht hingehört, dann wäre z.B. eine Ananas-Pizza eine kulinarische Metaphorizität, ob eine gelungene oder nicht, sei hier, wie bei jeder Metapher, erst einmal dahingestellt. Manche sprachlichen Metaphern verdanken sich einem Wandel oder der Entstehung von etwas Neuem in der Realität, für das ein Wort noch nicht zur Verfügung steht.[21] Für die in einem gemeinsamen Willen vereinigte Homogenität des Volkes etwa in einem Aufstand oder einer Revolution gab es Ende des 18. Jahrhunderts kein Wort; man verwendete daher den physikalischen Begriff der Masse, um die „levée en masse" zu benennen. Oder für die unterstellte historische Zwangsläufigkeit der Ablösung des Ancien Régime hatte man kein Wort und griff daher auf den astronomischen Begriff des Umlaufs der Ge-

---

20 Zu diesem Terminus der „Cuisine du sens": Ebd. II, 589-591. Dieser Terminus hat Karriere gemacht und wird heute gerade auch von anspruchsvollen Köchen zur Selbststilisierung verwendet, und zwar durchaus mit Variationen, z.B. von Alexandre Bourdas in der Reihung: „une cuisine de goûts [...] – une cuisine de sens – une cuisine des sens – une cuisine d'essences" (http://www.alexandre-bourdas.com/pensees, zuletzt gesehen am 18.3.2008). Und als F. Anton den dritten Stern als Koch erhielt, da hat der Blog „thymcitron2" seine Kochkunst benannt als „Une cuisine de sens, de sensible et de sentiment" (http://thymcitron2.blogspot.com/2007/02, zuletzt gesehen am 18.3.2008). Etwas näher dem Barthesschen Sinn des Begriffs bleibt das Café Chatosferabella in Paris: es soll ein Lokal der Begegnung einander fremder Sprachen und einander fremder Kochkünste sein. Zu R. Barthes s. auch Ottmar Ette: Roland Barthes, Frankfurt a. M.: Suhrkamp 1998, insbes. S. 170ff. Barthes hat die Sinn-Küche selbst in einem Text exemplarisch vorgestellt, in dem er die Bilder Archimbaldos interpretiert: Arcimboldo ou Rhétoriqueur et magicien, in: R. Barthes, ebd. V, S. 493-511.

21 Daß die Möglichkeit der Metapher überhaupt verschwinde und durch die Metastase verdrängt werde, behauptet Jean Baudrillard: Transparenz des Bösen, Berlin: Merve 1992, S. 14.

stirne (revolutio) zurück. Fleisch, zumal von Haustieren hat einen geringen Eigengeschmack, das kann man ändern, indem man durch Salzen den Salzgehalt
erhöht, heute aber wird man meist das Fleisch auch pfeffern und fügt ihm damit
etwas ihm ganz Fremdes hinzu. In Zeiten, als Pfeffer wegen hoher Transportko-
sten eine Kostbarkeit war, war das Pfeffern des Fleisches zugleich eine extern in-
duzierte Metaphorizität insofern, als diese Maßnahme Reichtum signalisierte, so
etwa bei dem in der Freien Reichs- und Hansestadt Dortmund erfundenen Gericht „Pfeffer-Pothast". Der Begriff der Sinn-Küche meint bei Barthes allerdings
allgemeiner jede Art und Weise, wie sich aus einer begrenzten Menge von Zeichen ein komplexer Sinn zusammenfügt. Als solcher sozialer, kultureller Sinn
wird er nicht einfach aus den Zeichen und ihren Bedeutungen zusammengebaut,
sondern er ergibt sich auch immer zugleich in Abgrenzungen zu anderem Sinn, in
Einfügungen in Sinngefüge usw. Zu einer bestimmten Art von Essen gehören eine bestimmte Kleidung und bestimmte Gesprächsgegenstände oder Musik, bestimmte Gedecke und Bestecke. Das ist zwar alles nicht in notwendiger Weise
miteinander verbunden, aber doch so, daß viele – auch nicht unbedingt alle –
wissen, was nicht „paßt". Es sind Passungen und nicht Normen, die die Sinnsy-
steme, zu denen auch das Kulinarische gehört, miteinander verbinden. Barthes
macht dergestalt klar, daß Ernährung („nourriture") für ihn ein komplexes System ist, das nicht allein unter ökonomischen oder allein unter diätetischen Gesichtspunkten zu betrachten wäre, sondern einer komplexen semiologischen Analyse zugeführt werden muß. Vor allem ist der Gegenstandsbereich einer solchen
Analyse nicht einfach die Gesamtmenge eßbarer Produkte, sondern auch ein
Kommunikationssystem, auch ein Korpus von Bildern, auch ein Protokoll der
Verhaltensweisen.[22]

Die Erfindung der Gastrosophie

Onfray weitgehend ignorierend, hat Harald Lemke eine „Ethik des Essens" vorgelegt, die laut Untertitel eine „Einführung in die Gastrosophie" sein soll.[23] Die
soi-disante Gastrosophie mit Ethik gleichzusetzen ist eine Einseitigkeit, die die
Möglichkeit einer jeden Kritik der kulinarischen Vernunft als eines eigenen Typs
jenseits von theoretischer und praktischer Vernunft unterläuft. Symptomatisch

---

22 Roland Barthes: „Pour une psycho-sociologie de l'alimentation contemporaine", in:
ders.: Œuvres complètes I, S. 1104-1115.
23 Harald Lemke: Ethik des Essens, Berlin: Akademie 2007; von Michel Onfray liegt
ebenfalls eine „Gastrosophie" vor, allerdings nur in einer Aufl. von 60 Exemplaren:
Michel Onfray: Gastrosophie. Petite phénoménologie de la raison suspendue, Bordeaux: Éditions Mollat o.J.

für einen solchen Ansatz einer ethischen „Gastrosophie" ist, daß eine der schon im „Entrée" als zentral aufgeführten Fragen die nach „Pro und Contra einer Pflicht zum Fleischverzicht" ist. Zwar will sie sich nicht auf eine Vegetarismus-Debatte festlegen lassen, sie bleibt aber dabei, daß es um eine „Idee einer politischen Ethik des Essens"[24] gehe. Dabei behauptet Lemke fälschlich, daß „die Erfindung des Begriffs Gastrosophie" auf Eugen von Vaerst (1851) zurückgehe.[25] Das ignoriert (germanozentriert) die französische Vorgeschichte.[26]

Priscilla Parkhurst Ferguson geht den neuen Wörtern für Kulinarik am Beginn des 19. Jahrhunderts vor dem Hintergrund einer gewandelten Gesellschaftsstruktur und eines gewandelten Gesellschaftsbewußtseins im nachrevolutionären Frankreich nach. Sie registriert einen Bedeutungswandel von „gastronomie" und „gourmandise". Zudem stellt sie fest, daß „gastrologie" zunächst nichts anderes bedeutet als das Reden vom Bauch („belly talk"), also französisch etwa „discours du ventre" (natürlich nicht zu verwechseln mit deutsch „Bauchrednerei"). Die neuen Wörter, und dazu gehört schließlich auch „gastrosophie", waren nötig, um einen Wandel der kulinarischen Kultur anzuzeigen. So stellt sie heraus, daß „gourmet" ursprünglich die Bezeichnung eines Weinhändlers und eines Degustateurs war und nun einen Experten für Trink- und Eßkultur meinte. Noch abenteuerlicher ist die Geschichte von „gastronomie". Das Wort taucht im Französischen erstmals 1623 in einer Übersetzung eines verlorengegangenen Gedichts des Epikuräers, Philosophen und kulinarischen Weisen Archestratos bei Athenaeus auf. Seine Einbürgerung in die französische Sprache und seine moderne Bedeutung erhält das Wort durch ein Gedicht von Joseph de Berchoux u.d.T. „La gastronomie, ou l'homme de champs à table". Der Larousse von 1866 hält dann bereits die emphatisierte Bedeutung fest: „un art qui mérite de marcher de pair avec la littérature". Die Begründung für diese Aufwertung ist ebenfalls bemerkenswert:[27] Jede wohldurchdachte und gelenkte Leidenschaft werde dadurch zur Kunst. Die Gastronomie aber sei mehr als alle anderen Leidenschaften für Durchdenken und

---

24 H. Lemke: Ethik des Essens, S. 13.
25 Ebd., S. 233.
26 Von Fourier hätte man mindestens durch Onfray und durch Ferguson wissen können, aber Lemke behandelt in seinem Abschnitt „Grundsätze einer Politischen Gastrosophie" (S. 373-375) seltsamerweise nur Rumohr.
27 Eine andere Begründung könnte sein: Literarische Werke sind zunächst auf eine Nationalsprache beschränkt und müssen gegebenenfalls übersetzt werde, während kulinarische Werke in Europa transnational verständlich und genießbar sind, also europäische Kultur integrieren helfen. Diese europäische Kultur des Essens war nur durch Zeit und Raum beschränkt: die Herkunft und Transportierbarkeit verderblicher Zutaten und die jahreszeitlichen Einschränkungen wirkten regional unterschiedlich.

Lenken geeignet. Als eine „-nomie", also eine Regel- und Gesetzeskunde, ist die Gastronomie durch Wissen und Erkenntnisse fortschrittsfähig wie alle Wissenschaften und Künste, belehrt uns der Geist des 19. Jahrhunderts. Durch Gastronomie scheidet sich schließlich kultureller Geschmack von bloß naturalem Hunger.[28] In diesem Sinne hatte sich bereits Grimod de la Reynière ausgesprochen: durch die Fortschritte von positivem Wissen und von Philosophie sei die Gourmandise zu einer eigenständigen Kunst geworden. Daher schlägt er in seinem kulinarischen Journalismus vor, an Gymnasien ein eigenes Lehrfach einzurichten und kulinarische Akademien mit Professoren der Gourmandise einzurichten, die Köche, kulinarische Gutachter und Journalisten für ein kulinarisches Rezensionswesen ausbilden und den Geschmack der Konsumenten schulen sollten.[29]

Die Idee einer Gastrosophie wurde bereits von Anthèlme Brillat-Savarin unter dem Namen einer „Gastronomie transcendante" entwickelt.[30] Diese „höhere Gastronomie" war auf den Spuren der sensualistischen Materialisten der Schule

---

28 Priscilla Parkurst Ferguson: „Belly Talk", in: XIX 1 (2003), S. 2-15, hier S. 3, in ihrem Buch: Accounting for Taste, Chicago 2004, S. 96 erwähnt sie auch noch „gastronomania" und den „code gourmand".

29 P. P. Ferguson: Accounting for Taste, S. 95f.; zur Wichtigkeit einer kulinarischen Erziehung bei Charles Fourier s. Kapitel „Das Abendmahl".

30 So der Untertitel von Jean Anthèlme Brillat-Savarins zunächst anonym erschienenem: Physiologie du Goût, ou Méditations de Gastronomie Transcendante, ouvrage théorique, historique et à l'ordre du jour, dédié aux Gastronomes parisiens, par un Professeur, membre de plusieurs sociétés littéraires et savantes, Paris 1825; die deutsche Übersetzung „Physiologie des Geschmacks", Braunschweig: Vieweg 1865, ND Wien, Köln: Böhlau 1984, vermeidet übrigens diesen Untertitel; in Deutschland war durch Kants Philosophie das Wort „transzendent" negativ besetzt als dasjenige, was alle mögliche Erfahrung überschreitet, während in Frankreich zu jener Zeit das Wort offenbar noch ein positiver Steigerungsbegriff war, so daß der Untertitel angemessen mit „höhere Gastronomie" zu übersetzen gewesen wäre. Übrigens verwenden einige spätere deutsche Übersetzungen an dieser Stelle das Wort „transzendental". Ob Brillat-Savarin Kant gekannt und gelesen hat, bleibt unklar, eine französische Übersetzung stand ihm nicht zur Verfügung, aber er konnte deutsch lesen. Die Nichtvermeidung des Wortes „transcendante" läßt eher auf keinen oder einen geringen Einfluß schließen; Lemke dagegen behauptet unbefangen und ungeschützt, daß Brillat-Savarin „kantische Impulse erkennbar" aufgenommen habe, wohlgemerkt solche aus der „Anthropologie", Ebd., S. 219, Anm. 111.– Das genaue Verhältnis von Fourier zu Brillat-Savarin bleibt unklar. Onfray vermutet persönliche Diskussionen seit 1789, ja sogar einen Einfluß des Jüngeren auf Brillat-Savarin und eine große Übereinstimmung beider; Fourier selbst äußert sich in „La Fausse Industrie" (Ebd. VIII, S. 283) verächtlich über Brillat: „Savarin était comme tous les gastronomes, un simpliste ignorant la gastrosophie [...]" P. P. Ferguson: Accounting for taste, hält eindeutig Brillat-Savarin für den bedeutenderen und widmet ihm eine ausführliche Würdigung, Brillat-Savarin sei der Begründer der Gastronomie als Sozialwissenschaft, S. 98.

der Ideologen (Cabanbis[31], Destutt de Tracy, Volney u.a. in der Nachfolge Condillacs) als eine Physiologie des Geschmacks entwickelt worden, reichte der Sache nach aber weit über physiologische Betrachtungen hinaus und bezog sogar auch soziale Komponenten des Essens mit ein: „Die Feinschmeckerei ist eines der stärksten gesellschaftlichen Bande; sie breitet täglich jenen geselligen Geist aus, der die verschiedenen Stände vereinigt, sie mit einander verschmilzt, die Unterhaltung belebt und die Ecken der gebräuchlichen Ungleichheit abschleift."[32] Das Wort „Gastrosophie" hingegen, was bei ihm noch nicht auftaucht,[33] wird erstmals 1824 belegt als „gastrosophy" im Sinne einer erhabenen „philosophischen" Steigerung der Gastronomie in den Maximen O'Dohertys[34], d.h. genau im Sinne der „Gastronomie transcendante" Brillat-Savarins. Entwickelt aber wird eine eigene „Gastrosophie" unter diesem Namen seit ca. 1820 von dem Utopisten Charles Fourier,[35] einem entfernten Verwandten Brillat-Savarins in seinem Entwurf einer „Neuen Liebeswelt", der zu Lebzeiten Fouriers nicht veröffentlicht wurde, sondern erst seit 1967 im Rahmen der Gesamtausgabe der Werke Fouriers zugänglich ist.[36] Ausführlich behandelt wurde sie dann im Kap. 27 seines Werks von 1829 „Le Nouveau Monde Industriel et Sociétaire, ou Invention du Procédé d'Industrie Attrayante et naturelle".[37] Für Fourier besteht die „Gourmandise" aus zwei Teilen, dem materiellen und dem, wie er sagt, „politischen". Der materielle ist nichts anderes als die praktische Ausübung des Geschmacks-Sinnes. Der „politische" Teil der Gourmandise erhält bei ihm auch den Namen „Gastrosophie", und zwar durchaus im Bewußtsein, damit einen Neologismus geschaffen zu haben, den er im „Nouveau Monde Industriel et Sociétaire" als Neologismus vorab folgendermaßen definiert: „La gastronomie appliquée à

---

31 Pierre-Jean-Georges Cabanis: Rapports du Physique et du Morale, Nouv. Ed., Paris: Charpentier 1867, II, S. 74ff. über den Einfluß der Ernährung auf die „économie animale".

32 Ebd., S. 171.

33 Anders noch fälschlich: Wikipedia am 10.2.2008.

34 O'Doherty, Sir Morgan [d.i. Maginn, William]: „Maxims", in: Blackwood's Edinburgh Magazine 15 (1824), S. 642; als Beispiele dieser gastrosophischen Exzellenz in Tom's Kaffeehaus werden dort genannt: echte Schildkrötensuppe, gepfeffertes „Mullagataway" (einer „indischen" Hühnersuppe) und ein ausgesuchter Madeira, sowie das dortige Ambiente.

35 So auch Karin Becker: Der Gourmand, der Bourgeois und der Romancier, Frankfurt a. M.: Klostermann 2000, S. 266, Anm. 466.

36 Charles Fourier: Œuvres complètes, Paris: Anthropos 1966-68, Bd. VII. – Zu Fourier s. auch Rolande Bonnain-Merdyck: „Fourier gastrosophe", in: Actualité de Fourier, ed. Henri Lefebvre, Paris: Anthropos 1975, S. 145-180.

37 Ch. Fourier, ebd. VI, S. 302: „De la Gastrosophie ou sagesse des Séries gastronomiques".

l'attraction industrielle et à l'hygiène."[38] Im Verhältnis der Begriffe „Gastronomie"/„Gastrosophie" hält Fourier fest: „La gastronomie, science badinée au-
jourd'hui et frivole en apparence, devient en Harmonie [d.h. der utopisch entwor-
fenen Gesellschaft der Zukunft] [...] Gastrosophie, haute sagesse gastronomique,
profonde et sublime Théorie d'équilibre social."[39] Gastrosophie als gastronomische Weisheit und grundlegende und erhabene soziale Gleichgewichtstheorie –
das ist eine wissenschaftlich sich begründende Utopie einer sozialen Kunst. Im
Sinne unseres Entwurfs einer „Kritik der kulinarischen Vernunft" reicht Fouriers
harmonistisch-utopische Gastrosophie von der Ästhetik bis hin zur Dialektik und
könnte uns daher permanent begleiten, wenn sie nicht mit allzu vielen absonder-
lichen Überzeugungen Fouriers und des 19. Jahrhunderts allgemein gespickt wäre.

Die Gourmandise, so heißt es in dem „Nouveau Monde Amoureux"[40] (ähnlich „Phalange",[41] Heft 54), angefangen bei der bloßen Ernährung über die Ausübung des Geschmacks-Sinnes bis zur („politischen") Gastrosophie, ist das all-
gemeinste Vergnügen des Menschen von der Wiege bis zum Grab. Die Gastrosophie wiederum teilt er in drei Teile ein:[42] Theorie – Praxis – Zusammengesetz-
tes. Die Theorie behandelt die reichliche und beschleunigte Verdauung oder die
positive Gesundheitspflege. Die „Praxis" behandelt die Nahrungszubereitung
gemäß dem Temperament jedes einzelnen Menschen. Und die Zusammensetzung
schließlich die „Kritik" beider und die Kenntnis der (nach Fourier) 810 verschiedenen Charaktere der Menschen und die darauf abgestimmten Eigenschaften der
Erzeugnisse der Küche. Unser eigener Entwurf einer „Kritik der kulinarischen
Vernunft" (s. u. 2.2) weicht von dieser Gastrosophie insofern ab, als er den Theo-
rie-Teil Fouriers ausläßt, weil hier nicht einem sensualistischen Materialismus als
Grundlage gefolgt wird, als er die „Praxis" in der transzendentalen Ästhetik und
Analytik behandelt, ohne allerdings die kuriose Bezüglichkeit auf genau 810
Charaktere vorauszusetzen, und als er wie Fourier auch die „Kritik" als den
wichtigsten Aspekt behandelt. Fourier kommt an der angeführten Stelle auch auf
die sogenannten Feinschmecker der Antike zu sprechen und findet nur sehr harte
Worte: sie seien allesamt gierige und gefräßige Vielfraße, allerdings habe auch
seine eigene Zeit es noch nicht viel weiter in der Zuordnung der Feinschmeckerei
auf die Gesundheitspflege gebracht. Alle beschränkten die Gastronomie auf die

---

38 Ebd. VI, S. V.
39   Ebd. IV, S. 130; im Begriff der „haute sagesse gastronomique" klingt natürlich
      Brillat-Savarins „gastronomie transcendante" an.
40 Ebd. VII, S. 126
41 Ebd. X-XII.
42 Ebd. VII, S. 126.

Kunst, möglichst viel essen zu können. Den berühmten Vitellius nennt er einen plumpen Athleten, der sich lediglich darauf verstand zu erbrechen, um weiter essen zu können. Weder von solchen „Gastronomen" noch von den Medizinern seiner Zeit sind Beiträge zur Gesundheitspflege als Grundlage der Gastrosophie zu erwarten. Die Mediziner nämlich wissen nicht einmal, wie man einen Menschen wohlbeleibt macht, obwohl jeder Bauer weiß, wie man Tiere mästet. Nach Fourier wirkt eine gastrosophische Wissenschaft in medizinischer Hinsicht sowohl vorbeugend als auch heilend. An der vorbeugenden Wirkung gastrosophischer Gesundheitsvorsorge hat die Profession der Ärzte aus Subsistenzerhaltungsgründen keinerlei Interesse. Die vorbeugenden Maßnahmen der Gastrosophie bestünden im Finden des rechten Maßes und der auf den Einzelfall abgestimmten Erhaltungsmaßnahmen. Allerdings ist das alles nicht so einfach, weil Fourier für sein System des gesellschaftliche Harmonismus eine komplizierte Metaphysik zugrundelegt, die vier „Bewegungen" (die materielle, die organische, die animalische und die soziale) und, aufbauend auf der sozialen Bewegung die Anziehungskräfte, die „Leidenschaften" (Passionen). Zwischen den Bewegungen herrschen „Analogien", so daß die Leidenschaften des Menschen harmonisch auf die Bewegungen der Natur abgestimmt werden müssen, damit die soziale Welt wieder in Ordnung kommt. Die „attraction passionée" definiert er nun folgendermaßen: „[...] impulsion donnée par la nature antérieurement à la réflexion, et persistante malgré l'opposition de la raison, du devoir, du préjugé, etc."[43] Die Attraktion der Leidenschaften hat immer gewirkt, auch wenn sie durch die rationale Zivilisation verdeckt oder verfälscht worden ist, in ihr wirken sich immer drei Zielorientierungen aus: Vergnügen und Überschwang der fünf Sinne; in sozialen Gruppen die Affektbande der Liebe; universell aber der Einklang aller Leidenschaften, Charaktere und Instinkte. Eine quasi-rousseauistische Zivilisationskritik kommt im Harmonismus also in die Nähe homöopathischer Vorstellungen. Zur Grundlage der Gastrosophie werden diese harmonistischen Überzeugungen dadurch, daß diese einen Einklang des Geschmacks erzeugen kann, was wegen der Vielheiten (z.B. der 810 Charaktere) nicht Einheitlichkeit heißt, sondern gewissermaßen eine Fügung von allem mit allem meint. Die Sexualität, die bei Fourier eine sehr wichtige Rolle spielt, ist gewissermaßen eine Chiffre solcher Fügungen. So bedeutet Gastrosophie bei ihm eine Verbindung sozialphilosophischer Weisheit und nützlicher wissenschaftlicher Erkenntnisse, insbesondere der Gesundheitspflege und der Landwirtschaftskunde mit der Materialität verfeinerter Genüsse der Gourmandise. Als Beispiel der Funktion der „Analogien" der Leidenschaften mit den Eigenschaften der Nahrungsmittel sei hier Bezug ge-

---

43 Ebd. VI, S. 47.

nommen auf eine Passage der „Phalange"[44]: Der Apfel ist eine „Hieroglyphe" der Freundschaft, also hat er diesen Einfluß, der aber auf den einzelnen Charakter und die Lebensumstände abgestimmt werden muß, z.B. sind rohe Äpfel für Kinder gut, gekochte dagegen für Heranwachsende und gezuckerte für alle anderen Lebensalter. Gerade der Apfel hat nach Fourier nicht nur harmonisch wirkende vorbeugende Wirkungen, sondern auch erstaunliche Heilwirkungen, von denen die professionelle Medizin keine Ahnung hat. Diese beruhen auf den natürlichen Anziehungen zwischen den Leidenschaften und den Bewegungen der Materie. Aber eine gastrosophische „médicine naturelle et attrayante" gibt es natürlich noch gar nicht, sie ist auch äußerst schwierig, weil sie die 810 Charaktere, die Lebensalter, die Lebensumstände und als heilende auch die Umstände der Erkrankung berücksichtigen müßte, so daß es praktisch keine allgemeinen Rezepturen für Krankheitsfälle, sondern nur hoch individualisierte Rezepturen geben kann. Die finanzielle Einbuße der Mediziner wäre enorm, wenn man wirklich wüßte, welche Marmelade oder welcher Likör im jeweiligen Einzelfall aufgrund einer „Homöopathie" der Leidenschaften und der Nahrungsmittel wirksam wäre, wobei die Kombinationsmöglichkeiten sich noch dadurch steigern, daß jedes Nahrungsmittel eine Vielzahl von Zubereitungsarten und Kombinationen mit anderen Nahrungsmitteln zuläßt: „Tel est le problème que doit résoudre la science gastrosophique; elle doit opérer ce miracle en sens curatif et en préservatif."[45] Wird man aber eines Tages einmal als philosophischer Gastrosoph diese Einsicht in die harmonische Abstimmung der Nahrungsmittel in die Vielfalt der Charaktere und ihrer Umstände haben, dann wird man auch gastrodiktatorisch (irrécusable) bestimmen müssen, was wer zu essen hat, welche der vielfältigen Zubereitungsarten von Eiern z.B. für den jeweils Einzelnen vorzusehen ist, damit es ihm gut gehe:

„Il n'y aura donc rien d'arbitraire dans les cuisines de l'Harmonie, et malgré l'immense variété des mets et préparations, tout y sera soumis à des autorités [...] dont l'appui constituera l'orthodoxie d'un mets dans les diverses nuances d'apprêts dont il sera soutenu. Le dogmne sur chaque mets, sur chaque sauce ou nuance, aura d'abord l'appui d'un jury expérimental composé du globe entier [...] Ce sera une autorité irrécusable [...]"[46]

---

44 Ebd., S. 433f.
45 Ebd.
46 Phalange, S. 444. Da allerdings gilt „tout est libre dans l'Harmonie", gibt es immer auch zu der gastrosophischen Orthodoxie die Heterodoxien der Häretiker, von denen gegebenenfalls auch die Innovationen der Orthodoxie zu erwarten sind (S. 446).

Auf die Grundlagen der Fourierschen Theorie (Theorie der vier Bewegungen und der 810 Temperamente) kann und braucht hier nicht weiter eingegangen zu werden. Es kam an dieser Stelle nur darauf an, die Ursprünge einer Gastrosophie richtig zu identifizieren und Licht auf einige Konsequenzen dieser Lehre von der guten Ernährung zu werfen. Gastrosophie ist im Ursprung eben keine Ethik, sondern allenfalls eine Ästhetik des Wohllebens in einer Gesellschaft der Harmonie. Sie ist gastronomische Weisheit und „wissenschaftlich" begründete soziale Kunst der Einrichtung eines sozialen Gleichgewichts und der Harmonie. Als solche gehört sie eher an die Seite einer philosophischen Erotik oder einer Philosophie der Verführung.[47] Verlassen wir aber nun die Wunderwelt einer gastrosophisch zu bewirkenden allgemeinen Harmonie und wenden uns nun einer Kritik der kulinarischen Vernunft zu.

---

47 Der bei Fourier wesentliche Zusammenhang von Gastrosophie und Sozialutopie wird nicht nur von dem neueren Gastrosophismus Lemkes ignoriert, sondern findet auch bei den Darstellern seiner Sozialutopie keine Gegenliebe, s. Jean Claude Derivaux/Ekke-Ulf Ruhstrat: Zur Geschichte der Sozialutopie, Pfaffenweiler: Centaurus 1987, S. 76-94.

2.2 Inhalte einer Kritik der kulinarischen Vernunft

Eine mögliche Kritik der kulinarischen Vernunft könnte folgende Fragen behandeln:

- Was hat in der Küche zu geschehen: Wie soll man kochen, was soll man kochen, wer soll kochen? („*Ästhetik*": hierher gehören daher auch Fragen der Zeitlichkeit und Rhythmik sowie der Orte der Zubereitung)
- Was soll man essen und trinken: medizinisch-diätetisch und kulturanthropologisch betrachtet und nach Getränken und Speisen differenziert? („*Analytik*": hierher gehören daher auch kulturwissenschaftliche Erwägungen über Eßbarkeit und Genießbarkeit)
- Inwiefern kann die Mahlzeit und die Tischgesellschaft als eine Organisationsform des kommunikativen Textes betrachtet werden? („*Dialektik*")
- Was sind die Leistungen und die Grenzen einer philosophischen Kulinarik; Unterfrage nach der kulinarischen Ausschweifung als Synthese nomadischer und ersitzender Vernunft? („*Metakritik*")

Ästhetik des Kulinarischen: Das Küchengeschehen

Wie soll man kochen?

Zuerst gehen wir also der Frage nach, was in der Küche geschieht.[1] Viele Erörterungen und natürlich sämtliche Kochbücher richten gerade ihr Hauptaugenmerk auf das Küchengeschehen. Täte man jedoch ausschließlich dieses, so reduzierte sich eine „Kritik der kulinarischen Vernunft" auf eine feierlich-philosophische Form eines Kochbuchs.[2] Bisherige Arbeiten zum Thema und selbst Rigotti sind

---

1   Die Trennung der Küche vom Speiseraum ist keine Selbstverständlichkeit, sondern setzt bestimmte historische Bedingungen voraus. Wenn das Kochen eine untergeordnete Tätigkeitssorte ist und der Adel von solchen Tätigkeiten entbunden, dann braucht man einen separaten Ort, an dem diese subalternen Tätigkeiten zum Wohl der Privilegierten ausgeübt werden können und zugleich der Sichtbarkeit entzogen sind. Wo aber der Adel selbst seinen Ehrgeiz in raffiniertem Kochen befriedigen kann wie etwa im Bagdad des Kalifen Harun ar-Raschid oder wo umgekehrt der Herd der Mittelpunkt der Familie war, macht eine solche Trennung keinen Sinn. Wenn hier vom Küchengeschehen die Rede ist, dann wird diese räumliche Trennung als ein historisches Produkt behandelt, gemeint ist diese Redeweise aber als Ort des Kochgeschehens, mag dieses nun in einer separaten Räumlichkeit oder in einer Wohnküche geschehen.

2   Es ist natürlich eine berechtigte Frage: Wozu überhaupt Kochbücher? In Zeiten und in sozialen Schichten, in denen das Kochen ganz den Frauen überlassen wurde, konnte doch im Rahmen der familiären Sozialisation der Töchter das Wissen der

dieser Gefahr ganz oder teilweise erlegen. So definiert der berühmte Rumohr in seinem „Geist der Kochkunst" diese folgendermaßen: „Die Kunst zu kochen entwickelt in den Naturstoffen, welche überhaupt zur Ernährung oder Labung der Menschen geeignet sind, durch Feuer, Wasser und Salz ihre nahrsame, erquickende und ergötzliche Eigenschaft."[3]

Rigotti dagegen, angeregt durch Wittgenstein, der sich nach ihren Auskünften allerdings vorwiegend von Haferflocken ernährte,[4] behandelt das Küchengeschehen weitgehend in Analogie zu dem Schreiben philosophischer Texte. Ihr Text „konzentriert sich in erster Linie auf die Analogie zwischen der Zubereitung der Speisen in der Kochkunst und der Ausarbeitung des Gedankens in der Philosophie [...]"[5] Oder noch zugespitzter: „Das Wort ist Speise, Erkenntnis ist Nahrung, Wissen ist Essen, Schreiben ist Küche."[6] Und so meint sie, daß im Kochen wie in der Philosophie alles auf das Zerlegen und Neuzusammensetzen, auf das Mahlen und Verrühren, auf das Zerkleinern und Mischen ankomme. Letztlich stellt sich für sie so der dialektische Dreischritt von Mahlen, Manschen und Backen her: Analyse, Synkretion und Synthese oder das Zergliedern, Zusammenführen und Formgeben. Aber als gute Köchin und gute Philosophin weiß sie sehr wohl, daß ein solches Vorgehen im Hinblick auf bestimmte Ausgangsstoffe barbarisch wäre. Ein gutes Steak darf nicht als erstes zerhäckselt, dann vermanscht

---

Mütter und Großmütter an die Töchter weitergegeben werden, wozu also Kochbücher, zumal viele dieser Frauen gar nicht lesen konnten? Nun, für sie waren diese Bücher sicher nicht geschrieben, selbst nicht für die russischen Töchter, deren Verheiratungs-Qualitätsmerkmal es war, im heiratsfähigen Alter nicht kochen zu können, sondern es nach dem Geschmack des Zukünftigen eben von der Schwiegermutter zu erlernen. Kochbücher, so wird man wohl sagen müssen, beschreiben die Küche der anderen; in Zeiten sozialen Umbruchs, also vor allem der Emanzipation des Bürgertums, beschrieben die Kochbücher, was es bei den Adeligen, deren Lebensstil man imitieren wollte, zu essen gibt und wie man es zubereitet. Allerdings hatten die Rezepte in Kochbüchern vor dem Ende des 19. Jh. eher den Charakter von Anregungen als von Anweisungen mit genauen Mengen- oder Zeitangaben. Heute sind viele der Exponate der Kochbuchproduktion irgendeiner Form exotischer Küche gewidmet; ein Kochbuch der indischen Küche empfiehlt sich selbst und verrät damit zugleich die Motive seiner potentiellen Käufer: „Mehr als 150 authentische, klassische Rezepte der indischen Küche, die nicht jeder kennt." So Tanja Dusy/Ronald Schenkel: Indien, München: Graefe & Unzer o. J. Allerdings gibt es wegen der Sozialisationsbedingungen heutiger Gesellschaft zunehmend auch den Bedarf an Kochbüchern, in denen man lesen kann, was früher die Mütter lehrten, d.h. die jungen Schwaben in die Rezepte der schwäbische Küche einzuweihen.

3   Karl Friedrich von Rumohr: Geist der Kochkunst, Frankfurt a. M.: Insel 1978.
4   F. Rigotti: Philosophie in der Küche, S. 87.
5   Ebd., S. 11.
6   Ebd., S. 24.

und anschließend in eine (Einheits-)Form gebracht werden, obwohl MacDonalds und Konsorten in ihrer globalisierten Anti-Kulinarik regelmäßig genau so verfahren. Schon Rumohr formulierte aus einem solchen Verfahren seinen Grundvorwurf an die damalige französische Küche (darin allerdings Nachfolgerin der italienischen und letztlich der altrömischen Kocherei): „Die Franzosen sind, wenn nicht die ersten Erfinder, doch die Verbreiter aller Gehäcksel und Vermengungen."[7] Und durch diese Operationen werden die Ausgangsstoffe unkenntlich gemacht. In der Spezifik der Ausgangsstoffe erhält sich auch so etwas wie der Charakter einer Region, aus der die Speisen stammen, während die Küche der Großreiche (Rom und heutzutage USA) meint, die Vermanschung zu einer Meltingpot-„Kultur" sei der Gipfel auch in der Kochkunst, also jeglicher Speise durch Mischung und Verarbeitung den ursprünglichen Charakter zu nehmen und damit natürlich auch die Unvereinbarkeit bestimmter Kombinationen. Die Regel, allen Speisen möglichst ihren Eigengeschmack zu erhalten, bzw. ihn fördernd hervorzuheben, hat seine Grenze allerdings dort, wo das im Prinzip Eßbare einen üblen Eigengeschmack hat, die beschränkten Mittel aber zum Verzehr zwangen. Dann empfiehlt es sich umgekehrt, durch sehr starkes, angenehmes Würzen den Eigengeschmack zu überformen. So empfiehlt eines der ältesten Kochbücher überhaupt, das „De coquinaria" des Apicius eine sehr starke Würze, durch die selbst der dem Eigengeschmack nach faulige und ranzige Kranich genießbar werde.[8] Aber diese aus der Not geborene Kunst wurde dann verallgemeinert, und es galt als Ziel, den Eigengeschmack möglichst zu verbergen, darin bestünde die eigentliche Kunst des Kochens.[9] In seinem „Satyricon" treibt Petronius diese Tendenz in dem Lob eines Koches auf die Spitze: „Wenn du willst, macht er dir aus Saueuter einen Fisch, aus Schmalz eine Taube, aus Schinken eine Turteltaube und aus einer Schweinshaxe ein Huhn."[10] Soll das nicht eine Art Magie sein, dann ist das probateste Mittel, das Ziel der Unkenntlichmachung der Ausgangsmaterialien zu erreichen, alles zu zerkleinern, zu vermengen und zu vermanschen und aus diesem Brei des Entdifferenzierten durch eine Grammatik des Würzens alles neu

---

7   Ebd., S. 33.

8   Caelius Apicius: Das Kochbuch der Römer, Düsseldorf, Zürich: Artemis 1999, S. 49.

9   Nach Michel Onfray kehrt diese Tendenz in der bürgerlichen Küche des 19. Jahrhunderts, inauguriert durch Antonin Carême und perfektioniert durch Curnonsky, wieder: sie will normalem Fleisch durch eine Beize einen Wildgeschmack verleihen und die Œufs pochés belle Hélène werden wörtlich als maskierte Eier bezeichnet, weil sie in Panade und Soße unkenntlich werden. M. Onfray: La raison gourmande, S. 185f.

10 Zit. nach Gunther Hirschfelder: Europäische Eßkultur, Frankfurt, New York: Campus 2001, S. 87.

zu differenzieren. Die Grammatik des Würzens als die eigentliche Kunst des Kochens anzusehen, hat mehrere Gründe. Erstens waren im Mittelalter und in der frühen Neuzeit Gewürze teuer, also verriet ihr reichlicher Gebrauch Wohlstand. Zweitens aß der Adel, die kulinarisch bestimmende Gesellschaftsschicht, sehr viel Fleisch und wenig Gemüse, allenfalls, wenn die kirchlichen Fastenvorschriften befolgt wurden, viel Fisch; Fleisch und Fisch aber verlangen eher nach Würze als die diversen Gemüse, die stärker einen sehr spezifischen Eigengeschmack mitbringen. Drittens aber sprach man vielen der Gewürze auch Heilwirkungen zu, so daß sie sich für eine gesunde Ernährung empfahlen. Den Eigengeschmack der Speisen stärker hervortreten zu lassen, diese Maxime verdankt sich erst der Haute Cuisine des ausgehenden 17. Jahrhunderts, für die nun das starke Würzen früherer Zeiten als „arabisch" galt. Daß wir heute fiktive Speisen verzehren, „idealisierte" Produkte einer hoch entwickelten Nahrungsmittelbranche, also Fakes, konsumieren, das dürfte klar sein. Das Hähnchen à la Toskana aus der Tiefkühltheke hat keine Ähnlichkeit mehr mit dem Tier, das schreit, wenn es getötet wird, das nach dem Abtrennen des Kopfes sich noch eine Zeitlang bewegt und mit den Flügeln schlägt, das gerupft wird, solange es noch warm ist, dessen Gedärme dann ausgenommen werden, dessen Fleisch eher kräftig, dunkel ist und würzig schmeckt – im Gegensatz zu den hellen, zarten und laschen Tiefkühltieren.

Den Imperativ, die Vielheit zu erhalten und gleichwohl zu einem harmonischen Ganzen der Passungen zu verbinden, kennt Rigotti natürlich ebenso, und sie führt diese zwei Tendenzen der Vermischungen und des Erhalts der Vielfalt gedanklich an die metaphysischen Schulen der Einheitsphilosophen und der Pluralisten (Eleaten und ionische Philosophen) heran. Was Rigotti jedoch dabei übersieht, ist, daß Einheit und Vielheit keine beliebig wählbaren Meinungen oder in Glaubensüberzeugungen (vom Typ „philosophy" oder doxa) fundierten Optionen sind, sondern in der Dominanz bestimmter Sinne gründen. Die Aisthesis als erstes Moment des Weltverhältnisses unserer Sinnlichkeit besteht aus Nahsinnen einerseits und distanzierenden Sinnen andererseits. Gesicht und Gehör distanzieren und sind vorrangig zur Einheitsbildung befähigt, das stellt der Übergang von den Anschauungsformen zu den Kategorien des Verstandes im Rahmen der Transzendentalen Analytik bei Kant dar. Die Nahsinne des Tastens, Riechens und Schmeckens dagegen erzeugen eine Melange, die die Übergänge vom einen zum anderen ohne Rekurs auf Einheit regeln, d.h. rhizomatisch.[11]

In der Küche nun greift beides ineinander: es muß schmecken und duften, weil die Speisen zum Verzehr zugerichtet werden und beim Verzehr die Nahsin-

---

11 Mehr zu Einheit und Vielheit s. in Kapitel „Einheit und Vielheit".

ne passieren, aber es muß zugleich gefällig aussehen; denn wie es heißt, ißt das Auge mit, weil es nämlich unser stärkster Sinn ist. Hundefutter dagegen – weil der Gesichtssinn der Hunde subdominant ist – muß vor allem gut riechen und schmecken. Eine Küche für Blinde dagegen kann nicht ein Defizit an Geruch oder Geschmack durch ein gefälliges Aussehen zu kompensieren versuchen. Für sie ist die Maßnahme mancher zweitklassiger Restaurants sinnlos, Salzkartoffeln mit vertrockneter, geschmackloser Petersilie zu bestreuen. Das Mittelalter kannte noch eine ausgefeilte Kultur der Färbung und damit der optischen Verfremdung von Speisen. Gelbe Farbe erzielte man mit Safran oder Eigelb, grüne Farbe mit Petersilie oder mit Sauerampfer, Weinlaub oder Weinknospen, rote mit Kirschen und Blautöne mit Veilchen, Brauntöne erreichte man mit geriebenen Toastbrot oder mit Hühnerleber. In der arabischen Küche wurde sogar Blattgold zur Zierde der Speisen eingesetzt (wie heute noch im „Danziger Goldwasser"). Auch wenn man vielleicht den Nahsinnen in der Küche mehr Aufmerksamkeit widmen sollte und entsprechend auch den Reflexionen einer „Kritik der kulinarischen Vernunft", wäre es doch fatal, wenn die Gerichte die Küche verließen, als wären sie für Blinde bestimmt. Soviel zu der Frage, wie man kochen soll.

Ein wichtiges Thema der Transzendentalen Ästhetik sind die Anschauungsformen Raum und Zeit. Insbesondere das Thema der Zeit, das uns allerdings auch in den weiteren Abschnitten noch beschäftigen wird, erheischt schon hier eine erste Berücksichtigung. Nicht nur muß das Küchengeschehen auf die Folge der Gänge im Speisezimmer abgestimmt werden, nicht nur muß mit der Verderblichkeit aller Zutaten kenntnisreich umgegangen werden, sondern viel grundsätzlicher greift die Vergänglichkeit und Zeitlichkeit in die Gegenstände der Kochkunst ein, was Rigotti in ihrer Parallelisierung der Produktion philosophischer Texte und der Zubereitung von Speisen ignoriert. Was auch immer der Koch anstellt, Speisen sind vergänglich und verderblich. Ja, sie werden für die Vergänglichkeit, d.h. den Verzehr hergestellt. Das gibt diesen Kunstwerken eine Zeitstruktur, die allen primär performativen Künsten eigentümlich ist (Drama, Musik, Kino, Happening). Aber auch hier gibt es noch Unterschiede der Auslieferung dieser Künste an die Zeit.[12] Der Trauermarsch für Alexander II. von Frédéric Chopin mag von verschiedenen Interpreten verschieden dargeboten werden, irgendwie aber ist es „dasselbe" Musikstück; wenn die Einspielung auf einem Tonträger festgehalten wird, kann es sogar eine materielle Identität geben, auch wenn keine Wiederholung identisch ist, z.B. ist dieser Trauermarsch nicht „derselbe", ob er nun im Rahmen eines Klavierabends mit Werken von Chopin dar-

---

12   M. Onfray: La raison gourmande, S. 69: „La cuisine est une art du temps et de sa maîtrise.", dt. Ausg. S. 57.

geboten wird oder bei der Trauerfeier für einen „Helden".[13] Die Anwendung dieser Überlegungen auf Drama und Kino erspare ich mir an dieser Stelle und komme gleich auf den wesentlichen Unterschied zur Kochkunst. Dazu stellte schon Plutarch, allerdings gerade das Ephemere negativ bewertend, fest: „Die Freuden der Tafel selbst gewähren nur eine sehr unedle und bald verschwindende Erinnerung, die dem vom vorigen Abend übrig gebliebenen Geruch von Speisen und Räucherwerk gleicht."[14] Ihre Produkte sind ganz der Zeit überantwortet. Die einzige Art, Dauer trotz Zeit zu erreichen, ist die Reflexivität, d.h. z.B. die Erinnerung, die Beschreibung in Texten oder heute auch filmische Präsentation. Letztere sind aber so aufregend wie eine Wiederholung früherer Ziehungen der Lottozahlen es wäre. Auf den Moment des Geschehens kommt es im Grunde einzig und allein an. Insofern ist die eigentliche philosophische Würdigung der Kochkunst auch erst in einem Zeitalter möglich geworden, das unwiederholbare Kunst wie das Happening hochzuschätzen, dem Situationismus etwas abzugewinnen und das schließlich dem philosophischen Begriff des Ereignisses einen eigenen Wert beizumessen weiß. Künstler des Kinos, der Musik und des Mahls sind Zeitgestalter, deren Werke die Dreidimensionalität überschreiten. Allerdings sprechen sie auf je eigene Weise verschiedene Sinne primär an: das Kino den Gesichtssinn, die Musik das Gehör und das Mahl den Geschmack. Gemeinsam ist ihnen, daß der Film, die Musik und die Mahlzeit ihren Sinn in ihrer zeitlichen Entfaltung finden und damit dem aristotelischen Begriff der Praxis entsprechen im Gegensatz zu den poietischen Künsten, die den Schaffensprozeß in einem gelungenen und überdauernden Werk terminieren lassen. Letztere müssen im ästhetischen Genießen erst noch einmal retemporalisiert werden, während erstere den Künstler und den Rezipienten in einen gemeinsamen zeitlichen Prozeß der Gestaltung einspannen. Es sind ja genau diese ephemeren Künste, die in der platonischen Tradition der Verachtung anheimfielen, denn nur das Bleibende hat Wert, letztlich die Ideen und die unsterbliche Seele, das Vergängliche zeigt eben durch seine Vergänglichkeit seinen Unwert, die Musik, die Kochkunst und natürlich die Körperlichkeit überhaupt.[15] Das begründet auch eine Hierarchie der Sinne. Sicht-

---

13 Klassisch zu dieser Problematik Michel Foucault: Archäologie des Wissens, Frankfurt a. M.: Suhrkamp 1981, S. 115-153.

14 Plutarch: Tischgespräche, in: ders.: Vermischte Schriften I, München, Leipzig: Müller 1911, S. 207.

15 Es bedurfte Odo Marquards (der allerdings Günther Patzig und Christian Meier als Mitschuldige denunziert), um den Gedanken des „Einweggedankens" zu fassen: „Der Einweggedanke ist derjenige Gedanke, der nur einmal gedacht und gebraucht wird und dann nie wieder auftaucht." Odo Marquard: Abschied vom Prinzipiellen, Stuttgart: Reclam 1981, S. 67. Nun, dieser Gedanke wird hier, wenn auch nur in

bares kann geschaut und als Erinnerungsbild festgehalten werden, auch Gehörtes kann mit etwas mehr Mühe im Gedächtnis als Gestalt festgehalten werden, aber das Gerochene und das Geschmeckte vergeht und verliert sich jenseits der Retentionen. Noch die architektonische Kulinarik von Carême versuchte, mit ihren Konditorenkunst-Produkten Dauerhaftigkeit anzustreben und ein Teil dieser Produkte war auch gar nicht für den Verzehr bestimmt, Eßbares wurde bewußt dem Verspeisen entzogen. Hier wurde am entschiedendsten die Kochkunst ihrer wesentlichen Zeitlichkeit zu entziehen und sie der Skulptur anzunähern versucht.[16] Ihre Fortsetzung findet diese Linie bei den Futuristen (Marinetti, Fillìa), die bewußt ungewöhnliche Speisen zubereiteten und dabei auf die Genießbarkeiten wenig Rücksicht nahmen, sondern denen es darauf ankam, bei den Konsumenten das Bewußtsein zu erwecken, daß sie Kunst essen können, wobei z.B. Huhn mit einer Fülle aus Kugellagerkugeln serviert wird, bis hin zur Eat Art (Spoerri, Kubelka, Froelich), für die der Kunstwerkcharakter ihrer Werke im Vordergrund und die Eßbarkeit nachgeordnet ist. Der Genuß wird tendenziell von der physiologischen Notwendigkeit der Ernährung abgekoppelt und auch tendenziell den Gaumenfreuden entzogen, so als könnten die Speisen nicht in den Verdauungsapparat des menschlichen Organismus, sondern gleich als Begriff oder Konzept in den Kopf einwandern. Für Spoerri werden gerade die nicht genießbaren Reste des Mahls zum Kunstwerk. In seinem Restaurant serviert er Kartoffeleis, Nougat aus Hackfleisch, Elefantenrüsselsteaks oder Blumenkohlparfait unter einer Kaviarhaube mit sautiertem Rochenflügel, und was nicht gegessen wird, wird samt Tisch zum Kunstwerk erklärt und verkauft. Froelich dagegen erklärt, noch ein Stück verwegener, die Hausmannskost zum Kunstwerk, z.B. eine Möhrensuppe, Grünkohl u.ä. – das einfache Leben ist das Kunstwerk – darauf mußte man erst einmal kommen! Nicht unerwähnt bleiben soll auch die sogenannte Molekularküche des Katalanen Ferran Adrià, zumal seine Kochkunst die Weihe der DOCUMENTA erhalten hat; er war zwar nicht dort, aber sein Restaurant „El Bulli" wurde von Buergel zum Außenstelle der DOCUMENTA erklärt. Offenbar sind also seine „Kunstwerke" tatsächlich noch eßbar, wenn sicher auch gewöhnungsbedürftig, z.B. „Passionsfrucht-Jelly mit Lavendel und Röstbrot, übergossen mit flüssigem Stickstoff" oder „Bonbons von der Entenstopfleber mit Karamell und Senf-Eiscreme mit Rotkraut-Gazpacho" zusammen mit „Briochewürfel geflämmt und in Stickstoff getaucht". Die Grundidee der Molekularküche ist die Nutzung der Kenntnisse der chemischen Prozesse und Substanzen in den Nahrungsmitteln

---

einer Anmerkung, recycelt, er ist einfach zum Wegwerfen zu schade. Wir Messies sammeln dergleichen und stellen es in den Anmerkungen aus.

16 Zu Carême s. M. Onfray: La raison gourmande, Kap. 6, zur futuristischen Küche Kap. 8. .

und eine Rekombination der so bekannten Moleküle zu neuen Speisen und Geschmacksrichtungen, also das, was die Food Designer der Nahrungsmittelindustrie im Geheimen schon lange tun, allerdings dort eher in Imitation und evtl. leichter Variation schon bekannter Geschmacksrichtungen. In der Molekularküche wird diese Tendenz übersteigert, öffentlich eingestanden und zum Programm erklärt. Der Entwickler der Molekularcocktails Axel Herz etwa machte sich im Lebensmittel- und Biotechnologiezentrum Bremerhaven kundig, die dort gegründet auf sensorische und molekulargenetische Forschungen Lebensmittel analysieren und neue synthetisieren. Dabei enthalten die „23 Gebote des Ferran Adrià" gegenüber einem traditionellen kulinarischen Ethos wenig Neues und können als Grundsätze nicht nur der Molekularküche angesehen werden.[17]

Das hat verschiedene Konsequenzen für die Kochkunst. Der Kochkünstler ist ein Zeitgestalter in ähnlicher Weise, wie Gisèle Brelet das in ihrer phänomenologischen Musikästhetik für die Musik herausgestellt hat.[18] Er manipuliert die Zeitspannen und ergreift den richtigen Moment, den kairos. Die Speisen müssen die richtige Temperatur haben, wenn sie aufgetischt werden und das Steak muß nach Vorliebe des Gastes cru, au point oder bien cuit sein und das ohne durch Aufschneiden hineinschauen zu können. Die verschiedenen Garzeiten müssen so aufeinander abgestimmt werden, daß gleichzeitig zu Servierendes trotz unterschiedlicher Garzeiten gleichzeitig fertig ist, der nächste Gang aber genau dann, wenn die Essenden den vorherigen vermutlich abgeschlossen haben werden. Das erfordert eine komplizierte, nirgends niedergeschriebene Partitur und Rhythmik. Daher ist das Zubereiten eines Essens die beste Vorschule zur Kritik des Platonismus und seiner Tradition der Suche nach dem Unvergänglichen im Abendland. Der Koch erschafft im Fluß der Zeit und trotz Vergänglichkeit wiederholbare große Augenblicke.

Was soll man kochen?

Die zweite Frage des Küchengeschehens ist die danach, was man kochen soll, und zwar zunächst unabhängig von diätetischen Kriterien, die uns erst im dritten Abschnitt beschäftigen werden. Die Frage, was zuzubereiten sei, ist für eine Kritik der kulinarischen Vernunft diesseits der Abgrenzung Genießbar/Ungenießbar angesiedelt. Es scheint so eine überflüssige und vermutlich nur als Ausrede brauchbare Unterscheidung der Pilzsammler, innerhalb der Gruppe der unge-

---

17 Jürg Landert: „Die 23 Gebote des Ferran Adrià", unter: http://www.jlz.ch/7_downloads/downloads/23%20gebote.pdf, zuletzt gesehen am 18.9.2008.
18 Gisèle Brelet: Le temps musical, 2 Bde., Paris: Presses Universitaire de France 1949.

nießbaren Pilze die tödlichen von den bloß gefährlichen (mit Beeinträchtigungen des Nervensystems) und den lediglich scheußlichen zu unterscheiden. Wir brauchen uns hier nur für die genießbaren Nahrungsmittel zu interessieren, weil auch die Beimischung von Giften zu den Speisen – in der Küche der Renaissance eine noch wohl bekannte Kunst – nicht mehr üblich ist, sieht man einmal von spektakulären Einzelfällen ab.[19] Unter den genießbaren Stoffen finden wir solche, die man auch roh essen kann, wie Beeren, Früchte und Salatpflanzen, und solche, die üblicherweise in unserer Kultur gegart werden. Von den kulturellen Einzelfällen sehe ich im folgenden weitgehend ab; denn daß die Eskimos Fleisch auch roh essen, weist sie ja nicht als besonders barbarisch aus, sondern ein Garen wäre unter ihren klimatischen Bedingungen aus Mangel an Brennmaterial nicht nur äußerst schwierig zu bewerkstelligen, sondern in dem Maße auch überflüssig, in dem das Garen auch der Haltbarmachung des in Wärme leicht verderblichen Fleisches dient. Und damit sind wir bei einem wesentlichen Punkt angelangt. Das Garen ist vor allem eine Maßnahme, das natürliche Verderben der Speisen hinauszuzögern. Wenn alle Kultur Verfallsverzögerung ist, das Kulturprinzip das Prinzip der Umwege, dann markiert die Unterscheidung des Rohen und des Gegarten die immer wieder neu fällige Absetzung der Kultur von der Natur.[20] Diese Absetzung kann aber keine Verabschiedung sein, weil das Garen letztlich immer auf die Roh-Stoffe angewiesen bleibt, selbst wenn heute in der professionellen Küche überwiegend Halbfertigprodukte Verwendung finden. Aber auch innerhalb der Gruppe der roh verbleibenden Speisen muß eine Markierung kulinarischer Kultur erkennbar sein, eine Zubereitung oder Verfeinerung. Die Erdbeeren werden gezuckert oder mit Sahne gereicht (vom Verlesen und Reinigen gar nicht zu reden), und der Salat erhält eine Vinaigrette. Es ist großer Genuß, auf einer Wanderung im rechten Moment auf einen Baum mit reifen Äpfeln zu stoßen, einen zu pflücken und herzhaft hineinzubeißen, vielleicht sogar ein größerer Genuß als jedes nur phantasierbare Tischlein-deck-dich, aber mit Kulinarik hat das nichts zu

---

19 Zum Gift-Becher s. Olaf B. Rader: „Becher oder Tod", in: Mahl und Repräsentation, hg. v. Lothar Kolmer u. Christian Rohr, 2. Aufl., Paderborn u.a.: Schöningh 2002, S. 113-123; s. dort vor allem den bemerkenswerten Bericht aus Konstantinopel durch Luidbrand von Cremona über den dortigen Kaiser; dieser sei „ein Betrüger, ein hoffärtiger und füchsischer Mensch; ein jeder könne das erkennen [...] esse er Knoblauch, Zwiebeln und Porree und trinke [...] Badewasser. Der Wein der Griechen sei überhaupt ungenießbar, weil sie ihm Pech, Harz und Gips beimengten." (S. 121). Das dort genannte Badewasser war wohl erwärmter Wein, und der ungenießbare Wein der auch heute noch bekannte Retsina.

20 Die generelle Abhängigkeit dieser Gedanken von Claude Lévi-Strauss: Mythologica I: Das Rohe und das Gekochte, Frankfurt a. M.: Suhrkamp 1976, ist offenkundig und wird nicht im einzelnen nachgewiesen.

tun. Und so bleibt neben der Ästhetik kultivierten Genießens immer auch die Kontrastfolie einer Ästhetik wilden Genießens bestehen. Die Grenze zwischen Kultur und Natur ist je spezifisch gezogen.[21] Obwohl der Apfelbaum reines Kulturprodukt einer langen Geschichte der Agrikultur ist, begegnet im Genuß des gepflückten Apfels der Genuß der reinen, wilden Natur. Nähme man jedoch den Apfel mit, um ihn abends in der Herberge, mit einem Messer vom Kerngehäuse befreit, zu genießen, dann fänden wir daran schon zwei Merkmale einer kulturellen Behandlung: die, wenn auch minimale, Zubereitung und den Aufschub; denn auch die Köchin ißt sich nicht schon während des Kochens satt, um dann gesättigt der Tischgesellschaft beizuwohnen.[22] Die Ästhetik wilden Genießens, die übrigens nicht nur in der Kulinarik, sondern auch in der Erotik ihren ganz eigenen Wert und Reiz hat, ist hier jedoch nicht unser Thema. Das gänzlich Rohe wie den erwähnten Apfel vom Baum wird man normalerweise ohne Eßgerät verzehren. In ihm richtet sich das Begehren unvermittelt auf die eßbare Materie, während sowohl die Zubereitung als auch das Gerät eine distanzierende und kultivierende Behandlung sowohl der Materie als auch des Begehrens darstellen.

Eines sei wenigstens nebenbei erwähnt, weil es für manche Erörterungen des Essens Bedeutung erlangt hat. Sofern Fleisch in der Küche verarbeitet wird, handelt es sich um zuvor anderwärts getötete Tiere, lediglich bestimmte Fische, z.B. Karpfen, wurden jedenfalls früher erst kurz vor der Zubereitung oder wie Hummer während der Zubereitung getötet. Und, wie gesagt, bestimmte Erörterungen wollen das nicht vergessen lassen; das sind einerseits gewisse sentimentale Vegetarier, die uns dann beim Genuß einer saftigen und würzigen Lammkeule daran erinnern müssen, daß das „arme Lämmchen" hat sterben müssen. Das sind aber andererseits bestimmte eher existentialistisch gestimmte Theoretiker, die die Erinnerung an das Töten als Vorbedingung der Speisen als Mahnung daran betrachten, wie Tod und Leben miteinander verwoben sind. Tiere aber, die wir nicht töten, sondern die lebendig in unseren Körper gelangen, können dort als Parasiten viel Unheil anrichten. Von dem Verzehr von Austern sehe ich im Moment ab: sie stellen m.A.n. nur einen bestimmten Kult dar, sie schmecken nicht und dienen nicht vorrangig der Ernährung – die Darstellung dieses Kults gehört aber nicht in

---

21 Der Notwendigkeit der Grenzziehung zwischen Natur und Kultur widerspricht nicht die von Helmuth Plessner herausgestellte „natürliche Künstlichkeit" des Menschen; Eva Barlösius zieht gerade diesen Begriff in ihrer Soziologie des Essens aufschlußreich heran. Eva Barlösius: Soziologie des Essens, Weinheim: Juventa 1999, S. 38.

22 Diese zwei Merkmale des Aufschubs des Genusses und der Bearbeitung hat bekanntlich Hegel in der „Phänomenologie des Geistes" zur Differenzierung von zwei Formen des Bewußtsein genutzt, die er als Herr und Knecht auftreten läßt, s. auch Kapitel „Kultur und Ökonomie".

die Transzendentale Ästhetik der Kritik der kulinarischen Vernunft. Im Moment befinden wir uns in unseren Betrachtungen noch in der Küche; dort gilt, eine Köchin, die aus Mitleid mit „den armen Lämmchen" usw. kein Fleisch verwenden will, sollte bedenken, daß auch der Salat seiner geliebten Erde entrissen wurde, daß den Erbsen die Chance genommen wurde, neue Erbsenpflanzen hervorzubringen und daß wir mit unserer Versorgung anderen Lebewesen die Nahrungsgrundlage entziehen könnten, z.b. den Schnecken. Eine solche Köchin ist einfach in der Küche fehl am Platze.

Gewisse Vegetarier verweisen darauf, daß das Töten von Tieren zum Zweck des Verzehrs durch Menschen (wie ist es mit Hunde- und Katzenfutter?) inhuman sei. Darüber läßt sich reden, das gehört aber nicht an diese Stelle. Ein anderes häufiger vorgebrachtes Argument ist, daß die Ernährungsprobleme der Menschheit der Zukunft nur durch vegetarische Kost gelöst werden könnten, weil es einfach ineffektiv sei, pflanzliche Kost erst durch Tierkörper laufen zu lassen, um sie dann mit erheblichem Verlust als Fleisch zu konsumieren. Das liefe aber auf die Forderung hinaus, das Rind als Haustierrasse ganz abzuschaffen und auch auf Milch, Käse und alle Milchprodukte zu verzichten, denn sonst müßte man ja alternde Rinder bis zu ihrem natürlichen Tod mit pflanzlicher Kost, die dann der Menschheit entzogen würde, mit durchfüttern, ebenso fast alle männlichen Kälber, Lämmer usw.

Wenn wir uns nun auf die nicht roh verzehrten Speisen konzentrieren, so wird uns die Kultur/Natur-Unterscheidung als je spezifisch zu vollziehende immer wieder neu begegnen. Denn es lassen sich hier im Bereich des Haltbarmachens „natürliche" und kultürliche Verfahren ebensowohl unterscheiden, wobei als dritte Differenz noch die des Ökonomischen hinzukäme. Dabei gehört kulturhistorisch das Haltbarmachen zu den elementaren Küchentechniken, auch wenn heute in der Küche zumeist anderwärts und vorwiegend industriell Haltbargemachtes Verwendung findet. Immerhin man könnte es auch selber machen. Und wer es einmal getan hat, weiß die Vorteile zu schätzen, die er hätte, wenn er es immer täte. Gemäß dem Kulturprinzip, das den Umweg, die Vermittlung und das Medium wählt (statt des gemäß dem Ökonomieprinzip zu wählenden kürzesten, ressourcensparenden Weges und auch: statt der Unmittelbarkeit), wären „kultürliche" Arten der Haltbarmachung und Zubereitung solche, die ein Mittleres verwenden, „natürliche" solche, die darauf verzichten. Grillen und Braten am offenen Feuer, Garen der Kartoffeln und anderer Früchte in der Glut, wären demnach „natürliche", oder sagen wir besser: wilde Zubereitungsarten, die übrigens in vielen Kulturen den Männern vorbehalten sind; und selbst die Bedienung des Tischgrills auf dem 5 m²- Balkon ist „Männersache", während die „kultürlichen" Zubereitungsarten den Frauen überantwortet bleiben. Diese vermittelten

Zubereitungsarten verwenden z.B. Wasser im Topf über dem Feuer, um die Speisen zu garen. Daß übrigens im frühen Mittelalter das Braten und Grillen von Fleisch dem Adel, das Sieden von Fleisch den Bauern zugerechnet wird, ist kein Einwand; denn im frühen Mittelalter konnotierte Adel eben mit kraftmeierischer Männlichkeit, weswegen im Adel auch vorzugsweise erjagte Tiere, bei den Bauern aber vor allem Haustiere verzehrt wurden.[23] Es eignen sich selbstverständlich nicht alle Speisen für beide Grund-Zubereitungsarten. Aber die Speisenauswahl hängt auch von der z.B. durch die Art der Speisegesellschaft erwünschten Zubereitungsart ab. So werden beispielsweise bei einer Grillparty vorzugsweise die „wilderen" Salate gereicht statt der kultivierteren Gemüse.

Aber verlassen wir die wilden Gefilde noch einen Schritt weiter und folgen wir der Köchin dorthin, wo mit Wasser gekocht oder im eigenen Saft geschmort wird. Dort finden wir neben dem Grundstoff Wasser weitere Medien: Luft, Rauch, Öl usw. Das braucht hier nicht im einzelnen entfaltet zu werden. Unter philosophischem Aspekt wichtig war uns daran, daß die Grenze zwischen Natur und Kultur (und zwischen Ökonomie und Kultur) eine je spezifisch zu ziehende ist, und ferner, daß die Grenze sowohl innerhalb der Natur wie innerhalb der Kultur erneut auftaucht. Da aber die Grenzziehung stets von Seiten der Kultur aus erfolgt, sind die Iterationen nicht von gleicher Art. Innerhalb des Kulturellen ist die Wiedereinführung der Grenze eine partielle Ausgliederung, innerhalb des als Natürliches Ausgegrenzten ist die Wiedereinführung der Grenze eine Art eines Verstehens eines Fremden (durch das das Fremde nicht fremd bleibt, sondern zu einem Anderen meinerselbst/meines Selbst wird). Ferner gilt es zu berücksichtigen, daß die Grenze je nach betrachtetem Aspekt an unterschiedlichen Stellen liegt.

Zwar gibt es Stoffe, die unter jeglichem Aspekt immer nur außerhalb des Aneignungsfähigen liegen, z.B. Holz. Aber auf der Seite der Kultur gibt es, weil Vermittlung ihr Prinzip ist, eine solche Reinheit nicht. Von besonderem Interesse ist daher eine besonders kultivierte Zubereitungsart, bzw. Weise der Haltbarmachung, auf die ich hier abschließend verweisen möchte, nämlich dadurch, daß man als Vermittlung die Natur selbst wählt, daß man also der Natur (partiell und kontrolliert) ihren Lauf läßt, statt grillend, bratend oder kochend mit der Gewalt der Kultur in sie einzugreifen. Wir erhalten so besonders langlebige und hochwertige Lebensmittel: Käse und Wein. Man läßt die Trauben wirklich verderben und verfaulen (Botritis) und gewinnt den edelsten Wein, im Extrem den Chateau d'Yquem, statt die Trauben rechtzeitig zum Traubensaft auszukochen und so vor

---

23   Einzelheiten bei Massimo Montanari: „Die Dreiständeordnung des Mittelalters im Spiegel der Ernährung", in: Mahl und Repräsentation, S. 53-61.

der Gärung zu schützen. Und man läßt Rohmilch (kontrolliert) verderben, und man gewinnt den edelsten Käse. Hier besteht die kulturelle Technik darin, die Katalysatoren dieser Verfallsprozesse zu kennen und zu nutzen. Es sind vor allem Hefepilze, die sich hier ganz in der Wildnis der Natur zugunsten der Kultur auswirken. Es sind sozusagen Reflexionsprozesse der Natur selbst,[24] die sich medial in die Kultur einbeziehen lassen. In dieser kulturförderlichen Seite der Natur zeigt sich zudem auch die absolute Kehrseite des Ökonomieprinzips. So benötigen wir für diese Prozesse einen völlig neuen, im Kern unökonomischen und weiteren Grundbegriff einer Kritik der kulinarischen Vernunft, den des Reifens und einer Zeit, die nicht disponibel ist.

Wer soll kochen?

Kommen wir dabei zu der dritten Unterfrage des Küchengeschehens: Wer soll kochen? Die Ansicht, daß Frauen in die Küche gehörten, gilt heute allgemein als eine Herabwürdigung der Frauen. Als Herabwürdigung kann dieser Grundsatz allerdings nur deswegen wirken, weil in dieses Vorurteil eine Herabwürdigung des Kochens und der Küche stillschweigend eingebaut ist, eine Herabwürdigung, die wir oben schon bei Platon gefunden und dann kurz weiterverfolgt haben. – Immerhin soll Lenin gesagt haben, daß in jeder Regierung Köchinnen sitzen sollten, und hat sich damit der allgemeinen Herabwürdigung ihrer Tätigkeiten nicht angeschlossen.

Georg Forster, bevor er noch mit den emanzipierten Frauen seiner Zeit zusammenkam, schrieb in seinem Essay „Über Leckereien":

„[...] wenn es gleich seit einiger Zeit üblich ist, daß unser Geschlecht dem andern ins Handwerk fällt und sich mit Dingen beschäftigt, welche unsere ernsthafteren Vorfahren mit stolzem Selbstgefühl dem Weiberregiment überließen. [...] Wir lassen das schöne Geschlecht unangefochten im Besitz des Vorrechts, die edle Kochkunst nach Regel und Vorschrift oder auf dem sichern Wege der Tradition zu lehren, und begnügen uns hier nach Anleitung der menschlichen Natur, so wie sie unserer Erfahrung sich darstellt, von jenem verfeinerten Sinnengenuß, der seinen Sitz auf der Zunge hat, und von seinem Gegenstande [...] zu handeln."[25]

---

24 Die Reflexion der Natur in sich selbst ist ein wichtiger Gedanke der romantischen Naturphilosophie, insbesondere bei Schelling und Hegel.
25 Georg Forster: Philosophische Schriften, hg. v. Gerhard Steiner, Berlin: Akademie 1958, S. 30f.

Diese Zeit, schreibt K. F. v. Rumohr weniger als 50 Jahre später, sei nun vorbei: „Noch unlängst [...] wurden die Frauen auch in Deutschland in einer Art Unterordnung und Dienstbarkeit gehalten, das Haus und Küchenwesen ihnen gleichsam als ein verantwortliches Amt und Ministerium aufgetragen. Diese Stellung hat, dem Himmel sei's gedankt, seit einiger Zeit ganz aufgehört."[26] Das Problem sei nun eher umgekehrt: Auch wenn die Frauen in ihrer Wirksamkeit nun nicht mehr auf die Küche eingeschränkt seien, so ließen sie doch niemanden, insbesondere keine Männer, in die Küche hinein. Dadurch werde aber, so sagt Rumohr, auch sein eigenes Werk zweideutig: Einerseits könne es als unerwünschte Einmischung in das weibliche Monopol des Küchenregiments aufgefaßt werden, andererseits aber auch, wenn man dieses Monopol anerkenne, leicht als eine Rückkehr zu den alten einschränkenden Rollenzuweisungen mißdeutet werden.

Wiederum in Lévi-Strauss' „Mythologica" kann man nachlesen, daß die Endo-Küche, deren Technik das Sieden und Kochen ist, in vielen Kulturen, aber keineswegs in allen, den Frauen vorbehalten ist, was ja, wie wir gesehen hatten, die kulturnähere Zubereitungsart ist, während das Garen am offenen Feuer (Exo-Küche), die naturnähere, wildere Zubereitungsart Männersache ist.[27] Ein Erklä-

---

26 K. F. v. Rumohr: Geist der Kochkunst, S. 22.
27 C. Lévi-Strauss: Mythologica I; genau genommen ist es etwas komplizierter, Lévi-Strauss konstruiert in Analogie zu Roman Jakobsons phonologischem Dreieck aus p-t-k oder u-a-i das kulinarische Dreieck: gar – roh – verfault als Grunddreieck, einiges kann man ebenso gut roh essen, damit es aber nicht ins Faulen als natürlichem Übergang gerät, muß man es durch Garen haltbar machen und dem Fäulnisprozeß entziehen. Das ist der Eingriff der Kultur in die natürlichen Prozesse; dieser kann allerdings direkt, indem die Speise dem Feuer ausgesetzt wird, geschehen, oder etwas Drittes wird dazwischengeschoben, eine kulturelle Iteration: Wasser oder Luft. So ergeben sich das Lufttrocknen und das Räuchern auf der einen Seite, das Sieden auf der anderen. Luft und Rauch sind als flüchtige Zwischenmedien natürlicher, kochendes Wasser ist kultürlicher. Im Ergebnis kehrt sich das allerdings um: Geräuchertes ist länger haltbar als Gesottenes, so daß die Unterscheidung von Natur und Kultur bei den Zubereitungsarten sowohl immer wieder neu eingeführt werden kann, als auch in dieser Unterscheidung aspektiv verschieden zugeordnet werden kann. Der dritte Band der Mythologica (L'origine des manières de table, Paris: Plon 1968) entwickelt den Gegensatz von Gebratenem und Gesottenem weiter. Kochen/Sieden ist die Zubereitungsart des Innen: Man muß einen Topf verwenden, in dessen Innerem das Garen stattfindet, und diese Zubereitungsart ist die familiäre, intime, und schließlich ist es die weibliche Zubereitungsart. Dagegen ist das Braten (am Spieß) oder das Grillen am offenen Feuer die Zubereitungsart des Außen. Wenn Gäste kommen, am Lagerfeuer oder zu großen Festen der Kommune, verwendet man das Braten als Zubereitungsart des Fleisches. Und schließlich ist es weitgehend die männliche Küche. Die Endo-Küche konnotiert für Lévi-Strauss die kosmische Ordnung, während die Exo-Küche das Chaos und den Tod beschwört. („Petit traité d'éthnologie culinaire", Ebd., S. 390-411)

rungsproblem sind dann diejenigen Kulturen, in denen es genau umgekehrt ist, was jedenfalls nichts mit Patriarchat oder Matriarchat zu tun hat. Hier zeigt sich nämlich, daß der Gegensatz Natur/Kultur keineswegs der einzige ist, über den sich Kultur definiert; mitorganisierend ist vielmehr auch der Gegensatz kulturell/ökonomisch.[28] Danach gibt es erhaltende, nachhaltige, also ökonomische Zubereitungsarten und verschwenderische, kulturelle. Auch in dieser Unterscheidung stehen die Frauen wieder auf Seiten der Kultur, die Männer dagegen auf Seiten der Ökonomie.[29] Mit dieser Unterscheidung von Nachhaltigkeit und Verschwendung lassen sich außerdem Standesunterschiede in einer ständischen Gesellschaft markieren.

Ob männlich oder weiblich, kulturell oder ökonomisch, das Kochen im Topf ist die ordentlichere, „moralischere", gehegtere Zubereitungsart; denn die Hitze des Feuers unter dem Topf darf nicht so stark sein, daß es überkocht; gleichwohl wird die Speise nie einer höheren Temperatur als ca. 95° ausgesetzt sein, usw. Dagegen ist das Garen zumal am offenen Feuer chaotisch, riskant und ausschweifend, und mutig muß man den rechten Augenblick treffen, damit das Fleisch „au point" ist. Die Frage nach dem „Wer" des Kochens beantwortet sich also nicht durch Angabe von Personengruppen oder gar Geschlechtern, sondern danach, welche Eigenschaften, gezügelte oder ungezügelte Leidenschaften von bestimmten Situationen angesprochen werden und wie sie beantwortet werden. Man wird ja nicht per se behaupten wollen, daß Männer sparsamer oder aber leidenschaftlicher als Frauen seien oder gar beides zusammen.

Gesondert betrachtet zu werden verdient die Frage nach einer besonderen Berufsgruppe, denen das Kochen anvertraut wird. Diese hat es seit der Antike gegeben zunächst in den griechischen Oikoi als Sklaven, später und in Rom durchaus auch als selbständige Handwerker, die ihre Dienste für besondere Gelegenheiten anboten. Bis zur Französischen Revolution waren Köche jedoch zumeist abhängig von den Höfen der Aristokratie des Ancien Régime. Seit der Emanzipation des Bürgertums traten jedoch vermehrt Restaurants im modernen Sinne auf, die entsprechend auch einen Bedarf an Köchen hatten, und umgekehrt suchten die

---

28 Hierzu ausführlicher Kurt Röttgers: „Kultur und Ökonomie", in: Das Leben denken – Die Kultur denken, hg. v. Ralf Konersmann, Freiburg, München: Karl Alber 2007, II, S. 37-57.

29 Was das in Verbindung mit der These bedeutet, daß die Abgrenzungen von Kultur stets von Seiten der Kultur aus vorgenommen werden, mag ich hier nicht weiter ausmalen, weil diejenigen Feministen und Feministinnen, die von einer jahrtausendealten Unterdrückung der Frau durch den Mann träumen, es sowieso nicht kapieren oder nicht akzeptieren würden. – Ich wurde gewarnt, letzteres so stehen zu lassen; es ist offensichtlich nicht politisch korrekt. Ich müßte es also tilgen, wenn ich brav sein wollte.

von der Auflösung der adeligen Höfe freigesetzten Köche nach neuen Beschäftigungsmöglichkeiten, die sie in den Restaurants fanden. Darunter befanden sich auch etliche Frauen.[30]

Brillat-Savarin begegnete übrigens der Entwicklung der Restaurants mit Skepsis; nachdem er zunächst die Vorteile herausgestellt hatte, die vor allem in der demokratischen Tendenz bestünden, daß nun jedermann so speisen könne, nach Maßgabe seines Geldbeutels freilich, wie vor 1770 (dem Erfindungsdatum der Restaurants) nur die Fürsten, äußert er folgendes gravierendes Bedenken: „Was aber unserer Ansicht nach noch weit verderblicher [als die zuvor erwähnten Gefahren der Beeinträchtigung des Geldbeutels oder des Magens sowie die „unzeitgemässen Opfer" an die „niedere Venus"] für den gesellschaftlichen Zustand sein dürfte, ist der Umstand, dass das einsame Speisen den Egoismus verstärkt, das Individuum daran gewöhnt, nur sich zu betrachten, sich von der Umgebung zu isolieren und aller Rücksichten zu entwöhnen, weshalb man auch in der gewöhnlichen Gesellschaft unter den Gästen leicht diejenigen durch ihr Betragen vor, während und nach dem Mahle unterscheiden kann, welche gewöhnlich in Speisewirthschaften essen." Und in einer Anmerkung fügt er hinzu: „Wenn man unter Anderem einen Teller mit zerschnittenen Stücken herumgehen läßt, bedienen sie sich und stellen ihn vor sich hin, ohne ihn ihrem Nachbar weiter zu geben, um den sie sich nicht zu bekümmern pflegen."[31] Wenn man die Tafel als Sozialisationsort, ja als Modell einer Gesellschaft begreift, dann ist solcher Restaurant-Egoismus das Gegenteil.

Die seitherige Entwicklung zu Selbst-Bedienungsrestaurants, zu Schnellrestaurants und der Unsitte des Essens auf der Straße und im Vorbeigehen haben Brillat-Savarins Bedenken bestätigt. Als letzte Frage, die sich angesichts des zivilisatorischen Wandels der Küchentechnik stellt, ist daher die nach der Alternative „fast food"/„slow food."

---

30 Insofern ist auch das feministische Vorurteil jedenfalls für Frankreich zu revidieren, daß die Frauen auf die häusliche Sphäre reduziert gewesen seien, die öffentliche Gastronomie dagegen eine Männerangelegenheit geblieben sei, so noch P. P. Ferguson: Accounting for Taste, S. 93, allerdings relativiert sie ihr Urteil auf die kulinarischen Exzesse solcher Exzentriker wie Grimod de la Reynière, der das kulinarische Ereignis wie eine Performance gestaltete, s. dazu M. Onfray: Die genießerische Vernunft, S. 30-67. Ferguson allerdings hält fest, daß das Auftreten von Frauen als Restaurant-Führerinnen dem Restaurant auch den Ruf eines moralisch zweifelhaften Ortes eingetragen habe.

31 J. A. Brillat-Savarin: Physiologie des Geschmacks, S. 320.

Zur Temporalstruktur: Fast food vs. slow food

Die Frage, fast food oder slow food ist nicht in erster Linie eine moralische Frage und gehört daher nicht in die Ethik.[32] Gleichwohl kann und soll sie hier als philosophische Frage gestellt werden, und es lohnt sich, sie zu stellen.[33] Auch für Kant, der ja die „Kritik der kulinarischen Vernunft" nicht geschrieben hat, waren dergleichen Fragen keine ethischen Fragen und keine Fragen, die in den Kontext einer Metaphysik der Sitten gehörten, sondern er behandelt sie in der philosophischen Anthropologie als Beispiel einer Diätetik. Also nicht Ethik des Konsums, sondern Diätetik des Konsums, nicht Angelegenheiten der Pflicht, sondern solche der Zuträglichkeit, aber auch das Problem der Verbindbarkeit von Sittlichkeit und Wohlleben.

Es versteht sich, daß Fast-food eine Vorgeschichte und Entstehungsbedingungen hat. Diese liegen im Zeitalter der Industrialisierung. Die Fabrikarbeiter mußten sich angewöhnen, schnell oder gar während des Arbeitsprozesses zu essen, was in allen vorhergehenden Epochen der Menschheit nicht nötig und nicht üblich war. Eine Mittagspause war zu kurz, um ein Essen als sozialer Veranstaltung zu ermöglichen, eine Frühstückspause war nur für die Meister und Aufseher vorgesehen. Die Maschinen gaben den Takt vor, und der Kapitalist hatte kein Interesse daran, daß die Arbeiter untereinander Kontakte und soziale Bindungen entwickeln konnten. So wurde durch Individualisierung und Zeitverknappung der Typ des Fast-food-Kunden, dem es nur noch um Ernährung und nicht mehr um

---

32   Noch Lemke in seinen Beiträgen zur Wiederbelebung einer Gastrosophie macht diese klaren Unterscheidungen nicht und mischt Ästhetisches, Diätetisches, Umweltbewußtes und Ethisches munter durcheinander. – Tatsächlich dürfte man eher vermuten, daß Essen eine außermoralische soziale Form ist und daß vielleicht einer der Reize, etwa in einem Restaurant gegen Bezahlung essen zu können, genau darin besteht, außermoralischen sozialen Normen folgen zu können: gegen Geld (pecunia non olet) Tafelfreuden genießen zu können. Wer sein Essen genießt und gut dafür bezahlt, möchte in diesem Zusammenhang nicht daran erinnert werden, obwohl er es grundsätzlich weiß und vielleicht sich sogar entsprechend politisch engagiert, daß Millionen Menschen auf dieser Welt hungern oder es ökologisch besser vertretbar wäre, weniger oder gar kein Fleisch zu essen. Die „Kritik der kulinarischen Vernunft", weil sie nach der Verbindung von Sittlichkeit und Wohlleben sucht, hebt tendenziell die Trennung von Ethik und Ästhetik auf, indem sie auf die Sozialität beider im kommunikativen Text der Mahlzeit abstellt.

33   Vgl. dazu Jean-Claude Kaufmann: Kochende Leidenschaft, Konstanz: UVK 2006; Hans-Joachim Lincke: Doing Time, Bielefeld: transcript 2007; Claudia Lillge: „All the world's a ‚kitchen'", in: Interkulturelle Mahlzeiten, hg. v. Claudia Lillge/Anne-Rose Meyer, Bielefeld: transcript 2008, S. 297-313.

Mahlzeiten geht, schon in der Frühzeit des Kapitalismus erfunden und andressiert. Heute ist dieses Modell sozial generalisiert.

Zum Thema Fast-food liegt eine große Menge von Literatur vor; über slow food ist die Informationslage geringer, die Literatur zur Vergleichung beider ist sehr überschaubar. Als Grundkonzept für Fast food sei das Unternehmen McDonalds herausgegriffen, weil es in gewisser Weise vorbildgebend war und immer noch ist. Drei Merkmale, die in einem Zusammenhang stehen, möchte ich besonders herausheben:

• Standardisierung
• Qualitätssicherung
• Effizienz durch Schnelligkeit

Die Standardisierung bewirkt, daß bestimmte Alimentationsprodukte, z.B. der Hamburger, immer und überall auf der Welt bei McDonalds zu haben sind, und dieser besteht überall in Deutschland aus den gleichen Elementen, und die Füllung, die sogenannten Patties, bestehen immer und überall zu 100% aus Rindfleisch. Immer, d.h. das ganze Jahr über, und überall ist frischer Salat im Angebot. Wegen dieser hohen Standardisierung ist der Nährwert der gesamten Nahrung über den sogenannten Nutrition Calculator genau zu ermitteln. Wer sich aus diesem standardisierten Angebot nicht ernährungsphysiologisch „ausgewogen" und dem Kalorienbedarf des eigenen Körpers angemessen ernährt und z.B. durch fast food übergewichtig und fettleibig wird, ist, so sagt McDonalds, im Grunde selbst schuld. Mit Kalorientabellen, Nährwertbroschüren und dem erwähnten Nutrition Calculator tut McDonalds alles dafür, der Standardisierung der Nahrungszufuhr (Kant verwendete in dem Zusammenhang seiner „Anthropologie" das schöne Wort „Abfütterung") eine standardisierte Information und Aufklärung für menschliche standardisierte Bedarfskörper beizugesellen, so daß McDonalds mit in dieser Hinsicht guten Gründen von einer „vernünftigen Ernährung" sprechen darf. Während anderswo Standards oft die Funktion haben, Mindestwerte anzugeben, die nicht unterschritten, oder Höchstwerte, die nicht überschritten werden dürfen, legt sich McDonalds in vielen Fällen darauf fest, daß seine Standards immer und überall genau eingehaltene Ist-Werte sind; so sollen – dem Vernehmen nach – in einem halben Liter Ketchup immer genau 25 Standard-Tomaten enthalten sein. Die Standardisierung setzt sich – wie bekannt – in einer hoch standardisierten Zubereitung fort, die bis in die Regelung der Folge des Wendens der Patties beim Braten geregelt ist. Und natürlich strebt McDonalds mit dem Agricultural Assurance Programme die Durchsetzung der Standardisierung bereits bei den Erzeugern an (siehe „Standardtomaten" im Ketchup). Schließlich gilt das gleiche für die Distributionsketten, so daß McDonalds verbal jedenfalls proklamiert und faktisch anstrebt, die Garantie für eine stets und überall gleichbleibende Qualität zu übernehmen. Dieses wird selbst für die Größe, das Gewicht und die Konsistenz der Brötchen bei den Hamburgern garantiert, so daß Lieferanten, die nicht 100% identische Brötchen in großer Menge liefern können, als Partner für McDonalds nicht infrage kommen. Auch das Umwelt-Image wird gepflegt: So fahren die Lieferanten- LKWs mit Bio-Diesel aus Rapsöl, dem gleichen Rohstoff, in dem auch die Pommes frites bei McDonalds frittiert werden.

Mit der hohen Standardisierung verfolgt McDonalds dem eigenen Bekunden nach ausschließlich das Ziel der Qualitätssicherung; und wenn man unter Qualität der Nahrung das Erreichen bestimmter nahrungsmittelchemischer Werte versteht, muß man McDonalds in hohem Maße die Verwirklichung dieses Ziels zugestehen. Nicht erwähnt wird in der Firmen-„philosophy" der Faktor der Kostensenkung durch Standardisierung durch Beschleunigung der Arbeits- und Abfütterungs-Abläufe. Die Kunden der Abfütterung oder nennen wir sie modernistischer nutrition clients bekommen optimales Ernährungs-Material, das sie schnell zu sich nehmen können und auch sollen. Für letzteres sorgt die ausgesprochen ungemütliche Atmosphäre,[34] die nicht zu längerem Bleiben einlädt, ebenso die durchgängig unbequeme Bestuhlung. Nur durch kurze Verweil-Zeiten der Nahrungs-Kunden läßt sich eine optimale Auslastung der Zubereitungs-Arbeitsplätze erreichen und damit auch die geringen Preise für hoch standardisierte Qualität. Das ist alles weitgehend bekannt, und ich werde es daher auch nicht weiter ausmalen. Als Kontrast möchte ich eine kleine Anekdote erzählen. Als ich vor einigen Jahren mit meiner Frau ein neu eröffnetes Restaurant aufsuchte und als meine Frau auf die Frage des Kellners, ob alles recht gewesen sei, antwortete, ihr Steak sei für ihren Geschmack ein wenig zu stark gewürzt gewesen, erhielt sie die Antwort: „Ja, der Koch ist manchmal unberechenbar." Legt man McDonalds hohe Maßstäbe standardisierter Qualität an, ist diese Antwort eine Frechheit. Aber warum ist man nach einem kurzen Moment der Verblüffung mit einer solchen Äußerung schnell versöhnt? Ich glaube, wir waren es, weil wir die ansonsten recht guten Speisen nicht als Resultat eines Nutrition Calculators, sondern als Werk eines Künstlers begreifen konnten, der allerdings in seiner „Genialität" manchmal dann auch nicht kalkulierbar ist.

Georg Simmel schrieb in seiner Skizze „Soziologie der Mahlzeit"[35]: „Von sehr tief stehenden Völkerschaften wissen wir, daß sie nicht zu bestimmten Stun-

---

34 Mir ist es absolut unverständlich, wie K.-U. Hellmann („Erst das Fressen – dann die Moral?") in diesem Zusammenhang von einer „Globalisierung von Gemütlichkeit" sprechen kann, oder sollte das ironisch gemeint gewesen sein?

35 Georg Simmel: Gesamtausgabe, hg. v. Otthein Rammstedt, Bd. XII., Frankfurt a. M.: Suhrkamp 2001, S. 140-147, hier S. 142.

den, sondern anarchisch, wenn ein jeder gerade Hunger hat, essen." Fast-food ist die Rückkehr zu dieser „Tiefe". Im Hintergrund stehen heute freilich auch gewisse Prinzipien einer „demokratischen" Erziehungspraxis, die es bereits Säuglingen und Kleinkindern abverlangt, „selbstbestimmt" zu essen. Genau daran knüpft McDonalds an, wenn die Werbung mit dem Slogan „Feed your inner child" auf eine bewußte Infantilisierung der Gesellschaft[36] und ihrer Kultur setzt. Man sitzt auf bunten Holzstühlen an unverwüstlichen Tischchen, ißt mit den Fingern und ist entweder selbst ein Kind oder darf sich wie ein Kind benehmen. In US-Amerika war die Gesellschaft bereits 1986 so mit Fast-food-Ketten durchsetzt, daß man sagen konnte, daß die Hälfte aller US-Amerikaner nur 3 Minuten Autofahrt benötigte, um das nächste McDonalds Lokal zu erreichen.[37]

Die Schnelligkeit soll aber auch auf die individuelle Essenszubereitung übergreifen: fast food auch in den eigenen vier Wänden. So führt die Einleitung in das Kochbuch „Schnell gekocht im kleinen Haushalt" aus: „In diesen Kleinhaushalten [...] sind Raum und Zeit knapp. Sie werden geführt von männlichen oder weiblichen Junggesellen, die im Beruf stehen [...] Bei ihnen ist Zeit Geld. [...] Je schneller es geht, desto besser." Daher liegt der Schwerpunkt „bei Zehn- und Zwanzig-Minuten-Speisen. Moderne Halbfertig- und Fertigprodukte wurden weitgehend berücksichtigt."[38] Und der englische Koch-Entertainer Jamie Oliver verkündet in seinem Kochbuch: „Es ist eine Sammlung von idiotensicheren, schnellen, absolut super schmeckenden Gerichten ohne überflüssigen Schnickschnack."[39] Lassen wir die Idioten, denen es schnell „absolut super" schmeckt beiseite und kommen nun zu der Gegenbewegung: Slow food.

Diese Bewegung wurde 1986 in Barolo in Italien gegründet und wurde 1989 in Paris zu einer internationalen Bewegung. Im Manifest der Gründer wird der Schutz des Rechts auf Geschmack proklamiert; die Hälfte der weltweit 60.000 Mitglieder dieser Bewegung ist nach wie vor in Italien zu finden. In ihren verschiedenen Aktivitäten und Projekten geht es der Initiative um die Erhaltung der Bio-Diversität der Lüste. Es ist sozusagen die Genußseite der ökologischen Bewegung. Zuerst ging es um Wein, dann um Käse, schließlich und heute um die Kultur der Vielfalt der Genüsse überhaupt. Wie jede neue Bewegung mit großem Anspruch verlegt auch die Langsamkeits-Bewegung ihre Ursprünge weit in die

---

36   Peter H. Stephenson: „Going to McDonald's in Leiden", in: Ethos 17 (1989), S 226-247, hier bes. S. 236.

37   Angabe nach Joanne Finkelstein: Dining out, Cambridge, Oxford: Polity Press 1989, S. 46.

38   Roland Gööck: Schnell gekocht im kleinen Haushalt, Gütersloh: C. Bertelsmann 1965, S. 11f.

39   Jamie Oliver: Kochen mit Jamie Oliver, London: Hyperion 2004, S. 3.

Geschichte zurück. 1607, in der Frühzeit des italienischen Kapitalismus, schrieb Francesco Angelita de l'Aquila ein Buch zum Lob der Schnecke. Die Menschheit könne von den Schnecken vor allem zweierlei lernen:

- die Langsamkeit; denn die Schnelligkeit mache die Menschen unbesonnen und am Ende verrückt,
- das Nomadentum; da die Schnecke ihr Haus immer mit sich führe, sei sie stets zu Hause.

Bezieht man zeittheoretisch diese beiden Gedanken aufeinander, dann läßt sich folgendes sagen: Die Schnecke ist Sinnbild einer Zeitauffassung, die in der Zeit zu Hause ist, weil es ihre eigene Zeit[40] ist; die eigene Zeit aber zu durchhasten, kann nichts anderes heißen als, sich seinem Tod schneller zu nähern. Hast macht nur dann Sinn, wenn wir uns einen anderen Zeitrhythmus vorgeben lassen. Nun ist allerdings die Gesellschaft noch nirgendwo nach Eigenbedürfnissen dieser Art eingerichtet worden. Jede Gesellschaft (anders als vielleicht Teilbereiche von Gemeinschaftlichkeit) setzt eine Konvertibilität der Zeithorizonte voraus, moderne Gesellschaften darüber hinaus die Ausdifferenzierung einer objektiven Zeit. Aber nur in der Zeitauffassung opponiert Aquilas Schnecke dem Geist der Moderne; denn ihr extremer Individualismus ist genau der Baustoff, aus dem die Moderne sich aufbaut. Eine „Kritik der kulinarischen Vernunft" hätte gerade nicht auf die Individualität eines Bauches, eines Bio-Rhythmus und dgl. Rücksicht zu nehmen. Sie hätte auch zu bestreiten, daß die individuelle Nahrungsaufnahme das ursprüngliche, die Sozialisierung zur Tischgemeinschaft eine spätere Zivilisierungsleistung sei. Unsere wilden Vorfahren gingen gemeinsam auf die Jagd oder auf die Suche nach Lebensmitteln, und wenn sie etwas gefunden oder erlegt hatten, dann verspeisten sie es gemeinsam – alles andere sind hobbesianische oder rousseauistische individualistische Mythen des einsamen Individuums.[41]

Langsamkeit – und damit slow food – und Entschleunigung weiß sich der Sympathien einer interessierten Öffentlichkeit sicher, und zwar nicht erst seit

---

40   Zum Begriff der Eigenzeit s. Helga Nowotny: Eigenzeit, 2. Aufl., Frankfurt a. M.: Suhrkamp 1989.

41   Aber in diesem Sinne auch noch Jürgen Hartmann: „Das Staatsbankett", in: „Essen und Trinken ist des Menschen Leben", hg. v. Stephan Loos u. Holger Zaborowski, Freiburg, München: Karl Alber 2007, S. 148-172, hier bes. S. 150. Er nennt es einen Kultursprung: „Die Nahrungsaufnahme erfolgt nicht mehr beim Auftreten des Bedürfnisses, sondern erst, wenn die Tischgemeinschaft vollständig ist." Selbst Löwen und andere im Rudel jagenden Tiere halten eine solche „Tischgemeinschaft" ein; hier gilt eben nicht: lupus lupo homo (nämlich: oeconomicus).

1990 Sten Nadolnys Roman „Die Entdeckung der Langsamkeit"[42] in dieser Hinsicht begriffsprägend gewesen ist, dem sich dann 1992 Schneidewind und Walsh mit ihrem Sammelband: „Langsamkeit entdecken – Turbulenzen meistern" anschlossen. Allenthalben sagt man uns, daß es mit dem Immer-Mehr, Immer-Weiter, Immer-Schneller nicht immer so weitergehen könne, daß also ein Umdenken gefragt sei, allenthalben regt sich Widerstand gegen das Gefühl allseitiger Beschleunigung. Die Slow-food-Bewegung feiert daher u.a. auch den Radrennfahrer Luigi Mallabrocca, der es immer wieder schaffte, als letzter durchs Ziel zu kommen.

Man meint herausgefunden zu haben, daß sich das wissenschaftlich gesicherte Wissen der Menschheit, meßbar in Publikationen, alle 15 Jahre verdoppelt. Nun wissen wir, was es mit dieser Verdopplungsfunktion Tückisches auf sich hat. Ich erinnere an jenen indischen Politiker (ein Maharadscha war es wohl), dessen Vorstellungshorizont offensichtlich durch eine Zahl von 5 begrenzt war, weil er einem verdienstvollen Menschen zusagte, daß er soviel Reis erhalten solle, wie sich nach folgender Regel ergäbe: Auf Feld eins eines Schachbretts sollte ein Reiskorn liegen, auf Feld zwei das Doppelte, auf Feld drei das Doppelte davon. Was der Politiker wohl außerstande war sich vorzustellen, war, daß bereits auf Feld 32 (d.h. erst der Hälfte des Schachbretts) allein 21 Milliarden Reiskörner liegen mußten. Ähnliches gilt nun für die erforderliche Bibliotheksstellfläche, wenn sich das Wissen alle 15 Jahre verdoppelt. Nehmen wir einmal an, die jetzt zur Verfügung stehende Bibliotheksfläche sei – weltweit summiert – 1 km^2. In genau 420 Jahren müßte dann die gesamte feste Erdoberfläche (die Antarktis eingeschlossen) zur Bibliothek geworden sein. Das Eindruckssyndrom, daß es mit dem immer schneller und immer mehr so nicht weitergehen könne, ist überdies ein Historikern wohl bekanntes Syndrom. Vergleichbar ist es etwa dem um 1800 heftigst diskutierten Problem des Holzmangels. Man berechnete damals glaubhaft und korrekt, daß bei gleichbleibender Bevölkerungsvermehrung und gleichbleibendem oder anwachsendem Wärmebedarf pro Person in Mitteleuropa bald alle Bäume abgeholzt sein würden und (da größere Holztransporte – außer durch Flößen – nicht durchführbar waren, Mitteleuropa binnen kurzem unbewohnbar sein würde und es zu einer massenhaften Völkerwanderung in den wärmeren Süden einerseits, den holzreicheren Norden andererseits komme werde, und zwar unvermeidlich. Nichts davon geschah; einfach weil andere Heizmaterialien an die Stelle von Holz gesetzt wurden und andere Transportmöglichkeiten erschlossen wurden, d.h. die Ebenen gewechselt wurden.

---

42 Sten Nadolny: Die Entdeckung der Langsamkeit, München: Piper 1990.

Das zweite Beispiel bezieht sich auf eine Hektik um 1900. Es entsteht hier der Eindruck eines ganzen Zeitalters, daß sich das Tempo des Zeitablaufs selbst so sehr beschleunigt habe, daß die Menschen massenweise das neu erfundene Krankheitssymptom der „Nervosität" entwickelten.[43] Als Krankheitsbild völlig unspezifisch, läßt es sich doch auf den einen gemeinsamen Nenner bringen, daß die Beschleunigung in für wichtig erachteten Lebensbereichen der Menschen ein Ausmaß erreicht hätte, das für Menschen nicht aushaltbar sei. Und dieses war der Eindruck eines Zeitalters, als die Zeppeline ruhig über den Himmel glitten und die Eisenbahn Höchstgeschwindigkeiten von 60 km fuhren.

Was ich mit diesen Kurzhinweisen andeuten wollte, ist folgendes:

1. Die Darstellung von sich beschleunigenden Tendenzen abstrahiert immer von Handlungsalternativen. Die Prospektive der progressiven Bibliotheksexpansion ignoriert ebenso wie der zunehmende Holzmangel oder die zunehmende Nervosität Alternativen und kommt bzw. kam von daher zu Bildern einer unaufhaltsamen Beschleunigung.

2. Offenbar gibt es aber immer wieder Menschen, die mit bestimmten Schnelligkeiten von Prozessen subjektiv nicht mehr mitkommen.

Es kann nicht Aufgabe der Philosophie sein, die Beschleunigungsbilder kritiklos zu übernehmen oder die Kurzatmigen und Beladenen zum Maßstab einer allgemeinen Kulturkritik zu nehmen. Aufgabe der Philosophie kann es nur sein, in Überlegungen einzutreten, ob der Befund einer allseitigen Beschleunigung tatsächlich als ein objektiver Befund durchgehen kann. Insofern sind auch die Parameter, die uns die Prozesse, in denen wir uns kulturell befinden, als beschleunigte erscheinen lassen, nicht von der Natur der Zeit her methodisch notwendig vorgegeben, sondern von uns in rechtfertigungsbedürftiger Weise als solche gesetzt. Dann aber ist Beschleunigung der kulturellen Tatbestände und Prozesse eben kein objektiv feststellbarer und im Diagramm festhaltbarer Tatbestand mehr, sondern eine Deutungsperspektive. Wir werden uns also im folgenden zu fragen haben: Welche Gründe gibt es, diese Deutungsperspektive, diejenige der Beschleunigung nämlich, zu wählen – und sind diese Gründe gute Gründe?[44]

---

43 Joachim Radkau: Das Zeitalter der Nervosität, München: Hanser 1998.

44 Welche absurden, aber „gesicherten" Forschungsergebnisse sozialwissenschaftliche „Forschungen" hervorbringen können, dafür Beispiele bei Julienne Ford: Paradigms and Fairy Tales, 2 Bde., London, Boston: Routledge & Kegan Paul 1975, z.B. II, S. 344, wo berichtet wird, daß ein gewisser Brown die Differenz des Gewichts von LKWs, die mit Lebensmitteln in ein Krankenhaus fuhren und mit Abfall aus ihm herausfuhren, als Indikator für die Nahrungsaufnahme der Patienten untersuchte; andere nahmen den Schmutz auf bestimmten Seiten von Büchern in

Prima facie spricht viel dafür, ein Ziel auf dem kürzesten und daher schnellsten Wege zu erreichen; denn das Leben ist kurz und die Mittel, es zu fristen, knapp. Zögern ist Zeitvergeudung, Umwege ebenso. Wegen Zeitknappheit und Mittelknappheit ist es notwendig, das Leben ökonomisch einzurichten. So einleuchtend das klingt und so sehr ein Großteil unserer gegenwärtigen Zivilisation auf diesen Prinzipien aufgebaut scheint, so sehr muß dennoch auch auf dem Gegenteil dieser Behauptungen bestanden werden.

Das „Ziel" unseres irdischen Daseins ist allemal der Tod; dennoch wird niemand zustimmen wollen, wenn man dazu aufforderte, dieses „Ziel" möglichst schnell und unter möglichst geringem Aufwand zu erreichen. Ähnliches gilt für den Schlußakkord einer Symphonie und für alle diejenigen Prozesse, deren Sinn haftigkeit in der Prozessualität und nicht im zu erreichenden Abschluß liegt. Im Anschluß an die Philosophen Hans Blumenberg, Odo Marquard und Michel Serres wird hier vielmehr die These vertreten und verteidigt, daß alle Kultur der Lebensführung die Kultur von Umwegen und die Vermeidung des direkten Weges ist. Vielleicht ist ja das Ziel aller erotischen Bemühungen der Sexualakt. Das Ökonomieprinzip geböte dann, immer schnell – wie man so sagt – „zur Sache zu kommen" – das Kulturprinzip aber fordert ein immer komplexeres Raffinement von Verführungen als Kultur der Erotik. Wenn es bei den Mahlzeiten darum ginge, Sättigung möglichst schnell und aufwandarm zu erreichen, dann wäre McDonalds die erste Adresse und der Gipfel des Kulinarischen.

Besteht bei Dominanz der Maxime, den Umweg zu wählen, könnte man fragen, nicht die Gefahr, daß man sich verzettelt, ein Ziel aus den Augen verliert? Im Gegenteil. Wer immer darauf setzt, den Tod, den Sexualakt oder die Sättigung möglichst schnell und aufwandarm herbeizuführen, verfehlt das Eigentliche des Lebens. Denn dieses besteht genau darin, die Dominanz dieser Ziele eine Zeitlang außer Kraft zu setzen, zu substituieren. Das Universum allgemein ist beherrscht vom Prinzip zunehmender Entropie. Dieses Prinzip ist an einem Ort des Universums, immer nur temporär, außer Kraft gesetzt, nämlich dort, wo es Leben gibt. Leben ist die autopoietische Verweigerung der Entropie für eine bestimmte Frist und innerhalb bestimmter Grenzen, die zusammengenommen einen Organismus ausmachen. Ich wählte den kleinen Umweg über die kulturellen Umwege, um zu erläutern, welche Sorte von Gründen dafür sprechen könnten, die Prozesse, in denen wir stehen, als beschleunigte zu interpretieren und vielleicht für die Maxime der Entschleunigung uns stark zu machen. Das Ökonomieprinzip gebietet Beschleunigung als Deutungsperspektive der Darstellung von

Bibliotheken als einen Indikator für das Interesse, das der Inhalt dieser Seiten bei den Bibliotheksbenutzern fand.

Prozessen; gemäß diesem Prinzip müssen wir dann zwangsläufig auch die kulturellen Prozesse als beschleunigte darstellen. Und wollen wir gegenüber einer Dominanz des Ökonomischen den kulturellen Faktor der Umwegskultur ins Spiel bringen, dann müssen wir in diesem Zusammenhang und in diesem Rahmen eine Entschleunigung fordern dürfen. Das Kulturprinzip gebietet die Kultur von Umwegen und damit eine Darstellung auch ökonomischer Prozesse als Zielverschiebungen und Hinausschiebungen. Wollen wir nun gegenüber einer vielleicht gefürchteten Dominanz des kulturellen Faktors den ökonomischen Faktor des Umgangs mit knappen Ressourcen ins Spiel bringen, dann müssen wir in diesem Zusammenhang die Abkürzungen einfordern. Wir sehen, die beiden Forderungen einer Langsamkeit und einer Kürze sind reziproke Zeitpolitiken, die Rechtfertigungen für Zeitobjektivationen abzugeben in der Lage sind. Uns interessiert nun hier mehr der Aspekt der Langsamkeit – den der Kürze (vita brevis est) lassen wir außer acht.

Das Kulturprinzip besteht darin, den schnellen, den kurzen Weg zum Ende der Endlichkeit zu vermeiden, d.h. das Kulturprinzip kultiviert die Umwege,[45] um nicht direkt, sondern indirekt und verzögert in das Elend zu laufen, das uns erwartet. Alexander, auch genannt der Große, angesichts des gordischen Knotens, vermeidet jede Ressourcenvergeudung des Tüftelns und sein Schwert beweist seine Entschlußfreudigkeit im Erreichen seines Ziels, Asien zu erobern. Nun, wir wissen wie es ausging: Asien ist viel größer, als er dachte, und sein Leben war viel kürzer, als er glaubte. Was wäre gewesen, wenn der Unterricht seines Lehrers Aristoteles mehr gefruchtet hätte und er angesichts des gordischen Knotens etwa die mathematische Topologie erfunden hätte. Es wäre ein Sieg des Kulturprinzips gewesen. Denn dieses besteht nicht nur darin, den direkten Weg durch einen Umweg zu vermeiden, sozusagen eine bloße Umleitung, sondern in der Umwegigkeit eine neue Ebene von Textanschlüssen zu erfinden oder zu erschließen. Für dieses könnte man sich auf eine andere mythologische Figur be-

---

45   Hans Blumenberg: „Anthropologische Annäherung an die Rhetorik", in: ders.: Wirklichkeiten in denen wir leben, Stuttgart: Reclam 1993, S. 104-136: Kultur als Unterbrechung kurzschlüssiger Funktionalität ist vor allem eine Kultur der Umwege; ders.: Die Sorge geht über den Fluß, Frankfurt a. M.: Suhrkamp 1987, S. 137f.; sowie Michel Serres: Hermes, Bd. V: Die Nordwest-Passage, Berlin: Merve 1994, S. 123ff.; ferner im Anschluß daran Kurt Röttgers: „Michel Serres. Strukturen mit Götterboten", in: Von Michel Serres bis Julia Kristeva, hg. v. Joseph Jurt, Freiburg: Rombach 1999, S. 87-111, hier bes. S. 97f.; vgl. auch ders.: Spuren der Macht, Freiburg, München: Karl Alber 1990, S. 488-537; Ralf Konersmann: „Umweg und Methode", in: Vernunft und Freiheit in der Kultur Europas, hg. v. Ralf Elm, Freiburg, München: Karl Alber 2006, S. 219-244; ders.: „Umwege der Kultur", in: Internationale Zs. f. Philosophie 15 (2006), S. 5-17.

ziehen: Schehrezâd. Ihr in Aussicht stehender Weg hätte sie in den Tod geführt. Ihr Aufbegehren gegen den Tod jedoch ist indirekt, vermittelt: sie erfindet und erzählt Geschichten, mehr als tausend an der Zahl.[46]

Um zusammenzufassen: Langsamkeit ist keine Forderung, die sich einer objektiv zu konstatierenden allseitigen Beschleunigung – dann ja wahrscheinlich auch erfolglos – entgegenzustellen hätte. Und wer könnte denn ernsthaft – nämlich gemäß der Relativitätstheorie – eine allseitige Beschleunigung überhaupt beobachten? Langsamkeit ist vielmehr die Negation einer bestimmten Sorte von Rechtfertigungen von Zeitobjektivationen. Als solche ist Langsamkeit damit ein kritisches Konzept: Es bestreitet, daß die ökonomische Rechtfertigung von Zeitobjektivationen allgemeingültig ist.[47] Also muß auch die immer öfter zu hörende Forderung nach Entschleunigung übersetzt werden lediglich in eine Kritik an der Hegemonie des Ökonomischen, beispielsweise gegenüber dem Kulturellen, bzw. in eine Forderung nach Restituierung der Autonomie des Kulturellen gegenüber dem Prinzip allseitiger Verwertung.

Und es sind diese zeittheoretischen Überlegungen, die nun gute Gründe für eine Option zugunsten von slow food liefern. Die Kultur der Umwege, die nicht der Ökonomie, wohl aber dem hier sogenannten Ökonomieprinzip entgegensteht, ist es, die sowohl für das Leben des Menschen als auch für das Gedeihen von Gesellschaften förderlich ist, während überall nur kurzen Prozeß zu machen, sowohl für die Langfristigkeit sozialer Prozesse als auch für das menschliche Leben, desaströs ist.[48] Etwas auf dem direkten, kürzesten und aufwandärmsten Wege anzustreben, ist manchmal angezeigt, aber eben nicht immer. Nicht wer sich schnell standardisiert gute Nahrung zuführt, fördert sein Wohlleben, sondern z.B. derjenige, der lange Wege auf sich nimmt, weil er von einer erfahrenen Person gehört hat, daß die Zubereitung einer ganz bestimmten Speise nur in einer ganz bestimmten Region genußreich zu sein verspricht. Denn nicht wer glücklich sein

---

46 Kurt Röttgers: „Menschliche Erfahrung: Gewalt begegnet dem Text des Erzählens (Alexander and Schehrezâd)", in: Narrative Ethik, hg. v. Karen Joisten, Berlin: Akademie 2007, S. 95-113.

47 Insofern fällt es auch einem ehemaligen Bundeskanzler ins Wort, der gegen den „Luxus der Langsamkeit" polemisiert hatte und sich Bill Gates zur Leitfigur erkoren hatte: „Keiner ist so schnell wie er." Wir brauchen nur dieses „ist" als „ißt" zu schreiben, um die Fragwürdigkeit der Schröderschen Verallgemeinerung des Schnelligkeitskults sichtbar zu machen. Gerhard Schröder: „Gegen den Luxus der Langsamkeit", in: Stimmen gegen den Stillstand, hg. v. Manfred Bissinger, Hamburg: Hoffmann und Campe 1997, S. 206-211, hier S. 206.

48 Vgl. jetzt auch K. Röttgers: „Menschliche Erfahrung", der Alexanders Durchhauen des gordischen Knotens (Gewalt als kurzer Prozeß) Schehrezâds Erzählen von 1001 und einer Geschichte (Gewaltvermeidung) kontrastiert.

will und diesen Willensentschluß durch sparsamen Ressourceneinsatz zielstrebig gemäß dem Ökonomieprinzip angeht, wird glücklich sein, sondern der, der seiner geistig-sittlichen Verfaßtheit gemäß z.B. den Umweg über ein sittliches Leben wählt, wird unverhofft vom Glück eingeholt.[49]

Hervorgegangen ist die Slow-food-Bewegung aus einem lokalen Fest der Weinbauern von Montalcino in der Toscana: Ende Oktober wird dort das Ende der Weinlese mit einem Drossel-Fest gefeiert, bei dem die Hauptattraktion, gerade auch für die Touristen, das Verspeisen dieses Singvogels darstellt.[50] Nach einem seit 1957 eingehaltenen Ablauf werden nach einem Bogenschießen-Turnier die Drosseln auf einem Holzkohlenfeuer gegart und dann gegessen; dazu wird viel Brunello-Wein getrunken. Als 1982 eine Gruppe von ungefähr 12 jungen Besuchern der 68er Generation aus der Stadt Bra unter Leitung von Carlo Petrini, dem Gründer der „Libera e benemerita associazione degli amici del Barolo" und Mitglied der PCI, zu diesem Fest stößt, werden die Gäste im Rahmen des Festes bewirtet und sind schwer enttäuscht. Empört schreibt Petrini an die Stadtväter von Montalcino einen Brief, in dem er feststellt, daß die Zubereitung und das Servieren von Speisen eine ernste Angelegenheit seien. Gewiß sei man bei derartigen „politischen" Banketten auf Magenschmerzen eingestellt; man könne sogar eine gewisse Sympathie mit einem Koch empfinden, dessen Hauptqualifikation seine Parteizugehörigkeit sei. Es sei aber unakzeptabel, bei einer solchen Gelegenheit ein Kasernenessen vorgesetzt zu bekommen. Im einzelnen erwähnt er kalte Nudeln, ungenießbare „Ribollita" (eine toskanische Eintopfspezialität), ungewaschene Salatblätter und einen ungenießbaren Nachtisch. Hier artikulierte erstmals eine Gruppe von Linken, daß Parteibuch und Gesinnung nicht alles sei, sondern die Sorgfalt um die Nahrung und den Genuß mit zum Programm der Verbesserung der Welt gehöre. Das Bekenntnis zum Genuß stellte sich damit von vornherein in eine doppelte ideologisch-politische Gegnerschaft, zur Kommunistischen Partei und zur katholischen Kirche. Der Sache nach opponierte sie ebenso den Ideologen der Haute Cuisine, die zur Grundlage ihrer Darlegungen eine Physiologie des Genusses gesetzt hatten.[51] Die Slow-Food-Bewegung war dagegen nicht-elitär, ökologisch und regional orientiert. Sie ging hervor aus einer Gruppe junger Kommunisten, die sich für die Bedingungen des Weinbaus in Italien interessierten, Musik machten und das Leben zu genießen verstanden und

---

49   Vgl. Odo Marquard: „Die Diätetik der Sinnerwartung", in: ders.: Apologie des Zufälligen, Stuttgart: Reclam 1986, S. 33-53, und Robert Spaemann: Glück und Wohlwollen, Stuttgart: Klett-Cotta 1989, S. 11.

50   Einzelheiten nach Carlo Petrini/Gigi Padovani: Slow Food Revolution, New York: Rizzoli 2006.

51   Gemeint ist natürlich A. Brillat-Savarin: Physiologie du goût.

die die erwähnte Gesellschaft der Freunde des Barolo gründeten. In dem Zusammenhang wurde dann in Mailand seit 1982 die Zeitschrift „La Gola" herausgegeben, die sich ausschließlich mit Essenskultur befaßte. Im Jahre 1987 erschien dann in der Zeitschrift „Gambero Rosso" das Manifest der Slow-Food-Bewegung. Darin heißt es:

„The culture of our times rests on a false interpretation of industrial civilization. In the name of dynamism and acceleration, man invents machines to find relief from work but at the same time adopts the machine as a model of how to live his life. This leads to self-destruction; Homo sapiens is now so consumed by the cycle of production, consumption, and overconsumption that it has been reduced to the status of an endangered species. ... At the end of the century, we cannot say things have changed much, far from it, since the fast life finally now subsists on fast food."[52]

Der Individualismus, der das gemeinsame Genießen flieht und die Bauchfüllung bei McDonalds bevorzugt, der die zeit-rationale Abspeisung dem ausgedehnten Mahl, fast food dem slow food vorzieht, sei eine Hervorbringung jener Neuzeit, die auch Luther als Befürworter der individuellen religiösen Beziehung zu Gott hervorgebracht hat. Das ist die These des katholischen Theologen Massimo Salani in seinem Buch „A Tavola con le religioni"[53] über die Eßgewohnheiten der verschiedenen Religionen und Konfessionen. Katholisch sei die Form des Conviviums, in dem man sich für die Speisen, für die Mitspeisenden und für Gott, der die Speisen gab, Zeit lasse. Protestantisch dagegen sei, so seine Arbeitshypothese, jener zeitsparende Individualismus der Ernährung, dessen konsequenteste Ausformung der Hamburger sei. Salani möchte dergestalt die Zubereitung und und gemeinsame Einahme von Speisen als eine Art Gottesdienst verstanden wissen. Wenn er selbst für die Familie und seine Gäste koche, dann ist eine seiner „Zutaten" sein Wunsch, in Gemeinschaft mit diesen seinen Mitmenschen zu sein und sie an seinem Leben teilhaben zu lassen. Teilen und Mitteilen unter Menschen, so Salani, ist zugleich eine Kommunikation mit Gott. Dagegen könne es

---

52   Zit. nach C. Petrini/G. Padovani: Slow Food Revolution, S. 71. Mit seiner geschwindigkeits- und beschleunigungskritischen Fundierung ist das Manifest ein offener Widerspruch zu Marinettis futuristischem Manifest von 1909, bzw. expliziter noch Filippo Tommaso Marinetti/Luigi Fillìa: La cuisine futuriste, Paris: Métaillé 1982, wo die Kochkunst, vom Taumel der Technik ergriffen, funktionalisiert wird in der Kreation des neuen Menschen der Zukunft. Die Vorschläge der futuristischen Küche beinhalteten im wesentlichen exzentrische kulinarische Wagnisse zugunsten eines symbolischen Mehrwerts, eine sozusagen kulinarische Umwertung aller Werte.

53   Massimo Salani: A Tavola con le religioni, Bologna: Dehoniane 2000.

kaum gelingen, den Hamburger als „Gabe Gottes" zu ehren. Die Firma McDonalds hat auf diese Interpretation eines Zusammenhangs von Luther und dem Hamburger reagiert; nach einer Meldung von AFP hat die Firma erklärt, die Imbißkette bediene „alle Rassen und Kulturen", was natürlich Salanis These überhaupt nicht widerspricht, der ja genau das gesagt hatte, es sei individualistisch-unkatholisch, sich dort „bedienen" zu lassen.

In seinem Buch „Les Fils du McDo"[54] führte der französische Soziologe Paul Ariès aus, daß der Hamburger, d.h. der Inbegriff des Fast Food, nicht typisch amerikanisch sei, noch in irgendeinem rechtfertigbaren Sinne als international verstanden werden könne, sondern auf der konsequenten Negation aller vorhergehenden kulinarischen Kulturen beruhe. Darin liegt auch ein Unterschied zu den auf aller Welt sich findenden chinesischen Restaurants, die sich eigentlich überall an die Erwartungen der Gäste in einem bestimmten Land anpassen, weswegen z.B. die chinesischen Restaurants in Deutschland in der Regel besser sind als diejenigen in England. Nach übereinstimmenden Berichten war das bereits im 18. Jahrhundert so, daß in England im Vergleich zu Deutschland und Frankreich weniger Wert auf das Essen gelegt wurde, dagegen mehr auf das (anschließende und die Frauen ausschließende) Trinken.[55]

Einheit und Vielheit

Die Ästhetik des Kulinarischen ist, wie oben schon erwähnt, eine Ästhetik von Vielheiten.[56] Obwohl die Zunge als Organ nur wenige verschiedene Geschmacksrezeptoren hat, sind wir durch die katalysatorische Funktion der Nase in der Lage, sehr Vieles, Verschiedenes zu schmecken. Aber was uns dann nicht gelingt, ist, diese Vielheiten wiederum (begrifflich) auf Einheiten zurückzurechnen. Wir behelfen uns daher oft mit bloßen Ähnlichkeiten und Reihen von Ähnlichkeiten. Statt den Geschmack eines bestimmten Rosé-Weines auf den Begriff zu bringen, nennen wir Vielheiten von Ähnlichkeiten, z.B. daß er einen Anklang an Himbeere habe und vieles andere mehr. Solche Befunde werfen das generelle philosophische Problem von Einheit und Vielheiten auf.

Es gibt gute Gründe, die Einheit zu lieben, ich will nur wenige anführen. Mit Parmenides hat das philosophische Denken begonnen, sich der Einheit zu verschreiben: für ihn ist erstmals, soweit wir wissen, der Gedanke des Seins (τὸ ὄν) das Denken des Einen (ἕν). Die vielfältigen Meinungen der Leute von den vielen Dingen sind immer ungewiß. Solche Vielheiten können nur scheinbar zu

---

54 Paul Ariès: Les fils du McDo, Paris: L'Harmattan 1997.
55 G. Hirschfelder: Europäische Eßkultur, S. 161.
56 Warum das so ist, dazu s. in Kapitel „Wie soll man kochen?"

Einheiten des Wissens zusammengestellt werden in einer Erkenntnis, die deswegen das Sein immer verfehlt. Nach Platon konvergieren das Eine und das Gute. In der Hierarchie der Ideen, d.h. jener Ordnungsvorstellungen, die uns in einer Welt voller Kontingenzen Sicherheiten des Erwartens ermöglichen, nehmen die Ideen der Einheit und des Guten die oberste Stellung ein, die nicht ihrerseits noch einmal ein dialektisches Gegenüber haben. Bezogen auf die kategorialen Strukturen des kommunikativen Textes besagt das vielleicht soviel wie: Wenn wir uns einig sind, endet der Text in einem mystischen oder gelangweilten Schweigen. Plotin steigert die Hingabe an die Einheit noch um eine Stufe. Er arbeitet mit dem Totalitätsbegriff des Ureinen. Alle Differenzen, die in der Sinnenwelt auftreten, sind im Einen als zusammenfallend gedacht. Dieses eine ungeschiedene Ganze ist zunächst als dýnamiV; sobald aber diese dýnamiV als Möglichkeit auftritt, steht sie sofort im Gegensatz zur Wirklichkeit dieser Möglichkeit; dann aber erscheint an jeglicher Wirklichkeit auch die Möglichkeit des Andersseinkönnens – und schon haben wir es mit Vielheiten zu tun. So emaniert durch die intensive Unendlichkeit der Macht des Alleinen die extensive Unendlichkeit der Mächte der Wirklichkeit. Ja, es ist noch vertrackter: Diese Vielheit ist für den Erkennenden die einzige Zugangsweise zur Vorstellung von der Einheit des Ganzen. Für Plotin heißt das weniger, daß alles im Grunde eines ist, als vielmehr, daß sich das Viele ordnend auf Einheit zurückführen läßt, so daß das Ganze auf diese Weise begriffen werden kann. Wie auch immer vermittelt es sein mag, durch diese Rückbezüglichkeit von Vielheit auf Einheit werden letztlich Unterschiede und Differenzen als gleichgültig gesetzt. Identität wird das Zauberwort, das gegen Differenzen erfolgreich eingesetzt wird. Solch ein Denken geht hinter die Selbstanschauung Gottes zurück bis zu dem Punkt, wo die einzig verbliebene Unaussprechlichkeit jenes „Ich bin, der ich bin" ist. Daher ist das Eine nicht nur der Endpunkt aller Erkenntnis in der Einheit des Wissens, in ontologischer Entsprechung dazu auch der Ursprung alles Werdens. Einheitsdenken, jedenfalls in der abendländischen Tradition, ist daher stets auch ein Denken vom Ursprung her, von der Ârc-. Dieses Eine kann stets nur paradox gedacht und ausgesagt werden; denn jedes Reden vom Einen ist schon das Andere des Einen, Denken ist schon das Zweite.[57]

Die Paradoxien der ontologischen Einheitstheorien werden vermieden durch Kant. Obwohl auch er dem Willen zur Einheit folgt, verlegt er sie doch gemäß der kopernikanischen Wende in das Subjekt. So wird Einheit, statt eine metaphysische Voraussetzung zu sein, eine Leistung des Bewußtseins. Solche einheitsbil-

---

57 Vgl. auch Jürgen Habermas: „Die Einheit der Vernunft in der Vielheit ihrer Stimmen", in: ders.: Nachmetaphysisches Denken, Frankfurt a. M.: Suhrkamp 1988, S. 153-186.

denden Leistungen nennt Kant Synthesis. Durch die synthetischen Leistungen der Einbildungskraft und des Verstandes werden die Vielheiten (Kant sagt: die Mannigfaltigkeit) der Empfindungen und der Vorstellungen zur Einheit von Erfahrungen und Urteilen organisiert. Einheit bei Kant ist hergestellte Einheit, hergestellt gemäß Regeln, die das Subjekt mitbringt. Die Vielheit der einheitsbildenden Operationen ist ihrerseits noch einmal zusammengefaßt gedacht in der höheren Einheit der transzendentalen Apperzeption, jenem berühmten Cogito, das alle unsere Vorstellungen muß begleiten können. Nun muß aber der Einheit des Cogito eine Einheit des Cogitatum entsprechen. Das macht für Kant den Begriff der Welt aus. Einheit und Ganzheit sind durch die Struktur des Erkennens in unauflöslicher Weise miteinander verbunden. Irreversibel steht auch dahinter jedoch jene kopernikanische Wende, so daß auch der Weltbegriff keine metaphysische Voraussetzung, sondern ein Konstrukt ist. Damit hört freilich Einheit auf, etwas vom Ursprung her garantieren zu können. Synthesis wird Kontingenz. Es könnte jeweils auch anders sein, und wir könnten auch anders verfahren. Dann aber entsteht die Frage (diesmal an Kant): Wozu überhaupt Einheit und nicht vielmehr Vielheit; oder die andere Frage, diejenige nach den Kosten der Einheit: Verzichten wir mit dem Willen zur Einheit und der Auflösung von Differenz nicht auf zuviel? Und – da setzt dann bekanntlich Hegel an – sind wir überhaupt in der Lage, auf Differenz zu verzichten, oder entsteht sie nicht mit jeder Synthesis erneut? Gleichwohl, das soll bereits hier nicht verschwiegen werden, setzt auch Hegel mit der Selbsttransparenz des Geistes in seiner Entwicklung noch auf ein Einheitskonzept. Hegels Geheimnis als die Grenze der Selbsttransparenz findet erst in Adornos Negativer Dialektik ihren Ort. Sogar Friedrich Schlegels Abschied vom Kant-Fichteschen Ich im Begriff des „transzendentalen Wir" macht lediglich nicht das Subjekt in seiner Singularität zum Bezugspunkt der Einheitsbildung, sondern die Kommunikation; ansonsten ist auch das Symphilosophieren unter dem Leitbegriff der polemischen Totalität noch der Einheitsvorstellung zugetan, nämlich als einer Einheit, die in sich selbst wie ein Organismus als Vielheit gegliedert ist. Und selbst an Nietzsche könnte man noch das, wenngleich nicht mehr einlösbare, Streben nach Einheit aufdecken.

Politisch-philosophisch und wissenspolitisch bedeutet das Streben nach Einheit die Favorisierung von hierarchischen Ordnungsstrukturen, im Prinzip monarchischer Art, weil – so die Begründungen von Denkern wie Thomas von Aquin und Dante – was durch einen getan werden kann, am besten auch durch einen getan werden soll, so wie es ja auch nur Ein Gott war, der sich diese Welt erschuf. Also ist die Universalmonarchie die beste Regierungsform auf der Welt – so

Dante.[58] Nur scheinbar widerspricht dem der lange währende und theoretisch auf beiden Seiten gut abgestützte Streit zwischen weltlicher und geistlicher Macht im Mittelalter. Zurückgeführt wird dieser Streit auf einen Brief von Papst Gelasius I. an den oströmischen Kaiser Athanasius; dort heißt es: „Duo quippe sunt, imperator, auguste, quibus principaliter mundus hic regitur: auctoritas sacrata pontificum et regalis potestas." Es sind Zweifel erlaubt, ob nicht der ursprüngliche Sinn der Aussage dem Sinn seiner Wirkungsgeschichte entgegengesetzt war, d.h. ob nicht gemeint war: es sind zwei und nur zwei Mächte, die diese Welt beherrschen; gewirkt aber hat der vielzitierte Satz als: es ist nicht eine Macht, sondern es sind zwei Mächte, die diese Welt beherrschen: Kaiser und Papst. Aber die Befürworter der Gleichberechtigung dieser zwei Mächte sind mitnichten Differenztheoretiker: sie verlegen lediglich die Einheit in die Transzendenz (nur in Gott ist Einheit), während diejenigen, die die Unterordnung der einen Macht unter die andere verlangen, die Einheit in dieser Welt verwirklicht wissen wollen, weil ja nicht Gott eine Welt geschaffen haben kann, die suboptimal geordnet ist, die also nicht mon-archisch/hierarchisch strukturiert wäre.

Das wirkungsvolle Prinzip der reductio ad unum, das von Bonaventura folgendermaßen formuliert wurde: „Omnis tamen haec varietas ad unum habet reduci summum et primum, in quo principaliter residet universalis omnium principatus"[59], hat in Ockhams Razor sein erkenntnislogisches Äquivalent. Offensichtlich gibt es eine logische Überlegenheit von Theorien, die auf Einheit hin reduzieren können, gegenüber solchen, die eine Vielheit von Erscheinungsformen des Vernünftigen für schlechthin irreduzibel erklären müssen.

Gibt es auch gute Gründe, apollinisch die Einheit zu lieben, so widerstreitet doch dem Streben nach Einheit ebenso hartnäckig eine dionysische Lust an der Vielheit, und die Küche ist der Ort, dieser Lust zu frönen.

Der Pluralismus als diejenige metaphysische Doktrin, derzufolge die „reductio ad unum" nicht möglich ist, nimmt an, daß mehr als ein einziges Prinzip, sei es der Welt, sei es des Wissens, anzuerkennen ist. Dieser tritt vor allem in drei Hauptvarianten mit ihren jeweils spezifischen Begründungen auf, nämlich als psychologischer Pluralismus der vielen Seelen, als kosmologischer Pluralismus etwa eines Fontenelle und als Polytheismus. Die für den Pluralismus des 20. Jahrhunderts maßgebende Position von William James ist zunächst nicht politisch gemeint, sondern beinhaltet im Ursprung eine religionsphilosophische Position, die dann metaphysisch begründet wird. Schon in der Einleitung zur Herausgabe der Schriften seines Vaters im Jahre 1884 stellt James fest, daß der Theis-

58   Dante: Tutte le Opere, Florenz: Barbèra 1919, I, 4, S. 370ff.
59   Bonaventura: Opera Omnia, Ad Claras Aquas (Quaracchi): Typogr. Collegii S. Bonaventurae 1882, V, S. 189.

mus des gewöhnlichen christlichen Gläubigen in Europa trotz aller Variationen im einzelnen immer dem Pluralismus, um nicht zu sagen dem Polytheismus treu geblieben ist.[60] Daran, so begründet er, daß wir die Welt als eine Ansammlung oder Versammlung von verschiedenen Wesen betrachten, hat weder der jüdische noch der christliche Monotheismus etwas ändern können. Und zu dieser Grundvielfalt von Wesen gehören Gott, der Teufel, Christus, die Engel, die Heiligen und schließlich die Vielfalt menschlicher Wesen. Nur ein solcher Pluralismus gibt für die praktische Orientierung der Menschen eine tragfähige Basis ab. Die darüber hinausgehende, als religiöses Bekenntnis geforderte Einheit jenseits der Vielheit war für die Menschen immer ein bloßes Bekenntnis ohne praktischen Orientierungswert. In religiöser Hinsicht bedeutet das, daß die Menschen nur zu einem Gott, der ein „primus inter pares" geistiger Wesen ist, ein persönliches und warmes Verhältnis ausbilden können. Dagegen sind die metaphysische Idee des Einen und Einzigen Wesens, die Idee der Einen Seele alles Seienden, das Erste Prinzip und dgl., also die Ideen der monistischen Metaphysik, immer nur blasse und abstrakte Begriffe einer Einheit, die als solche nicht verehrungswürdig erscheinen kann, mag sie auch von den Philosophen noch so gut begründet werden. Aber dieser Pluralismus läßt sich eben auch philosophisch begründen, und zwar dadurch, daß der Gedanke der Einheit nicht durchzuhalten ist, und zwar auch gemessen am Kriterium der praktischen, näherhin der moralischen Orientierung. Die angemessene Moralität ist darauf gerichtet, gut zu handeln und das Gute zu tun; deswegen hat sie es immer mit Vielheiten zu schaffen. Darüber hinaus gibt es philosophisch einen Moralismus der Einheit, dem es nicht reicht, Gutes zu tun, sondern der darüber hinaus verlangt, gut zu sein, vielleicht sogar das Gute selbst zu verkörpern. James nennt ihn einen „morbiden" Moralismus; erst für diesen stellt sich überhaupt die Frage nach dem Sein und damit die Frage nach der Einheit; denn dieser verzweifelte Moralismus benötigt zwecks Identifikation das Eine Gute. Noch etwas später gibt James dem Pluralismus eine über die Moralpragmatik hinausgehende Begründung ungefähr folgender Art: Zwar bemüht sich alle Wissenschaft um eine vereinheitlichende Erkenntnis der Welt, also um eine Einheit des Wissens, doch bleibt diese Einheit, wie jeder weiß, ein bloßer Grenzbegriff. Obwohl das so ist und jeder es weiß, wird das Residuum des Wissens als ein Negatives, Alogisches, Unbegriffliches ausgegrenzt. Es bleibt für diesen Einheitswillen ein bloßes factum brutum, ein Nichtidentisches und Unbegriffliches. Es gibt keine mögliche Position, von der aus die Vielfalt der Welt restfrei in die Einheit der Theorie überführt werden könnte. M.a.W.: Die Welt ist keine Tatsa-

---

60   William James: „Essays in religion and morality", in: ders.: Works XI, Cambridge/Mass., London: Harvard University Press 1982, S. 3-63, hier S. 60.

che. Sie ist lediglich eine Ansammlung (collection), sie ist eine nicht auflösbare Vielheit von Monaden. So werden für James Monadenlehre und Polytheismus zu natürlichen Verbündeten. Damit wird die Möglichkeit der Einheitsbildung nicht bestritten, aber – so James – sofern man bereits Einheiten und Vielheiten im Raum des Wissens als gleichberechtigt nebeneinander bestehend konzedieren muß, sei dieses schon ein Beweis für den Pluralismus.[61] Insofern weder Pluralisten noch erst recht Monisten die Einheit bestreiten können oder wollen, reduziert sich die Differenz auf die Darstellung von Wissensgehalten in der „All"-Form durch die Monisten oder der „Each"-Form durch die Pluralisten. Daß aber die Welt insgesamt aus Vielheiten besteht, beweist James folgendermaßen: Alles Einzelne, was existiert, existiert mit seiner Umwelt zusammen, mit der es im Austausch steht, so daß „Etwas" immer zugleich heißt „Etwas-und-etwas-anderes". Und es gibt nichts, das alles andere in sich enthält und keine Umwelt mehr hätte; andererseits gibt es aber auch kein absolut Einfaches, so daß Umwelt-Haben immer auch heißt Struktur-Haben.

Pluralismus heißt etwas anderes als Gleichgültigkeit oder die oft der Postmoderne nachgesagte Beliebigkeit. Aber negativ bestimmt ist es die eindeutige Absage an ein Denken des Ursprungs, an ein Denken der Einheit oder an ein Denken in der Logik der Hierarchie. Immer schon finden wir uns in Vielheiten, wir, die vielen, jeder von uns schon eine Vielheit. Natürlich kann man Einheiten bilden, und manchmal muß man das: Jeder Begriff ist schon eine Einheitsbildung, aber auch Begriffe kommen immer schon als viele vor und jede Begriffsbildung hat „Kosten der Einheit" (worauf Adorno mit der Emphase des „Nichtidentischen" nachdrücklich hingewiesen hat[62]). Und Anfänge sind immer schon gemacht. Es kommt nirgendwo darauf an anzufangen, sondern das wesentliche Augenmerk gilt den Anschlüssen, den Übergängen und den Transformationen.[63] Hierarchien werden zu Inseln in einem im übrigen anders strukturierten Gesamtzusammenhang. Pluralismus heißt aber immer auch, die Realität von Konflikten zuzulassen. Vielleicht muß man sogar den Gesamtzusammenhang – mit einem Begriff der Romantiker – als „polemische Totalität" ansprechen. Diese wird man

---

61 Hugo Marcus hat allerdings mit guten Gründen diese Parallelität von Einheiten und Vielheiten, dieses „Gemisch" von Pluralismus und Monismus als „monopluralistischen" Kompromiß bezeichnet, Hugo Marcus: Die Philosophie des Monopluralismus, Berlin: Concordia 1907, S. 6f.
62 Theodor Wiesengrund Adorno: Negative Dialektik, Frankfurt a. M.: Suhrkamp 1973, S. 146ff.
63 Kurt Röttgers: „Der Anfang vom Ende", in: Anfänge und Übergänge, hg. v. Kurt Röttgers u. Monika Schmitz-Emans, Essen: Die Blaue Eule 2003, S. 246-252; ders.: „Übergang", in: Wörterbuch der philosophischen Metaphern, hg. v. Ralf Konersmann, Darmstadt: Wissenschaftliche Buchgesellschaft 2007, S. 471-475.

nicht mehr durch eine Letztbegründung von Normen los, weil, wie Luhmann gezeigt hat,[64] die Moralisierung selbst polemogen ist. Es kommt vielmehr darauf an, Konflikte zuzulassen und den kultivierten Umgang mit ihnen einzuüben. Dazu gehört der Respekt, der daraus folgt, daß die Kontrahenten sich gegenseitig als notwendige Teile eines Gesamtzusammenhangs anerkennen und sogar benötigen. Dieses ist jedoch eine sozialphilosophische Einsicht und nicht ihrerseits eine begründungsbedürftige Norm.

Muß man sich zwischen Einheit und Vielheit entscheiden; muß man sich entscheiden, Pluralist oder Monist zu sein? Oder darf man mit Hugo Marcus „Monopluralist" sein, der nach der Devise verfährt: „Die Einheit verwischt die Vielheit nicht, die Vielheit zwingt die Einheit nicht zur Selbstaufgabe, sondern beide zusammen bilden die Dinge [...]" Andere haben es sich nicht ganz so einfach gemacht; ich erwähne Leibniz und Kant. Die Monadologie kennt die Besonderheit der Monaden, die – so § 13 – notwendig eine „Vielheit in der Einheit" beinhaltet. Eine solche Vielheit in der Monade, Erklärungsgrund für Veränderungen der Monade, kann nicht als eine Zusammensetzung aus Teilen gedacht werden; denn dann wären ja jene Teile der Monaden die wahren einfachen Substanzen, die Monaden usw. Sie werden vielmehr gedacht als Folge der Perzeptionen, hervorgerufen von einem Begehren. Leibniz sagt:

„Nous experimentons nous mêmes une multitude dans la substance simple, lorsque nous trouvons que la moindre pensée dont nous nous appercevons enveloppe une varieté dans l'objet. Ainsi tous ceux, qui reconnoissent que l'Ame est une substance simple, doivent reconnoitre cette multitude dans la Monade [...]" („Wir können uns selbst durch Erfahrung von der Vielheit in der einfachen Substanz überzeugen, wenn uns einmal aufgeht, daß der geringste Gedanke, dessen wir uns bewußt sind, eine Mannigfaltigkeit im Gegenstande in sich befaßt. Somit müssen alle diejenigen, welche zugeben, daß die Seele eine einfache Substanz ist, auch diese Vielheit in der Monade anerkennen [...]")[65]

Daneben und gleichsam trivialer ist es für Leibniz eine ausgemachte Tatsache, daß der Geist die Einheit in der Vielheit liebt. Diese Liebe ist nicht verwerflich, so daß man ihr in der Darstellung und Entwicklung der Gedanken nachgeben sollte. Übrigens, das sei abschließend en passant erwähnt, scheint Leibniz auch den philosophischen Begriff der Einheit in der deutschen Sprache geprägt zu haben (für unitas, unité).

---

64 Niklas Luhmann: Paradigm lost: Über die ethische Reflexion der Moral, Frankfurt a. M.: Suhrkamp 1990, S. 26.

65 Gottfried Wilhelm Leibniz: Monadologie § 16, in: ders.: Philosophische Schriften, hg. v. Carl Immanuel Gerhardt, Berlin: Weidmann 1875ff., VI, S. 609.

Zweites Beispiel: Kant. Eingeführt ist Kant als Liebhaber der Einheit. Für die theoretische Philosophie Kants gilt Einheit zusammen mit Vielheit und Allheit als eine Kategorie des Verstandes, nämlich als eine Kategorie der Quantität, wobei nun in der Tat Kant die Dichotomie Einheit vs. Vielheit auflöst, die eine Entscheidung zu verlangen scheint, indem er die dritte Kategorie der Totalität einführt, von der er sagt, sie sei nichts anderes als die „Vielheit als Einheit betrachtet". Das hört sich schön an, gibt aber doch zu denken. Denn offenbar kann sich Kant nur genau diese eine Verknüpfung zwischen Einheit und Vielheit vorstellen, nämlich die Vielheit als Einheit zu betrachten. Leibniz hatte jedoch auch die andere Spur gewiesen, nämlich die Einheit als Vielheit zu betrachten. Wie auch immer man dieses Defizit bewerten mag, es bleibt eindeutig, daß bei Kant eine Entscheidung deswegen unnötig wird, weil sich Vielheit auch als Einheit betrachten läßt, so daß der zwischen Einheit und Vielheit angebrachte Zeiger bei Kant in Richtung Einheit tendiert, was die Wissenswelten betrifft, in denen wir uns bewegen. Noch eindeutiger wird die Einheitsorientierung in seiner praktischen Philosophie. Zwar wird auch hier Vielheit nicht ausgeschlossen, so daß es auch hier keiner Entscheidung dieser Dichotomie bedarf, aber hier wird doch die Einheit als Allgemeinheit des Sittengesetzes in seiner Form als kategorischer Imperativ als die alleinige Grundlage gewählt; die Vielheit der Zwecksetzungen oder die Allheit als System ebendieser Zwecksetzungen sind nur mögliche Veranschaulichungen, sind aber als Begründung der sittlichen Forderung ungeeignet,[66] so daß auch in dieser Frage die theoretische und die praktische Philosophie Kants nicht analog gebaut sind.

Die Kostengeschichte des Einheitswillens beginnt in der Marginalität dieser apokryphen „Kritik der kulinarischen Vernunft", setzt sich aber in der Kantschule mit großer Eindeutigkeit fort. Stellte Kant noch das Lachen an das Ende des geselligen Mahls als Formgestalt der Vereinigung von Wohlleben und Tugend, so vergeht dem Einheitswillen in der Nachfolge Kants das Lachen. Mit Jakob Sigismund Beck und Johann Gottlieb Fichte erstehen jene Standpunktsphilosophien, die – so explizit bei Beck – vom „einzig möglichen Standpunkt" sprechen. Diese Philosophien nehmen ein topologisches Modell als Muster ihrer Einheitsphilosophien in Anspruch, für das der Berggipfel steht. Es gibt einen Standpunkt – und das ist der Gipfel des Berges –, der alles unter sich läßt und von dem aus alles andere überblickt werden kann. Unterstellt wird dabei, daß jene Insel der Wahrheit, von der Kant im Übergang von der Transzendentalen Analytik zur Transzendentalen Dialektik als topologischem Modell gesprochen hatte, ein er-

---

66   Immanuel Kant: Grundlegung zur Metaphysik der Sitten, 2. Abschn, in: ders.: Gesammelte Schriften IV, S. 406ff.

höhtes Zentrum hat, einen Berg, von dem aus alles wirklich überblickt werden kann und nicht nur in der kartographischen Repräsentation, die durch Rasterung alle Orte gleich macht. Dieser Ort ist der Standpunkt, von dem aus alles Wahre gesehen werden kann und den einzunehmen deswegen zugleich auch eine moralische Pflicht ist. Wer von einem solchen Standpunkt spricht, hat ihn natürlich längst eingenommen, er wohnt gewissermaßen auf dem Monte Verità und kann auf alle anderen herabblicken.

Diesen historischen Hintergrund möchte ich zu der These verallgemeinern: Jeder einzig mögliche Standpunkt findet den Gipfel eines anderen einzig möglichen vor, den er zwar in einem agonalen Konsenserzwingungsspiel[67] niederzuringen hoffen muß, für den aber maximal erwartet werden kann, daß jeder von der Kritik der anderen derart profitieren kann, daß er Gelegenheit hat, seine eigene Position verbessert auszubauen. In der Metaperspektive ergibt sich durch diese von Friedrich Schlegel im Rahmen seiner Programmatik des Symphilosophierens so genannte „polemische Totalität" ein Perspektivismus der sich ergänzenden Gesichtspunkte. Einheitsphilosophien sind oftmals nicht in der Lage, diesen Ebenenwechsel vorzusehen. Ergänzend sei jedoch – sozusagen die Kosten der Vielheit – hinzugefügt, daß Vielheitsphilosophien oftmals in der Gleichgültigkeit eines Relativismus enden, dann nämlich, wenn sie die Ausgangsebene der Auseinandersetzung ein für alle Mal verlassen zu haben glauben und dadurch vergessen machen, daß es den Anspruch der Philosophie ausmacht, wahres Wissen anzustreben und nicht eine „philosophy" beliebig tolerierbarer Meinungen. Insofern muß es im folgenden unsere Tendenz sein, die Kosten der Einheit, von denen wir sprechen, zwar zur Kenntnis zu nehmen und als Nebenfolgen des Einheitswillens einzukalkulieren, aber nicht zu versuchen, sie grundsätzlich zu vermeiden; denn auch der Verzicht auf Einheit hat seine Kosten. Pascal hat diese beiderseitigen Folgekosten in einer unnachahmlich klaren Formulierung so ausgedrückt: „Die Vielheit, die sich nicht zur Einheit zusammenschließt, ist Verwirrung; die Einheit, die nicht von der Vielheit abhängig ist, ist Tyrannis."[68]

Oft kann man die Kantische Philosophie allerdings heute auch so gelesen sehen, als habe sie ein Gespür für die Kosten der Einheit. Insbesondere die von Friedrich Kaulbach angestoßene und heute von Volker Gerhardt vertretene perspektivistische Interpretation favorisiert eine solche Lesart, allerdings mit einer quasi genuin Kantischen Nuance im Perspektivismus. Danach gibt es bessere und

---

67 Winston Churchill wird das Bonmot zugeschrieben, daß, wenn zwei dauerhaft im Konsens sind, einer der beiden überflüssig ist.

68 Blaise Pascal: Über die Religion und über einige andere Gegenstände (Pensées), 8. Aufl., Heidelberg: Lambert Schneider 1978, S. 420 (Werke, hg. v. Ewald Wasmuth, Bd.I), Nr. 871.

schlechtere Perspektiven und unter Umständen eine allerbeste, und das wird dann wohl die Kantische sein. In den „Metaphysischen Anfangsgründen..." macht Kant die bezeichnende Bemerkung: „Die Materie, also z.b. ein Faß Bier, ist bewegt, bedeutet also etwas anderes als: das Bier im Fasse ist in Bewegung [...] von der ersteren aber ist hier nur die Rede. Dieses Begriffs Anwendung aber auf den zweiten Fall ist nachher leicht."[69] Die Unterstellung, daß die Bewegung des Biers nur eine leichte Anwendung der Bewegung des soliden Körpers des Bierfasses sei, verrät die einheitsphilosophische Präsupposition Kants. Das Gegenteil ist wohl eher der Fall. Es dürfte kaum möglich sein, die Bewegung des Bieres aus der Bewegung des Fasses herzuleiten. Aber gerade für das Bier, seine unberechenbaren Bewegungen, interessiert sich die Kritik der kulinarischen Vernunft.

Im folgenden möchte ich eine Alternative vorschlagen. Im Sinne der angesprochenen polemischen Totalität sieht diese eine Mélange vor. Sie geht eher aus vom Bier als vom Faß. Und sie richtet ihre Aufmerksamkeit zuerst auf den Zusammenhang von Kant und seinem kaum bekannten Kollegen auf dem Lehrstuhl für Praktische Philosophie in Königsberg, Christian Jakob Kraus: Zigeunerforscher, Skeptiker, Hume-Übersetzer, Tischgenosse Kants und Vertreter einer nomadischen Alternative der Aufklärung im Gegensatz zur seßhaften und ihr Land vermessenden Vernunft à la Kant. Diese nomadische Alternative ist für die seßhafte Vernunft der Landvermesser zutiefst bedrohlich, zugleich aber ist diese Angst der ersitzenden Vernunft vor der beweglichen mitverantwortlich für deren Beweglichkeit. Denn überall in jenem reizenden Land der Wahrheit hat die Vernunft, die jedem Ding seine ihm gehörige Stelle zuweisen möchte, Galgen errichtet für die Nomaden, die den beständigen Anbau „verabscheuen". Nomadismus ist auch eine Fluchtbahn, auf der die Skeptiker gleich der Kugel im Flipperautomaten durch ständige Abwehr in Bewegung gehalten werden. Daß diese Nomaden auf ihrer Bahn zwischen den diversen Galgen hindurch offensichtlich glücklich sein können und sich nicht in ständigem Wehklagen über ihre Nichtseßhaftigkeit ergehen, jagt den entbehrungsreich Seßhaften den Schrecken in die Glieder. Sollten nicht etwa jene, sondern sie selbst die Orte der Vernunft falsch bestimmt haben? Dagegen hilft nur die harte Beteuerung, daß die Vernunft nicht dazu dienen könne, uns glücklich zu machen. Auf diese Weise bricht die nomadische Bewegung in die Ordnung der Seßhaftigkeit ein. Hält der Galgen die Nomaden in Bewegung, so hält er die Seßhaften in der Furcht vor der Bewegung.

Die Zuweisungsgeste ordnet eine chaotische Vielfalt. Aber es gibt Hyperordnungen, die durch ein Zuviel an Ordnungsstrukturen die Orientierung verunmög-

---

69   I. Kant: Metaphysische Anfangsgründe der Naturwissenschaft, in: ders.: Gesammelte Schriften IV, S. 483.

lichen, solche Hyperordnungen nennen wir Labyrinthe. Als die Welt noch zwei-dimensional war, brauchte man nur die dritte Dimension zu betreten, um den ab-soluten Überblick zu gewinnen. Das taten Daedalus und Ikarus, als sie dem ver-meintlich Verwirrenden des minoischen Labyrinths entfliehen wollten. Wenn es aber mehrere Überblicker gibt, mehrere einzig mögliche Standpunkte, von denen aus die „wahre" Struktur der zweidimensionalen Welt durchschaut werden kann, dann reproduziert sich das zu lösende Problem, und es wiederholt sich in jeder weiteren Dimension. Der absolute Überblick ist unmöglich geworden, ja jeder Versuch, ihn zu gewinnen, verschärft nur das Problem. Der Ariadne-Faden wird bei einer Vervielfältigung solcher Leitfäden zu einem Arachne-Netz: wer nicht abstürzt wie Ikarus, der die unmittelbare Nähe der natürlichen Sonne suchte statt des symbolischen Stiers im Inneren des labyrinthischen Tanzes, der verstrickt sich wie Daedalus und alle Überblicker in das Netz der Spinnenfrau; er suchte die Eine Archè und erfand genau dadurch den Irrgarten unseres Wissens.

Wie aber kann die Mélange aussehen? Finden wir uns doch damit ab, daß der uralte Traum der Menschheit und der Philosophen nach einer Einheit und einer einheitlichen Ordnung des Wissens unerfüllbar ist[70] – oder, wenn wir weiter von partiellen Überblicken sprechen wollen, daß diese durch polemische Totalität, durch Mißverstehen und durch Dissens gekennzeichnet sind. Um Wittgenstein abzuwandeln, könnte man sagen: Sag nicht: Es muß doch eine Einheit geben, sondern schau hin. Und was Du dann siehst, ist die Vielfalt der Sprachspiele, der Lebensformen und der Wissenswelten und ihre vielfältigen Verknüpfungen und Anschlußstellen. Und jede dieser Welten hat die Gestalt eines Labyrinths, aus dem deswegen ein Entkommen unmöglich ist, weil jedes gelöste Problem hun-dert neue Fragen aufwirft, d.h. jedesmal das Labyrinth vergrößert. Der Zusam-menhang der Labyrinthe ist selbst ein Labyrinth, so daß ein temporärer Überblick nichts nützt. Falls Neil Armstrong auf dem Mond gewesen sein sollte, ist die ausgesucht dumme Bemerkung, die er von dort an die Heimat sandte, Indiz da-für, daß der bislang größtmögliche Überblick absolut nichts erbracht hat, und wahrscheinlich haben ihm ja auch wohlmeinende Souffleure zu Hause diesen Satz mitgegeben. Ariadne hat versagt: Der methodische Leitfaden führt uns nicht mehr aus dem Labyrinth hinaus, eine kartographische Repräsentation unserer Po-sition in den Wissenswelten ist nicht mehr möglich. Der Wille zum Überblick er-öffnet nur weitere Dimensionen des Labyrinths. In dieser Situation muß die Ori-entierung eine strategische sein, gekennzeichnet nicht mehr von Einheit, aber auch nicht von Beliebigkeit.

---

70 Vgl.in dieser Hinsicht noch Edmund Husserl: Logische Untersuchungen I, 4. Aufl., Halle: Max Niemeyer 1928, S. 227ff. (§ 62ff.)

Wie dem auch sei, es ist die Konsensorientierung, verbunden mit dem Glauben an die Einfachheit der Wahrheit, die es den Kontrahenten unmöglich macht, aus dem Stellungskampf herauszufinden. Versuchen wir es doch deswegen – zetetisch! – einmal mit dem Gegenteil: Dissens ist förderlich und daher erstrebenswert, und die Wahrheit kommt nur in perspektivischen Differenzen, d.h. nicht als Einfachheit, vor. Das macht es für den Beobachter nicht einfacher, sondern bringt ihn selbst in eine paradoxe Situation. Er muß argumentieren können, warum der Streit der Kontrahenten nicht weiterführt, nicht weiterführen kann, und er darf diese Einsicht nicht als endgültige Einsicht ausgeben. Mit anderen Worten, er muß zugleich die Sinnlosigkeit des konsensorientierten Streits um die einzige Wahrheit wissen und für diese Überzeugung eintreten und zugleich als einer, der sich einmischt, dieses Spiel mitspielen, indem er dieses tatsächlich offensiv vertritt. Das geht nur mit einer skeptischen Grundhaltung, die die Einheitsvorstellung (am Ursprung oder am Ziel der Bemühungen) aufgegeben hat zugunsten einer Anschlußorientierung in einem labyrinthischen Mehrebenenspiel. Postmodern daran ist, daß die Orientierung an einem „heiligen" Ursprung, einer Archè, die als methodisch geregelten Fortschritt eine Architektonik vorsieht, aufgegeben worden ist, weil dieses Heile oder Heil-Sein-Sollende, sei es eine übergreifende Ordnung (der „objektive Geist" Hegels, die Natur Spaemanns, das Leben u. ä.) sei es der ewige „Mensch", das „Subjekt", das „Individuum", die „Person", theoretisch nicht mehr zur Verfügung steht oder praktisch nur noch den atavistischen Kampf darauf gegründeter Fundamentalismen hervorbringt. An die Stelle der Ordnung tritt das Labyrinth mit seiner Netzstruktur, an die Stelle des autonomen Subjekts das verführte.[71]

Die Bewegung in labyrinthischen Vielheiten gleicht dem Erwandern einer Landschaft ohne Karte. Es muß auf Einzelheiten geachtet werden und diese müssen sich zu einer sinnerschließenden Bahn arrangieren lassen. Der Grundsatz, daß jedem Körper im Raum seine kartographierbare Raumstelle zukommt, ist hier aufgehoben, Whiteheads „fallacy of simple location".[72]

Am Schluß möchte ich den Philosophen der Gemische und Gemenge, Michel Serres, zitieren:

---

71 Zum Gedanken der Labyrinthik s. Kurt Röttgers: „Wandern und Wohnen in labyrinthischen Texturen", in: Universität und Lebenswelt. Fs. Heinz Abels, hg. v. Wieland Jäger u. Rainer Schützeichel, Wiesbaden: VS Verlag für Sozialwissenschaften 2008, S. 9-28; zum Gedanken des verführten Subjekts s. ders.: „Autonomes und verführtes Subjekts", in: Proteus im Spiegel, hg. v. Paul Geyer u. Monika Schmitz-Emans, Würzburg: Königshausen & Neumann 2003, S. 65-85
72 Alfred North Whitehead: Process and Reality, New York: Macmillan 1965, S. 50ff.

„Monokultur. Nichts Neues unter der einzigen Sonne. Die endlosen homogenen Reihen verdrängen oder löschen das Moiré; das Isotrope schließt das Unerwartete aus [...] Ein rationales oder abstraktes Panorama vertreibt tausend Landschaften mit ihren kombinatorischen Spektren.

Vor unseren Augen entfalten sich zwei Sichtweisen der Vernunft oder des Verstandes.

Das Schwierige, Nichtlineare mit seinen tausend Randbedingungen verschwindet bald angesichts der langen Reihen von Mais- oder Weizenfeldern und des Einfachen, Leichten, das sie darstellen. Das Eine tritt an die Stelle des Vielen. Und die reine Unordnung, die der homogenen Ordnung gegenübersteht, vertreibt die raffinierten Gemische. [...]

[...] Manchmal benutzen wir gerne ein kombinatorisches Spektrum und manchmal das universelle, wie [sic!] fahren gerne über die Autobahn der Abstraktion, über den Boulevard des Globalen und das formale Konzept, an den rasch vorbeiziehenden homogenen Maisreihen entlang, aber wir lieben es auch, uns auf gewundenen Wegen zu ergehen, uns in der Landschaft zu verlieren, um zu Wissen und Verständnis zu gelangen. Warum sollten wir nicht zugleich rational und intelligent, wissenschaftlich und kultiviert, variabel und weise werden? In vielen Fällen bringt uns nur der eine Gott den Frieden, in ebenso vielen Fällen ist es besser, auf die Engel zu vertrauen."[73]

Husserl, ein Philosoph der Einheit und nicht der Vielheit, hat sich dennoch zu den Gaumenfreuden geäußert. Er meinte, daß ein Gourmet aus der „feinen" Speise die „Geschmackselemente und Gefühlsempfindungselemente" „herausanalysiert" und sie dann zur „Einheit der Urteils" und damit zur Übereinstimmung mit den Urteilen anderer bringe, während der geschmacklich ungebildete „Bauer" nichts unterscheiden könne und ihm daher alles zu einem Chaos zusammenfließe, sein Geschmacksurteil ist daher nicht „fundiert".[74]

Die Ästhetik des Kulinarischen operiert nicht nach dem Prinzip des einheitsstiftenden Überblicks, sondern nach den Prinzipien der Ähnlichkeiten und der Berührungen. Wenn der Gesichtssinn einen verwirrenden Eindruck vermittelt, empfiehlt es sich zurückzutreten, Distanz zu wahren und, wenn möglich, einen Über-Blick zu gewinnen. Wenn aber Geruch und Geschmack einen diffusen Eindruck vermitteln, dann ist es angezeigt, „näher" zu schmecken, um die Einzelheiten herauszuschmecken. Wie sinnvoll im Einzelfall der Über-Blick sein mag (s. o.), darüber kann man streiten, aber einen Über-Schmack gibt es einfach nicht. Statt dessen verwendet die deutsche Sprache in völlig angemessener Weise den

---

73 Michel Serres: Die fünf Sinne, 2. Aufl., Frankfurt a. M.: Suhrkamp 1994, S. 342f.
74 Edmund Husserl: „Von Gourmets und Gourmants [sic!]", Ms. A VI 3/72b des Husserl-Archivs, mitgeteilt im Mitteilungsblatt für die Freunde des Husserl Archivs Nr. 27 (2004).

Kollektivsingular zur Zusammenfassung der Vielheiten, analog dem Gewässer für die vielen Wasser und dem Gerede als Pluralität des Redens (im Unterschied zur Einheitsform der Rede).[75]

Kultur und Ökonomie

Schon im Kapitel „Was soll man kochen?" war von der doppelten Relationierung der Kultur durch die Abgrenzung von Natur einerseits, Ökonomie andererseits die Rede. Das kann nun etwas präzisiert werden; denn diese abgrenzenden Relationierungen sind von unterschiedlicher Art. Die Abgrenzung von der Natur ist rigoros. Was Natur ist, kann nicht Kultur sein, auch wenn jede spezifische Abgrenzung, da von Seiten der Kultur aus gezogen, erstens arbiträr ist , also nicht von der Sache her determiniert oder auch nur motiviert, und damit konventional bestimmt, zweitens aber innerhalb des Abgegrenzten auf beiden Seiten der Grenze erneut vollzogen, also iteriert werden kann. Was aber hinsichtlich einer bestimmten Grenzziehung jeweils Natur und was Kultur ist, das unterliegt innerhalb einer jeweiligen Kultur keinem Zweifel.

Anders verhält es sich im Hinblick auf die Unterscheidung Kultur vs. Ökonomie. Irritationsfrei kann man von „Wirtschaft als Kultur"[76], von „Kulturmanagement"[77], ja im Rahmen eines Forums der Deutschen Gesellschaft für Philosophie von „Wirtschaftskultur". Woran liegt das?

Der Unterschied beruht nicht auf einer – wenngleich arbiträren – doch sektoriellen Abtrennung, d.h. der Konstitution eines Substantiellen. Er beruht vielmehr auf Prinzipien, denen zu folgen sei. Das Kulturprinzip schreibt Umwegigkeit vor, das Ökonomieprinzip methodisch eingerichtete Rationalität. Das Leben ist kurz, daher, sagt das Ökonomieprinzip, müssen wir in kurzer Frist meßbar viele Ergebnisse erzielen. Das Leben ist kurz, daher, sagt das Kulturprinzip, müssen wir die Zeit durch Verweilschleifen intensivieren. Endlichkeit heißt, daß die materiellen Besetzungen der Funktionspositionen im kommunikativen Text vergänglich sind und nach einer gewissen Frist ersetzt werden müssen. Die Inhaber der Ämter werden abgewählt oder pensioniert, die Menschen sterben, die Computer veralten oder ihre Prozessoren oder Festplatten versagen eines Tages. Was kann man da

---

75 Zur Frage der Ganzheiten und der Differenzen als ein Kernproblem der Rechtssubsumtion (in Absetzung von Rorty, Putnam und Habermas) s. Jan M. Broekman: „Holism, Law, and the Principle of Expressibility", in: Rechtstheorie 21 (1990), S. 415-440, hier bes. 427ff.

76 Peter Koslowski: Wirtschaft als Kultur, Wien: Passagen 1989.

77 Thomas Heinze: „Kulturmanagement. Zum Selbstverständnis einer neuen Disziplin", in: Kultur und Wirtschaft, hg. v. Thomas Heinze, Opladen: Westdeutscher Verlag 1995, S. 60-86.

machen? Wenig, wie wir wissen. Aber es gibt zwei Wege dem zu begegnen. Der erste Weg ist der sorgsame, nachhaltige Umgang mit den Ressourcen und Kräften. Das ist im wesentlichen der Weg der Ökonomie, deren Grundbegriff zur Selbstdefinition ihrer praktischen und theoretischen Bemühungen der Begriff der Knappheit ist.[78] Die Mittel zur Befriedigung aller Anforderungen und Bedürfnisse reichen nicht aus, nicht für mein Leben, nicht für unser aller Leben. Sparsamkeit und Nachhaltigkeit sind angesagt.[79] Auch Planen und Berechnen und dann entschlossenes Handeln gehören in diesen Sinn-Rahmen der Ökonomie. Und wenn wir Ökonomie recht verstehen, handelt es sich auch bei der Ökonomie um eine sinnstiftende Sphäre menschlicher Tätigkeit.

Nun ist mühelos ersichtlich, daß im gesellschaftlichen Sektor der Ökonomie auch das Prinzip der Umwege seinen Stellenwert hat; man denke nur an die historische Entwicklung des Geldverkehrs. Ebenso hat ökonomische Zielerreichungsorientierung in der Kultur ihren Stellenwert, nämlich in den „Werken", die die Kulturschaffenden hervorbringen. Im Grunde reproduziert sich in der Unterscheidung der zwei Prinzipien die alte aristotelische Unterscheidung von Poiesis und Praxis. Auch wenn man von Aristoteles bis Hannah Arendt der Praxis einen gewissen Vorrang eingeräumt hat, nämlich am Kriterium der gelingenden menschlichen Lebens (Glück), hat doch niemand die Ersetzung des einen Prinzips durch das andere befürwortet. Wenn man sich nicht einer substantialistischen, sondern einer funktionalen Problembewältigung verschreibt, dann muß man das mediale Feld beobachten.

Dann wird man gewahr, daß Kultur und Ökonomie zwei verschiedene Modi des Problems der Bewältigung von Endlichkeit sind. Schon Schelling und Hegel hatten in ihren Naturphilosophien der 1790er Jahre ihre Aufmerksamkeit darauf gelenkt, daß organische Prozesse, anders als andere chemische Prozesse nicht im Resultat ersterben, sondern autopoietisch, wie man heute sagt, sich selbst erhal-

---

78 Z.B. Lionel Robbins: An Essay in the Nature and Significance of Economic Science, 2. Aufl., London: Macmillan 1949, S. 16: „Economics is the science which studies human behaviour as a relationship between ends and scarce means [...]"

79 Obwohl das Problem eigentlich immer bewusst war, hat doch mit dem Effekt eines Bewußtseinswandels der öffentlichen Meinung erst der Club of Rome darauf aufmerksam gemacht. Der Begriff der „sustainability", für den sich im Deutschen der Begriff der Nachhaltigkeit – ein ursprünglich forstwissenschaftlicher Begriff, nämlich nur so viele Bäume zu fällen, wie auch nachwachsen – durchgesetzt hat, entstammt dem Brundtland-Bericht: Unsere gemeinsame Zukunft, hg. v. Volker Hauff, Greven: Eggenkamp 1987, S. 46ff.; vgl. auch Donella H. Meadows/Dennis L. Meadows/Jørgen Randers: Die Grenzen des Wachstums, Stuttgart: Hirzel 1992; Hans Jonas: Das Prinzip Verantwortung, Frankfurt a. M.: Suhrkamp 1992 hat diese Befunde zu einer ethischen Umorientierung verwendet.

ten[80] und damit Endlichkeitsbewältigungen sind. Zwar sterben die Individuen gelegentlich, aber Prozeß des Organischen und der Prozeß des Kulturellen und der Prozeß des Ökonomischen geht weiter, und zwar ohne daß immer wieder mit individuellen Zwecksetzungen und Zielerreichungen neu begonnen werden müßte. Weil das Ökonomische und das Kulturelle das Endlichkeitsproblem auf sehr unterschiedliche Art und Weise bewältigen, wrd man eher vom Ökonomieprinzip und vom Kulturprinzip sprechen müssen und statt von einer Konkurrenz von Ökonomie und Kultur von einer Komplementarität dieser beiden Prinzipien. Man muß ja nicht gleich zum Stoiker werden, wenn man dem ökonomischen Prinzip der Lebenssparsamkeit angesichts der brevitas vitae, d.h. der Knappheit der Ressource „Leben", Mißtrauen entgegenbringt. Der ungeheure gesellschaftliche medizinische Aufwand zur Verlängerung der Lebensspanne der Menschen und der nicht-eßbaren Haustiere gehört in dieses ökonomische Denken, daß die quantitative Verlängerung der knappen Ressource „Leben" lebensdienlich sei.[81] Tatsächlich aber bringt das ökonomische Denken der Ressourcensparsamkeit bei der Zielerreichung für das Endlichkeitsproblem keine eindeutige Antwort hervor. Denn zu den knappen Ressourcen gehört auch die quantifizierbare, objektive Zeit. Je weniger Zeit man für die Zielerreichung braucht, desto besser, und zwar völlig unabhängig von den besonderen Qualitäten und Bewertungen des Ziels. Es ist besser ein Haus schnell abzureißen, als lange Zeit dafür zu brauchen. Da unser aller Ziel der Tod ist, wäre es, ökonomisch gesehen, und zwar wiederum völlig unabhängig von den besonderen Qualitäten und Bewertungen dieses Faktums, besser, dieses Ziel zeit- und ressourcensparend zu erreichen, statt sich lange mit sogenanntem Leben aufzuhalten.

Das Kulturprinzip der Umwegigkeit hat im Laufe der Geschichte ökonomischen Handelns dazu geführt, daß zwischen gegenwärtige Zwecksetzung und zukünftige Zielerreichung immer weitere Zwischenziele eingeschoben wurden. Hegel hat – in der „Phänomenologie des Geistes" – das zum Thema seines Kapi-

---

80 Kurt Röttgers: „Der Ursprung der Prozeßidee aus dem Geiste der Chemie", in: Archiv f. Begriffsgeschichte 27 (1983), S. 93-157.

81 Das Kriterium der Lebensdienlichkeit, das zuerst von Nietzsche eingeführt worden ist („Vom Nutzen und Nachtheil der Historie für das Leben", in: Friedrich Nietzsche: Sämtliche Werke. Kritische Studienausg., hg. v. Giorgio Colli u. Mazzino Montinari, München, Berlin, New York: de Gruyter 1980, I, S. 243-334), wird heute als kritischer Maßstab auch in der Ökonomie verwendet, z.B. von Peter Ulrich: Integrative Wirtschaftsethik, Bern, Stuttgart, Wien: Paul Haupt 1997, S. 11: „Eine vernünftige gesellschaftliche Wirtschaftsweise orientiert sich [...] sinnvollerweise an ihrer *Lebensdienlichkeit.*" – Der von Richard Geisen eingeführte, erweiterte Begriff des Wirtschaftens geht ebenfalls in diese Richtung, Richard Geisen: Macht und Mißlingen, Berlin: Parerga 2005, S. 188ff.

tels über Herrschaft und Knechtschaft gemacht.[82] Der Herr ist getrieben von der Begierde und will den Gegenstand genießen. Dazu bedient er sich des Knechtes. Der Knecht muß arbeiten statt zu genießen, er bearbeitet den Gegenstand für den Herrn und verkörpert damit den Aufschub des Genusses in der Arbeit. Der Herr verkörpert damit das Ökonomieprinzip, der Knecht das Kulturprinzip. Aber, das ist die Lehre der Hegelschen Dialektik, diese zwei Formen des Bewußtseins kommen eben nicht ohne einander aus. Alles weitere kann man in Simmels „Philosophie des Geldes" nachlesen: die Erfindung des Geldes, des Kapitals, des Kredits und heute schließlich der Finanzderivate. All diese Erfindungen siedeln Umwegigkeit in der Ökonomie an, ohne daß dadurch die Ökonomie als solche infrage stünde, so gehört z.b. die mediale Virtualisierung, die eine Umwegigkeit hinsichtlich des realen Gegenstandes darstellt, durch und durch auch zur Sparsamkeit. Umgekehrt kann man das gleiche zeigen, wie die Zweckorientierungen und Zielerreichungsoptimierungen auch im Herzen der Kultur ihren Platz haben.

In der kulinarischen Dimension wirken sich die beiden Prinzipien einerseits in Richtung von Diätetik (Lebensverlängerung durch gesunde Ernährung) und fast food (abfütternde Schnellsättigung), andererseits in Richtung einer hedonistischen oder einer kommunikativen Ausschweifung aus.

Analytik des Kulinarischen: Was soll man essen?

An dieser Stelle hat die Kritik der kulinarischen Vernunft die Küche und ihre Logik, d.h. die Ästhetik des Kulinarischen, zu verlassen und die Fragen einer Analytik des Kulinarischen zu behandeln, d.h. die Mahlzeit selbst in den Blick zu nehmen. Deren Frage aber lautet: Was soll man essen, oder: was kommt auf den Tisch, und ist nicht eindeutig, weil man diese Frage sowohl diätetisch als auch kulturanthropologisch und sowohl für die Speisen als auch für die Getränke betrachten kann.

Nach Feuerbachs Diktum, das Harald Lemke eine „Stammtischthese" genannt hat,[83] ist der Mensch, was er ißt. Ganz neu ist diese These auch bei Feuer-

---

82 G. W. F. Hegel: Werke III, S. 145ff.
83 Harald Lemke: „Feuerbachs Stammtischthese oder zum Ursprung des Satzes: ‚Der Mensch ist, was er ißt'", in: Aufklärung und Kritik 11 (2004), S. 117-140; nur diese sprichwörtliche Formulierung stammt von Feuerbach, der Sache nach findet sich die gleiche These ohne die nur im Deutschen mögliche Homophonie, vermutlich inspiriert durch den Materialismus der „Ideologen", bereits bei Brillat-Savarin: Physiologie du gout, Aphorisme IV: „Dis-moi ce que tu manges, je te dirai ce que tu es", was Lemke nicht erwähnt. Ebenfalls unbekannt scheint es für Holger Zaborowski zu sein: Holger Zaborowski: „Essen, Trinken und das gute Leben", in: „Essen und Trinken ist des Menschen Leben", S. 14-43, hier Kap. 3,

bach nicht, vermutete doch schon Lichtenberg, daß die in seiner Zeit vorherr-
schende Klimatheorie ersetzt oder eingeschränkt werden müsse durch eine Theorie der Abhängigkeit der Geschichte von der Ernährung:

„Die Speisen haben vermutlich einen sehr großen Einfluß auf den Zustand der Menschen, wie er jetzo ist, der Wein äußert seinen Einfluß mehr sichtbarlich, die Speisen
tun es langsamer, aber vielleicht ebenso gewiß, wer weiß ob wir nicht einer gut gekoch-
ten Suppe die Luftpumpe und einer schlechten den Krieg oft zu verdanken haben. Allein
wer weiß ob nicht der Himmel damit große Endzwecke erreicht, Unterthanen treu erhält, Regierungen ändert und freie Staaten macht [...]"[84]

Der von Lemke (fälschlich) als Ahnherr der Gastrosophie angesehene Baron von
Vaerst hält es für erwiesen („alle Welt weiß [...]"), daß Völker, die sich vorwiegend von Fleisch ernähren, kräftiger, mutiger und tätiger seien und daß eine „Diät aus lauter Pflanzenspeisen" „Blässe und Schwäche in allen Verrichtungen des
Körpers" hervorrufe, er selbst empfiehlt eine Mischkost aus Pflanzen und Fleisch
und „widerlegt" Rousseau, der behauptet habe, der Mensch sei zum Vegetarier
geboren, weil er wie die Pflanzenfresser Kuh und Pferd in der Regel nur ein Jun-
ges zur Welt bringe und zur Ernährung desselben nur über zwei Brüste verfüge.[85]
   Gegenüber dem Descartesschen Dualismus von res cogitans und res extensa,
nach dem die ganze Sphäre des Essens und des Kulinarischen natürlich aus-

---

S. 24-29: „Der Mensch ist, was er ißt". Vgl. dagegen P. P. Ferguson: „Belly
Talk"; Lemkes Aufsatz jetzt auch unverändert in ders.: Ethik des Essens, S. 377-
404.

84 Georg Christoph Lichtenberg: Schriften und Briefe, hg. v. Wolfgang Promies,
München: Hanser 1968, I, S. 19.

85 [Friedrich Christian Eugen] Baron von Vaerst: Gastrosophie oder Lehre von den
Freuden der Tafel, 2 Bde., München: Georg Müller 1922, I, S. 6f. Im übrigen aber
scheint von Vaerst eine besondere Freude daran zu haben zu schildern, welche unglaublichen Mengen oder welche unglaublichen Scheußlichkeiten von anderen
verspeist werden. Erwähnt werden (kritiklos) Milo von Kroton, der einen ganzen
Ochsen verspeist habe, der Passauer Vielfraß Joseph Kolniker, der 25 Pfund Och-
senfleisch oder 2 Kälber verspeiste und, weil er nicht satt wurde, außerdem noch
Steine. Als Scheußlichkeiten erwähnt er Kohlsuppe in Rußland, Hunde in der
Südsee, Katzen in Marokko, Mäuse und Ratten bei den Jakuten, Schlangen, Rau-
pen, Tonerde, Töpfe, Seife, Spinnen, Menschen („mitsamt dem Schwarzen Adler-
orden in Brillanten", I, S. 43) bei anderen Völkern. „Wer [...] wilden Katzenbra-
ten, frikassierte Frösche, getrocknete Würmer und andere chinesische Delikates-
sen lieber will als Fasanen und Haselhühner und Straßburger Gänseleber, Peri-
gordsche Trüffel- und rote Rebhühner-Pastete, der hat freilich Geschmack wie ein
Chinese", den werde er lieber aus der Entfernung mit einer Mischung aus Scheu
und Abscheu betrachten. (I, S. 283)

schließlich in die Sphäre der ausgedehnten Dinge fällt und daher einer wahrhaft philosophischen Reflexion nicht würdig oder wenigstens nicht bedürftig ist, hat es gerade auch in Frankreich immer schon eine, auch teilweise von der Frankreich vorgelagerten Insel inspirierte Tradition empiristischen und sensualistischen Denkens gegeben. In Condillacs „Traité des sensations" von 1754 hat dieses Denken eine prägnante und einflußreiche Gestalt gewonnen. Allein von der Sinnlichkeit, d.h. auch der Körperlichkeit auszugehen, um den Geist (was immer das dann noch sein mag) zu erklären, war eine glatte Umkehr der cartesischen Methode. Diese Methode wurde dann in der Schule der „Ideologen" (Cabanis[86], Destutt de Tracy, Volney u.a.) weiter radikalisiert und ausgebaut zu einem physiologischen Materialismus, in dem die geistigen Tatsachen (Bewußtseinsinhalte, Ideen) direkt auf körperlich Vorgänge bezogen wurden, bzw. als bloße physiologische Modifikationen begriffen wurden. Genau in dem Umkreis des Denkens dieser Philosophen, die sich im Salon der Madame Helvetius trafen,[87] gehört auch eines der klassischen Werke einer Philosophie des Kulinarischen, nämlich Brillat-Savarins „Physiologie du goût".[88] Wie die Ideologen insgesamt im Bewußtsein handelten, eine neue „Wissenschaft der Ideen" und ihr entsprechend politische und pädagogische Praxis zu begründen, so schrieb Brillat-Savarin sein Buch im Bewußtsein einer Neubegründung einer „transzendenten Gastronomie"[89] oder einer theoretischen Genealogie der Gastronomie. In ihr wurde ebenfalls die These der Abhängigkeit des Denkens von der Ernährung vertreten; direkten Einfluß auf Feuerbach hatte dann aber Jacob Moleschotts These von der Gleichheit von Kost und Charakter, vertreten in seiner „Lehre der Nahrungsmittel: für das Volk".[90]

---

86 Pierre-Jean-George Cabanis: Rapports du Physique et du Morale, II, S. 74ff. über den Einfluß der Ernährung auf die „économie animale".

87 Zu den „Ideologen" s. Brian W. Head: Ideology and Social Science, Dordrecht, Boston, Lancaster: Nijhoff 1985; Louis de Villefosse/Janine Bouissounouse: L'opposition à Napoléon, Paris: Flammarion 1969.

88 Auch der ansonsten hochgelehrte Artikel über „Ideologie" von Ulrich Dierse in: Historisches Wörterbuch der Philosophie, hg. v. Joachim Ritter, Karlfried Gründer u. Gottfried Gabriel, Basel, Stuttgart, Darmstadt: Schwabe & Co. 1971ff., IV, Sp. 148-164, kennt Brillat-Savarin, den Freund von Volney und gemeinsamen Besucher bei Madame Helvetius, nicht.

89 Zu recht weist Michel Onfray darauf hin, daß dieser Wortgebrauch eine Unkenntnis oder bewußte Ignorierung der Kantischen Philosophie enthüllt. M. Onfray: La raison gourmande, S. 113f.

90 Jacob Moleschott: Lehre der Nahrungsmittel: für das Volk, Erlangen: Enke 1850, diese Schrift wurde von Feuerbach eingehend besprochen in: „Die Naturwissenschaft und die Revolution", in: ders.: Gesammelte Werke, hg. v. Werner Schuffenhauer, Berlin: Akademie 1971, X, S. 347-368;: „[...] und behaupte, dass diese

Für die Urmenschen waren zwei Dinge in der Ernährung wichtig und zugleich relativ schwer zu beschaffen: Kohlehydrate und Fett. Die einfachste und
auch am schnellsten abbaubare Form der Kohlehydrate ist der Zucker; daher ist
dem Menschen eingepflanzt, Süßes zu lieben, eine Geschmacksvorliebe, die heute in der westlichen Welt eher problematisch wird. Das gleiche gilt für das Fett:
einst für das Überleben unbedingt nötig und erstrebenswert, ist es heute in den
Mengen, wie es zur Verfügung steht, eher lebensverkürzend. Wir sehen hier
einmal mehr, daß die reine Naturalität der Nahrungsaufnahme dringend der kulturellen Überformung bedarf: Speisen statt Fressen.

Die Feuerbachsche These, von der er selbst bedauernd feststellte, daß sie
vermutlich alle seine Schriften überdauern werde,[91] muß man daher nicht nur
materialistisch-deterministisch verstehen, man könnte sie auch so verstehen: Was
der Mensch ist, charakterisiert seine Kultur, seine Lebensform. Auch das alte
Sprichwort, daß der Mensch nicht lebe um zu essen, sondern esse um zu leben,
macht eine insgesamt abwegige Zwecksetzungsentscheidung auf. Für alle kulturellen Phänomene gilt doch, daß sie nicht Mittel zu etwas ganz anderem sind (natürlich sind sie auch keine Zwecke an sich selbst), sondern Kulturphänomene
sind Medien, und d.h. Mitte und nicht Mittel.[92] Anders gesagt, Speisen lassen
sich nicht darauf reduzieren, Lebens-Mittel[93] zu sein. Rumohr[94] sieht daher das
Essen in drei Dimensionen angesiedelt: Gesundheit, Überzeugung und Verstän-
digkeit. Diesen drei Dimensionen entsprechen drei Grundqualitäten: Freude, Mäßigkeit und gute Qualität.

Schrift, obgleich sie nur von Essen und Trinken handelt, [...] doch von der höchsten philosophischen Bedeutung und Wichtigkeit ist. Ja, ich gehe weiter und behaupte, dass nur sie die wahren ‚Grundsätze der Philosophie der Zukunft' und Gegenwart enthält [...]" (S. 347) – Vgl. Monika Ritzer: „Physiologische Anthropologie", in: Materialismus und Spiritualismus, hg. v. Andreas Arndt u. Walter Jaeschke, Hamburg: Meiner 2000, S. 113-140.
91   L. Feuerbach: Gesammelte Werke XI, S. 26.
92   Zu dieser wichtigen Differenzierung s. Kurt Röttgers: „In der Mitte: Das Medium", in: Mitte, hg. v. Kurt Röttgers u. Monika Schmitz-Emans, Essen: Die Blaue
Eule 2006, S. 16-33.
93   Zur Mahlzeit als Mitte statt des Lebens-Mittels als Zentrum kulinarischer Reflexion s. in Kapitel „Dialektik des Kulinarischen".
94   K. F. v. Rumohr: Geist der Kochkunst, S. 25.

Über Menschenfresserei

Als erstes also die Frage nach dem Nächstliegenden, der Menschenfresserei. Soll doch Jonathan Swift gesagt haben: „Ein kräftiges und wohlgenährtes kleines Kind im Alter von einem Jahr ist eine köstliche, sehr nahrhafte und gesunde Speise – ob gekocht, gegrillt, geschmort oder gebraten, und ich zweifle nicht daran, dass man es auch als Fricassee oder Ragout zubereiten kann."[95] Auch wenn Georg Forster davon zu berichten weiß, daß holländische Seefahrer Anfang des 17. Jahrhunderts in Feuerland echte Menschenfresser angetroffen hätten, „die einander, nicht etwa bloß aus Hunger, sondern auch so oft sich eine gute Mahlzeit machen wollten, umbringen",[96] gibt es doch begründete Zweifel daran, daß Menschen sich gegenseitig als ganz normale Lebensmittel betrachten.[97] Nach dem Abstillen nehmen die Menschen keine Nahrung (als Nahrung!) mehr zu sich, die von ihresgleichen stammt. Das ist insofern bemerkenswert, als in der Frühzeit Mitmenschen, insbesondere etwa Babies, die am einfachsten zu erjagende Beute gewesen wären. Das Verbot, Mitmenschen zu essen, ist offenbar ein kulturell sehr tief sitzendes und sehr weit verbreitetes Tabu, das hier wirksam ist und das darin etwa dem Inzestverbot gleicht. Wäre es im Fall des Inzestverbots doch eigentlich am unaufwendigsten (ökonomischsten), die eigene Großmutter oder Mutter oder Schwester oder Tochter zur Sexualpartnerin zu erwählen, so wäre auch die Ernährung durch Menschenfleisch ziemlich ökonomisch, zumal wenn andere Nahrung nicht für alle reicht. Das Inzestverbot schreibt jedoch statt des ökonomischen Wegs den kulturellen Umweg über die Exogamie vor. Und Ähnliches gilt für die Ernährung durch Seinesgleichen: Nach dem Abstillen hört die Mutterbrust oder andere Teile des mütterlichen Körpers oder anderer menschlicher Körper auf, Gegenstand eines möglichen Nahrungsbegehrens zu sein. Wie tief dieses Tabu sitzt, kann man sich daran verdeutlichen, daß es den überzeugten Vegetariern im großen und ganzen nicht gelingt, obwohl sie rational sehr gut nachvollziehbare Gründe aufweisen, dieses Tabu auf eine Ethik der Behandlung von Tieren zu übertragen. Diese rationalen Gründe erreichen offenbar nicht die Tiefen des menschlichen Selbstverständnisses, in denen das Verbot der Menschenfresserei wirkt und durch das sich die Menschheit mit einer Kultur der

---

95 Zit nach Andréa Bellinger/David J. Krieger: „Repräsentation und Selbst-Referenz oder Man ist, was man is(s)t", in: Mahl und Repräsentation, S. 63-67, hier S. 67.

96 Georg Forster: Reise um die Welt, hg. v. Gerhard Steiner, Frankfurt a. M.: Insel 1983, S. 925.

97 Marshall David Sahlins: „Raw Women, Cooked Men, and Other ‚Great Things' of the Fiji Islands", in: The Ethnography of Cannibalism, ed. Paula Brown, Donald Tutzin, Washington: Society of Psychological Anthropology 1983, S. 72-93.

Ernährung von der bloßen Natur des Fressens, was immer auch ihm nahrhaft erscheint, abgrenzt. Dadurch wird der reale Trieb des Hungers zur virtuellen Lust des Essens überformt.

Leibniz, der überzeugt ist – und wir folgen ihm gerne darin –, „daß es keine angeborenen praktischen Grundsätze gibt", kommt gleichwohl zu der Überzeugung, daß die menschliche „Sorge um Würde und Anstand" Scham gebiete, die Bestattung der Verstorbenen, sowie den Inzest verbiete und „Menschen überhaupt nicht und keine lebendigen Tiere zu essen."[98] H. Peter-Röscher bestreitet allerdings, daß es je einen Beweis für Anthropophagie gegeben habe.[99]

Ganz anders stellt sich das Phänomen für W. D. Lebek dar.[100] Er hält es für erwiesen, daß die Indios der karibischen Inseln, denen Kolumbus begegnete, Menschenfresser waren; zu sehr, so sagt er, wiche der Bericht von allem ab, was europäische Mythen an Anthropophagentum oder angeblichem Kinderverspeisen durch Hexen („Hänsel und Gretel") kannten und durch die Kolumbus als Interpretationsschema seiner Beobachtungen hätte verleitet werden können. So erzählt Lebek: „Die Raubzüge der Inselkariben galten nicht allein dem Hab und Gut der attackierten Inselbewohner, sondern auch dem Gewinn von Sklavinnen und Konkubinen und von Männerfleisch. Frauenfleisch mochten die Kariben nicht. Verzehrt wurden auch die Kinder der Sklavinnen, aus naheliegenden praktischen Gründen. Endokannibalismus war unbekannt."[101] Sie waren also nach Lebeks Bericht anthropophage Feinschmecker, genauer eigentlich Androphagen und in begrenztem Umfang Pädophagen. Lebeks Erklärung: Es gab auf diesen Inseln keine größeren eßbaren Tiere, die nicht-androphagen Inselbewohner waren daher notgedrungen Vegetarier; und die das nicht sein wollten, verspeisten dann eben die Vegetarier. In seinem Beweisgang erläutert Lebek zunächst, daß nicht antike Quellen die Wahrnehmungen von Kolumbus geleitet haben können; denn weder Polyphem noch die Laistrygonen, die einem „okkasionellen exokannibalischen Androphagentum" huldigten, sind in der Mythologie eigentlich Menschen, und über die „Nahrungsgewohnheiten" der anthropophagen Stämme wisse die Antike nichts Genaueres zu berichten. Zur Kennzeichnung der (Un-)Sitte, andere zu verspeisen, verwendet Kolumbus in seinen Tagebüchern niemals den spanischen Ausdruck „antropófagos" oder sein lateinisches Vorläufer-Äquivalent, sondern

---

98 Gottfried Wilhelm Leibniz: Neue Abhandlungen über den menschlichen Verstand, 3. Aufl., hg. v. Ernst Cassirer, Leipzig: Felix Meiner 1915, S. 57, 63.

99 Heidi Peter-Röcher: Mythos Menschenfresser, München: Beck 1998.

100 Wolfgang Dieter Lebek: „Kannibalen und Kariben auf der ersten Reise des Columbus", in: Das Andere Essen, hg. v. Daniel Fulda u. Walter Pape, Freiburg: Rombach 2001, S. 53-112.

101 Ebd., S. 60.

stets umschreibt er, daß sie Menschen äßen, weil ihm offenbar diese mytholo-
gisch vermittelte Begrifflichkeit gar nicht zur Verfügung stand, um das zu beschreiben, was er erfuhr. Lebek schildert, daß Kolumbus es anfangs gar nicht
glauben mochte, sondern das Wort „canniba" zurückführte auf die Nähe des von
ihm gesuchten Großen Khan, des Kaisers von China, der sich Sklaven einfing,
wodurch dann seine Gewährsindios glaubten, daß sie nicht nur entführt, sondern
auch gefressen würden, was Kolumbus wiederum von dem Kaiser von China
nicht glauben konnte. Lebek vertraut nun vollständig der von Las Casas gegebenen Abschrift des Tagebuchs des Kolumbus, in dem von zwei [!] Eingeborenen
(mittels Zeichensprache !) den Matrosen von Kolumbus bedeutet worden sein
soll, daß ihnen von den „Kannibalen" Fleischstücke bei lebendigem Leibe her-
ausgebissen worden sein sollen. Der berühmte Bericht vom 4.11.1492, nach dem
es Menschen mit einem Auge und andere mit Hundeschnauzen dort gäbe, geht
dann allerdings auch Lebek zu weit, und er interpretiert alles weg außer der Menschenfresserei, weil auch Kolumbus später auf die hundeschnauzigen Menschen
nicht mehr zu sprechen komme. Aber selbst dort, wo Kolumbus nicht vom Kannibalismus der Kariben spricht, weiß Lebek sich Rat: Kolumbus hatte seine
Gründe, es zu verschweigen.[102] Wenn sich die Ereignisse so zusammenschließen,
dann gewinnt der Kannibalismus „der [...] gefürchteten Caribes zusätzliche Pro-
babilität", meint Lebek.[103] Als Kolumbus dann auf einen Indio trifft, der alle sonstigen Merkmale der Cariben hatte (lange Haare, Besitz von Pfeil und Bogen), da
glaubt auch er sofort, daß dieser ein von den anderen Indios gefürchteter Menschenfresser sein müsse – und Lebek glaubt es auch, dieser war ein Angehöriger
„eines verwegenen Volkes, dessen rabiat durchgesetztes Kriegsziel die Gewin-
nung von Menschenfleisch ist."[104] Am Ende seines für uns fragwürdigen Beitrags
läßt Lebek immerhin folgende Möglichkeit zu: „Ein etwaiger Vorwurf, die Annahme der Anthropophagie beruhe auf Vorurteilen, müßte gegen die Indios erhoben werden, gewiß nicht gegen Columbus."[105] Also werden auch wir hier unseren Vorwurf nicht gegen Lebek erheben, sondern lediglich gegen jene ungenann-
te kleine Anzahl Indios, die mit wenigen angeeigneten Wörtern Spanisch (wir reden von einem Zeitraum von drei Wochen) und mittels Zeichensprache ihre
Furcht kommunizierten, sie könnten von anderen gefressen werden.

   Auf den unglaublichen Bericht des Petrus Martyr mit Details direkt aus der
Küche der Kannibalen geht auch Lebek nur zitatweise ein und endet mit einer
Philippika gegen Vorurteilskritik. Auf diesen Bericht braucht auch hier in einer

---

102 Ebd., S. 89.
103 Ebd., S. 90.
104 Ebd., S. 101.
105 Ebd., S. 108.

Kritik der kulinarischen Vernunft nicht eingegangen zu werden, weil es nicht darauf ankommen kann zu schildern, welche Scheußlichkeiten im einzelnen einer Eßkultur von einer anderen nachgesagt werden; denn diese dienen immer nur der Abgrenzung, niemals der Empfehlung der Übernahme in die eigene Kultur.

Bemerkenswert an dem Kannibalismus-Diskurs ist, daß das Fehlen von Beweisen selbst als Beweis gewertet wird: die Kannibalen wüßten einfach, daß sie etwas Verbotenes tun, deswegen verbärgen sie ihre kannibalistische Praxis so sehr, daß kein Ethnologe jemals Zeuge dieser Praxis geworden sei.[106] Forscher, die so argumentieren, also mit dem Fehlen von Evidenz indirekt Evidenz erzeugen wollen (eine Argumentationsfigur, die schon in Gottesbeweisen problematisch ist, um so mehr aber in Beweisen, die prinzipiell Sichtbares ansprechen), markieren damit ein Bewußtsein für die Grenze von Natur und Kultur und versuchen, die Kannibalen – bei Burton sind es die Fan in Gabun – im Jenseits der Kultur zu lokalisieren, was natürlich zu dem Fundamental-Rassismus von Burton paßt, der – so Bode – sich gleichermaßen auf Schwarze wie auf Juden und Iren bezieht.[107]

Damit keine Mißverständnisse entstehen: Es wird hier nicht die Behauptung aufgestellt, daß es nie und nirgendwo Kannibalismus gegeben habe, solche negativen Allaussagen sind, wie man ja weiß, immer problematisch; sondern es werden nur zwei vermeintliche Evidenzen, Burton und Lebek, in Zweifel gezogen. Aber selbst wenn es den Kannibalismus der Cariba gegeben haben sollte, wie Lebek glaubt beweisen zu können, wäre doch immerhin die mit berichtete kulturelle Hegung dieser Praxis bemerkenswert. Danach verschmähten diese Kannibalen Frauenfleisch, liebten Kinderfleisch nicht sehr und bevorzugten Männerfleisch. Für diese Selektion können Geschmacksgründe oder diätetische Gründe kaum ausschlaggebend gewesen sein. Dann aber wäre dieses Exo-Androphagentum ein streng definierter und geregelter Ausnahmetatbestand, vergleichbar den streng geregelten Ausnahmen vom Inzesttabu, etwa im alten Ägypten. So ist, wie Åke von Ström gesagt hat, „die selbstverständlichste und natürlichste Tätigkeit des Menschen"[108] eben gerade wegen dieser Bindung des Menschen an die Natur mit den strengsten kulturellen Sanktionen gekoppelt, damit das, was „Natur" ist, nicht „wilde Natur", sondern sozusagen Kultur-Natur sei.

---

106 So Richard F. Burton, berichtet von Christoph Bode: „Distasteful Customs", in: Das Andere Essen, S. 147-168, hier bes . S. 165.

107 Ebd., S. 153.

108 Åke von Ström: „Abendmahl I. Das sakrale Mahl in den Religionen der Welt", in: Theologische Realenzyklopädie, hg. v. Gerhard Krause u. Gerhard Müller, Berlin, New York: de Gruyter 1977, I, S. 43-46, hier S. 43.

Freuds Mythos, erzählt in „Totem und Tabu", daß die Urhorde der Brüder den Vater getötet und verspeist hätte („Daß sie den Getöteten auch verzehrten, ist für den kannibalen Wilden selbstverständlich", sagt Freuds freilaufende Phantasie[109]), ist ein Gründungsmythos wie der Gesellschaftsvertrag von Hobbes und seinen Nachfolgern; er braucht nicht, ja streng genommen darf er nicht einmal historische Objektivität für sich beanspruchen. Für eine Kritik der kulinarischen Vernunft gibt ein solcher Gründungsmythos nichts her, weil mit ihm selbstverständlich weder die diätetische Zweckmäßigkeit noch die kulinarische Sinnenlust des Verspeisens von Vätern behauptet wird; als Gründungsmythos läßt er dann auch – so Freud – lediglich eine symbolische Wiederholung zu.

Dies führt zu der Vermutung, daß der Kannibalismus ein Mythos ist, der vielfältig überliefert ist, ja vielleicht ubiquitär begegnet, gerade weil das Erzählen eine der Formen der Vermeidung des Handelns ist.[110] In diesem Sinne gestaltet die rumänische Schriftstellerin Ana Blandiana auch das Verspeisen von Engeln („Nutzgeflügel") durch eine „alternde Philosophieprofessorin", die aus ihnen ein Fricassee bereitet hatte, „welches sie arglos und ungeniert unter außerordentlichem Genuß verzehrt hatte."[111] Das könnte auch eine der Erklärungen sein, weswegen das Kannibalismus-Motiv so häufig mit sexuellen Motiven auftaucht. Im Sexualakt kann der Kannibalismus simuliert werden, die Erzählungen darüber stellen also eine doppelte Modalisierung der Tat dar. Im (wiederholbaren) Sexualakt wird ein nicht-wiederholbarer Kannibalismus simuliert; wenn ich den Sexualakt als Mord und Verspeisung inszeniere bzw. erlebe, stellt dieses Erleben eine Machtsteigerung (qua Handlungsmodalisierung) dar.[112] Der Sexualakt als solcher stellt keine Machtsteigerung dar (Vergewaltigung ist als Gewalt insofern ein Irrtum und führt ja nicht selten auch zu Tötungsgewalt, keinesfalls aber zu Machtsteigerung), insofern der Sexualakt aber die Vermeidung kannibalistischer Gewalt darstellt, kann er als eine Machtsteigerung wahrgenommen werden.

Der Hund am Tisch des Herrn

Hunde sind eßbar, das ist bekannt. Heutzutage werden sie in Mitteleuropa in großer Menge gehalten, gefüttert, zuweilen auch gemästet, aber am Ende doch nicht gegessen, während die oft ebenso zutraulichen Gänse gefüttert, gemästet,

---

109 Sigmund Freud: Werkausgabe in zwei Bden., hg. v. Anna Freud u. Ilse Grubrich-Simitis, 2. Aufl., Frankfurt a. M.: S. Fischer 1978, II, S. 201-328, hier S. 313.

110 K. Röttgers: „Menschliche Erfahrung: Gewalt begegnet dem Text des Erzählens (Alexander und Scheherazâd)".

111 Ana Blandiana: Kopie eines Alptraums, Göttingen: Steidl 1990, S. 41.

112 Zur Theorie der Macht als Handlungsmodalisierung s. Kurt Röttgers: „Spuren der Macht und das Ereignis der Gewalt", in: Reden von Gewalt, hg. v. Kristin Platt, München: Wilhelm Fink 2002, S. 80-120.

gerupft und gegessen werden. Warum dieses Privileg für Hunde? Die Antwort fällt nicht schwer: Mit kaum einem Tier ist die Selbstkultivierung des Menschen so eng verbunden wie mit dem Hund. Um das Lagerfeuer versammelten sich die Frühmenschen und verspeisten gemeinsam die Beutetiere. In gehörigem Abstand umkreisten die Wölfe das Lager. Die Frühmenschen mögen es zur Gewohnheit gehabt haben, die Knochen mitsamt den an ihnen hängenden Fleischresten hinter sich zu werfen. Die Wölfe, die sich am nächsten herantrauten, profitierten davon. Sie suchten hinfort die Nähe der Menschen, die ihnen zu fressen gaben, und sie verscheuchten die (anderen) Wölfe: sie waren auf diese Weise Hunde geworden – wenn die Frühmenschen weiterzogen, dann zogen sie mit ihnen. Wir wissen nicht, ob diese Hunde die einstmals mutigsten Wölfe waren oder die schwächsten, die in der Meute der Wölfe immer zu kurz kamen, wie wir ebenso wenig wissen, ob die Wikinger die mutigsten der Norweger waren oder diejenigen, die von den Bodenständigen als unbrauchbar vertrieben wurden und die sich deswegen ihren Lebensunterhalt durch Raubzüge quer durch Europa verdienen mußten. Die Menschen jedenfalls lernten diese ihrer Meute untreuen Wölfe schätzen und nahmen Abstand davon, diese ihrerseits als Beutetiere zu betrachten. Kaum ein Haustier wurde allerdings in so viele Rassen gezüchtet, daß sich die Ähnlichkeit zum Wölfe verscheuchenden Wolf bei vielen dieser Rassen gänzlich verlor, und sie am Ende vielfach dann doch auch als eßbar empfunden wurden, früher durchaus auch in Europa. Auf der Zwischenstufe zwischen dem Rudel-untreuen Wolf und dem Schoßhund lebte es sich gefährlich für Hunde.

Die Ernährung der Haustiere wird für einige zur Mast und setzt sie der Gefahr des Verzehrtwerdens aus, für andere wird es als gemeinsame Mahlzeit mit den Tierhaltern zum Schutz vor diesem Schicksal. Die gemeinsame Mahlzeit mit dem Tier verliert aber nie den Zweck-Mittel-Charakter eines Köderns: Ich füttere dich, und du gibst mir dafür treue nicht bezweifelbare Zuwendung. Diese symbiotische Verbindung wird auch von Seiten der Tiere aktiv betrieben. So halten sich Hauskatzen permanent in einem Zustand der Selbst-Infantilisierung, sie werden nie charakterlich erwachsene Katzen und bieten damit dem Menschen lebenslang die Gelegenheit, sie zu bemuttern und zu füttern. Auf dem Lande könnten viele Katzen sich durch das Erjagen von Mäusen und kleinen Vögeln eben so gut selbst versorgen, sie nehmen aber den Menschen nicht die Chance, sie zu versorgen, und wenn sie einmal eine Maus gefangen haben, legen sie diese ihren Versorgern vor die Füße: do ut des, Fütterung durch Köder – und das auf beiden Seiten der Beziehung von Mensch und Haustier.

Diätetik

Die ältere Tradition, die zugleich eine Verehrerin der Einheit war, kannte daher auch nur einen Gesichtspunkt der Beurteilung der Speisen, und das war ein diätetischer. Ihre alleinige Frage war, welches ist das der Gesundheit zuträglichste Essen. So wie diese Tradition die eine Ursprache der Menschheit suchte, aus der alle anderen durch Abwandlung und Verfall hervorgegangen seien und diese dann entweder aus theologischen Gründen im Hebräischen suchte oder aus philologischen Gründen im Sanskrit oder aus unerfindlichen Gründen im Holländischen, so suchte man auch nach der Einen, wahren Speisung oder Ätzung des Menschen. In diesem Sinne behandelt z.b. C. F. Gellert in seinen „Moralischen Vorlesungen" die Thematik. Die elfte Vorlesung[113] hat zum Gegenstand die moralische Pflicht zur „Sorgfalt für die Gesundheit des Körpers". Nur unter diesem Gesichtspunkt spricht Gellert überhaupt über Mahlzeiten. Sein Grundsatz ist: „Wofern es gewiß ist, daß wir nicht leben, um zu essen, und nicht essen, um unsern Geschmack und unsre Weichlichkeit zu kützeln", so muß man nicht mehr, sondern weniger essen als für die Stärkung des Körpers erforderlich ist und der freie Gebrauch des Geistes es erlaubt.[114] Es kommt daher für ihn nicht infrage, bei Tisch seinem Appetit und dem „Rathe des Geschmackes" zu folgen. Die gesundheitlich gebotene Mäßigkeit fordert Opfer: „freywillige Einschränkung". Denn die gesundheitlichen Folgen der Unmäßigkeit können sich später, auch sehr viel später einstellen, und sie werden sich einstellen, vielleicht auch so spät, daß man gar keinen Zusammenhang mit der früheren Unmäßigkeit mehr vermutet: „[...] und oft beseufzet erst der Mann die Sorglosigkeit des Jünglings zu spät."[115] Also gelte es, lieber gesund als wohlschmeckend zu speisen. Anregende warme Getränke (er denkt an Kaffe und Tee) sind ganz zu meiden, weil sie – wie alle „Vergnügen, die unsre Sinne rühren" – die Nerven „zu oft reizen und endlich schlaff machen"[116], wie übrigens auch die sogenannte Unkeuschheit.

Aus dieser diätetisch gebotenen Abstinenz von Annehmlichkeiten des Lebens oder zumindest der Tafelfreuden folgen dann bei Gellert einige Maximen, von denen ich nur wenige exemplarisch anführen möchte: „Ermüde dich nie durch lange Mahlzeiten; sättige dich nicht mit Leckereyen und den Künsten der mördri-

---

113 Christian Fürchtegott Gellert: Moralische Vorlesungen, hg. v. Johann Adolf Schlegel u. Gottlieb Leberecht Heyer, Leipzig: M. G. Weidmanns Erben u. Reich 1770, I, S. 257ff.
114 Ebd., S. 268.
115 Ebd., S. 278.
116 Ebd., S. 270.

schen Köche."[117] Wir sehen, die ästhetischen Bemühungen der Küche werden in dieser Analytik des Speisens als Mordanschlag gewertet. „[...] denke oft mit dem Seneca, und schäme dich, leckerhaft zu seyn."[118] Als Getränk empfiehlt Gellert den „erquickenden Trank einer reinen frischen Quelle,"[119] weil er die Nerven stählt; Wein, mäßig genossen, d.h. „als Arzney", ist u.U. zulässig; ganz zu meiden seien die „Getränke ausländischer Pflanzen"; denn sie machen krank. Gellert endet seine elfte Vorlesung: „Fliehe also die Unmäßigkeit der Tafel; den Trunk, den schrecklichen Feind der Tugend und des Lebens; fliehe den jugendlichen Leichtsinn und die Tollkühnheit; fliehe den schmeichlerischen aber tödtlichen Feind, die Wollust, fliehe ihn Jüngling, und sey stark und gesund, und werde alt mit gutem Gewissen vor Gott und den Menschen!"[120] Und nach diesen letzten Worten der elften Vorlesung flohen die Jünglinge aus dem Hörsaal.

In der Geschichte der abendländischen Kultur war lange Zeit dominant die diätetische Frage danach, was der Natur des Menschen am zuträglichsten sei. Es wird sich allerdings erweisen, daß auch diese vermeintlich objektive Fragestellung, die eine richtige Antwort erheischte und von den Diät-Medizinern müßte klar beantwortet werden können, sehr stark kulturell überformt ist. Die entsprechenden Diät-Vorschriften, jeweils durch Mediziner abgesichert, wechseln selbst in der Gegenwart schnell wie die Moden, sogar innerhalb der Jahre bei ein und derselben Diät, z.B. der sogenannten und viel gerühmten „Brigitte-Diät", waren aber auch im 18. Jahrhundert bereits, jeweils wissenschaftlich abgesichert, buntscheckig und vielfältig, einig nur darin, die Lust am Essen zugunsten einer Rücksicht auf die Gesundheit einzudämmen. Bis heute hält sich z.B. – quasi sektiererisch – eine Diät, genannt Schroth-Kur, benannt nach dem schlesischen Fuhrmann Johann Schroth, obwohl Schroth schon zu seiner Zeit als Kurpfuscher und medizinischer Scharlatan und seine Diät, die auf Unterernährung und Austrocknung des Körpers beruht, als medizinisch bedenklich bezeichnet wurde. Mit seiner entsagungsreichen Diät erreichte Schroth das Alter von 58 Jahren. – Ob man sich solche Gewalt antun soll und allgemein, wie die Speisekarte auszusehen habe, ist wesentlich eine Frage der Kultur. „Wir essen nicht nur, um stark zu werden, so wie einem Motor Benzin zugeführt wird, wir essen auch, weil es uns schmeckt, weil wir die Speisen gustieren."[121] Viele der Diäten aber, manifest in der Schroth-Diät, scheinen weniger Anweisungen zu sein, gut und gesund zu le-

---

117 Ebd., S. 274.
118 Ebd.
119 Ebd., S. 275.
120 Ebd., S. 278.
121 Gottfried Bachl: Eucharistie – Essen als Symbol, Zürich, Einsiedeln, Köln: Benziger 1983, S. 14.

ben als vielmehr zum Genre der ars moriendi zu gehören. Sie empfehlen ein Leben als wäre man schon tot, und zwar mit dem Ziel der Lebensverlängerung dieses faden Lebens.

Es würde viel zu weit führen, hier eine auch nur einigermaßen vollständige Geschichte der diätetischen Vorschriften und ihrer medizinischen und anthropologischen Begründungen anzuführen, obwohl sich gewiß ein erheiterndes Kuriositätenkabinett ergäbe, allerdings, so ist zu befürchten, ohne besonderen Aufschlußwert für eine Kritik der kulinarischen Vernunft. Ein einziges Beispiel sei hier noch herausgegriffen, nicht weil es besonders kurios wäre, sondern gerade auch deswegen, weil es sich an einer philosophischen Zentralstelle findet, nämlich in F. Nietzsches „Ecce homo". Im Gegensatz zu manchen Auffassungen, die in dieser Schrift die Symptomatik des beginnenden Wahnsinns des Menschen Friedrich Nietzsche sehen, folge ich hier[122] der Arbeitshypothese, daß jeder Satz in dieser Schrift es verdient, philosophisch ernst genommen zu werden. Nietzsches experimenteller Perspektivismus liebte das Spiel mit Masken. „Ecce homo" ist die absolute Steigerung dieses Spiels: dieser Text spielt, Nietzsche zu sein. „Ich kenne keine andre Art, mit großen Aufgaben zu verkehren als das Spiel [...]"[123] Wie dieser Text zu lesen sei, zeigt sich bereits in der ersten „diätetischen" Bemerkung: dort heißt es, die „starke" Luft des Hochgebirges und des Eises seien es, von der nicht etwa der Mensch Friedrich N., sondern Nietzsches Schriften, seine Philosophie bewegt seien.[124] So haben wir es mit diätetischen Metaphern zu tun, nicht mit medizinisch gemeinten Diätvorschriften für Menschen, die die Leitlinien einer solchen „Wanderung im Verbotenen" des Autors-im-Text abgeben. In dem Abschnitt „Warum ich so klug bin" folgen dann die berühmten Ernährungsvorschriften. Aber beachten wir den Kontext: Die Bekundung des Desinteresses an theologischen Fragen, wie der nach Gott oder gar der Unsterblichkeit der Seele, generiert das Aufmerken auf Fragen der Ernährung des Leibes. Die dem vorgeschalteten negativen Bemerkungen zur Ernährungsfrage thematisieren die „idealistische Bildung" als falsche Ernährung – : „[...] rückständig bis zur Heiligkeit".[125] Als er dann wenig später die Leipziger Küche ironisiert, da setzt er sie in Parallele zur Philosophie Schopenhauers: beides Negationen des „Willens zum Leben": „Sich zum Zweck unzureichender Ernährung auch noch den Magen verderben – dies Problem schien mir die genannte Küche zum Ver-

---

122 Wie übrigens auch anderswo, s. Kurt Röttgers: „Das Leben eines Autors", in: Dialektik 2005/1, S. 5-22.
123 F. Nietzsche: Sämtliche Werke VI, S. 297.
124 Zur Analogie von „Einverleibung" und „Einverseelung" s. ebd. V, S. 291.
125 Ebd.

wundern glücklich zu lösen."[126] Nach einer Verallgemeinerung auf die deutsche Küche überhaupt heißt es dann: „[...] die Herkunft des deutschen Geistes – aus betrübten Eingeweiden."[127] Auch hier also ist die negative Diätvorschrift auf den philosophischen Diskurs bezogen, allerdings auf der Grundlage der Annahme, daß der philosophische Text sich nicht leibfrei oder leibungebunden entfaltet. Es folgen Bemerkungen zur englischen und zur französischen Küche mit der Zwischenbemerkung, daß die „Rückkehr zur Natur" eine Rückkehr zum Cannibalismus bedeute. Auch die schwer nachvollziehbaren Warnungen vor dem Alkohol mit der Quintessenz „Wasser thut's"[128], vor ausgedehnten Mahlzeiten, seine individuell relativen Ratschläge zu Tee und Kaffee sind, wenn man sie konsequent nicht als idiosynkratische Bekenntnisse der Person Friedrich N. werten will mit der dann fälligen Konsequenz, sie philosophisch ignorieren zu müssen, nur auf die Entfaltungsbedingungen des philosophischen Textes zu beziehen. Das wird dann allerdings von Nietzsche nicht weitergeführt. Immer wieder aber blickt die Metaphorik der Leibgebundenheit des philosophischen Textes (des „Denkens" oder des „Geistes") durch, etwa wenn von den „Füssen des Geistes", von dem Geist als „Stoffwechsel"[129] die Rede ist. Leibvergessenheit („Idealismus") führt zu, bzw. ist bereits eine „Krankheit". „Die Krankheit brachte mich erst zu Vernunft"[130], d.h. dazu, die Leibvergessenheit („ohne ein Nachdenken selbst über Verbrauch und Ersatz [von Kräften, K. R.]", d.h. eine falsche – und man beachte das Epitheton – „geistige Diät") zu vergessen.

Eigentlich gehörte in eine Kritik der kulinarischen Vernunft auch eine Behandlung der Negation des Essens, d.h. des Fastens und des Hungerns. Die einen essen nichts, weil sie nichts zu essen haben, die anderen tun es, obwohl oder sogar weil sie genug zu essen haben. Die Hungernden stellen über große Teile der Menschheitsgeschichte und bis heute die Mehrheit der Menschheit dar. Wir werden auf das Thema des Fastens im Rahmen der Metakritik zurückkommen.

---

126 Ebd.
127 Ebd., S. 280.
128 Ebd., S. 281.
129 Ebd., S. 282; Ähnliches und mit den gleichen Bedenken gegen den Idealismus drückt bereits Novalis aus: „Kenntniß und Wissenschaft sind völlig dem Körper analog [...] Daher hat Lernen soviel Ähnlichkeit mit Essen – und das a priori Wissen ist ein Sattwerden – ein Ernähren, ohne zu essen." Novalis: Schriften, hg. v. Paul Kluckhohn u. Richard Samuel, 2. Aufl., Darmstadt: Wissenschaftliche Buchgesellschaft 1968, III, S. 443.
130 Ebd., S. 283.

Kulturphilosophie der Speisekarte

Das oder der Fremde kann eine Bedrohung darstellen, man kennt ihn nicht und weiß daher nicht, was von ihm zu halten ist. Ebensosehr kann es aber auch eine Faszination sein, eine Verlockung oder gar Verführung. Es gehört zur Kultur des Umgangs mit dem Fremden, ihn nicht unbedingt als Feind zu betrachten, sondern die Entscheidung zwischen Feindschaft und Verführbarkeit in der Art eines Umwegs hinauszuzögern.[131] Fremde Speisen sind ein hervorragendes Medium, Fremdheit als Verführung zu erfahren. Dieses paradoxe Verhältnis hat der Renaissance-Autor Platina so formuliert: „Mein Freund Gallus isst derlei [Rebhuhn auf katalanische Art] oft, obwohl er ein erbitterter Feind der Katalanen ist, denn er haßt den Menschenschlag, nicht aber die Gerichte."[132] Das gleiche gilt bereits für den Einfluß der arabischen Kochkultur auf die Geschmackswelt des europäischen Mittelalters.

Das Fremde/fremde Essen

Die Kategorie der Fremdheit ist grundsätzlich von der der Andersheit unterschieden. Während es mit dem Anderen entweder aufgrund von Nähe ein Kontinuum gibt oder aufgrund von Distanz die Konstruktion einer Kontinuität (Gemeinschaft und Gesellschaft), ist der Fremde von uns durch eine von unserer Eigenheit gezogene Grenze, eine Abgrenzung, getrennt. Immer stehen wir in der Begegnung mit dem Fremden vor der Wahl der An-Eignung des Fremden, wodurch er aufhört ein Fremden zu sein und zu einem Anderen unserer selbst/unseres Selbst wird, oder der Abwehr. In beiden Fällen läßt uns die Begegnung mit dem Fremden nicht bleiben, wie wir waren: entweder wir werden in Faszination von dem Fremden verführt und zu anderen Möglichkeiten unserer Existenz befreit, oder er erscheint uns als Feind und eine Bedrohung unserer ei-

---

131 Darin besteht die Plattheit der These von Samuel P. Huntington: „The Clash of Civilizations", in: Foreign Affairs 72.3 (1993), S. 22-50, für die in einer Trivialisierung der Politischen Theorie Carl Schmitts die Zugehörigkeit zu einer anderen Kultur automatisch Feindschaft bedeutet; zur Kritik s. Edward W. Said: „The Clash of Definitions", in: The New Crusades, ed. Emran Qureshi, Michael A. Sells, New York: Columbia University Press 2003, S. 68-87; zu einer anspruchsvolleren Anknüpfung an Carl Schmitt s. Kurt Röttgers: „Flexionen des Politischen", ersch. demn. in: Die Politik und das Politische, hg. v. Thomas Bedorf u. Kurt Röttgers, Frankfurt a. M.: Suhrkamp 2009; s. auch ders.: „Fremdheit", in: Neues Handbuch philosophischer Begriffe, hg. v. Armin G. Wildfeuer u. Petra Kolmer, Freiburg, München: Karl Alber 2009, im Ersch.

132 Zit. nach Brian Cowan: „Neue Welten, neue Geschmäcker", in: Essen. Eine Kulturgeschichte des Geschmacks, hg. v. Paul Freedman, Darmstadt: Primus 2007, S. 196-231, hier S. 199f.

gentlichen Existenz. Exakt diese Struktur gilt auch für das Essen. Von Speisen, die wir nie aßen, wissen wir nicht, ob sie nicht einen nie verspürten neuen Reiz und Genuß verheißen, oder ob sie abscheulich schmecken und vielleicht sogar giftig sind. In indischen Restaurants wird man zuweilen gefragt, wie man die Speisen gewürzt haben möchte: normal, scharf oder „indisch". Genau diese Frage mobilisiert die Unterscheidung von Andersheit und Fremdheit. Scharf wäre anders (als Muttern kocht z.B.), „indisch" dagegen wäre jenseits des Vorstellbaren, ein feindseliger Angriff auf unsere Geschmacksnerven oder ein nie geahnter neuer Genuß. Vielfach konnotiert das Essen der Fremden mit der Unterscheidung von Natur und Kultur. Die von allen Kulturen irgendwie vollzogene Unterscheidung verlegt die Grenze jeweils an unterschiedliche Stellen, so daß in der interkulturellen Begegnung Mißverständnisse unvermeidlich sind. So hielt der Grieche Theseus im Mythos vom Labyrinth den Minotaurus im Inneren des Labyrinths für einen menschenfressenden Halbstier, also ein Wesen, das das kulturdefinierende Kannibalismus-Verbot ignorierte und Jungmenschenfleisch verspeiste; nach allem, was wir aber über die minoische Kultur wissen oder erschließen können, war dieser Halbstier ein Kultursymbol eines Sonnenkults, Symbole fressen keine Menschen, sondern sind in der Lage, Menschen im Rahmen eines Initiationstanzes zu verwandeln.[133] Was in einer fremden Kultur gegessen wird, erscheint der eigenen kulturellen Wahrnehmung daher oft unkultiviert als bloß natürliche Nahrungsaufnahme; bezeichnend ist, daß im Deutschen dafür zuweilen abschätzig das sonst nur für Tiere und ihre Stoffwechselprozesse verwendete Wort „Fressen" gebraucht wird.

So wie aber Fremdheit auch jäh in allernächster Nähe auftreten kann, etwa wenn uns unsere Lebenspartnerin plötzlich unverständlich und fremd wird, so werden regelmäßig auch Speisen der Nähe als (individuell) ungenießbar erlebt oder deklariert: das eine Kind mag keine Erbsen und hält sie schlechtweg für ungenießbar, das andere keine Zwiebeln, das dritte keine Rosinen, das vierte keinen Fisch. Dieses „Fremdeln" hinsichtlich der Speisen ist ein notwendiger Bildungsschritt, weil er Differenzierungen einführt und so die notwendige Bedingung der Ausbildung eines guten Geschmacks darstellt. Multikulturelle Kulturen – und alle lebendigen Kulturen sind multikulturell – zeichnen sich durch eine freilich immer begrenzte Aufnahmebereitschaft für Fremdes Essen aus.[134]

---

133 So die Deutung von Kurt Röttgers: „Arbeit am Mythos des Labyrinths", in: Das Daedalus-Prinzip. Fs. Steffen Dietzsch, hg. v. Laila Kais, Berlin: Parerga 2008, S. 13-38, auf der Grundlage von Befunden von Hermann Kern: Labyrinthe. Erscheinungsformen und Deutungen, München: Prestel 1982.

134 Es ist merkwürdig, daß Georg Stenger: Philosophie der Interkulturalität, Freiburg, München: Karl Alber 2006, auf über 1000 S. mit keinem Wort auf die Interkultu-

Der Fremde ist, wie erwähnt, derjenige, mit dem weder ein gemeinschaftlicher noch ein gesellschaftlicher Umgang stattfindet, einer, der in den kommunikativen Text nicht eingelassen ist. In ökonomischen Zusammenhängen ist das derjenige, mit dem man nicht tauscht oder anderweitige Geschäfte macht. Handelsboykotte sind Fremdheitsdefinitionen. Einfuhrzölle, Mengenkontingentierungen und Qualitätskontrollen sind Instrumente der Exekution von solchen Fremdheitsdefinitionen im Lebensmittelbereich. Das bezieht sich natürlich vor allem auf Länder der Dritten Welt und ihre Produkte, auf Völker, die man früher „die Wilden" genannt hätte, die man heute, ohne daß man sich gestattete, sie weiter so zu nennen, gleichwohl aber so behandelt. Solche Maßnahmen werden auch innerhalb der EU praktiziert, so daß z.B. Obstsorten, die irgendwo seit Jahrhunderten heimisch sind und auf Nachbars Wiese wachsen, von der Vermarktung ausgeschlossen werden, während die Beschränkung und Kontrolle der Einfuhr genmanipulierten Maises oder von Produkten, die solchen enthalten, gegenüber den USA kaum durchsetzbar waren. Mit solchen Fremdkörpern in unserem Essen müssen wir weiterhin rechnen. Die Demaskierung des Fremden in den angebotenen oder im Rahmen einer global operierenden Wirtschaft im Prinzip zur Verfügung stehenden Nahrungsmittel, die mit der seit Platon geläufigen, der Tendenz nach aufklärerisch-kritischen Unterscheidung von Sein und Schein arbeitet, wird von der staatlichen Lebensmittelkontrolle „zum Schutz des Verbrauchers" ausgeübt. Durch gelegentliche Publikation von „Skandalen" in ihrer Legitimität plausibilisiert, leistet diese nicht im entferntesten, was sie zu leisten vorgibt, nämlich für eine „gesunde" Ernährung der Bevölkerung zu sorgen. Trotz krebserregender Stoffe in Zigaretten kann die Einfuhr nicht verboten werden, um nur ein einziges Beispiel zu nennen.

„Naturidentische" Aromen, Geschmacksverstärker und Konservierungsstoffe lassen uns unser Essen zunehmend als fremd erscheinen; aber diese Fremdheit wuchert mitten unter uns wie geduldete „illegale" Einwanderer. Und der normale Verbraucher hat sich daran gewöhnt, daß Pfirsich-Yoghurt nie mit einem Pfirsich oder etwas aus diesem Gewonnenen in Berührung gekommen ist, sondern seinen Geschmack einem gewissen Schimmelpilz verdankt. Und die Deklaration der Inhaltsstoffe ist ohnehin ein Kapitel für Experten, so daß der Verbraucher normalerweise nach der Devise handelt „Hauptsache, es schmeckt". Er weiß, daß er getäuscht wird, und findet sich damit ab. Das Fremde hört für ihn auf, ein Fremdes zu sein; den mit dem Verlust von Fremdheit einhergehenden Verlust des Bewußtseins von Eigenem bemerkt er schon gar nicht mehr, so wie er nicht bemerkt

---

ralität der Essenskulturen eingeht. Ja gewiß doch, es gibt Wichtigeres als das Essen!

hat, daß die Äpfel von Nachbars Wiese nirgendwo in den Regalen der Supermärkte angeboten werden.

Das Fremde Essen heißt aber auch Essen desjenigen, was noch keiner, von dem wir Kunde haben, je gegessen hat. Das ist immer ein Wagnis. Wie viele Menschen mußten wohl an Pilzvergiftung sterben, ehe die Menschheit ein gesichertes Wissen davon erwerben konnte, welche Pilze eßbar, welche als bewußtseinserweiternde Drogen wirksam, welche ungenießbar, welche schädlich und welche tödlich sind? Manchmal testen wir mit anderen Sinnen, vor allem mit dem Geruchssinn. Aber diese Sinne täuschen in vielfältiger Weise. Der Geruch des Giersch stößt ab, aber er läßt sich zu einem wohlschmeckenden Gemüse verarbeiten. Die Brennessel scheint schon bei der Berührung ihre Ungenießbarkeit zu verraten; gleichwohl läßt sich aus den jungen Pflanzen eine ganz vorzügliche Suppe bereiten. Weinbergschnecken kann man essen, die Nacktschnecken in unseren Gärten dagegen werden sogar von den gefräßigen Amseln verschmäht. Etwas Neues auszuprobieren ist also immer ein Risiko.

Andererseits hat, etwas zu essen, was nicht jedermann ißt, einen Distinktionswert. Und so ißt mancher Kugelfisch, auch wenn er nicht weiß, ob er dem Koch wirklich vertrauen kann. Dahinter verbirgt sich allerdings ein allgemeines Problem. Das Essen, das wir heute vielfach zu uns nehmen mit seinen Ingredienzien weltweiter Herkunft, ist uns ein fremdes Essen geworden. Wir wissen in vielen Fällen nicht mehr und können es auch nicht Erfahrung bringen, was sich in den Fertig- und Halbfertigprodukten aus aller Welt verbirgt. Nicht immer ist das Risiko so groß wie beim Kugelfisch, und nicht immer ist dieses unbekannte Fremde in unserem Essen eine Bedrohung. Die erste Schokolade, die man mir zu essen gab, habe ich als ungenießbar ausgespuckt, nach und nach aber wurde dieses Fremde zu einer der stärksten Versuchungen, heute ist es nichts Fremdes mehr, sondern gehört zu den Selbstverständlichkeiten unseres eigenen Lebensstils.

Es bedurfte des Bewußtseins des Zeitalters von Herder, um ein Gespür für den Eigencharakter und Eigenwert nationaler und regionaler Küchen zu entdecken und zu würdigen. Hatte doch sogar noch Forster, der mit den Cookschen Weltumseglungen viel in Kontakt mit fremden Kulturen und entsprechend auch ihren Eßgewohnheiten in Kontakt gekommen war, gesagt:

„[...] wenngleich eigentlich niemand wissen kann, ob z.B. eine Ananas gut schmeckt, als der sie gekostet hat, so gehört doch mehr als dieses Kosten zu einem Urteil. Nur der Europäer kann daher bestimmen, was ein Leckerbissen sei, denn nur er ist vor allen andern Menschen im Besitz eines feinen unterscheidenden Organs und einer durch vielfältige Übung erhöhten Sinnlichkeit, oder mit andern Worten: er hat wirklich einen leckeren Gaumen, und neben seinen Gastmälern [sic!] besteht der Genuß selbst einer chinesischen Tafel nur in einer unflätigen Fresserei."[135]

Und auch Herder selbst war skeptisch hinsichtlich des Aufnehmens fremder Speisen in die Kultur unserer Küchen, allerdings in anderer Wertung. Er gab zu Bedenken:

„Der Indier [...] athmet Wollust; er schwimmt in einem Meer süßer Träume und erquickender Gerüche; unsre Ueppigkeit hingegen, um deren willen wir alle Welttheile beunruhigen und berauben, was will, was sucht sie? Neue und scharfe Gewürze für eine gestumpfte Zunge, fremde Früchte und Speisen, die wir in einem überfüllenden Gemisch nicht einmal kosten, berauschende Getränke, die uns Ruhe und Geist rauben; was nur erdacht werden kann, unsre Natur aufregend zu zerstören, ist das tägliche große Ziel unsres Lebens. Dadurch unterscheiden sich die Stände; dadurch beglücken sich Nationen. – Beglücken? [...] ‚Der Europäer ißt Alles', sagt der Indier, und sein feinerer Geruch hat schon vor den Ausdünstungen desselben einen Abscheu. Er kann ihn nach seinen Begriffen nicht anders als in die verworfne Kaste classificiren, der, zur tiefsten Verachtung, Alles zu essen erlaubt ward."[136]

Aber so eindeutige Zuweisungen eines positiv wertenden oder eines kritischen Eurozentrismus der Geschmackskultur konnte sich im Zeitalter der Geschichtlichkeit nicht mehr lange halten.

Dazu eine kleine Geschichte: Frankreich liegt irgendwo südwestlich von Westfalen, jenseits eines Gebiets, das von Rheinländern besiedelt ist. Das hat nicht hindern können, daß Westfalen und Franzosen im Laufe eine vielhundertjährigen Geschichte immer wieder in Kontakt miteinander gekommen sind, in den vortouristischen Zeiten vor allem anläßlich von Kriegen. So kam es, daß wieder einmal die Franzosen im Lande standen. Ein junger französischer Leutnant – ich sage jung, weil offensichtlich unerfahren, wie man gleich sehen wird –

---

135 G. Forster: „Über Leckereyen", in: ders.: Philosophische Schriften, S. 30-52, hier S. 35f.; vgl. auch Marita Gilli: „Auf dem Weg von der Wissenschaft zur Philosophie und Politik: ‚Ueber Leckereyen' und ‚Ueber die Schädlichkeit der Schnürbrüste'", in: Georg-Forster-Studien 13 (2008), S. 61-72. Erwähnenswert vielleicht auch, daß Archestratos von Gela davor warnt, Meeräschen von Italienern oder Sizilianern zubereiten zu lassen: „Sie verderben alles durch ungeschickten Umgang mit Käse oder durch Übergießen mit Essig oder ihren salzigen Silphion." Zit. bei H. Lemke: Ethik des Essen, S. 243 – Silphion war ein aus einer Pflanze, deren genaue Identifikation heute mißlingt, gewonnener Dicksaft, der zum Würzen verwendet wurde.

136 Johann Gottfried Herder: Werke, hg. v. Heinrich Düntzer, Berlin: Gustav Hempel o. J. [1869ff.], X, S. 70f.

ein junger französischer Leutnant quartierte sich also bei einem westfälischen Bauern ein. Gastfreundlich, wie die Westfalen nun einmal sind, bot unser Bäuerlein seinem Gast von dem Besten an, was die westfälische Erde hervorzubringen hat: Schinken, Korn und jenes herrliche westfälische Schwarzbrot. Mit Schinken und Korn wußte unser Gast auf Anhieb etwas anzufangen; angesichts des schwarzen Brotes aber soll er gesagt haben: „Ah, c'est bon pour Nicole!", wobei Nicole der Name seines Pferdes war. Der Bauer freute sich herzlich, daß seine Gaben diesen Anklang fanden, ganz besonders aber freute ihn, daß das westfälische Schwarzbrot offensichtlich sogar in Frankreich bekannt war, Frankreich, das ja damals schon für seine gehobene Lebensart und seine gute Küche berühmt war; dort war das Schwarzbrot offenbar unter dem Namen Bompornikol bekannt. Seither trägt das beste, dunkelste unter den westfälischen Schwarzbroten den Ehrennamen Pumpernickel. Es ist damit sozusagen bei der Haute cuisine akkreditiert. Die Geschichte würde gewiß nicht so gut ausgegangen sein und mit Sicherheit hätte unser Bauer keinen Anlaß gehabt, das beste Schwarzbrot Pumpernickel zu nennen, wenn er seinen Gast nicht mißverstanden hätte, wenn er also begriffen hätte, daß dieser Fremde die Kostbarkeit für Pferdefutter hielt. Nun zu dem Gast. Auch er – so sage ich – freute sich aufrichtig über die Gaben, die man ihm bot. Ganz besonders aber freute ihn, daß sein Gastgeber sogar an sein treues Pferd gedacht hatte, was bei der weithin berühmten westfälischen Pferde-Narrheit auch wiederum nicht so verwunderlich war. Die Geschichte würde gewiß nicht so gut ausgegangen sein, wenn er die Absichten seines Gastgebers nicht mißverstanden hätte, wenn er also begriffen hätte, daß sein Gastfreund ihm selbst zumutete, dieses Pferdefutter zu essen. Erst durch das gegenseitige Mißverstehen fügt sich die Situation zu einer harmonischen deutsch-französischen Gastfreundschaft und ergibt sich für uns eine sinnvolle und d.h. weitererzählbare Geschichte. Joseph Gregor Lang, offensichtlich kein Westfale, berichtet 1790, daß er in einer Gaststätte in Siegburg, d.h. im Rheinland, nur unzumutbare Speisen angeboten bekommen habe, von denen er nur „bon pour Nicole" und herben roten Wein überhaupt anrühren mochte.[137]

Genau dieses gewandelte Bewußtsein sei hier am Beispiel von Rumohrs „Geist der Kochkunst" dokumentiert. Er hatte wie zuvor schon Herder registriert, „daß die Kochkunst mit dem Nationalcharakter, mit der Geistesbildung der Völker, kurzum mit den allgemeinsten und höchsten Interessen des Menschengeschlechts in Verbindung stehe."[138] Infolgedessen unterscheidet er „geistreiche, aufsprudelnde Nationen", die er mit Nahrungsmitteln in Verbindung bringt, „die

---

137 Joseph Gregor Lang: Reise auf dem Rhein, ND Köln: Bachem 1975, II, S. 54.
138 K. F. v. Rumohr: Geist der Kochkunst, S. 28.

die Geschmacksnerven reizen, ohne den Unterleib sehr zu beschweren", von „tiefsinnigen, nachdenkenden Völkern", die „gleichgültige Nahrungsmittel" bevorzugen, nicht zu reden von der „ekelhaften Nahrung eines Eskimo oder Koräken".[139] Zugleich jedoch werden diese kulturanthropologischen Befunde in der Art einer Hegelschen Geschichtsphilosophie in eine Bildungsgeschichte „sinnlich-sittlicher Bildung" einbezogen, so daß auf diese Weise zugleich Wertungen entstehen. Diese reichen von den Eskimos mit ihrer erwähnten ekelhaften Nahrung über die „stumpfsinnigen, für sich hinbrütenden Völker", die sich „mit schwerverdaulicher, häufiger Nahrung gleich den Masttieren" vollstopfen bis hin „zu der schmackhaften und reinlichen Frugalität eines gebildeten [...] Volkes".[140] Wen er mit diesen den „Masttieren" Gleichen meint, wird wenig später deutlich: es sind für ihn die Norddeutschen, die eine „barbarische Neigung zur Völlerei" und ein „bestialisches Saufen" pflegen und sich damit einer kulinarischen Bildung widersetzen.[141]

Eduard von Hartmann, von Nietzsche ebenso totgesagt wie Gott, schrieb 1886 in seinem Aufsatz „Was sollen wir essen?" nicht nur, daß der Mensch seiner Physiologie (Darmlänge und Gebiß) nach ein Omnivor ist, sondern daß die Neigung zu Fleischkost oder vegetarischer auch vom Klima abhänge, er spricht von vegetarischer „äquatorialer Genügsamkeit", weil in der Hitze des Äquators nicht viel Energien verbraucht würden und ersetzt werden müßten, und von der carnivoren „polaren Gefräßigkeit", weil in den Polargegenden rein vegetarische Kost den Energiebedarf des Menschen nicht decken könne;[142] dasselbe spiegele sich aber auch in den Klimazonen Europas: „[...] während der faulenzende Süditaliener und Südspanier nichts begehrt als eine Hand voll Datteln und Feigen nebst einer Zwiebel oder allenfalls Maccaroni, kann der englische Arbeiter oder der deutsche Sackträger nicht Fleisch und Speck genug bekommen."[143] Daraus leitet nun Eduard von Hartmann gewagte kulturphilosophische Thesen ab. Rein vegetarische Kost führt zu „energieloser Mittelmässigkeit", sie macht zahm, sanft, geduldig, passiv, willenlos, quietistisch und geistlos, befähigt zu allen bloß passiven Tugenden, zum Träumen und zum Somnambulismus, die für die Landbevölkerung und das weibliche Geschlecht ausreichend seien, nicht aber

---

139 Ebd.
140 Ebd.
141 Ebd., S. 34.
142 Eduard von Hartmann: „Was sollen wir essen?", in: ders.: Moderne Probleme, Leipzig: Friedrich 1886, S. 1-20, hier S. 3.
143 Ebd.

„für die gesteigerten Anforderungen an gesteigerte Produktivität, wie das moderne Kulturleben der Städte, insbesondere der Großstädte, sie an die arbeitenden Männer stellt. Mit dem Fleischgenuß seiner kulturtragenden Minderheit hört ein Volk auf, eine aktive Rolle in der Geschichte zu spielen und verzichtet auf die thätige Mitarbeit am Kulturprocess [...]"[144]

Solch ein vulgärer Sozialdarwinismus bedarf eigentlich keines Kommentars, sondern entlarvt sich selbst.

„Nur solche religiöse und philosophische Weltanschauungen können ohne Widerspruch mit sich selbst den Vegetarianismus als wesentlichen Bestandtheil in sich aufnehmen, welche keine Entwickelung, keinen Fortschritt, keinen realen Weltprocess, kurz keine aktiven sittlichen Kulturaufgaben der Menschheit anerkennen, sondern in einem entwickelungslosen Traumidealismus und dem davon unabtrennbaren passiven Quietismus befangen sind."[145]

Dieser Philosoph meint gezeigt zu haben, daß das Prinzip vegetarischer Ernährung „zugleich naturwidrig und kulturfeindlich ist".[146] Und, so sagt er weiter, wäre Fleischverzehr gleichwohl inhuman, dann müßte man diese Inhumanität eben hinnehmen wegen der „Pflicht der Menschheit zur Erfüllung ihrer Kulturaufgabe."[147] Dieser sozialdarwinistische Chauvinismus als Grundlage der These der Kulturrelativität der Speisekarten hat die rein kulturgeschichtlichen Thesen Herders und Rumohrs verlassen, bzw. stellt eine Karikatur derselben dar.

Denn es ist bereits bei Rumohr grundgelegt eine Lehre von der Kultur der Speisen und einer kulturellen Relativität des Geschmacks. Bei Lévi-Strauss fanden wir die Kultur-Relativität der Zubereitung der Speisen, d.h. der Vorgänge in der Küche. Was aber einer Kultur als genießbar erscheint und was einer anderen oder gar fremden Eßkultur angehört und im zweiten Falle in der eigenen Kultur als ungenießbar erscheint, darüber finden wir eine gründliche philosophische Reflexion erst in Michel Serres' Buch „Die fünf Sinne".[148]

Gleich zu Beginn seiner Erörterung des Geschmacks spricht er von dem verschiedenen Gebrauch, den wir von Mund, Gaumen, Lippen, Zunge machen können. Entweder wir sprechen mit ihnen, dann schmecken wir nichts, oder wir lassen den Mund schmecken, dann läßt sich nichts sagen.[149] Denn mit vollem Mun-

---

144 Ebd., S. 14.
145 Ebd.
146 Ebd., S. 15.
147 Ebd.
148 Michel Serres: Die fünf Sinne, 2. Aufl., Frankfurt a. M.: Suhrkamp 1994.
149 Dieses Befund fand bereits G. Forster: „Über Leckereyen", S. 44 höchst bedenkenswert.

de spricht man nicht. Später tritt bei Michel Serres ein dritter Gebrauch des Mundes zu seinen Erörterungen hinzu, der vielleicht in gewisser Weise zwischen den beiden erstgenannten anzusiedeln ist: das Küssen. Dominieren aber tut, so Serres, ganz eindeutig die Sprache:

„Der Satz [...] vermeidet es, die Zunge zu anderem zu erwecken als zu sich selbst. Der Geschmack schläft in der Narkose der Worte. Eingefroren: frigide."[150] „Der Geschmack, unterdrückt, weil der Sprache räumlich zu nah, ihr zu ähnlich und mit ihr konkurrierend, findet nur selten zu sprachlichem Ausdruck, und wenn doch, so in einer Sprache, die lachen macht [...]."[151]

Der Gleichklang der Wörter für Wissen und Geschmack: savoir und saveur hat – wie gesagt – des öfteren Anlaß gegeben, zwischen beiden eine innere Verbindung in der Sache zu vermuten. Zunächst bezogen auf einen guten Wein, dann aber doch mit allgemeinerem Geltungsanspruch sagt Serres: „Aber wer nicht gekostet und geschmeckt hat, der kann kein Wissen erwerben."[152] Und weiter:

„Es wird ein wenig zu schnell vergessen, daß homo sapiens zunächst den bezeichnet, der sapor, Geschmack, hat, der ihn schätzt und sucht, dem der Geschmackssinn wichtig ist, das schmeckende Tier, und erst dann den, der durch Urteilskraft, Verstand oder Weisheit zum Menschen geworden ist, den sprechenden Menschen."[153] „Die Weisheit kommt nach dem Geschmack, sie kann nicht ohne ihn kommen, aber sie vergißt ihn."[154]

Das Tier nämlich verschlingt seinen Fraß; der Mensch genießt, was er schmeckt, und weiß bescheid. Und genau an dieser Stelle stößt Serres auf unser Problem. Einerseits nämlich versucht er, eine emphatische Aufwertung des Schmeckens gegenüber dem Sprechen vorzunehmen. Andererseits kann er das nur, indem er spricht. Einerseits versucht er in diesem Sprechen vom Schmecken eine hohe Differenziertheit des Redens zu entwickeln, um eine hohe Differenziertheit des Schmeckens zu beschreiben, andererseits kann er nicht anders, als dieses Beschreiben selbst als eine Anästhesie angesichts der Aisthesis der Sinne zu bezeichnen. Ohne Beschreibung bleibt die Sinnlichkeit des Schmeckens pures factum brutum oder mystischer Augenblick. Mit der Beschreibung aber bleibt die Sinnlichkeit nicht, was sie war, sondern weicht dem Wort.

---

150 M. Serres: Die fünf Sinne, S. 206.
151 Ebd.
152 Ebd., S. 207.
153 Ebd.
154 Ebd.

Der hervorragende Wein weckt die Sinne des Mundraums und läßt ihn verstummen. Aber ohne daß der Mund dann von diesem Verstummen hochdifferenziert zu reden beginnt, wissen wir gar nichts davon. Und gerade der Wein macht redselig. Die Aisthesis des Geschmacks eines überwältigend guten Weines liegt zwischen der Anästhesie der Redseligkeit, die gar nicht erst zum Schmecken kommt, und der Anästhesie einer trunkenen Redseligkeit. „Von wo aus soll man [...] beschreiben? Von nahem, von ferne, aus mittlerem Abstand?", fragt Serres.[155]

Die ganz besondere Schwierigkeit, das Naheliegende des Geschmacks zu beschreiben, rührt daher, daß Geschmack und Geruch differenzierende Sinne sind, die Vielheiten wahrnehmen, aber nicht integrieren, während Gesichtssinn und Gehör synthetisierende Sinne sind, die Einheiten schaffen. Der Geschmack bringt es immer nur zu einem Gemisch, während das Auge nach Einheit verlangt. Aber gerade das macht die Beschreibung dieses der Sinnlichkeit Naheliegenden mit allgemeinen Begriffen so ganz besonders schwierig. Der Gesichtssinn distanziert, das macht die Beschreibung des Naheliegenden schwierig, weil der Gesichtssinn nichts in der Nähe beläßt oder bei dem allzu Naheliegenden versagt. Der Geschmack dagegen erfaßt das ganz Naheliegende in seiner differenzierten und vermischten Vielfalt, aber er versagt an der Beschreibung angesichts der Notwendigkeit der Verwendung einer Sprache, die mit Hilfe von Allgemeinbegriffen identifiziert. Es gibt zweifellos immer wieder Versuche, das Bouquet eines großen Weines etwa zu beschreiben, solche Beschreibungen schwanken zwischen nichtssagenden, lächerlichen und exzentrisch gewagten Vergleichen. Daher hielt es ja auch z.B. Hegel für unangemessen, daß sich der Philosoph mit der bunten Vielfalt der „unendlich mannigfaltigen Verhältnisse", mit jenem „unendlichen Reichtum von Formen, Erscheinungen und Gestaltungen" abgebe, er solle diese bunte Vielfalt durchstoßen auf den Kern der Sache hin, der ein begrifflicher sei.[156] Die Schwierigkeit, ja man möchte sagen: Unmöglichkeit, den Wein mit allgemeinen Begriffen zu beschreiben, hindert übrigens gar nicht die Fähigkeit des Weinkenners, Weine wiederzuerkennen oder Ähnlichkeiten zu schmecken, d.h. Erkenntnisfunktionen auszuüben angesichts systematisch unentwirrbarer Gemische.

Ein solches Gemisch ist in einer Unmittelbarkeit, Komplexität und Reichhaltigkeit gegeben, die dennoch in einer Weise sehr abstrakt ist, daß sie sich nicht in einfacher Weise, in einer Sprache der Sinnesdaten etwa, ausdrücken ließen. Das Naheliegende ist ein Gemisch der Sinnlichkeit, das immer schon über die einfa-

155 Ebd., S. 210.
156 Georg Wilhelm Friedrich Hegel: Grundlinien der Philosophie des Rechts, hg. v. Johannes Hoffmeister, 4. Aufl., Hamburg: Meiner 1955, S. 15.

che Beschreibung hinaus ist. Das Problem ist – nota bene! – nicht das Problem des Verstehens von Fremdpsychischem, das sich manche Intersubjektivitätstheorien aufhalsen. Wenn schon, dann müßte man es das Problem des Empfindens von Fremdsinnlichem der Nahsinne nennen. Ob mein eigener Kopfschmerz von gestern auch heute noch, wenn ich mich daran erinnere, angemessen mit diesem Wort bezeichnet werden darf, darüber habe ich, wenn ich bei Trost geblieben bin, nicht den geringsten Zweifel. An den Geschmack der Flasche Yquem Weihnachten 2005 erinnere ich mich sehr wohl, aber mir fehlen heute wie damals die Worte, um diese Erinnerungskontinuität herzustellen oder sie Anderen zu vermitteln. Und Friedrich Engels, in einer Eintragung in das Album von Jenny Marx, weiß von einer Flasche Château Margaux 1848 auch nur zu sagen, daß sie eine „Auffassung vom Glück" zu bieten habe.[157]

Wenn der Empirismus sagt, daß nichts im Geiste ist, was nicht vorher in den Sinnen war, ist es dann so sicher, daß er Geruch und Geschmack ebenso sehr meinte wie Gesichtssinn und Gehör? Ist nicht das, was uns geschmacklich auf der Zunge liegt, zu nahe, als daß der Geist es fassen könnte? Michel Serres, dieser Philosoph der Sinne, wandelt denn auch die betreffende Formel ab. Er sagt: „Es ist nichts in den Sinnen, was nicht danach in Richtung der Kultur ginge. – Nicht in Richtung der Erkenntnis, sondern der Kultur."[158] Also haben wir es hier mit einem dem Sinne kultivierten Umgang mit Nichtwissen zu tun, als dieses Nichtwissen kein Scheitern der Wissensbemühungen darstellt.

Und da liegt es natürlich nahe, einen Blick auf die amerikanische Essensunkultur zu werfen. Hören wir Serres' Beschreibung dieses Sachverhalts:

„Die Unterschiede der einzelnen Nahrungsmittel beschränken sich auf das Etikett, den Namen und den Preis. [...] Amerika ißt fade. – Und es trinkt fade. Dazu noch übermäßig gekühlt, um die Papillen zu betäuben. Und in gewaltigen Mengen, denn neben dem Mangel vermag nur die Qualität der Quantität Grenzen zu setzen. [...] Kraftlosigkeit umgibt die gefräßigen Leiber, der homo insipiens zeichnet sich in unscharfen Umrissen ab, [...] Amerika zeigt der Welt, wohin der Fortschritt führt. – Er führt bekanntlich ins Undifferenzierte."[159]

---

157 Berichtet von Alois Hahn, der sich dabei auf Peter Fischer als Gewährsmann bezieht. Alois Hahn: „Das Glück des Gourmets", in: Quellen des Glücks – Glück als Lebenskunst, hg. v. Alfred Bellebaum u. Hans Braun, Würzburg: Ergon 2004, S. 163-181, sein Bezug auf Engels bei Peter Fischer/Gabriele Rose Witte: Schlaraffenland, nimms in die Hand, Berlin: Wagenbach 1975.
158 M. Serres: Die fünf Sinne, S. 247.
159 Ebd., S. 249.

Dieser Entsinnlichung und Entdifferenzierung der Lebensmittel entspricht ihre vollständige und umstandslose Beschreibung. Auf einer luft- und geruchsdichten Verpackung ist beschrieben und abgebildet, was sich in ihr findet. Dieses liegt nicht mehr nahe, es ist vielmehr ein vielfach Vermitteltes, differenzlos Gewordenes und zur durch Werbung vorab beschriebenen und konsumierbaren, aber nicht im Geschmacksgenuß genießbaren, Ware geworden. „Das Wort verbietet die Sinne und insbesondere jene, in denen es nichts zu sagen hat [...] Die sprechende Zunge tötet im Mund die schmeckende Zunge."[160] Die Thematisierung dieses Rationalisierungsprozesses, durch den die Erweiterung der Begriffsbildungen einhergeht und offenbar bezahlt werden muß mit einer Entleerung der Inhalte, ist eines der Themen, die die Kulturkritik seit G. Simmel nicht mehr verlassen.

Und geben wir nun Michel Serres ein letztes Mal das Wort: „Wer guten Wein trinkt, der kann nicht von Marken reden, er kann nicht vollständig angeben, was da seinen Gaumen umspielt. Eine feinziselierte Karte zeichnet sich darauf ab, ein Moiré ohne formelhafte Worte zu ihrer Bezeichnung, ohne Sätze zu ihrer Beschreibung, ohne einen schwächlichen Wortschatz, über den alle Welt sich lustig macht, weil die Erfahrung fehlt."[161] An den Berichten aus M. Serres' Buch „Die fünf Sinne" haben wir am herausgegriffenen Beispiel des Geschmackssinns erkennen können, wie bestimmte Formen der Sinnlichkeit, so sehr sie intensiv auf Naheliegendes bezogen sind und Erfahrungen, Erinnerungen und auch Wiedererkennen ermöglichen, doch an der Aufgabe des Beschreibens als Voraussetzung des Wissens eines Gewußten versagen.

Differenzierungsgewinne

Hier wie überall hat der Relativismus seine Grenzen. Was auf Entdifferenzierung hinausläuft, dagegen spricht alles, aus welcher Kultur auch immer es hervorgehen mag. Die Differenzierung ist, auch wenn sie teilweise physiologisch bedingt ist, also eine materielle Basis hat, eine Differenzierung in Kulturen. Insofern ist McDonalds Ehrgeiz, überall auf der Welt die gleichen Produkte in gleich hoher ernährungsphysiologisch-chemischer und hygienischer Qualität anzubieten, antikulinarisch par excellence, selbst wenn dort manchmal Asia-Wochen und dgl. eingefügt werden oder wenn den Franchise-Nehmern des einzelnen Lokals in gewissen Details der Präsentation Handlungsspielräume eingeräumt werden, so daß im Wettbewerb untereinander dann die besten Lokale ausgezeichnet werden können.

---

160 Ebd., S. 251.
161 Ebd., S. 297.

Differenzierung freilich will gelernt und angeeignet werden. Gleichwohl sind viele dieser Differenzen, weil physiologisch fundiert, sobald sie geschmeckt und erlebt werden, unmittelbar evident. Wem, nachdem er zuvor nur nachgereifte, übermäßig gewässerte und gedüngte Gewächshaus-Tomaten kannte, dann eine am Strauch gereifte (kleinere!) Freiland-Tomate angeboten wird, der wird, so wage ich zu behaupten, die Differenz sofort schmeckend wissen (saveur/savoir). Die Differenzen sind außerdem historisch und sozial bedingt, so daß die Ernährungsweise als ein jeweils spezifischer Code gelesen und interpretiert werden kann.[162] So konnotierte etwa der Verzehr von Wild mit dem sozialen Attribut von Stärke und Macht und war daher seit dem hohen Mittelalter dem Adel vorbehalten. Damit der Code höfischer Eßkultur stabil und bekannt bleiben sollte, wurde noch 1904 eine Zeitschrift mit folgendem Titel gegründet „Die höfische und herrschaftliche Küche. Zeitschrift für die Interessen hoher und höchster Herrschaften sowie deren Beamte und Angestellte in allen technischen und administrativen Angelehenheiten der Küche"; die Zeitschrift gab es bis 1918. Seit dem Futurismus aber gibt es eine Annäherung allgemeiner ästhetischer (und ethischer) Experimente mit einer experimentellen Küche, die bewußt die bisherigen Grenzen des Geschmacks zu verletzen und zu überschreiten versucht und damit mindestens auf die generelle Verschiebbarkeit dieser Grenzen aufmerksam macht,

---

162 Allgemein dazu Norbert Elias: Die höfische Gesellschaft, 2. Aufl., Darmstadt, Neuwied: Luchterhand 1975.; zum Code speziell M. Montanari: „Die Dreiständeordnung des Mittelalters im Spiegel der Ernährung", Montinari zeigt, wie selbst Charakterisierungen wie „bäuerlich" oder „adelig" sehr veränderlich sind. Im frühen Mittelalter gehörte auch zur bäuerlichen Ernährungsweise ein immenser Fleischkonsum; erst im späten Mittelalter kam es dazu, daß die bäuerliche Ernährungsweise auf Vegetarisches eingeschränkt wurde. Und im frühen Mittelalter charakterisierte sich adelige Ernährungsweise vor allem durch Quantität, was geradezu in „Wettessen", schnell viel zu vertilgen, bewährt wurde, und Guido von Spoleto wurde 888 als König der Franken abgelehnt, weil er sich mit einem „bescheidenen Mahl begnügt". (zit. S. 55f.). Dem entspricht, daß die Kirche im Begriff der „gula" als einer der sieben Todsünden nicht zwischen Völlerei und feinschmeckerischer Genußsucht unterschied. Auch wenn diese Verhaltensformen direkt in die Hölle führen, hat das nicht hindern können, daß Menschen sich zu allen Zeiten gerne diesen „Lastern" hingegeben haben. Ebenso wurde im frühen Mittelalter bei den Convivien sehr viel getrunken. (G. Hirschfelder: Europäische Eßkultur, S. 109ff., vgl. S. 130f.) Später zeigte sich adeliger Reichtum und Macht eher in der Vielfalt und der bloßen Möglichkeit, viel zu essen, nicht aber es wirklich tun zu müssen. Etwas anders verhält es sich mit dem Vieltrinkenkönnen: dieses gilt von Sokrates über Alexander den „Großen", den Rothenburger „Meistertrunk" bis hin zu den Kommersen der Corps und Burschenschaften als besonderes Kennzeichen von Männlichkeit; und die muß man real beweisen, es reicht nicht die symbolische Repräsentation der bloßen Möglichkeit.

auch wenn nicht jeder am Ende Kartoffeleis oder Hackfleisch-Pralinen wirklich mögen wird, so wie auch nicht jeder sich ein Pissoir à la Duchamp in seinem Wohnzimmer an die Wand hängen mag, aber das war ja auch gar nicht die Absicht dieser Kunst-Provokationen.

Entdifferenzierung heißt aber auch die beliebige Verfügbarkeit von Speisen unterschiedlichster Herkunftskulturen. Als ich einmal in einer fremden Stadt in Deutschland zum Essen eingeladen wurde, fragte man mich, ob ich lieber italienisch oder griechisch oder chinesisch essen wolle. Als ich mein Interesse an heimisch-regionaler Küche bekundete, da mußte man mir bescheiden, daß das leider schwierig sei. Wie soll ich aber die Reize fremder Küche genießen können, wenn ich sie nicht mehr auf Eigenes differierend beziehen kann? Für viele Ostwestfalen ist heute geläufig, was eine Pizza ist und sogar welche Pizzen der Pizza-Service standardmäßig bereithält, aber der ostwestfälische Pickert (in manchem vergleichbar) und seine Spielarten sind ihnen unbekannt geworden.

Differenzierung heißt: unterscheiden können, heißt aber mit einem anderen Fremdwort auch: diskriminieren können. Und in diesem Falle heißt es: wissen, d.h. schmecken können, was in unserer (Eß-)Kultur ungenießbar ist: zu tranig, zu scharf, zu glibbrig, zu pelzig, zu sauer usw. Das alles ist aber zugleich von sozialem Symbolwert. Dunkles Brot war in Frankreich lange das Merkmal einfacher und armer Leute auf dem Lande. Seit der in der Französischen Revolution eingeführten Preis-Kontrolle für das Standard-Weißbrot hat sich das schrittweise geändert, und heute gilt dunkles Brot als Ausdruck erlesenen Geschmacks; in Deutschland dagegen ist das Baguette, weil es französisch ist, Zeichen der gehobenen Lebensart. Rational ist das alles nicht.[163]

Differenzierungsgewinne sind nie nur auf die sensorische und geschmackliche Differenzierung beschränkt. Wer Weine geschmacklich zu unterscheiden weiß, unterscheidet sich damit sozial von denen, die das nicht können; und andererseits: wer ein Sherry-Glas von einem Grappa-Glas und beide von einem Glas für schottischen Whiskey unterscheiden kann, der wird auch die jeweiligen Inhal-

---

163 Ähnlich die Frage: Ist es schön, gebräunte Haut zu haben? In Zeiten, als der überwiegende Teil der arbeitenden Bevölkerung in der Landwirtschaft tätig war, war Sonnenbräune ein Merkmal der einfachen Leute; wer es sich leisten konnte und genau das zeigen wollte, sorgte sich um eine vornehme Blässe. Als Fabrikarbeit der Typ vorherrschender Arbeit der einfachen Leute war, zeigte Bräune umgekehrt, daß man genügend Zeit und Geld hatte, sich in einem Urlaub in einem fernen Land mit viel Sonnenschein bräunen zu lassen. Heute, wo jeder „Prolet" ins Solarium gehen kann, haben sich die Wertschätzungen erneut umgedreht. Blässe verleiht wieder einen Distinktionsgewinn, zudem ist es Zeichen höherer Bewußtheit in Fragen der Gesundheit. Rational ist das alles nicht. Aber das ist ja eine Binsenweisheit, die den meisten bekannt ist.

te nicht alle für „Schnaps" erklären. Aber diese Unterscheidungen im Sozialen sind wiederum national unterschiedlich ausgestaltet. Im Jahre 1961 stellte Roland Barthes fest, daß der Pro-Kopf-Zuckerverbrauch in den USA doppelt so hoch ist wie derjenige in Frankreich. Was heißt das aber außer der für die amerikanische Zuckerindustrie erfreulichen ökonomischen Tatsache? Zeigt das, daß es den Amerikanern 1961 „besser" ging als den Franzosen? Ja und Nein. Für die Amerikaner ist das gewiß ein untrügliches Indiz für einen hohen Standard in der Versorgung. Für die Franzosen „zählt" dieses Merkmal überhaupt nicht. Hier würde der Wein eine vergleichbare kulturelle Institution sein und damit ein Indiz für Wohlergehen wie der Zucker in den USA. Für die Franzosen ist der geringere Weinverbrauch in den USA ein Indiz dafür, daß es den Amerikanern „schlechter" geht.[164]

Michel Serres hat in seiner erwähnten Untersuchung des Zusammenhangs der Strukturen von Wissen und Schmecken (savoir/saveur) davon gesprochen, daß das Kochen aus einem „diffusen Chaos des nur Vermengten" eine „dichte Ordnung des Gemischs" verfertige, oder in einer anderen Formulierung: „von den Zufälligkeiten der unwahrscheinlichen, grundlosen, inkonsistenten Umstände zum Gewohnheitsmäßigen und Kompakten."[165] Hegel hätte wahrscheinlich darin den Übergang von der abstrakten Vielfalt zur konkreten Einheit gesehen. Nun muß man natürlich sehen, daß es gerade nicht, wie Hegel das so gerne hätte, nur eine einzige Ordnung gibt, den einen Logos, der Sein und Vernunft gleichermaßen durchwaltet, sondern viele unterschiedliche Ordnungen, jenes Dialegesthai, für das nicht der Konsens, sondern der Dissens konstitutiv ist. Und konstitutiv heißt dabei: ein Dissens, der nicht ein bedauerlicher und in einem Prozeß der Verständigung (mit der Sache oder dem Anderen) zu überwindender Ausgangsangstzustand, sondern ein unaufhebbares Prozeßmerkmal.

Gleichwohl – und darin unterscheiden sich der hier vertretene Pluralismus von einem Relativismus – gibt es Kriterien der Beurteilung etwa verschiedener (Eß-)Kultur-Ordnungen. Der Franzose Serres glaubt natürlich, daß die französische Küche die beste der Welt sei. Als Franzose sollte er das auch glauben, als Philosoph des Kulinarischen jedoch muß er auch die Metaperspektive der Beobachtung solcher, kulturell bedingter Werturteile einnehmen können. Das Wichtige scheint mir jedoch zu sein, die philosophische Perspektive nicht für die in jeder Hinsicht überlegene zu halten, so daß der Rückweg in die Überlegenheitsüberzeugung jederzeit möglich bleibt und die Gesamtbewegung des Prozesses die eines Oszillierens ist. Aber auch der Übergang zum philosophischen Ge-

---

164 R. Barthes: Œuvres complètes I.
165 M. Serres: Die fünf Sinne, S. 224.

sichtspunkt ist kein beliebiger, so daß wir auf philosophischer Ebene zu einem zweiten sich nun überlegen dünkenden Relativismus philosophischer Meinungen („Ansichten") gelangten. Auch dafür gibt es eindeutige Kriterien; und eines ist sicherlich Differenzierung vs. Entdifferenzierung. Wenn die von Serres gepriesene Vermischung durch Kochen immer nur zu einem Einheits-Brei führte – was zum Glück nicht der Fall ist –, dann hätte man doch lieber das ungekochte Gemenge in seiner reichen Vielfalt der Rohkost. Aber: „Hier [in Frankreich] bleibt die Natur einmal hinter dem Menschen zurück. Die Kochkunst veredelt die Zutaten [...]"[166] Mühelos läßt sich diese Qualität des Schmeckens auch auf das Wissen übertragen. Ein Wissen im Rohzustand und eine bloße Analyse dieses Wissens, wie es die Analytische Philosophie pflegt und preist, vermag nichts andeb res: sie „zerschneidet und zerteilt brutal."[167] Eine gepflegte, d.h. kultivierte Form des Umgangs mit Wissen und ihre Philosophie dagegen kennt die Bedeutung des Dritten: des Sophisten, der Dialektik,[168] oder in der Kochkunst: die katalytische Assistenz des Feuers. „Mit einem Male steht die Synthese auf der Seite des Wissens und der Kultur, während die Analyse der rohen Natur verhaftet bleibt."[169] Das heißt aber nicht, daß die Analyse in Gegensatz zur Synthese gebracht werden dürfte oder daß etwa die Analytische Philosophie ganz wertlos wäre. Damit die Synthese nicht der „Einheits-Brei" der Entdifferenzierung („melting-pot"-Kultur, bzw. allseits verständliche Pop-Kultur)[170] wird, in der dann alle Unterschiede in der Generalthesis und dem moralischen Postulat der Gleichwertigkeit aller Kulturen verschwunden sind, muß auch in der Synthese das Differenzbewußtsein erhalten bleiben. In methodischer Hinsicht heißt das, daß die Position des Dritten nicht fixiert werden darf zu der einen, überlegenen, weil transzendentalen philosophischen Perspektive. Die Position des Dritten rotiert und seine Besetzung changiert. Zum Beispiel kann die Berechtigung einer Wissenssoziologie philosophischer Perspektiven philosophischerseits nicht dadurch ausgehebelt werden,

---

166 Ebd.

167 Ebd., S. 225.

168 Zur Funktion des Dritten allgemein K. Röttgers: Kategorien der Sozialphilosophie, S. 245-272; Thomas Bedorf: Dimensionen des Dritten, München: Wilhelm Fink 2003; Pascal Delhom: Der Dritte, München: Wilhelm Fink 2000; zur Sophistik in diesem Sinne Kurt Röttgers: „Der Sophist", in: Das Leben denken – Die Kultur denken, hg. v. Ralf Konersmann, Freiburg: Karl Alber 2007, I, S. 145-175.

169 M. Serres: Die fünf Sinne, S. 225.

170 R. Jütte thematisiert zwei Formen solcher Entdifferenzierung die „Internationalisierung des Geschmacks" und die künstlichen Aromatisierungen durch ein „Food Design" der „Flavouristen", Robert Jütte: „Vom Notwendigkeitsgeschmack zum Einheitsaroma", in: Geschmackskulturen, hg. v. Dietrich v. Engelhardt u. Rainer Wild, Frankfurt a. M., New York: Campus 2005, S. 47-58.

daß sie selbst natürlich von bestimmten philosophischen Voraussetzungen ausgehen muß, und zwar deswegen nicht, weil genau diese Beobachtung der Philosophie von ihr selbst trotz oder gerade wegen aller Transzendentalität nicht geleistet werden kann. Michel Serres:

„Wer einen Knoten zu lösen und die losen Enden zu entwirren versteht, hat in der Regel nichts gegen den, der die freien Enden oder die laufende Schnur zu einem Knoten schlingt, denn er beherrscht beides. Die Erkenntnistheorie dagegen, die Knoten löst und keine Knoten knüpfen mag, duldet nur die inversen oder analytischen Operationen: Zerlegen, Auflösen, Subtrahieren, Teilen, Differenzieren. Zerstören. Analysieren heißt Zerstören."[171]

Philosophie – der „freie Gebrauch der Vernunft"! – und Macht, die ja untergründig immer geheime Verbindungen zur sinn- und sprachlosen Gewalt unterhält,[172] haben nichts miteinander gemein, verkündet machtvoll die Philosophie. Sokrates' Abgrenzung von den Sophisten, wie es von Platon berichtet wird, ist der älteste Beleg dieses Paradoxons.[173]

Synthese heißt bei Serres nicht Dialektik. Die Dialektik (Hegels) ist eine notwendige Bewegung des Geistes der Sache. Bei Serres aber verdanken wir die Synthesen dem (glücklichen) Zufall. Dieser Zufall ist eher unwahrscheinlich als notwendig.

„Ja, die ganze Geschichte der Philosophie war nötig – die dennoch von Anfang an ein intuitives Verständnis für Gemische, Chaos und Ströme hatte –, die ganze Geschichte der Philosophie war nötig, damit man auf einfache, naive, nahezu kindliche Weise in einem Glas oder Krug wiederfand, was in der Küche geschieht [...]"[174]

Kommen wir noch einmal zurück auf die fremden Speisen. Kann man Tomaten essen? Die Früchte dieser aus Südamerika stammenden Pflanze aus der Familie

---

171 M. Serres: Die fünf Sinne, S. 225.
172 Zu dieser „geheimen" Verbindung s. Niklas Luhmann: Macht, Stuttgart: Enke 1975; Kurt Röttgers: Spuren der Macht, Freiburg: Karl Alber 1990; Heinrich Popitz: Phänomene der Macht, 2. Aufl., Tübingen: Mohr 1992, S. 43-78; Georg Zenkert: Die Konstitution der Macht, Tübingen: Mohr Siebeck 2004; zur Sinn- und Sprachlosigkeit von Gewalt s. Kurt Röttgers: „Spuren der Macht und das Ereignis der Gewalt"; ders.: „Menschliche Erfahrung: Gewalt begegnet dem Text des Erzählens (Alexander und Schehrezâd)".
173 Vgl. K. Röttgers: „Der Sophist".
174 M. Serres: Die fünf Sinne, S. 227.

der Nachtschattengewächse (Solanaceae) hielt man lange Zeit für giftig und erfreute sich lediglich an dem Anblick von deren schöner roter Farbe. Als dann einige diese verbotene Frucht dennoch aßen, schrieben sie ihr geheime Kräfte zu, ein Aphrodisiakum zu sein, und man gab ihr daher den Namen „Liebesapfel" oder auch „Paradiesapfel". Rumohr führt den „Liebesapfel, pomi d'oro" unter den Gewürzen zwischen Liebstöckel und Minze auf („Kräuter, welche eine sehr starke und eigentümliche Würze enthalten und daher nur zu besonderen Speisen passen"), die Tomate diene in Südeuropa dazu , Soßen und Suppen einen „säuerlichen Geschmack und eine schöne rot-gelbe Farbe" zu verleihen.[175] Noch der Meyer von 1905 kennt zum Stichwort „Tomate" nur den Verweis auf „Lycopersicum", wo zu lesen ist, daß diese Pflanze in Indien, Südeuropa und „auch in Deutschland" angebaut werde und die Frucht in der Küche „vielfache Verwendung" finde.[176] Selbst meine Großelterngeneration mochte sich z.T. an den seltsamen Geschmack dieser Frucht nicht gewöhnen, sie gehörte in die Küche der Fremden. Später wurde sie dann allerdings in Deutschland zur Selbstverständlichkeit. Schon das „Kriegskochbuch" von 1915 mit der Devise „So kocht man gut und billig für 3 Personen um eine Mark"[177] kennt unter seinen knapp 1000 Rezepten 15 Rezepte, bei denen Tomaten Verwendung finden. Heute freilich müßte man die Frage „Kann man Tomaten essen?" umformulieren in die Frage „Kann man Tomaten noch essen?", nämlich jene fast geschmacklosen, stark wasserhaltigen, nachgereiften Gewächshaus-Tomaten aus Holland? Markierte die ursprüngliche Frage noch die schwer zu überwindende Differenz des Fremden, so markiert die zweite Art zu fragen das Resultat einer ungehemmten Entdifferenzierung durch Globalisierung. – Eine ähnliche Geschichte läßt sich nun auch vom Paprika erzählen. Der Meyer wiederum hat unter diesem Stichwort nur einen Verweis auf „Capsicum", für das dann die Eindeutschungen „Beißbeere" und „spanischer Pfeffer" angeführt werden. „Die Früchte wirken scharf und kräftig reizend auf die Verdauungsorgane, erregen in großen Gaben Entzündungen und wirken auf die Haut rötend und Blasen ziehend."[178] Daher diene es auch in kleinen Gaben als Medizin, z.B. in Ungarn. Allerdings findet auch eine weniger scharfe Art Erwähnung, die man roh oder „eingemacht" essen könne. Rumohr kennt dieses „Gewürz" nicht, und das „Kriegskochbuch 1915" kennt drei Gerichte, die mit Paprikapulver gewürzt werden. Wirklich durchgesetzt hat sich in Deutschland diese fremde Frucht aus Spanien und Ungarn erst nach dem II.

---

175 K. F. v. Rumohr: Geist der Kochkunst, S. 168.
176 Meyers Großes Konversations-Lexikon, Bd. XII, 6. Aufl., Leipzig, Wien: Bibliographisches Institut 1905, S. 893.
177 Elly Petersen: Kochbuch 1915, Dachau: Der Gelbe Verlag 1915.
178 Meyers Großes Konversations-Lexikon III, S. 752.

Weltkrieg, und noch meine Elterngeneration fand den Geschmack zunächst stark gewöhnungsbedürftig. – Und schließlich könnte man vom Knoblauch eine ähnliche Geschichte erzählen, von dem immerhin Rumohr sagt, daß er in derben und fetten Speisen in sparsamer Dosierung verwendbar sei, aber die Verwendung ganzer Zehen bewirke „jenes übelriechende Aufstoßen [...], welches den Knoblauch reinlichen Nationen so unbeliebt macht."[179] Deutlicher kann man eine kulturelle Differenz nicht ausdrücken: den „reinlichen Nationen" ist dieses „Gemüse" unbeliebt – welches aber sind die nicht-reinlichen, fremden Nationen, die den Knoblauch genießen? Erwähnt werden Juden und Ägypter der Antike, in der Neuzeit vor allem Italiener, aber auch „viele Nationen", zu denen „wir" (wir Reinlichen) natürlich nicht gehören, die Hammelkeule mit vielem Knoblauch verzehren – aber: „Dieses Gericht erfordert eine sehr kräftige Verdauung."[180] Die kulturelle Differenz wird also noch durch einen diätetischen Gesichtspunkt abgesichert: wenn es denn schon „viele Nationen" tun, das Knoblauch-Essen, gibt es doch gute Gründe, sich dem nicht anzuschließen. Die speisekulturelle Differenz wird auch bewußt zur Diffamierung der Fremden eingesetzt. So schließt etwa Luidbrand von Cremona aus der Tatsache, daß in Konstantinopel Knoblauch, Zwiebeln und Porree gegessen und geharzter Wein getrunken wurde, direkt auf den problematischen Charakter des dortigen Kaisers.[181]

Trinken

Eine Sonderbehandlung innerhalb dieses Kapitels verlangt die Kultur der Getränke, erstens weil die meisten Getränke entweder gar nicht der Küche entstammen, wie klares Trinkwasser von der Quelle, bzw. dem Wasserhahn oder Bier und Wein aus dem Keller oder aber in der Zubereitung keinen größeren Aufwand, sondern allenfalls eine gewisse Aufmerksamkeit wie Tees oder Kaffezubereitungen erfordern, zweitens aber weil mindestens im Hinblick auf den Wein die kulturelle Differenz sich nicht gleichermaßen als wirkmächtig erwiesen hat; hier gilt zwar, daß bestimmte Rebsorten in bestimmten Regionen zuhause sind, und das französische System der A.O.C. beruht darauf, aber nicht, daß etwa ein Syrah in bestimmten Ländern als ungenießbar gälte. – Etwas anders sieht es freilich aus, wenn wir hören, daß die alten Griechen während der Mahlzeit einen mit Wasser und Honig vermischten Wein oder Retsina tranken oder manche der heutigen Amerikaner ihn mit irgendwelchen Aromastoffen parfümieren.

---

179 K. F. von Rumohr: Geist der Kochkunst, S. 159.
180 Ebd., S. 160.
181 Vgl. O. B. Rader: „Becher oder Tod", S. 121.

Anders auch als beim Essen, das, wie wir gesehen haben, von Philosophen, wenn überhaupt, dann vorwiegend unter diätetischen Gesichtspunkten betrachtet wurde, ist das Trinken, vor allem das Trinken von Wein, immer wieder und keineswegs nur unter diätetischen Aspekten thematisiert worden. Das geflügelte Wort, das bei uns gewöhnlich in der lateinischen Form „In vino veritas" kolportiert wird, war offenbar schon Platon bekannt, da er im „Symposion"[182] das Sprichwort nennt, nach dem „der Wein mit oder ohne Kinder die Wahrheit redete." Der merkwürdige Zusatz „mit oder ohne Kinder" ist wohl so zu deuten, daß Platon hier auch auf die ebenfalls im Deutschen geläufige Redewendung anspielt, nach der Kindermund Wahrheit kundtue, und beides miteinander kombiniert. Aber die uns interessierende Botschaft lautet ja: der Wein ist auch als solcher wahrheitsförderlich (οἶνος καὶ παῖδες ἀληθεῖς). Dieses Sprichwort und dieser Topos zieht sich durch die abendländische Geistesgeschichte. Gleichwohl gibt Platon, der gerne alles regeln möchte, damit ein Staat ein guter Staat sei, feste Anweisungen hinsichtlich des Weingenusses und begründet damit zugleich eine weitere Tradition abendländischer Reflexionen über den Weingenuß. Er sagt nämlich, bis zum 18. Lebensjahr dürfe überhaupt kein Wein getrunken werden, bis zum 30. dann sei ein mäßiger Weingenuß gestattet „unter völligem Ausschluß von Berauschung und Trunksucht"[183]. Ab dem Alter von 40 Jahren mag man „nach reichlich bemessener Mahlzeit" dem Wein zusprechen, weil der Wein die Trübseligkeit des Alters vergessen läßt. Für den alten Platon der „Nomoi" sind Symposien folglich etwas für Greise, die dann auch noch, nachdem die Schamschwellen durch den Alkohol gefallen sind, anfangen zu singen.

Nach allen im wesentlichen übereinstimmenden Berichten wurde im Mittelalter sehr viel Wein und Bier getrunken, die Quellen berichten schier Unglaubliches über den Pro-Kopf-Verbrauch. Einige Forscher sehen sich daher bemüßigt, den Quellen in dieser Hinsicht zu mißtrauen, andere beteuern, die Getränke hätten damals deutlich weniger Alkoholgehalt gehabt. Wie dem auch sei, wer es sich leisten konnte, trank sehr viel Wein und Bier. So wurden auch immer wieder kirchlicherseits Warnungen (gerade an die Geistlichen) ausgegeben, nicht zu viel zu trinken, z.B. sollte der Pfarrer bei einem Leichenschmaus nicht so viel trinken, daß er nach Hause getragen werden müßte. Für ein Festmahl in Konstanz im Jahre 1452 wurden für 100 Männer 537 l Wein bereitgehalten, wahrscheinlich wurde nicht alles wirklich getrunken (Hirschfelder dazu: „über fünf Liter Wein für einen Einzelnen stellten auch im 15. Jahrhundert eine annähernd tödliche Dosis dar."[184]), aber die Bereitstellung dieser Menge mag doch in die Richtung eines zu

---

182 Platon: Symposion 217e (Übers. v. Schleiermacher).
183 Platon: Nomoi 666a (hier in der Übers. von O. Apelt).
184 G. Hirschfelder: Europäische Eßkultur, S. 142.

erwartenden unmäßigen Trinkens weisen. Nicht nur bestimmte geistliche Ermahnungen haben hier ihren Grund, sondern auch Luthers Identifizierung des deutschen Teufels als des „Sauff", der maßlos nach Bier und Wein verlangt.

Der Mediziner Tissot, der ein sehr kurioses Buch über die eigentlich nicht zu rettende „Gesundheit der Gelehrten"[185] geschrieben hat, gibt in der zweiten Hälfte seines Buches Ratschläge, die, obwohl Sitzen und Studieren als solche die Gesundheit eigentlich heillos ruinieren, doch hilfsweise befolgt werden sollten. Ich übergehe hier seine Ratschläge für die Speisen und komme gleich zu den Getränken. Uneingeschränkt empfiehlt er nur das Trinken weichen Brunnenwassers. In § 68 folgt dann seine Philippika gegen den Wein: Er verkürzt das Leben, er führt zu Krankheiten des Kopfes, von denen die Gelehrten ohnehin bedroht sind. Kopfschmerzen und Schlaganfällen ist nur durch gänzliches Verbot des Weins vorzubeugen. Der Wein stört die Verdauung und hat Nervenkrankheiten zur Folge. Alle Menschen, die lange gelebt haben, haben in ihrem Leben wenig oder gar keinen Wein getrunken, so behauptet der Mediziner Tissot. Fast so schlimm wie das Weintrinken ist allerdings das Lesen. Auch dieses verursacht Nervenkrankheiten. Besonders schädlich allerdings sei das Lesen (vor allem von Romanen) für die Gesundheit der Frauen: „dieses richtet ihre Gesundheit schlechterdings zu Grunde."[186] Mädchen, die frühzeitig zu lesen beginnen, werden später nicht genügend Muttermilch haben. Als Arzneimittel allerdings läßt auch Tissot den Wein gelten, um Erschlappung, Schwachheit und Niedergeschlagenheit aufzuhelfen, „zur Erquickung nach großen Erschöpfungen, zur Ermunterung in Betrübnissen."[187] Ich habe Tissots „Erkenntnisse" hier vergleichsweise ausführlich referiert, weil er einerseits wenig bekannt ist, andererseits ein sehr radikales Beispiel dafür ist, was geschieht, wenn man Fragen einer Kritik der kulinarischen Vernunft den im Laufe der Zeit schwankenden „Erkenntnissen" der Mediziner überläßt. Seine Empfehlungen sind heute dermaßen überholt, daß sie nur noch Kuriositätenwert haben. Wenn es nach dieser Naturwissenschaft ginge, müßte sitzende, vor allem aber jede intellektuelle Tätigkeit für den Menschen schlechthin ruinös sein und vielleicht wäre nur das Leben eines Waldarbeiters die wahre Humanität. Da kann man nur mit Montesquieu retournieren. „Das Abendessen tötet die Hälfte der Pariser, das Mittagessen die andere."[188] Es gibt auch andere Stimmen. Lichtenbergs Mahnung, „gebraucht es, Menschen, als Philosophen und lernt er-

---

185 S. A. D. Tissot: Von der Gesundheit der Gelehrten.
186 Ebd., S. 196.
187 Ebd., S. 200.
188 Montesquieu: Vom weisen und glücklichen Leben, Zürich: Diogenes 2004, S. 176.

kennen was Wein ist"[189], verhallte als Eintragung in seine „Sudelbücher" unge-
hört, aber Kants Anthropologie-Vorlesung wurde über viele Jahre gehalten, erschien dann 1798 gedruckt und enthält in § 29 eine Behandlung der verschiedenen Rauschmittel. Unter ihnen genießt der Wein seine besondere Sympathie,
weil er erstens stärkend und das Gefühl erhebend sei, zweitens aber „die Geselligkeit und wechselseitige Gedankenmittheilung" belebend; die „gesellige Berauschung" mit Wein (anders als beim Bier) sei „fröhlich, laut und mit Witz redselig" (beim Bier dagegen „mehr träumerisch verschlossen, oft auch ungeschlif-
fen"). Zwar dürfe das Trinken von Wein nicht bis zur „Benebelung der Sinne"
führen", aber die Grenzfindung sei schwierig, zumal beim geselligen Trinken
oftmals der Gastgeber zu weiterem Trinken nötige, „denn der Wirth will doch,
daß der Gast durch diesen Act der Geselligkeit völlig befriedigt [...] herausge-
he."[190] Viele der Bemerkungen Kants zur Förderlichkeit des Weins beziehen sich
auf die Geselligkeit, wir werden daher im Rahmen der Dialektik der kulinarischen Vernunft darauf zurückzukommen haben.

Jean Paul beobachtete sich selbst. „Wenn ich stark getrunken habe, philoso-
phiere ich viel heller und wahrer als ich dichte."[191] Daher machte er es sich zur
Maxime: „Entwirf bei Wein, exekutiere bei Kaffee."[192] Nach Jean Paul ist das
deswegen so, weil das Erfinden gänzlich neuer Ideen einer Beflügelung des Geistes bedarf, während, wenn die entscheidenden Ideen erst einmal vorlägen, eine
von ihnen die andere begeistere und anheize. Und weil es bei der Philosophie
nun einmal auf diese neuen Ideen ankomme, muß man, um zu philosophieren,
Wein trinken. Jean Paul war auf diese Weise ein einsamer Schreibtisch-Trinker,
ja er mied geradezu das gesellschaftliche Trinken, d.h. das „Trinken ohne
Schreibzweck". Die Grundeinstellung dieses Trinkers verrät seine Notiz. „Ich
habe nie ein Getränk getrunken blos für meinen Geschmack als das Wasser, jedes
andere nur für die Wirkung."[193] So sympathisch einer Kritik der kulinarischen
Vernunft ein Lob des Wein-Trinkens erscheinen muß, so suspekt wird diese Art

---

189 G. Chr. Lichtenberg: Schriften und Briefe I, S. 67.
190 I. Kant: Akad. Ausg. VII, S. 170.
191 Jean Paul: Ideen-Gewimmel. Texte und Aufzeichnungen aus dem unveröffentlichten Nachlaß, hg. v. Thomas Wirtz u. Kurt Wölfel, Frankfurt a. M.: Eichborn 1996,
S. 101.
192 Ebd.; ähnlich auch G. Chr. Lichtenberg: „Es schadet bei manchen Untersuchungen
nicht, sie erst bei einem Räuschchen durchzudenken und dabei aufzuschreiben;
hernach aber alles bei kaltem Blute und ruhiger Überlegung zu vollenden. Eine
kleine Erhebung durch Wein ist den Sprüngen der Erfindung und dem Ausdruck
günstig; der Ordnung und Planmäßigkeit aber bloß die ruhige Vernunft." (Schriften und Briefe. II, S. 432)
193 Jean Paul: Ideengewimmel, S. 103.

des Trinkens doch durch seine reine Funktionalität. Dieses ist ein Stück einer Trunk-Sucht und damit das Gegenteil einer önologischen Ästhetik. Und weil es nur auf die Wirkung, nicht auf den Genuß ankam, lief es letztens Endes auf jenen Punkt hinaus. „Von einer saueren Bouteille schmekt das lezte Glas süs."[194]

Und so kann Montaigne – nüchtern! – feststellen, „daß die Antike dieses Laster [der Trunksucht] nicht sonderlich verurteilt hat. Selbst die Schriften mancher Philosophen behandeln es sehr nachsichtig [...] Auch des alten Catos Sittenstrenge / wurde milder mit des Weines Menge."[195] Es gibt ein Dilemma beim Weintrinken: Entweder es kommt auf den Rausch an (s. Jean Paul), dann braucht man nicht allzu wählerisch zu sein, sondern man kann nehmen, was gerade zuhanden ist; so trinken nach Montaignes Beobachtung die Deutschen den Wein: „Sie trachten eher danach, ihn durch die Kehle zu jagen, als ihn auf der Zunge zergehn zu lassen [...]"[196] Oder es kommt mehr auf den Sinnengenuß des Schmeckens an, dann verliert man viel Zeit damit und kommt bei keinem richtigen Rausch an. Auch hier aber werden medizinische Gründe aufgeboten, um den Zweck des Trinkens, den Rausch, zu rechtfertigen.

Es gibt aber auch die andere Differenz der einsamen Trinker wie Jean Paul und der Geselligkeitstrinker. Zu letzteren gehört zweifellos auch Brillat-Savarin, für den Essen und Trinken, wie auch für Kant, wie wir sehen werden, primär der Gesellschaft wegen Kulturphänomene sind; alles andere ist bloße Ernährung oder bloßes Durstlöschen, oder wie Kant sagt „Abfütterung", heute mit Pommes und Cola. Diese Unterschiede sind aber nicht nationale Unterschiede, wie Montaigne meinte, wie man an der Kritik Baudelaires an der Behandlung des Weines bei Brillat-Savarin ersehen kann.[197]

In eine ganz andere Richtung weist da schon eine Anekdote, die Chamfort berichtet.[198] Einem Tischgast wurde ein sehr guter Wein geboten. Er trank ihn, ohne ihn zu loben. Da entschloß sich der Gastgeber, ihm einen sehr mittelmäßigen Wein zu kredenzen. Ah, ein guter Wein, sagte der vorher schweigsame Gast. Als ihm daraufhin der Unterschied zwischen einem Landwein und einem „vin des Dieux" klargemacht werden sollte, erwiderte der Gast, das wisse er sehr wohl: deswegen habe er den ersten Wein nicht gelobt; der zweite aber habe eine Empfehlung nötig.

---

194 Ebd., S. 100.
195 M. de Montaigne: Essais, S. 169.
196 Ebd., S. 170.
197 Berichtet von Roland Barthes: Das Rauschen der Sprache, Frankfurt a. M.: Suhrkamp 2006, S. 283.
198 Sébastien Roch Chamfort: Caractères et anecdotes, in: Chamfort, 8. Aufl., Paris: Société du Mercure de France o. J. (Collection des plus belles pages), S. 180.

Michel Montignac hat eine besondere Diät entworfen, die in Frankreich unter dem Titel „Comment maigrir en faisant des repas d'affaires" seit 1987 verbreitet wurde[199] und die der Mediziner Heinrich Kasper in der deutschen Ausgabe anpreist: „Um abzunehmen, braucht niemand auf die Gaumenfreuden einer exquisiten Küche zu verzichten [...]"[200] Ob es eine wirksame Diät ist, wie Montignac behauptet und zu begründen versucht, ist hier nicht von Interesse, sondern zunächst sein Grundbekenntnis und dann vor allem sein Kapitel über den Wein. Sein Bekenntnis lautet: „Seit Anfang der 80er Jahre gönne ich mir alles. Ich trinke fast zu jeder Mahlzeit Rotwein, ich esse, worauf ich Appetit habe [...]"[201] Erstaunlich ist dann vor allem sein Kapitel 11 über den Wein. Es beginnt mit dem Satz „Wein ist kein gewöhnliches Getränk, denn er löscht nicht nur den Durst."[202] Und er beginnt mit der Antike, Dionysos und Noah, und startet eine Revue aller, die den Wein gelobt haben und ihm „mystische Eigenschaften" zugeschrieben haben und endet mit therapeutischen Ratschlägen, welcher A.O.C.-Wein für welches Leiden gut sei, so empfiehlt er bei Angstzuständen einen Beaujolais, einen Côtes du Rhone, einen Médoc oder einen Sauternes, bei Neurosen eine Blanquette-de-Limoux, bei Rachitis einen Saint-Émilion und schließlich gegen das Altern einen Aloxe-Corton oder Champagner. Er erzählt von seiner Großmutter, die „nie" etwa anderes als alten Bordeaux getrunken habe und „im zarten Alter von 102 Jahren" gestorben sei. Als Diät-Ratgeber darf natürlich auch hier ein Aufruf zur Mäßigung nicht fehlen: er gibt die erstaunliche Empfehlung, nicht mehr als „einen halben Liter pro Tag" (!) zu trinken.

Das ist allerdings noch gar nichts gegenüber den Trinkmengen Klerikaler. Die adeligen Chorherren in Berchtesgaden bezogen im 17. Jahrhundert ein tägliches Deputat von 1,6 l Bier und 2,4 l Wein, dazu wöchentlich weitere 2,3 l. Wein. Im Durchschnitt, d.h. unter Einschluß der einfachen Geistlichen, betrug der Pro-Kopf-Verbrauch durchschnittlich 740 l p. a.[203] Zwar ging der Verbrauch alkoholischer Getränke im Verlauf des 17. und 18. Jahrhunderts zurück, dafür trat Kaffee an Bedeutung hervor, doch darf man nicht vergessen, daß sich damit auch die Art der Geselligkeit wandelte. Bier und Wein wurden bei Festen und in Restaurants zum Essen gereicht, Kaffee aber gehörte in die neu entstehenden

199 Dt. u. d. T.: M. Montignac: Essen gehen und dabei abnehmen, 3. Aufl., München: Deutscher Taschenbuch Verlag 1996.
200 Ebd., S. 10.
201 Ebd., S. 13.
202 Ebd., S. 183ff.
203 Zahlen nach Johannes Lang: „Kult und Überkultivierung' des Weins am Beispiel südostbayerischer Augustiner-Chorherrenstifte", in: Mahl und Repräsentation, S. 205-211.

Kaffeehäuser und in die Salons; auch heute noch sind bei beliebiger Gelegenheit Wein und Kaffee nicht gegeneinander austauschbar.

Deutlicher noch als den Speisen läßt sich den Getränken auch ein Prestigewert zuordnen. Aber dieser ist deswegen nicht stabil, weil aufstrebende Schichten sich u.a. durch Übernahme der Trinkgewohnheiten der Oberschichten den Prestigewert anzueignen trachten. (Ähnliches gilt aber auch für die Gewürze) Wein hat traditionell ein höheres Prestige (auch heute noch) als Bier. Als aber auch die Bürgerlichen den Wein für sich entdeckten, ging der Adel zum Kaffee als distinktivem Konsum über; als der Kaffee zum Volksgetränk wurde, wurde der Tee zum Prestigekonsumobjekt.[204] Interessant ist auch eine divergierende Entwicklung hinsichtlich des Alkoholkonsums der Frauen im 19. Jahrhundert, die Gunther Hirschfelder berichtet. Während die bürgerlichen Ehefrauen von ihren Männern zunehmend stärker kontrolliert und kürzer gehalten wurden, eroberten sich die unverheirateten Industriearbeiterinnen Freiheiten, die zuvor undenkbar waren, allerdings beschränkte sich der Konsum auf die billigeren Biere oder Branntweine.[205]

Anläßlich einer Bemerkung von Brillat-Savarins über die Wirkung des Champagners zunächst als belebend, dann als betäubend, macht R. Barthes auf die besondere Zeitstruktur des Trinkens aufmerksam, die eine gerade für die Moderne typische Zeitstruktur sei, nämlich die Struktur der „Abstufung, Staffelung"[206]. Diese führe zu einer Verschiebung, der er den Namen „Bathmologie" gibt. In Weinbeschreibungen, die ein ganz spezielles Vokabular verwenden, werden diese verschiedenen Wirkungen als zeitliche Folge angeordnet, z.B. zunächst das Aussehen, dann der Geruch, schließlich die Wirkung auf die verschiedenen Zonen der Zunge (unterstützt stets durch die Nase) und der sogenannte „Abgang", d.h. der zurückbleibende Gesamteindruck; an diesen läßt sich noch die Retention und die Reflexion dieser Sinneseindrücke anknüpfen. Diese Folge ist zugleich ein Durchwandern mehrerer Sinne (wobei allerdings Haptik und Gehör so gut wie keine Rolle spielen, und der Gesichtssinn dem Geruch und Geschmack ganz eindeutig untergeordnet ist. Bei alkoholischen Getränken wie dem erwähnten Champagner spielt dann noch die Langzeitwirkung der Resorption im Blut und der damit verbundenen Wirkung auf die Sinne und das Gemüt eine Rolle. So hat das Trinken eine senso-narrative Zeitstruktur.

---

204 Vgl. auch Wolfgang Fritz Haug: Kritik der Warenästhetik, 6. Aufl., Frankfurt a. M.: Suhrkamp 1977, Kap. 3.
205 G. Hirschfelder: Europäische Eßkultur, S. 182f.; vgl. ders.: „Fruchtwein und Schnaps, Bürgertochter und Fabrikmädchen".
206 R. Barthes: Das Rauschen der Sprache, S. 279.

Ausgesprochene Philosophien des Weines finden sich auch bei M. Onfray[207] und M. Serres.[208]

Dialektik des Kulinarischen

(Mit-)Einander Essen

Die theologisch-theoretischen, ideologischen und ideologiekritischen Auseinandersetzungen um das Abendmahl, die Eucharistie, markieren genau den Übergang von der Analytik zur Dialektik des Kulinarischen. Denn die einen – die Kritiker interpretieren das Abendmahl hypothetisch als Anweisung zum Kannibalismus. Wenn die Wandlung Wirklichkeit sei, d.h. als ein magischer Akt des Priesters verstanden werden müsse, dann – so die Kritiker – ist die Eucharistie nichts anderes als die religiös motivierte Ausnahme vom Kannibalismus-Verbot.[209] Eucharistie wäre demnach ein die religiöse Gemeinschaft der Gläubigen sozial verbindender moralischer Exzeß. Wenn dagegen bestimmte andere theologische Deutungen des Abendmahls geltend machen, und das ist auch die im Protestantismus weit verbreitete Ansicht, daß das „nur" symbolisch zu verstehen sei, so ändert sich an der Problematik kaum etwas; denn auch ein „bloß" symbolischer Kannibalismus ist Kannibalismus der Einstellung nach, d.h. dem Willen nach eine Verletzung des Kannibalismus-Verbots. Der Fehler beider Seiten ist es aber, die Frage nach der Bedeutung des Abendmahls auf der Ebene der Analytik zu traktieren, d.h. als Frage danach, ob man dieses X (gewandelt oder nur verweisend) essen darf/kann, d.h. als transzendental-diätetische Frage.

Behandelt man die Frage jedoch, anderen auch theologischen, aber selteneren Deutungen folgend, als Frage danach, ob man Gott (eine der Personen Gottes) essen darf, dann ist doch wohl schnell klar, daß es sich nicht um eine Frage zulässiger Speisen handelt, sondern um die Art des Essens – jedenfalls für einen Philosophen ist dieses sofort klar, während die Mehrzahl der Theologen seit dem Trienter Konzil sich, befangen im Substanz-Denken, auf Fragen der Transsubstantiation kaprizieren.[210] Nach Erich Garhammer könnte man zugespitzt auch fragen: „Ist σῶμα, was die Gemeinde ißt, oder was sie ist?"[211]

---

207 Michel Onfray: Die Formen der Zeit. Theorie des Sauternes, Berlin: Merve 1999.
208 M. Serres: Die fünf Sinne, S. 205ff.
209 Pierre-Antoine Bernheim/Guy Stavridès: Cannibales!, Paris: Plon 1992, bes. S. 247-254; G. Bachl: Eucharistie – Essen als Symbol ?, S. 10: „Sakraler Kannibalismus im Gott-Essen?"
210 Typisch dafür noch: Helmut Feld: Das Verständnis des Abendmahls, Darmstadt: Wissenschaftliche Buchgesellschaft 1976; erfreulich anders dagegen G. Bachl: Ebd., Bachl fragt zuerst, dem Johannes-Evangelium folgend, nach dem Essen und

Franz von Baader hatte in seiner Schrift von 1815 „Über das Heilige Abendmahl"[212] das Abendmahl in seiner sozialen Bedeutung naturphilosophisch gedeutet: Alle Nahrungsmittel scheinen zu sagen: „Nehmet, oder esset (meine Strahlen,
meine Säfte oder Kräfte), das bin ich, dies ist meine Substanz, mein Körper und
meine Seele (mein Blut), welche ich euch als Keim und Samen gebe, damit ihr
mir dieselben entwickelt in Kraft oder als Frucht zurückgebet." Denn so seien
auch die Einsetzungsworte Jesu zu verstehen: er ist das Haupt eines sich bilden-
den Körpers,

„den die in durch ihn vereinten Menschen wachstümlich bilden sollen, daß folglich hier
von einer Ernährung und einem Wachstum eines organischen Systems durch sein Zentrum, d.h. durch seine Sonne, die Rede ist, und nicht von einer Ernährung eines einzelnen Individuums durch die Bruchstücke eines andern Individuums." „Es ist Christi Wille, daß wir, während des äußeren Speisenehmens des äußeren Menschen, uns dieses innern Speiseempfangs des innern und unsterblichen Menschen erinnern, d.h. diese innere
Alimentation uns vergegenwärtigen sollen, die zur gleichen Zeit mit der ersten stattfindet oder stattfinden sollte [...]"213

Das Abendmahl

Dieser Übergang von der kulinarisch-analytischen Fragestellung, was beim
Abendmahl gegessen und getrunken wird, zu der kulinarisch-dialektischen Frage,
wie gegessen und getrunken wird, ist nach Bachl zugleich eine Kritik der „Logik
des Fressens". Unter mehreren Bestimmungsmerkmalen dieser Logik, die er erwähnt, scheint mir dieses das folgenreichste:

„[...] tritt an die Stelle der Gegenseitigkeit die Einseitigkeit. Alles tritt unter den Sog des
einen Anspruchs. Das Ergebnis ist Einsamkeit, weil der allein wirkende Zweck zwar alles an sich gezogen, in sich gefüllt, aber zugleich auch getötet hat. [...] Das Prinzip, das
diese Tendenz leitet, ist die verheerende Faszination des Einen und die Verachtung der

---

Trinken selbst: „*was tun wir, wenn wir essen und trinken?*" (S. 11); zur Transsubstantiation aus philosophischer Sicht s. auch K. Röttgers: „Übergang".

211 Erich Garhammer: „Gott und Gaumen", in: Mahl und Repräsentation, S. 77-85,
hier S. 82; noch ungewöhnlicher ist die Deutung, die Friedrich Stentzler den Ein-
setzungsworten gibt; dies ist mein Leib solle heißen: dieses ist nicht der Leib der
Getreidegöttin Demeter, und dies ist mein Blut solle heißen: dieses ist nicht das
Blut des Weingottes Dionysos, Friedrich Stentzler: „Gesegnete Mahlzeit", in:
Verschlemmte Welt, hg. v. Alexander Schuller u. Jutta Anna Kleber, Göttingen,
Zürich: Vandenhoeck und Ruprecht 1994, S. 197-214, hier S. 200.

212 Franz von Baader: Vom Sinn der Gesellschaft, hg. v. Hans A. Fischer-Barnicol,
Köln: Jakob Hegner 1966, S. 79-91.

213 Ebd., S. 88/89.

Differenz. Die Tendenz ist allgemein und kann alles, auch das religiöse Verhältnis, befallen."[214] Und: „Aber wenn gegessen und verdaut ist, dann bleibt der Genießer mit sich allein, auch wenn er satt, zufrieden und stärker geworden ist."[215]

Diese Logik des Fressens, der Aneignung des Anderen, ist identisch mit der Mentalität des Konsumierens. In der Perspektive der Dialektik jedoch erscheint das Wesentliche des Abendmahls als die Kommunion, d.h. die im gemeinsamen Essen gestiftete Gemeinsamkeit. Wir haben also jetzt, sozusagen mit „Gottes Hilfe", die Domäne der Dialektik des Kulinarischen längst betreten. Gottfried Bachl deutet diesen Übergang von der Latenz des Einanderessens zum Miteinanderessen als die eigentliche Wandlung im Vorgang des Abendmahls: der Andere ist nicht mehr die verbotene, potentielle Speise, die – und sei es auch immateriell – angeeignet, einverleibt oder eben auch verstehend einverseelt wird. Der Andere erscheint nun als Genosse, mit dem Selbst die gemeinsame Mahlzeit genießt. Dieser Unterschied wird konkret merklich daran, „daß es Liebe ist, die mir entgegenkommt. Ich sehe es an der sorgfältigen Zubereitung und Auftischung, es wird klar im Gespräch."[216] In dieser Bemerkung wird zugleich deutlich, daß die Gesichtspunkte der Analytik in der Dialektik nicht aufgegeben, sondern aufgehoben sind.

Wenn in dieser Interpretation des Abendmahls die Wandlung immer noch als eine Art Zauber angesehen werden darf, dann ist dieser jedenfalls kein Transsubstantiations-Zauber mehr, sondern ein Beziehungs-Zauber, durch den die Beziehungen der Menschen, genauer von Selbst und Anderem, zueinander und in religiöser Sicht auch die Beziehungen der Christen zu Christus gewandelt erscheinen. Nicht mehr um die aus „sakraler Geilheit" „verschluckte Transzendenz"[217] geht es.

Die für eine Kritik der kulinarischen Vernunft allerdings beunruhigende Frage in diesem Übergang von dem Konsum zur Kommunion ist, ob in dieser Vergemeinsamung ein wirkliches Essen und Trinken noch stattfinden muß, immerhin ist im katholischen Ritus schon das Trinken dem Priester vorbehalten. Aber man könnte doch weiter fragen: Reichte es nicht, das gesellige Gespräch mitein-

---

214 G. Bachl: Eucharistie – Essen als Symbol, S. 28.
215 Ebd., S. 13.
216 Ebd., S. 37.
217 Ebd., S. 34, 33. „Geht der Mensch, der Hunger und Durst nach dem Reich Gottes hat, geraden Weges darauf los wie auf sein Brot, seinen Braten und sein Bier, dann verfehlt er, was so wichtig ist und was er haben muß. Die Heftigkeit des Verlangens und Greifens hilft nicht. Die Figur des zupackenden und verzehrenden Frommen hat freilich so viel Innigkeit an sich, daß es leicht ist zu glauben, hier geschehe wirkliche Vereinigung." (S. 32)

ander zu pflegen, d.h. miteinander zu reden, konsensorientiert oder dissensorientiert spielt dabei keine Rolle, weil der Andere eben kein betroffenes Subjekt-Objekt mehr ist, sondern Funktionsposition im kommunikativen Text oder ein Platz am Tisch (des Herrn), d.h. es geht darum, Anschlüsse im Text oder Beziehungen am Tisch zu schaffen. Oder schwächer gefragt: Wäre das gemeinsame hermeneutische Verspeisen von Texten, der „Terror der sanften Einverleibung"[218] (An-Eignung der Tradition) nicht Kommunion genug? Oder noch anders und vor-hermeneutisch gefragt: Was fehlt der Stiftung von Gemeinsamkeit eigentlich beim gemeinsamen Lesen von Koran, Talmud oder Evangelium (wie es die Herrenhuter pflegten)? Die Antwort ist – jedenfalls innerhalb einer Kritik der kulinarischen Vernunft – trivial: die Sinnlichkeit.[219] In der Dialektik der Kritik der kulinarischen Vernunft haben wir ja die „Ästhetik" nicht überwunden, sondern sie ist in ihr sorgsam „aufgehoben". Daher möchte ich im folgenden an zwei religionsphilosophischen Deutungen dieses Desiderat veranschaulichen, an Ludwig Feuerbach und an Friedrich von Hardenberg.

In der Vorrede zur zweiten Auflage seiner Schrift „Das Wesen des Christentums" setzt sich Feuerbach mit einer Kritik am 26. Kapitel seines Buches auseinander, das die Lehre von den Sakramenten zum Gegenstand hatte. Der Kritiker hatte angemerkt, daß die Feuerbachsche Deutung von Taufe und Abendmahl in der Quintessenz auf „Baden, Essen und Trinken"[220] hinauslaufe. Zwar nennt Feuerbach diesen Vorwurf einen „lächerlichen Schluß" der „Bosheit", bekennt sich aber, was die Sache der Lehre von den Sakramenten betrifft, exakt zu dieser Selbst-Enttäuschung der christlichen Riten. Schaut man sich daraufhin das 26. Kapitel und die folgenden genauer an, so wird sogleich klar, daß die Lehre vom Abendmahl nicht dem Spuk einer Transsubstantiation zugeordnet wird, sondern für ihn ist das Wahre des Abendmahls die Liebe. Aber in der gängigen dogmatischen Deutung des christlichen Abendmahls ist das Thema die Speisung der Gläubigen durch den Leib des Herrn; die von Feuerbach aufgedeckten unsinnigen und darin unsinnlichen Widersprüche dieser Lehre brauchen wir hier nicht nachzuzeichnen. Die entscheidende Auflösung bringt dann das Kapitel 27, das Glauben und Liebe in einen Gegensatz bringt:

---

218 Ebd., S. 52.

219 Gesa U. Schönberger meint sogar: „Essen und Trinken bieten uns, neben dem Sex, einen sinnlichen Gegenpol zur Virtualisierung unseres Alltags." Gesa U. Schönberger: „Sinne und Sensorik, Essen und Ambiente", in: Geschmackskulturen, hg. v. Dietrich v. Engelhardt u. Rainer Wild, S. 42.

220 Ludwig Feuerbach: Das Wesen des Christentums, Stuttgart: Reclam 1969, S. 29

„Durch den Glauben setzt sich die Religion mit der Sittlichkeit, der Vernunft, dem einfachen Wahrheitssinn des Menschen in Widerspruch; durch die Liebe aber setzt sie sich wieder diesem Widerspruch entgegen. [...] die Liebe ist es, welche die Wunden heilt, die der Glaube in das Herz des Menschen schlägt [...] die Liebe ist Freiheit, sie verdammt selbst den Atheisten nicht, weil sie selbst atheistisch ist, selbst, wen auch nicht immer theoretisch, doch praktisch die Existenz eines besondern, dem Menschen entgegengesetzten Gottes leugnet."[221]

Aber unter der Herrschaft des Glaubens, dem ein böses Prinzip innewohnt, verkommt die Liebe des Menschen dazu, daß der Christ nur den Christen lieben darf oder im Nicht-Christen nur den immer noch möglichen Christen.[222] „Die Liebe zum Menschen als Menschen ist nur die natürliche. Die christliche Liebe ist übernatürliche, verklärte, geheiligte Liebe [...] der Glaube hebt die naturgemäßen Bande der Menschheit auf; er setzt an die Stelle der allgemeinen, natürlichen Einheit eine partikuläre."[223] Die Liebe sieht im Abendmahl die Menschen vereinende, in der Sinnlichkeit gemeinsamen Genießens verbundene Menschheit, der Glaube unterwirft sie den unsinnigen Vorstellungen von Transsubstantiation. Der Glaube separiert die Gläubigen von den Ungläubigen, analysiert das Materielle und das Göttliche in der Abendmahlsspeise und fragt sich solche Fragen wie, ob Gott zerkaut in den Verdauungstrakt des Menschen übergeben wird. Der Glaube ist parteiisch, politisch und intolerant. Die Liebe dagegen läßt zu, lädt ein, schafft Verbindungen und Verständnisse. Unter dieser Bedingung gewinnt dann Feuerbach eine neue Bedeutung für Brot und Wein im Abendmahl.

„Essen und Trinken ist das Mysterium des Abendmahls – Essen und Trinken ist in der Tat an und für sich selbst ein religiöser Akt; soll es wenigstens sein. Denke daher bei jedem Bissen Brot, der dich von der Qual des Hungers erlöst, bei jedem Schlucke Wein, der dein Herz erfreut, an den Gott, der dir diese wohltätigen Gaben gespendet hat – an den Menschen."[224]

Diese Deutung entspricht ziemlich genau derjenigen, die Hegel in seiner (Feuerbach unbekannten) Jugendschrift „Der Geist des Christentums"[225] vertreten hatte.

---

221 Ebd., S. 369f.
222 Von ähnlicher Struktur ist der eurozentristische Rationalismus: auf die Dauer, so beteuert er, könnten sich die anderen Kulturen der Erde der vernünftigen Einsicht in die Überlegenheit dieses Rationalismus nicht entziehen. In diesem Sinne achten diese Ratio-Eurozentriker andere Kulturen als zukünftig auch rationale Kulturen.
223 Ebd., S. 378.
224 Ebd., S. 409f.
225 G. W. F. Hegel: Werke I, S. 317-418, hier bes. S. 364ff.

Hegel nennt das Abendmahl ein „Mahl der Liebe" und hält fest: „Liebe ist noch nicht Religion". Demnach ist das letzte Abendmahl „[...] keine eigentliche religiöse Handlung; denn nur eine durch Einbildungskraft objektivierte Vereinigung in Liebe kann Gegenstand einer religiösen Verehrung sein; bei einem Mahl der Liebe aber lebt und äußert sich die Liebe selbst [...]" Allerdings machen Hegel dann die Einsetzungsworte Schwierigkeiten, die nicht nur als Akte der Äußerung der Liebe verstanden werden können, sondern die das Essen „zwischen einem Zusammenessen der Freundschaft und einem religiösen Akt" in der Schwebe halten. Das Wichtige am gemeinsamen Essen und Trinken ist für Hegel jedenfalls das Sozialkonstitutive dieses Aktes, nicht die zeichenhafte Verweisung der Speisen und Getränke auf etwas anderes. So kommt er nach dem Abendmahl unvermittelt auf das gemeinsame Kaffeetrinken der Araber, das einen Fremden integriert und auf die Unmöglichkeit, gemeinsamen Weintrinkens unter Feinden. Die „mystische" Bedeutung der Handlung macht Hegel daran fest, daß das Teilen des Einen Brotes und des Weines aus Einem Kelch die Einheit der Genießenden stiftet; es macht sie zu der Einheit, die das Brot und der Wein war, sie werden in der Liebe eins. In Liebe vereint, werdet Ihr Teilhaber meines Todes sein – das ist die Botschaft dieser Handlung, sie ist performativ und nicht verweisend. Wenn Liebende vor einem Götterbild der Göttin der Liebe sie in ihr Herz einkehren lassen, ist das weniger als was in einem solchen Liebes-Mahl geschieht; denn das Götterstandbild bleibt da draußen bestehen und steht ihnen als ein Objektives auch nach der Einkehr noch gegenüber, während im Liebes-Mahl alles in den Prozeß der mystischen Vereinigung einbezogen wird: das Brot wird wirklich gegessen, der Wein wirklich getrunken und verharrt nicht in Äußerlichkeit. Und gerade das schließt die Transsubstantiation aus: „Etwas Göttliches kann, indem es göttlich ist, nicht in der Gestalt eines zu Essenden und zu Trinkenden vorhanden sein."[226]

Friedrich von Hardenbergs Religionsphilosophie läuft nicht auf eine Ent-Täuschung des Christentums hinaus, sondern, so möchte man sagen, auf eine exzessive Steigerung der Täuschung dadurch, daß die aufklärerische Scheidung von Sein und Schein spinozistisch unterlaufen wird: Geist in der Natur (Idealismus) und Natur im Geist (Materialismus) sind die zwei gleichzeitig zu denkenden Kehrseiten desselben, was der naturphilosophische Gewährsmann der Frühromantik, Johann Wilhelm Ritter, als den durchlaufenden Galvanismus bezeichnet hat, durch den idealistisch Natur als Geist sowie materialistisch Geist als Natur darstellbar werden.

Die Eucharistie, für den gemeinen Verstand ein unauflösliches Rätsel, wird von Novalis entschlüsselt in Begriffen sinnlicher Erotik:

---

226 Ebd., S. 368.

„Aber wer jemals
Von heißen geliebten Lippen
Atem des Lebens sog,
[...]
Wird essen von seinem Leibe
Und trinken von seinem Blute
Ewiglich."[227]

So heißt es in den „Geistlichen Liedern". Und in den „Teplitzer Fragmenten" notiert er: „Ist die Umarmung nicht etwas dem Abendmahl Ähnliches"[228], und er nimmt sich vor: „Mehr über das Abendmahl". Eine Schlüsselstelle, durch die das Abendmahl ganz der Analytik einer Kritik der kulinarischen Vernunft entwachsen ist, lautet: „Synth[esis] v[o]n Mann und Weib. PHYS[IK]. Grund der Gastfreundschaft der Alten – Abendmahl – Gemeinschaftliches Essen und Trinken ist eine Art Vereinigung – ein generationsact."

Deutlicher kann man nicht werden: Im Abendmahl geht es nicht um das Was des Essens und Trinkens, sondern um das Wie, und das ist ein synthetischer Akt, eine Gemeinschaftsbildung, die mehr erzeugt, als jedes Element (Mann und Weib) von sich aus vermöchte.[229] Die Verbindung von Sinnlichkeit mit Geselligkeit, bzw. Gesellschaftlichkeit findet sich auch in anderen allgemeinen Bemerkungen über das Essen: „Der ganze Körper athmet – nur die Lippen essen und trinken – gerade das Organ, was in mannichfachen Tönen das wieder aussondert, was der Geist bereitet und durch die übrigen Sinne empfangen hat. Die Lippen sind für die Geselligkeit so viel, wie sehr verdienen sie den Kuß."[230] Wenig später notiert er quasi die Fortsetzung dieser Gedanken:

---

227 Novalis: Schriften I, S. 167.

228 Ebd. II, S. 596.

229 Ganz anders und als Novalis-Interpretation falsch die Darstellung bei Walter Pape: „Das ist eine harte Rede / Wer kann sie hören?", in: Das Andere Essen, hg. v. D. Fulda u. W. Pape, S. 303-339; er ordnet Hardenbergs Philosophie des Essens, die Emphase der Gemeinschaftlichkeit unterdrückend, ganz der physiologisch-medizinischen Assimilationslehre des Paracelsus zu. Danach wäre dann Novalis als Apologet der Menschenfresserei zu verstehen, weil ja Menschenfleisch dem menschlichen Organismus am leichtesten assimilierbar sei. Er übersieht dabei freilich, daß es gar nicht um das Was, sei es ähnlich oder unähnlich, sondern um das Wie des Essens geht – wir befinden uns mit von Hardenberg ganz eindeutig bereits in der Dialektik der Kritik der kulinarischen Vernunft.

230 Novalis: Schriften II, S. 618; s. auch unten im Abschnitt „Das Xenophagentum oder die Erotik der Mahlzeit".

„Das Essen weckt den Witz und die Laune – daher Gourmands und dicke Leute so witzig sind – und beym Essen so leicht Scherz und muntere Unterhaltung entsteht. [...] Bey Tisch streitet und raisonnirt man gern und viel Wahres ist bey Tisch gefunden worden [...] Auch Freundschaften werden leicht bei Tisch gestiftet [...] Die Tischzeit ist die merckwürdigste Periode des Tages – und vielleicht der Zweck – die Blüthe des Tages."[231]

Den sozialontologischen Hintergrund drückt eine Notiz aus dem „Allgemeinen Brouillon" aus: „Tanz – Essen – Sprechen – gemeinschaftlich Empfinden und arbeiten – zusammenseyn – sich hören, sehn, fühlen etc. – alles sind Bedingungen und Anlässe, und selbst schon Functionen – der Wircksamkeit des Höhern zusammen ???"[232] Dieser Gedanke erscheint noch einmal gesteigert darin, daß das gemeinschaftliche Essen nicht nur Zeugungsakt der Gemeinschaftlichkeit ist, sondern daß das Miteinander-Essen zugleich, völlig analog dem Abendmahl von Gethsemane auch als ein Einander-Essen erscheint:

„Das gemeinschaftliche Essen ist eine sinnbildliche Handlung der Vereinigung. [...] In der Freundschaft ißt man in der That von seinem Freunde, oder lebt von ihm. Es ist ein ächter Trope den Körper für den Geist zu substituieren – und bey einem Gedächtnißmale eines Freundes in jedem Bissen mit kühner, übersinnlicher Einbildungskraft, sein Fleisch, und in jedem Trunke sein Blut zu genießen. Dem weichlichen Geschmack unserer Zeiten kommt dis freylich ganz barbarisch vor – aber wer heißt sie gleich an rohes, verwesliches Blut und Fleisch zu denken. Die körperliche Aneignung ist geheimnißvoll genug, um ein schönes Bild der Geistigen *Meinung* zu seyn – und sind denn Blut und Fleisch in der That etwas so widriges und unedles?
[...]
Um aber auf das Gedächtnißmal zurück zu kommen – ließe sich nicht denken, daß unser Freund jetzt ein Wesen wäre, dessen Fleisch Brodt, und dessen Blut Wein seyn könnte?"[233]

Wir sehen hier deutlich, wie Novalis von der Dialektik der Sozialontologie der Gemeinschaftsstiftung eine neue, haltbarere Interpretation der Analytik des Essens im Abendmahl gewinnt.

Nach Bachl ist daher die Eucharistie das „Sakrament der Mitte"[234]. Es ist eine Wandlung des Essens und des Trinkens, nicht eine Wandlung der Speisen und

---

231 Ebd II, S. 621.
232 Ebd. III, S. 425.
233 Ebd. II, S. 620.
234 G. Bachl: Eucharistie – Essen als Symbol, S. 46; zu einer sozialen Ontologie der Mitte s. vor allem Jean-Luc Nancy: singulär plural sein, Berlin: diaphanes 2004.

Getränke. Wenn die Einsetzung des Abendmahls tatsächlich als die Stiftung des Ausnahmeexzesses vom Kannibalismus-Verbot hätte sein sollen, dann hätte ja – da Jesus sich seines bevorstehenden Endes gewiß war – wenig dagegen gesprochen, daß er seinen Jüngern tatsächlich seinen Körper und sein Blut zum Verzehr angeboten hätte und Brot und Wein nur als Medien der symbolischen Wiederholung des kannibalistischen Mahles eingesetzt hätte. Man braucht diesen Gedanken nur kurz durchzuspielen, um die Gewißheit zu gewinnen, daß ein solches dem Geist, in dem die Evangelien von Jesus berichten, vollständig widerspräche.

Die Mahlzeit ist daher aufzufassen als die eingerichtete Gelegenheit der Bildung von Gemeinsamkeit, ja zuweilen sogar der Liebe. Das Mahl, darin abgesetzt von einer synchronen Abfütterung, ist getragen von der Kultur, die die Vermittlung der Zwischenmenschlichkeit durch ein Medium darstellt. Dieses Mediale stellt sich auf verschiedenen Ebenen dar: in der Partizipation der gleichen Speisen, die zudem durch eine kulturelle Abfolgeordnung geregelt ist, in der Versammlung um einen Tisch u.ä.. Denken wir noch einmal an die nutrition clients von McDonalds.[235] Solche Menschenfütterung, und sei sie ernährungsphysiologisch noch so ausgewogen, wird man weder mit Kultur, noch mit Gemeinschaft oder gar Liebe in Verbindung bringen wollen. Noch einmal Gottfried Bachl: „Die Kultur des Genusses ist zu unterscheiden von der Zivilisation des Konsums."[236] Daher ist das Ambiente für die Mahlzeit wichtig: „es ist nicht nur wichtig, was wir essen, sondern auch wie, wo, mit wem und warum."[237] Pasi Falk glaubt allerdings eine Entwicklung zu erkennen von einem Essen des „offenen Körpers", in dem neben der Nahrungsaufnahme auch eine „Einverleibung des Teilnehmenden in die Gemeinschaft (Kommunion)" stattfinde und für die das Teilen das zentrale Element sei, hin zu einem Essen des „geschlossenen Körpers", in dem es allein um Füllung des je eigenen Körpers gehe und für das der Austausch Leitbild ist. Dieser Entwicklung korrespondiere diejenige einer Ablösung eines „Gruppenselbst" durch ein individuelles Selbst und schließlich auch diejenige einer sozialen Marginalisierung von Eßgemeinschaften.[238] Die „primitive" (Falk verwendet dieses Wort) Gesellschaft sieht er im wesentlichen organi-

---

235 Selbst ernährungsphysiologische Untersuchungen sprechen dafür, sowohl auf Zusammensetzung der Nahrung als auch auf die Umstände des Mahls zu beachten, Näheres zur einschlägigen Literatur bei G. U. Schönberger: „Sinne und Sensorik, Essen und Ambiente".

236 G. Bachl: Eucharistie – Essen als Symbol , S. 54.

237 G. U. Schönberger: „Sinne und Sensorik, Essen und Ambiente", S. 37.

238 Pasi Falk: „Essen und Sprechen", in: Verschlemmte Welt, S. 103-131, hier S. 104f.

siert als eine „Eßgemeinschaft".[239] Es ist zu bezweifeln, ob die Diagnose einer einfachen Entwicklung richtig ist, wahrscheinlicher scheint es, daß irgendwann der geschlossene Körper zu dem offenen hinzugetreten ist und das abgrenzende Essen hinzuerfunden ist, daß aber das gemeinschaftsbildende Essen seine Bedeutung behalten hat, ebenso wie es das Teilen weiter auch in einer Gesellschaft gibt, deren Ökonomie eindeutig als eine des Austauschs definiert ist; aber die Ökonomie ist eben auch nur ein Subsystem der Gesellschaft und nicht das Modell des Ganzen. Aber Falk malt ein Schreckensbild des „Niedergangs der Mahlzeit" als die schon eingetretene Wirklichkeit: Snacks und Genußmittel, die ohne Unterbrechung, allein und weitgehend im Gehen oder Stehen eingenommen werden, dominiert von einer Nahrungsmittelindustrie, die für den Verzehr ihrer Produkte keinerlei Vorbereitung mehr verlangen, sondern alle sofort an Ort und Stelle ihres Erwerbs einverleibt werden.

Alle Religionen, sagt Charles Fourier in seiner „Neuen Liebeswelt",[240] stellen sich Gott vor als einen, der für Speise und Trank für die Seinen sorgt, als einen Ernährer. Daher gibt es in allen Religionen die Form eines rituellen Essens als eine Form der Kommunikation mit dem Göttlichen. Im Christentum ist damit sogar, so sagt er, die Vorstellung verbunden, daß der Gläubige im Abendmahl den Gott in sich aufnimmt. Was soll man aber von einer Welt wie der gegenwärtigen halten, in der die Mehrheit der Bevölkerung des Notwendigsten beraubt ist und hungert? Zwangsläufig wird in einer solchen Welt von den Priestern der Religion die Enthaltsamkeit von Gaumengenüssen als eine Tugend dargestellt werden. Aber in der kommenden, der wirklich sozialen Gesellschaft, in der der Überfluß herrschen wird, wird das religiöse System in die entgegengesetzte Richtung gehen. Dann werden auch die Priester die gastronomischen Raffinements preisen und sie als Gaben des allgütigen und großzügigen göttlichen Vaters ansehen. Da es aber eine Beleidigung Gottes wäre, seine Gaben oder einen Teil von ihnen achtlos verkommen zu lassen, entsteht in der zu erwartenden Überflußgesellschaft ein Problem. Allerdings wird sich in der Neuen Liebeswelt das Problem der Konsumtion des Überflusses auch noch dadurch verschärfen, daß die Liebe unter den Menschen zu einem Bevölkerungsrückgang führen wird. Die Lösung ist zu suchen in einer Verwandlung der Quantität in Qualität der Speisen und Getränke. Es kommt daher als Teil der religiösen Erziehung und Bildung der Kinder

---

239 Ebd., S. 113. Die Offenheit des „Primitiven" reklamiert er allerdings sogar für das Mittelalter, was eine sehr verwegene (er selbst nennt sie seltsamerweise: „idealisierte") Interpretation entweder von Primitivität oder von Mittelalter voraussetzt. (S. 115).

240 Charles Fourier: Le Nouveau Monde Amoureux, 2me. ed., Paris: Anthropos 1967, S.18ff.

viel darauf an, sie frühzeitig zu einem differenzierenden Geschmack statt zu einer bloßen Gefräßigkeit zu bilden. Solche Bildungsmaßnahmen sind ein Teil der Initiation in den Kult der Liebe. Die einfache mütterliche Erziehung zum guten Geschmack und die komplexe väterliche zur Liebe greifen dabei Hand in Hand. So werden beide Elternteile jeder in seiner Art zu Hohepriestern der Tugend und der Weisheit in der Neuen Liebeswelt. Heute dagegen besteht die traurige „Weisheit" des Vaters darin, das Allernotwendigste herbeizuschaffen, und die bedauernswerte „Tugend" der Mutter darin, den Appetit der Kleinen zu zügeln. Aus Furcht, nicht genug zu bekommen, werden sie aber genau dadurch zur für sie selbst und für die Gesellschaft schädlichen Gefräßigkeit herangebildet.

In der Neuen Liebeswelt oder der Gesellschaft der Harmonie gibt es folglich zwei Fundamente des gesellschaftlichen Lebens: „ce sont l'amour et la gourmandise."[241] Die absolut totalitäre Tendenz von Fouriers Utopie zeigt sich dann allerdings wiederum in den vorgesehenen Mechanismen der Überflußsteuerung. So hält er es für notwendig , bei jedem Kind frühzeitig zu erkennen, zu welchem der 810 möglichen Charaktere es gehört, und danach festzulegen, welche Speisen es bei den vorgeschriebenen fünf Mahlzeiten pro Tag optimalerweise zu sich zu nehmen habe. Auf diese Weise läßt sich der Nahrungsbedarf einer Gesellschaft in hochdifferenzierter Weise exakt berechnen und planen. Die heute mit Hilfe von Kundenkarten und Online-Bestellungen erstellten Konsumenten-Profile sind schon erste Schritte in die Richtung von Fouriers totalitären Harmonie-Planungen.

Um zur Religion zurückzukommen, auch sie wird sich in Fouriers Neuer Liebeswelt verändern. In ihr wird sich der Gottesdienst dem gastronomischen Raffinement zuwenden. Das wird, so sagt Fourier, jedoch kein großes Problem sein, sind doch auch heute schon die Priester die größten Leckermäuler. Man muß ihnen nur erklären, daß diese Feinschmeckerei keine Sünde, sondern eigentlicher Gottesdienst sei. Sie haben dabei einen doppelten Vorteil, ihre bisherige Bigotterie hört auf, und ihr Leben und ihre Lehre sind in schönstem Einklang. Und sie leben vorbildlich. Zweitens werden sie dann, wenn sie auch ihrer Gemeinde dieses Leben empfehlen, wieder mit vollen Kirchen rechnen dürfen.

In seiner „Soziologie der Mahlzeit"[242] macht Georg Simmel den Versuch, der hier unter einer Dialektik des Kulinarischen zu subsumieren wäre, die physiologische Individualität der Nahrungsaufnahme in ihrer sozialen Normierung zu situieren. Er schreibt:

---

241 Ebd. S. 21.
242 Georg-Simmel-Gesamtausgabe XII, S. 140-147.

„gerade weil die gemeinsame Mahlzeit ein Ereignis von physiologischer Primitivität und unvermeidlicher Allgemeinheit in die Sphäre gesellschaftlicher Wechselwirkung und damit überpersönlicher Bedeutung hebt, hat sie in manchen früheren Epochen einen ungeheuren sozialen Wert erlangt. Dessen deutlichste Offenbarung die Verbote der Tischgemeinschaft sind."[243]

Das Interessante daran sind aber nicht nur die Regulierungen und Verbote, d.h. Normierungen zu einer Moral des Essens, sondern auch, daß diese Normativität auf die Physiologie des Essens zurückwirkt, daß also die Kultivierung des Natürlichen zu einer „Natur" wird und sich z.b. in der Form des Ekels in den Körper eingräbt. Und dieser Ekel kann dann wiederum als „Begründung" der Normierungen der Tischsitten herangezogen werden. Umrahmt von dieser Normierungsdialektik aus Natur und Kultur, ergibt sich eine Quasi-Identität von Wohlgeschmack und Wohlverhalten. Dann „schmeckt" es einfach besser, wenn man für die Zufuhr der Nahrung zum Mund die Gabel statt der Finger benutzt. Kultivierung durch Gesellschaftlichkeit des Genießens ergibt Differenzierungsgewinne. Aber an irgendeinem Punkt der Eskalation von Kultiviertheit stellt sich die Frage, ob man die Geselligkeit sucht, um gut zu essen, oder ob ein gutes Essen den Anlaß zu einer gelingenden Geselligkeit bietet. Die Frage darf aufgeworfen, aber sie muß nicht beantwortet werden. Vielleicht besteht ja das Optimum gelingender Mahlzeiten genau darin, daß diese Sachlage nicht entschieden ist, sondern sich ein komplexes, oszillierendes und changierendes Bedingungsverhältnis ergeben hat. Das „plaisir de manger" und das „plaisir de table" (Brillat-Savarin) fördern sich gegenseitig, und der einsame Gastronomie-Kritiker[244], der sich durch keine Geselligkeit bei der Selbstbeobachtung seiner Geschmacksempfindungen stören lassen möchte, ist eine traurige und bedauernswerte Gestalt. Aber er ist es (d.h. seine Kompetenz zur Beurteilung der Speisen) sozial geworden, und er ist es (d.h. in seinem Urteil für Zeitschriften z.B.) auch in sozialer Funktion. Nur beim Essen selbst strengt er sich an, die soziale Welt virtuell verschwinden zu lassen und real in Distanz zu halten. Er ist, wurde gesagt, eine traurige Gestalt; denn immerhin könnte er ja zumindest mit seinesgleichen speisen und über die Speisen reden und sein Urteil mit dem der anderen zu vergleichen versuchen.

---

243 Ebd., S. 141.
244 Alois Hahn berichtet, daß Ulrich Schulz-Buschhaus berichte, daß ihm ein Pariser „Restaurateur" (gemeint ist wohl eher: einer, der ein Restaurant führt) berichtet habe, daß Robert Courtine ein solcher einsamer Gastronomie-Kritiker sei, A. Hahn: „Das Glück des Gourmets".

Ein Mahl ist eine Art von Fest,[245] mehr oder weniger ausgeprägt. Aber die dabei gestiftete Gemeinsamkeit unterschreitet jede Form von mystischer Union; sie achtet die Differenz, immerhin füllt dabei auch jeder seinen eigenen Magen und nicht einen gemeinsamen, etwa in der Art, wie die Opfer für die Götter zelebriert werden. Gleichwohl ist das Mahl doch die (etwas) festliche Stiftung von Gemeinsamkeit, die mehr ist als ein Synchron-Kauen und -Schlucken. Symbol dieser Differenz und Gemeinsamkeit ist das Zwischen, das Mit – und materiell: der Tisch in der Mitte von uns, der die Bühne des Erscheinens der Speisen ist.[246] Michel Onfray, in seiner Charakteristik von Grimod de la Reynière, spricht den bemerkernswerten Satz aus „La table est véritablement le lien métaphysique, l'espace que libère une ontologie", allerdings ohne ihm eine über eine Etikettierung Grimods hinausgehende Ausdeutung zu geben, was hier versucht wird.[247]

Arbeits-Essen/Politisches Essen

Wegen der fundamentalen Bedeutung, die Friedrich von Hardenberg dem Zusammenhang von Essen und Denken, bzw. dem gemeinsamen Essen und dem Gemeinsam-Denken (Symphilosophieren) beimaß, kommt man mühelos darauf, gemeinsame Projekte sozialer Natur durch ein sogenanntes Arbeits-Essen zu fördern. Auch wenn Hardenberg die Tönniessche Unterscheidung von Gemeinschaft und Gesellschaft noch nicht kennen konnte und auch wenn diese bis heute in Amerika noch nicht angekommen zu sein scheint, wie der unsinnige Streit von Kommunitaristen und Liberalisten und der Vorläuferbegriff der „Great Community" Deweys zu belegen scheint, glaubte er wie andere Frühromantiker unter dem Einfluß der Französischen Revolution, des Herrenhuter Pietismus und der Brüderschaft der Schlegels daran, daß Gesellschaften im Prinzip auf der Basis von Brüderlichkeit funktionieren könnten.[248]

---

245 Zum Fest s. auch Josef Pieper: Zustimmung zur Welt. Eine Theorie des Festes, München: Kösel 1963, zu recht merkt Bachl: Eucharistie – Essen als Symbol, S. 56, an, diese Theorie sei „anheimelnd, aber naiv", sie übersehe geflissentlich, daß wir beim Festmahl getötete Tiere verspeisen, daß sich also im Fest immer Tod und Leben vermischen – oder um es mit Nietzsche zu verbinden: das Fest ist immer auch, wenn nicht durchgängig, vom Gott Dionysos bestimmt.

246 Ursprünglich war es natürlich das Feuer, auf dem die herbeigeschafften Nahrungsmittel zu Speisen und zum gemeinsamen Verkehr zubereitet wurden und das dementsprechend die mediale Funktion hatte. Richard E. Leakey: Die Suche nach dem Menschen, Frankfurt a. M.: Olten 1981, bes. S. 94.

247 M. Onfray: La raison gourmande, S. 44; dt Ausg. M. Onfray: Die genießerische Vernunft: „Der Eßtisch ist wahrhaftig der metaphysische Ort, der Raum, der eine Ontologie hervorbringt." (S. 35)

248 Zu diesem Ideensyndrom immer noch vorbildlich Alfred Schlagdenhauffen: Frédéric Schlegel et son groupe, Paris: Les Belles Lettres 1934.

Arbeits-Essen ist der Versuch, den Geist einer Tisch-Gemeinschaft auf gesellschaftliche Projekte zu übertragen. Wenn es schon gelingt, einer Gesellschaft erfolgreich die Illusion zu suggerieren, sie sei eine Volks-„Gemeinschaft" oder, sofern es sich um die Mobilisierung der Bereitschaft zu einem Krieg handelt, sie sei eine Schicksals-„Gemeinschaft",[249] dann dürfte es doch wohl auch gelingen, teildivergierende Geschäftsinteressen oder vergleichbare politische Ambitionen oder Interessen in der Illusion zu wiegen, die ein gemeinsames Essen erzeugen kann. Ein Arbeits-Essen ist demnach ein areliöses Abendmahl.[250] Vorformen dieses Essens sind daher die schon im Alten Testament erwähnten gemeinsamen Essen anläßlich von Friedens- und anderen Bundesschlüssen, z.B. 1. Mose 26, 27-31 mit der semantischen Abfolge: Feindschaft und Haß – Bündnisabsicht – gemeinsames Mahl – Bündnisschwur.

Es gibt, soweit mir bekannt ist, keine Soziologie und keine Sozialphilosophie, die sich dieses Themas angenommen hätte, vermutlich weil die damit verbundene Illusion des Kulinarischen sehr schnell zerplatzt und alle Beteiligten wissen, worum es in Wirklichkeit geht. Am deutlichsten wird das in einem amerikanischen Ratgeber zum strategischen Management ausgesprochen: „Power lunching. How you can profit from more effective business lunch strategy".[251] So beschränkt sich die Literatur der Thematisierung des Arbeits-Essens fast ausschließlich auf Ratgeber-Literatur, sei es mit Hinweisen darauf, wie man sich dabei zweckmäßigerweise zu benehmen hat, sei es mit Hinweisen darauf, wie man auch trotz Teilnahme an Arbeits-Essen abnehmen könne, sei es – und das ist das in Deutschland dominante Thema – wie man ein Arbeits-Essen steuerlich absetzen kann. So wird klar, daß der Vergemeinsamungsaspekt des gemeinsamen Essens vollständig von außerkulinarischen, nämlich ökonomischen Gesichtspunkten dominiert wird. Diese Funktionalisierung des Essens durch einen außerkulinarischen Zweck wird denn auch vom Duden mit seiner Ersteintragung zu „Arbeitsessen" bestätigt: „Essen, das dazu dient, anliegende Fragen, gesellschaftliche Dinge zu besprechen"[252] erst im Zweiteintrag heißt es „Arbeitsbesprechung wäh-

---

249 Zur Kritik s. bereits Helmuth Plessner: Grenzen der Gemeinschaft, 2. Aufl., Bonn: Bouvier 1972.

250 Ganz anders sieht das J. Hartmann, er verfolgt die These, daß im „Staatsbankett" die „ohnehin notwendige Handlung" der individuellen Nahrungsaufnahme durch ein Regelsystem instrumentalisiert wird, J. Hartmann: „Das Staatsbankett", S. 155.

251 E. Melvin Pinsel/Ligita Dienhart: Power lunching, Chicago/Ill.: Turnbull & Willoughby 1984; zu Recht nennt Joanne Finkelstein diesen Typ gemeinsamen Essens „unzivilisiert", J. Finkelstein: Dining out, S. 9, wobei allerdings ihre zentrale These ist, daß dem Auswärts-Essen als solchem bereits eine Unzivilisiertheit inhärent ist.

252 Duden, 6. Aufl., Mannheim: Bibl. Institut 2007.

rend eines Essens"; aber da als genus proximum für X-Essen hier „Arbeitsbesprechung" angeben wird, ist der Unterschied kaum erheblich. Nicht ohne Grund hatte Kant in seiner „Anthropologie" vor einer Vermischung von Essen und Arbeit gewarnt, wobei er allerdings an die einsame Denkarbeit eines Philosophen gedacht hatte. Körper und Geist müßten sich, so meint er, durch eine Muße-Skandierung des Arbeits-Prozesses erholen können. Dafür ist „power lunching" gänzlich ungeeignet. Wir wollen daher als Zwischenergebnis dieses Abschnitts festhalten: Das sogenannte Arbeits-Essen ist unter Aspekten einer Dialektik des Kulinarischen eine absolute Perversion des Kommunions-Aspekts gemeinsamen Essens. Aber Perversionen sind steigerbar. So haben E. Melvin Pinsel und Ligita Dienhart in dem erwähnten Buch „Power lunching" dieses definiert als „[...] the studied practice of using control of a business meeting at lunch to gain your business objectives."[253] Und der Unterschied zwischen einem gewöhnlichen „business lunch" und dem „power lunching" ist für sie vergleichbar dem Unterschied zwischen einem Blitzlicht und einem Laserstrahl. „[...] more focused, more intense – more powerful."[254] Ein business lunch diene nur dazu, den Hunger zu vertreiben und „to socialize with your customers [...]" – aber „power lunching" ist mehr. Wenn jemand damit zufrieden sei, zu essen und miteinander zu sprechen, dann sei ein business lunch gut; aber der gewinnorientierte Geschäftsmann braucht das power lunching. Das wirklich Entscheidende ist für power lunching, daß es eine Machtausübung, eine Asymmetrisierung der Kommunikationssituation des gemeinsamen Essens ist. Wer ein power lunching organisiert, hat alles unter Kontrolle, er macht seine von ihm abhängigen Essensgäste für ihn selbst ausgeliefert und verletzlich. Dieses Konzept wird durch alle Aspekte des Essens durchgespielt; es soll hier nur an zwei Beispielen exemplifiziert werden. Die Speisenauswahl hängt nicht davon ab, was man gerne essen würde oder was der Gast gerne äße, sondern „focus on how the food and drinks you order can best enhance your power image, maintain your control and help avoid distracting you from the business of the power lunch."[255] Das zweite Beispiel bezieht sich auf die Erotik des gemeinsamen Essens. Nach den Autoren ist Macht ein absolutes Aphrodisiakum, deswegen ist Sex für ein power lunching von großer Wichtigkeit. Aber auch hier hängt alles davon ab, daß man die absolute Kontrolle über die Situation behält. Sex muß als „additional tool" strategisch eingesetzt werden.[256] Daher geht es nicht um den Sexualakt („We are not suggesting a quick martini and a hop into the sack", sagen diese Perverslinge), sondern es geht um kontrol-

---

253 E. M. Pinsel/L. Dienhart: Power lunching, S. 14.
254 Ebd.
255 Ebd., S. 107.
256 Ebd., S. 139.

liertes Sex-Bewußtsein. Es geht also gezielt darum, sexuelles Begehren auszulösen, ohne ihm selbst im mindesten zu verfallen. Die sehr handfesten technischen Ratschläge, wie das zu bewerkstelligen sei, übergehen wir hier, weil nicht zu einer Kritik der kulinarischen Vernunft gehörig, und enden damit zugleich unseren Einblick in die perversen Steigerungen des Geschäftsessens in Richtung auf ein power lunching.

Nun könnte man fragen, ob nicht ein politisches Essen von einem anderen Typ sein könnte, geleitet von der Idee der Friedensstiftung zwischen politischen Kontrahenten („Feinden"). Iris Dährmann bewegt sich in ihrem Beitrag „Kants Kritik der Tischgesellschaft und sein Konzept der Hospitalität"[257] auf diesem schmalen Grat des Übergreifens des Gemeinschaftsgedankens auf Gesellschaftszusammenhänge, indem sie die Frage aufwirft, ob Kants Konzept der „Tischgesellschaft" – wir kommen später darauf zurück – nicht auf die völkerrechtlichen und geschichtsphilosophischen Probleme angewandt werden könne, die die Schrift „Zum Ewigen Frieden" aufwirft. Ohne damit Dährmanns Gedanken ironisieren zu wollen, muß man doch argwöhnen, daß das – so gestellt – das gleiche Problem ist, wie wenn man „Brot für die Welt" nach dem Modell von Jesu Speisung der Zehntausend organisieren wollte. Verleitet wird Dährmann zu ihrer Vermutung auf schmalem Grat durch eine Bemerkung von Kant selbst, der das „Zusammenspeisen an einem Tische [...] die Förmlichkeit eines [...] Vertrags der Sicherheit [...]" ansieht.[258] Damit scheint diese Praxis, die Kant als Praxis fremder Kulturen beschreibt, die Brücke zu bilden zur Struktur von Hospitalität als Bedingung des Weltbürgerrechts. Aber auch Dährmann sieht sehr wohl, daß dies nicht Kants Behauptung ist, da für ihn und für die bürgerliche Kultur seiner Zeit die Tischgesellschaft eben keine öffentliche, sondern eine private Veranstaltung ist, wobei der entscheidende Unterschied das Geheimnis ist. Für Privat-Gesellschaften gilt Vertraulichkeit, für die öffentliche Sphäre das Publizitäts-Gebot.

Das Xenophagentum oder die Erotik der Mahlzeit

Die Redewendung, jemanden „zum Fressen gern" zu haben, verweist auf etwas ganz anderes, als was wir unter „Menschenfresserei" verhandelt haben. Und wer diese Redewendung ausspricht, wird nicht im nächsten Moment Messer und Gabel zücken, sondern er wird vielleicht küssen (wollen). Phylogenetisch gesehen, scheint der Kuß nicht ein Ansetzen zu einem Verspeisen des Anderen zu

---

257 Iris Därmann: „Kants Kritik der Tischgesellschaft und sein Konzept der Hospitalität", in: Denkwege des Friedens, hg. von Pascal Delhom u. Alfred Hirsch, Freiburg, München: Karl Alber 2007, S. 364-386.
258 I. Kant, Akad. Ausg VII, S. 279.

sein, sondern eine Form der Speisenübergabe von einem zum anderen. Diese Zweideutigkeit des Kusses zwischen Atzung und Verspeisung ist literarisch vielfach bezeugt, am deutlichsten vielleicht in Kleists „Penthesilea". Diese sagt dort: „Gebissen also würklich? Tot gebissen? [...] Nicht tot geküßt? [...] So war es ein Versehn. Küsse, Bisse, Das reimt sich, und wer recht von Herzen liebt Kann schon das eine für das andre greifen."[259]

Eine kultivierte Spätform dieser Atzung ist die chinesische Tischsitte, besonders Wohlschmeckendes vom eigenen Teller auf den Teller des Tischgenossen zu transferieren. Im protestantischen Abendmahl wandert der Kelch von Mund zu Mund, ist daher fast ein Kuß und doch auch zugleich mehr, insofern hier ein Getränk (Wein d.i. „mein Blut") wirklich geteilt (im Sinne von engl. „share") wird und dadurch eine sinnliche Gemeinschaft der Gläubigen gestiftet wird. Aus hygienischen Gründen wurde der Kelch bei der Übergabe von einem zum anderen ein wenig gedreht und nach einer vollen Umdrehung abgewischt. Aber mit Bedacht geschah dieses so dezent, daß das Zeremoniell dadurch nicht gebrochen wird. Im Kuß wird nicht der Andere auch nur ansatzweise gegessen, sondern es wird das virtualisierte gemeinsame Essen erotisch überformt. Daß Judas seinen Herrn beim Abendmahl gerade durch einen Kuß verrät, ist daher ein doppelter Verrat: es ist Verrat der Gemeinschaft des gemeinsamen Mahls an die politische Öffentlichkeit, und es tut dieses durch eine Geste gesteigerter Gemeinsamkeit.

Nun kann sich Erotik nur auf (partiell) Fremdes beziehen[260] – anders als sexuelle Begierde; Erotik ist eine Kulturpraxis, die sich von der Natürlichkeit des Geschlechtstriebs ebenso absetzt wie Kulinarik vom Stoffwechsel. Wegen der fälligen kategorialen Grundunterscheidung von Anderem und Fremdem wird dadurch allerdings die erotische Geste des Kusses zu einem zweideutigen Abenteuer. Der Geküßte könnte auch dem Küssenden zwecks Nahrungsaufnahme die Zunge abbeißen, d.h. vom Miteinanderessen zum Einanderessen im wörtlichen Sinne übergehen.[261] Im Küssen überlassen sich die Küssenden der Verführungskraft des Fremden und überspielen durch Vertrauensinvestition und durch Neugier und Offenheit die Möglichkeit, daß sich der Fremde auch als Feind entpup-

---

259 Heinrich v. Kleist: Penthesilea, in: ders.: Werke in zwei Bden., hg. v. Helmut Sembdner, München, Wien: Hanser 1977, I, S. 883. Zu vergleichen wäre etwa auch Wolfram von Eschenbach: Parzival III.131, 24-28, hg. v. Gottfried Weber, Darmstadt: Wissenschaftliche Buchgesellschaft 1963, S. 111.

260 Zur sogenannten Autoerotik s. Kurt Röttgers: „Das Ritornell", in: Spiegel – Echo – Wiederholungen, hg. v. Kurt Röttgers u. Monika Schmitz-Emans, Essen: Die Blaue Eule 2008, S. 7-21, hier S. 16

261 „Wenn sich damit noch Gier und Sucht verbinden, wird aus der Ernährung, die Menschen füreinander sind, das wilde Prinzip des Verschlingens, die tödliche Kommunion." G. Bachl: Eucharistie – Essen als Symbol, S. 16.

pen könnte. Und gescheiterte Ehen, die in grenzenloser Feindschaft enden, zeigen, daß diese andere Möglichkeit des Fremden immer nebenher und aktualisierbar mitläuft. Daraus nun freilich die Hobbessche Konsequenz zu ziehen und jeden Fremden (und im Naturzustand sind bei ihm alle einander fremd) zunächst als Feind zu betrachten und die Sicherheit vor ihm zum sozialen Kernproblem zu erklären, ist eine unsinnige Überreaktion, die – wir kommen auf die Dialektik des Kulinarischen zurück – bedeuten würde, in jedem Essen zunächst einmal Gift zu vermuten oder in der Form der radikalen Diätetiker: in jedem Wohlschmeckenden und den Sinnen Schmeichelnden einen Anschlag auf die Gesundheit.

Iris Därmann deutet die Nähe von Essen und Lieben noch etwas stärker als das hier der Fall war. Sie spricht von einem „alimentären Chiasmus", durch den das gemeinsame Essen immer zugleich auch ein „Ineinander von Essendem und Eßbarem" (d.h. dem Tischnachbarn) ist; sie betont, daß das Essen mit einem Anderen nicht meint, „gemeinsame Sache mit ihm" zu machen.[262] Vielmehr: „Mit dem Anderen zu essen heißt nicht nur, etwas zu essen, sondern auch ihn selbst zu essen und sich selbst zu essen geben." Wegen der Unfähigkeit der Waldenfels-Schule, zwischen dem Anderen und dem Fremden kategorial zu unterscheiden (Därmann spricht wie Waldenfels von der „Fremdheit des Anderen") gibt es für sie nicht nur eine gefährliche Nähe von Erotik und Xenophagentum, sondern sie gehören für sie wesentlich zusammen in einem Chiasmus. Ob als Beleg für diese starke Behauptung allerdings die Fütterung des Kleinkindes, d.h. die alimentäre Angewiesenheit auf die Anderen, ausreicht, wage ich zu bezweifeln. Hierin hat sie zweifellos recht, und ihre Interpretation des Säugens, die ganz auf der Linie der rhizomatischen, maschinellen Gefüge von Deleuze/Guattari liegt, ist zweifellos einzig angemessen: „An den Phänomenen der Brust und der Milch scheitert die Unterscheidung von Person und Sache, Subjekt und Objekt." Das aber bereits als Anthropophagentum zu werten, scheint mir zu weit zu gehen. Hier genau liegt diejenige, hier ignorierte Grenze zwischen dem alimentär notwendigen Anderen und dem Sinn gemeinsamen Essens auf der einen Seite und dem Verspeisen der Fremden, dem Xenophagentum, auf der anderen.

Kuß oder Xenophagentum sind zwei Modelle einer Hermeneutik. Geht es im hermeneutischen Verstehen um eine An-eignung des Fremden, eine Einverleibung oder mit Nietzsche besser: um eine Einverseelung, oder aber geht es in der Hermeneutik um eine Berührung von Texten, um Anschluß oder Fortsetzung. Es wird die Auseinandersetzung mit Texten nach der Logik der Seßhaftigkeit als Land-Nahme mit Namensgebung betrieben, so wie der fremden Frau durch Heirat der eigene Name gegeben wurde. Diese Hermeneutik versteht, sie versteht

---

262 I. Därmann: „Die Tischgesellschaft", hier bes. 30ff.

den Text besser als er sich selbst versteht, und sie versteht, was diese fremde Frau eigentlich will, beide „wollen" mit den Worten und Namen des Eigenen bezeichnet werden, und sie versteht so auch, daß die Wilden eigentlich „zivilisiert" werden wollen und nur Jahrhunderte auf diesen Moment des Übergriffs (daß sie begriffen werden) gewartet haben. Oder aber wird – der Typ der Kuß-Hermeneutik – die Auseinandersetzung mit dem Fremden nach Art der nomadischen Vernunft betrieben. Die nomadische Vernunft sucht Anschlüsse und keine Übernahmen und Aneignungen. In ihr muß man wissen, wo es „lang geht", nicht wo man „ist".

Xenophage hermeneutische Praxis kann die feindlich/verführerische Ambivalenz des Fremden nicht hinnehmen. Sie muß die Fremden integrieren oder ausweisen und vertreiben. Wer spanischen Pfeffer essen will, soll doch dorthin gehen, „wo der Pfeffer wächst", d.h. in die französische Strafkolonie Guayana. Andererseits liebten wir in den Fünfzigerjahren „Toast Hawai",[263] einen vermutlich auf Hawai völlig unbekannten Imbiß, also das an-geeignete Fremde. Oder anders gesagt: Wir lieben den Sarotti-Mohr und vertreiben die illegalen Einwanderer aus Schwarz-Afrika an der spanischen Küste und anderswo. Wir verstanden, daß die Völker kolonisiert und globalisiert werden wollten, der stumme Ruf aus der Wildnis lautete: Bitte verstehe mich und eigne mich eurer Kultur an. Und wir lieben es, die Wilden zu verspeisen, zu heiraten, zu bezeichnen und zu integrieren.

Der Kuß wäre eine andere hermeneutische Praxis. In der Berührung entsteht ein Drittes. Dieses ist keine Synthese oder gar ein Kompromiß, sondern es ist von anderer Art, konkret im Kuß: Liebe oder wenigstens Vertrauen. Und dieses Dritte trägt den weiteren kommunikativen Text. Es ist die „Basis" künftiger Interaktion, allerdings nicht für immer wie in der Inbesitznahme des Territoriums in der Logik der Seßhaften, sondern bedarf der Wiederholung und Erneuerung, weil in dieser Logik Fremdheit Bestand hat und nicht in einer Aneignung unterworfen ist.

---

263 Das erste Rezept für dieses „exotische" Gericht erschien 1955 in der EDEKA-Kundenzeitschrift „Die kluge Hausfrau"; man glaubte damals kurioserweise, alles, was aus Amerika komme, sei Inbegriff gehobener Lebensart (Hawaii war damals amerikanische Kolonie). Nachweis für die Ersterscheinung des Phänomens „Toast Hawaii" bei Ulrike Kammerhofer-Aggermann: „Imaginäre Modelle der Vergangenheit", in: Mahl und Repräsentation, S. 227-249, hier S. 241, Anm. 52. Nachdem Dole vor kurzem die letzte Fabrik für Dosen-Ananas, dieses notwendige Ingredienz jener lukullischen Extravaganz, geschlossen hat, führt diese Erfindung des westdeutschen Wirtschaftswunders ihren Namen ebenso zu unrecht wie das sogenannte Jäger-Schnitzel, dessen Pilze niemals aus dem Wald kommen, sondern aus jenen Kellern der Champignon-Zuchten, die niemals ein Jäger betritt.

Daß Kulinarik und Erotik verwandte und aneinander grenzende Gebiete des Sozialen sind, betont anläßlich einer Einführung in Brillat-Savarins Sozialphilosophie der Gourmandise Roland Barthes:

„[...] lorsqu'il veut saisir les effets voluptueux de le nourriture, c'est sur le corps adverse qu'il va les chercher; ces effets sont en quelque sorte des signes, pris dans une interlocution: on déchiffre le plaisir de l'autre; parfois même, s'il s'agit d'une femme, on l'épie, on le surprend comme si l'on avait affaire à un petit rapt érotique; la convivialité, le plaisir de bien manger ensemble, est donc une valeur moins innocente qu'il n'y paraît."[264] („[...] wenn er die lustbringenden Auswirkungen der Nahrung erfassen will, so sucht er sie auf dem gegnerischen Körper; diese Auswirkungen sind gewissermaßen Zeichen, die in eine Zwiesprache einbezogen sind: Man entziffert die Lust des anderen; handelt es sich um eine Frau, so späht man sie aus, überrascht sie, als hätte man es mit einer kleinen erotischen Entführung zu tun; das Zusammensein bei Tisch, die Lust am gemeinsam Essen ist also weniger unschuldig, als es den Anschein hat."[265])

Brillat-Savarin hatte, gewissermaßen zur physiologischen Absicherung seiner Verknüpfung des Erotischen und des Kulinarischen einen sechsten Sinn angenommen, den „Geschlechtssinn"; dieser Sinn habe nichts mit dem Tastsinn zu tun, dieser hat einen nur ihm dienlichen „Apparat", der so vollständig ausgebildet ist wie der Mund für den Geschmack. Und der Witz, weswegen dieser Sinn für ihn wichtig ist, ist, daß dieser sechste Sinn auf den Anderen angewiesen ist und damit gewissermaßen ein Vorbild auch für den Geschmackssinn abgibt, der tunlichst auch nicht in Einsamkeit, sondern nur in Gesellschaft seine Erfüllung findet. „Gönnen wir dem Geschlechtssinne den Platz, der ihm gebührt und überlassen wir es unsern Neffen, ihm seinen Rang anzuweisen."[266]

---

264 R. Barthes: Œuvres completes IV, S. 810.
265 R. Barthes: Das Rauschen der Sprache, S. 281.
266 J. A. Brillat-Savarin: Physiologie des Geschmacks, S. 40; sollte mit den Neffen sein entfernter Neffe Fourier gemeint sein? Übrigens fühlt sich der deutsche Übersetzer von 1865 bemüßigt, in einer Anmerkung hinzuzufügen, daß diese Ansicht von der neueren Physiologie nicht geteilt wird, allerdings etwas voreilig, weil er sowohl den Sinn von Brillat-Savarin verfehlt als auch selbst unhaltbar argumentiert, daß die Körperoberfläche überall von „Nervenwärzchen" durchzogen sei, und das sei in den Geschlechtsorganen genau so wie auf der übrigen Haut – auf der Zunge etwa nicht, möchte man ihn fragen. Auch R. Barthes, Ebd., S. 297, hat etwas einzuwenden, der Geschlechtssinn sei rhythmisch strukturiert und auf einen Orgasmus hin ausgelegt; nun mag es zwar keine gastronomischen Orgasmen geben, aber die Rhythmik kommt einem gelungenen Mahl allemal zu, zwischen Essen und Trinken, zwischen beidem und dem Reden und auch in der Ausgestaltung der verschiedenen Gänge, gerade nicht wie Barthes sagt: „nichts als Dauer". Im Vermissen eines gastronomischen Orgasmus verrät sich aber eine fatale Vermi-

Im folgenden Abschnitt wird daher dieser Aspekt des tragenden Dritten in der Logik der nomadischen Vernunft weiter aufgeklärt werden müssen. Wir kommen also zur Tischgesellschaft als Topos der Dialektik der Kritik der kulinarischen Vernunft. Schon Brillat-Savarin sah sich gezwungen, zweierlei Freuden zu unterscheiden, die Freuden des Essens, die einen Selbstbezug haben, und die Freuden der Tafel, die einen Bezug auf die Anderen haben. Die ersteren beruhen auf dem animalischen Trieb des Hungers, der im Prinzip kulturell raffinierbar ist, die letzteren aber sind rein kulturelle Freuden, weil sie reflexiv sind. Die ersteren sind höchstens geschmäcklerisch verfeinert, die letzteren sind von einer gastronomischen Kultur.

Die Tischgesellschaft

Tischgesellschaften, die wir später wegen des gemeinsamen Genießens Genossenschaften nennen werden, können historisch und kulturell bedingt, verschiedene Formen annehmen. Ein antikes Symposion, eine mittelalterliche Tafelrunde, ein Bankett der Renaissance oder eine gastronomische Inszenierung oder Performance à la Grimod de la Reynière in der klassischen Moderne sind recht unterschiedliche Ereignisse. In jedem Falle spielt der Tisch, die Tafel die zentrale Rolle in der Organisation des Ganzen, und nicht nur, wie wir sehen werden, weil die Speisen dort aufgebahrt werden. Und selbst wenn, wie in letzterem Fall, eine andere Situation zum Modell gewählt wird, nämlich eine theatralische Inszenierung, ist es doch nicht einfach Theater, was dort stattfindet, sondern die Tafel bringt eine Modifikation des Theatralischen, die entscheidend ist und die das Theater selbst nicht unbeeinflußt ließe, wenn es eine engere Verbindung zwischen Theatralik und Kulinarik gegeben hätte. Das Theater müßte sich von der Schaubühne zu absoluter Performativität hin öffnen.[267] Symposion, Tafelrunde, Bankett und gastronomische Veranstaltung sind kulturell verschieden geprägte Überschreitungen der reinen Naturalität der Nahrungsaufnahme, solche Überschreitung ist wesentlich nur zu haben als soziale Veranstaltung. Zugleich ist es auch die Überschreitung des Kulturellen auf Naturalität hin; denn dort finden nicht nur geistreiche Gespräche und Rollenabgleiche statt, sondern es wird wirklich gegessen, d.h. die Verdauungsorgane werden bedient. Für die Bedeutung der Tischgesellschaft ist bemerkenswert, daß bei den antiken Banketten keine individuelle Bedienung stattfand, nicht einmal für den Kaiser, sondern daß der Tisch

---

schung der Kulturformen von Erotik und Kulinarik mit Naturformen von Ernährung und Sexualität.

267 Zu den verschiedenen Formen des Umgangs mit Theatralik s. „Out one" von Jacques Rivette.

bedient wurde und sich alle Gäste darein teilten. Gleichwohl macht es einen entscheidenden Unterschied aus, ob man wie Grimod de la Reynière das Theatralische hervorhebt, oder gar wie Carême die Eßbarkeit gegenüber dem architektonischen Reiz der Anordnung der Speisen zurücktreten läßt, oder ob man wie Brillat-Savarin den sozialisierenden Charakter des gemeinsamen Essens als sozialen Handelns in den Mittelpunkt der Gastrosophie stellt. Priscilla Parkhurst Ferguson bringt das auf den Punkt: „Brillat-Savarin exemplified a recognizable French model of social relations, one in which conversation plays a prime role. Grimod lectures his audience, Brillat talks with them."[268] Aber wie redet er mit ihm! In dieser Rede, indem sie das Soziale und das Erotische des Essens anspricht, werden mehrere Tabus zugleich gebrochen. Nicht das Unwesentlichste ist, daß er die Frau als Esserin vorstellt. Sie ist nicht Köchin und – wie bei Platon – eventuell und gelegentlich zugelassene Flötenspielerin, sie ist selbst eine Genießerin und dahinter steht natürlich ein körperlich fundiertes und sozial kultiviertes Begehren. Brillat-Savarin genießt ihr Genießen, nur so kann überhaupt die Tafel zum Ort eines Sozialen werden, das Erotik nicht ausschließt. In diesem Sinne ist trotz aller sonstigen Differenzen eines Utopisten und eines „Ideologen" (d.h. Empiristen) eine Grundübereinstimmung zwischen Brillat-Savarin und Fourier gegeben: die Kulturpraktiken von Erotik und Kulinarik als Grundlage der Gesellschaft.

Die Tafelrunde

König Artus hatte eine Tafelrunde. Gewiß aß man dort zusammen, und das hatte wohl im frühen Mittelalter eine über eine gemeinsame Ernährung hinausgehende Bedeutung. Bündnisse werden regelmäßig mit einem Mahl besiegelt, so daß Gunther Hirschfelder das gemeinsame Essen wie in der Tafelrunde als eine Form der Politik bezeichnen kann.[269] Aber das, was als zunächst bemerkenswert geschildert wird in den diversen Überlieferungen der Artusrunde, ist der runde Tisch.[270] Dafür gibt es zwei hauptsächliche Erklärungsversuche, die sich jedoch auch nicht gegenseitig auszuschließen brauchen. Die eine Erklärung ist, daß der Magier Merlin diesen Tisch als Abbild der kosmischen Ordnung des Universums entworfen habe. Die andere Erklärung ist pragmatischer Natur: Artus habe den runden Tisch als Sitzordnung entworfen, damit es keinen privilegierten Platz gäbe. Es könnte aber durchaus sein, daß der Egalitarismus der Positionen der Ritter der Tafelrunde einer kosmologischen Legitimation bedurfte. Doch es gibt ein weiteres Problem, nämlich die Position der Person des Königs Artus selbst. So weit ging der Egalitarismus denn doch nicht, daß der König selbst seinen Platz

---

268 P. P. Ferguson: Accounting for Taste, S. 99f.
269 G. Hirschfelder: Europäische Eßkultur, S. 107.
270 Karl Langosch: König Artus und seine Tafelrunde, Stuttgart: Reclam 1980.

unter den Gleichen der Tafelrunde gehabt hätte. Tatsächlich wäre ja auch der Egalitarismus durch eine Positionierung des Königs am Tisch zerbrochen; denn die Plätze in der Nähe des Königs wären trotz runden Tisches die privilegierten Plätze gewesen. Im strengen Sinne wäre die Runde keine Runde mehr gewesen, das Zentrum des Kreises wäre an der Peripherie aufgetaucht. Wo aber war der König, wenn alle anderen am runden Tisch saßen? Zwangsläufig mußte er abwesend sein, so wie auch der Schöpfergott nicht selbst eine Position innerhalb seiner Schöpfung einnehmen kann.[271]

Aber auch die Abwesenheit war für Artus keine sichere Position. Denn es gab immer auch andere Abwesende: Ritter, die irgendwo auf der Welt irgendwelche Abenteuer bestanden. Sind nicht alle Abwesenden untereinander noch gleicher als Anwesende es je sein könnten? Wenn Iwein abwesend ist, ist er dann nicht genau so abwesend, als wäre er der König? Aus der Verwechslung Abwesender gibt es nur zwei Auswege. Der eine wäre gewesen, zwei Abwesenheitsmodi zu unterscheiden: die dauerhafte Abwesenheit des Königs und die temporäre Abwesenheit eines Ritters. Das ist keine sehr stabile Lösung, weil ja die temporäre Abwesenheit, wenn ein Ritter in seinen Abenteuern umgekommen wäre, in eine dauerhafte übergegangen wäre und man dann den König nicht von einem Toten hätte unterscheiden können; ein König wäre ein Quasi-Toter, und von keinem Abwesenden hätte man in keinem Moment sagen können, ob er ein König, ein Toter oder ein nur temporär Abwesender gewesen wäre.

Die andere Lösung scheint stabiler. Der König wird, weil er keinen substantiell definierten Platz an der Tafel hat, zum Joker, seine Position ist reine Funktion; und das kann er dadurch erreichen, daß er den Platz eines Abwesenden einnimmt.[272] Alle Ritter hatten vermutlich ihren fest zugewiesenen Platz an der Tafelrunde, nur Artus hatte keinen, das aber heißt nur, er hatte keinen fest zugewiesenen Platz. Als König war er vielmehr die virtuelle Funktion der Repräsentation aller Möglichkeiten (d.h. gemäß der Modaltheorie der Macht: aller Macht).

Für diese Interpretation spricht ein weiteres. Falls die Tafel nach Merlin ein Abbild der kosmischen Ordnung war, dann mußte es eine feste Anzahl von Plätzen geben. Und es spricht dann alles dafür, daß es genau die Zahl der Sternkreiszeichen, die „12" also ist, die auch sonst vielfach belegt als Zahl der Vollkom-

---

271 Daß und wie er es in der Person von Christus dann doch konnte, ist ein schwieriges und die Theologie lange beschäftigendes Problem geblieben. Spinozas „Deus sive natura" dagegen wirft dieses Problem nicht auf, weil dieser Gott nicht *in* der Schöpfung seinen Ort findet, sondern identisch mit ihr ist.

272 In der Great Hall der englischen Stadt Winchester wird ein nicht-authentischer runder Tisch als angebliche Tafelrunde gezeigt, in der die Namen der Ritter an ihren Plätzen verzeichnet sind.

menheit eines Ganzen auftritt, als Zahl der Vollendung. Und wenn das so ist, bleiben für den König nur zwei Optionen: die „13" oder die „0". Es spricht alles dagegen, daß er die „13" hätte sein können, die Unglückszahl, die die Fülle der Ordnung überschreitet und sie damit infrage stellt, die Zahl des Über-Flüssigen. Bleibt also die „0", die überall auftauchen kann, weil sie reine Funktion ohne inhaltliche Bedeutung ist. Die „0" ermöglicht es, dem König einen Platz zuzuweisen, ohne daß vorher die Frage geklärt werden müßte, ob es überhaupt einen König gibt. Für reale Könige ist das Problem nicht gleich gravierend. Sie können seit dem Spätmittelalter außerhalb des allgemeinen Tisches an einem erhöhten Platz in für alle merkbarer Distanz speisen, was kunstgeschichtlich vielfach verbürgt ist.

Der Parasit

Viele Tischordnungen sehen vor, daß für Abwesende, z.B. für die im II. Weltkrieg Vermißten, ein Platz freigehalten wird. Zuweilen wird auch für Tote das gleiche getan, sie gelten als Abwesende. Wenn ein Platz freigehalten, ja oft auch eingedeckt wird, wird damit symbolisiert, daß seine Abwesenheit präsent ist: er fehlt auf merkliche Weise – wie die vierte Kritik im Werk Kants.

Etwas komplizierter wird es, wenn es sich um stets körperlich Abwesende wie z.B. Götter handelt. Für bestimmte Funktionen müssen diese Abwesenden repräsentiert werden, und zwar auch durch die Figur des Jokers, des bloßen Platzhalters, dessen Substanz nicht zählt und der deswegen für alles stehen kann. Beim Opfermahl mit Göttern muß es jemanden geben, der seine Körperlichkeit dafür einsetzt, daß die den Göttern zugedachten Speisen und Getränke tatsächlich im Verzehr verschwinden und nicht etwa als vergammelnde Speisen von einer Zurückweisung durch die Götter künden würden. Im alten Griechenland war dieses die Funktion des kommunalen Ehrenamtes eines Parasiten. Parasit ist der, der dabeisitzt, der nimmt, was abfällt, damit es nicht im Abfall landet und damit ein Zeichen der Ungunst der Götter gewesen wäre. Die Parasiten essen mit, im Zweifelsfall, wer will das schon so genau wissen, essen sie auch alles alleine. Der Parasit ist die „0", die dafür sorgt, daß es nicht zur „13" kommt. Und daß Könige Parasiten sind, ist spätestens seit der bürgerlichen Revolution denkbar.

Michel Serres hat der Figur des Parasiten eine gründliche und epochemachende Studie gewidmet, die ihn als einen Dritten auszeichnet, der für alle sozialen Beziehungen konstitutiv ist. „Parasit sein heißt: bei jemandem speisen."[273] Das parasitäre Verhältnis ist das soziale Grundverhältnis. Denn der Parasit hat ein ganz anderes Verhältnis zu seinem „Wirt", wie die Parasitologen den Orga-

---

273 Michel Serres: Der Parasit, Frankfurt a. M.: Suhrkamp 1981, S. 17.

nismus nennen, bei dem ein Parasit speist, als der Jäger zu seiner Beute. Selbst wenn Hobbes recht hätte – was empirisch ziemlich unwahrscheinlich ist –, daß der Mensch dem Menschen, d.h. jeder Mensch jedem Menschen, im vorsozialen Zustand wie ein Wolf begegnete, d.h. daß jeder sich selbst zunächst einmal als potentielle Beute eines anderen erführe, erklärt die Konstruktion des Mega-Parasiten namens Leviathan doch überhaupt nicht, auf welche Weise die so zwangsbefriedeten Menschen anschließend miteinander verkehren (sollten). Serres' Antwort lautet: in parasitären Verhältnissen und komplexen parasitären Kaskaden und Ringen. Der Parasit tötet seinen Wirt nicht wie es der Jäger mit seiner Beute tut; denn das wäre zugleich selbstmörderisch für den Parasiten. Der Parasit kann gar nichts anderes, als andere auszunutzen. Er versteht sich darauf, sich einladen zu lassen, schöne Geschichten und Komplimente vielleicht auch Lebensweisheiten von sich zu geben, aber kann weder Lebensmittel anbauen oder besorgen, noch gar die Speisen in der Küche zubereiten. Also muß er andere dazu motivieren, das für ihn zu tun. Bei Unterstellung eines allgemeinen Egoismus als Grundtrieb des Menschen, wie seit der Neuzeit üblich, ist zunächst unverständlich, warum Parasiten geduldet werden. Sie können nichts und stellen auch noch Ansprüche. Wie der Andere in der Ethik von Levinas stellt der Parasit Ansprüche und hat nichts, nichts außer der Alteritätsbeziehung selbst, zu bieten. Aber schon auf der vorsozialen Ebene reiner Alterität ist höchst fraglich, ob es sich dabei um reine Beuteverhältnisse handelt. Ist die Mutterbrust und ihr Inhalt eine „Beute" des Säuglings? Nein; es ist die Lust der Gabe, die das Grundmodell solcher Speisungen abgibt. Am Tisch herrschen keine Vertragsverhältnisse zum gegenseitigen Vorteil. Hier ist die Aufforderung „Nimm doch noch ein bißchen" naheliegender als die Frage „Und was gibst du mir dafür?" Daß die Gabe etwas strukturell anderes ist als ein zeitversetzter Tausch, ist von der französischen Ethnographie und Philosophie eindringlich plausibel gemacht worden.[274] Selbst wenn der Tausch aus der Reziprozität von Gabe und Gegengabe hervorgegangen sein sollte, entwertet das die Logik der Gabe nicht zu einer Vorform des Tausches. Die Tischgenossenschaft der gemeinsamen Mahlzeit ist ein Lehrstück für diese These.

Der Tisch, der bei der Mahlzeit zwischen uns steht, uns trennt und verbindet, ist ein Zwischen, ein Medium, er ist der Spiel-Raum unserer Beziehungen. Und damit kommen wir zu einer anderen, wesentlicheren Bedeutung des Parasiten.

---

274 Marcel Mauss: Die Gabe, 2. Aufl., Frankfurt a. M.: Suhrkamp 1984; Ethik der Gabe, hg. v. Michael Wetzel u. Jean-Michel Rabaté, Berlin: Akademie 1993; Maurice Godelier: Das Rätsel der Gabe, München: Beck 1999; dazu: Gift – Marcel Mauss' Kulturtheorie der Gabe, hg. v. Stephan Moebius, Wiesbaden: VS Verlag f. Sozialwissenschaften 2006.

Wären nämlich die Ausnutzungsverhältnisse immer von der Art des Säuglings, gewiß intensiv und extensiv steigerbar, kämen wir niemals bei sozialen Beziehungen an. Soziale Beziehungen sind keine quantitative oder qualitative Steigerung von Alteritätsbeziehungen. Weder Verkettung noch Intensivierung von Dyaden bringen Gemeinschaft oder Gesellschaft hervor. Dazu bedarf es des Dritten, des eingeschlossenen oder des ausgeschlossenen; auch der Ausgeschlossene ist als Ausgeschlossener eingeschlossen: sei es als Drohung, sei es als Verlockung, z.b. die Geliebte für das Paar; Eifersucht ist die emotionale, wirkliche Präsenz des Ausschlusses.

Der Parasit als Dritter einer gelingenden Dyade profitiert von ihr und stabilisiert sie zugleich, m.a.W. die Beziehung profitiert auch von ihm. Der Tisch zwischen uns, der uns auf Abstand hält und uns verbindet, manifestiert die permanente Möglichkeit des Dritten, der sich zu uns setzen könnte; kein Tisch ist so klein, daß nicht auch noch ein Dritter an ihm Platz fände. Keine Paarbeziehung ist so dicht, daß nicht ein Dritter darin Platz hätte, sei es auch nur Kind oder Hund. Wenn der Dritte als Beziehungsparasit Sozialität stiftet, dann ist sein bevorzugter Ort der Tisch.

Nun ist aber der Parasit niemand Bestimmtes,[275] d.h. die parasitäre Funktion wechselt ihre Funktionsträger, jedenfalls in den funktional differenzierten Gesellschaften der Moderne und der Postmoderne.[276] Jeder kann (Beziehungs-)Parasit glückender Beziehungen anderer sein.

Der Gast hat etwas mitgebracht. Wahrscheinlich aber wird die Flasche Wein nicht sofort geöffnet werden, weil sie sich wegen ihres besonderen Bouquets nicht als Speisebegleitung eignet oder nicht zu den angebotenen Speisen paßt oder zu warm oder zu kalt ist, aber so konnte die Gabe auch nicht gemeint gewesen sein, sondern sie dient der Kontinuität des Tisches als des Spielraums der Beziehungen.

Nun kann man sich fragen, ob die ununterbrochene Mahlzeit – das Mahl der Götter, bei dem die Parasiten das Abräumen der Speisen besorgen oder Fouriers Phantasie von fünf Mahlzeiten am Tag mit mehreren Gängen und vier Zwischenmahlzeiten zwischen diesen – als Modell einer alternativen Gesellschaftsform dienen könnte oder dürfte, in der nicht das Do-ut-des des ökonomischen

---

275 Mancher jahrelang nach einer Scheidung von der Ehemaligen durch Unterhaltsforderungen ausgenommene Mann mag geneigt sein zu glauben, er wisse, wer der Leibhaftige Parasit sei, aber so einfach ist das nicht.
276 Selbst im wesentlich hierarchisch denkenden Mittelalter war mit der strittigen Primordialität von Kaiser oder Papst Bewegung in die Hierarchie eingebaut.

Tauschs alles beherrscht, sondern die freie Gabe und die Dankbarkeit.[277] Ist die Tischgesellschaft verallgemeinerbar?[278] Oder ist sie – weil nicht verallgemeinerbar – längst im Fast food, „grazing"[279] und power lunching – weil diese verallgemeinerbar sind – längst zerstört? An dieser Stelle muß diese Frage gestellt, aber noch nicht beantwortet werden, weil die Antwort in den Teil der Metakritik der Kritik der kulinarischen Vernunft gehört und dort wieder aufgenommen werden wird.

Meze, die Mitte und das Symposion

Zwischen Selbst und Anderem liegt das Medium, die Mitte, die mehr ist als Mittel, zwischen ihnen steht der Tisch und die Mahlzeit. Im Neugriechischen gibt es einen lautlichen Anklang, wahrscheinlich ohne eine etymologische Fundierung von μεζέ und μέση. Μέση ist die Mitte, das Zwischen, das uns verbindet. Μεζέ ist eine Form des Speisens, die nicht als ein Gang eines Menüs gewertet werden kann; man könnte es vielleicht am ehesten mit „Imbiß" übersetzen, wenn man aus der Semantik dieses deutschen Wortes alle Konnotationen von Fastfood eliminierte. So hat μεζέ die doppelte, aber zusammengehörige Funktion, Begleitung für ein Getränk zu sein und Hintergrund für ein Zusammensein mit Getränken, Gesprächen und gemeinsamer Freude zu bilden. Daher wird μεζέ nicht auf Einzelteller verteilt, sondern die verschiedenen dazugehörigen Speisen erscheinen auf gemeinsam genutzten Platten in der Mitte des Tisches, und jeder bedient sich aus dieser Mitte heraus.

Michel Onfray, in seiner Charakteristik von Grimod de la Reynière, spricht den bemerkenswerten Satz aus. „La table est véritablement le lieu métaphysique, l'espace qui libère une ontologie", allerdings ohne ihm eine über die Etikettie-

---

277 Nach A. Caillé müßte man von donation, nicht von don sprechen. Die Gabe (don) sei immer auf die Stabilisierung und Erhaltung des sozialen Bandes gerichtet, das heißt von einem freilich spezifischen Interesse geleitet, die Gebung (donation) hingegen sei nach dem Modell des Religiösen frei von diesen Absichten. Jede konkrete Gabe aber könne diese zweckfreie Gebung symbolisieren. Alain Caillé: „Die doppelte Unbegreiflichkeit der Gabe", in: Gift, S. 157-184.

278 Dieser Frage geht I. Därmann nach: „Die Tischgesellschaft".

279 Zu deutsch ungefähr: grasendes, weidendes Essen, J. Finkelstein: Dining out, S. 45; sie charakterisiert „grazing" als einsames oder paarweises Essen im Herumgehen, hier ein Apéritif, dort den „Hauptgang", wieder anderswo das Dessert und Getränke. Das Hauptmotiv für „grazing" sei es, möglichst viele Leute zu sehen und von ihnen gesehen zu werden, also gewissermaßen die Ersetzung der Tafel durch den Rummelplatz. Speisenauswahl und Getränkewahl spielen dabei eine absolut untergeordnete Rolle, die Öffentlichkeit tritt an die Stelle des gemeinsamen Genießens.

rung Grimods hinausgehende Ausdeutung zu geben.[280] Das soll hier im weiteren geschehen, allerdings nicht ohne zu erwähnen, daß bereits Brillat-Savarin die Tafel als konfliktfreien Typ von Gesellschaft en miniature ansah und damit als ein Modell für Gesellschaft, wie sie sein sollte: „Die Feinschmeckerei ist eines der stärksten gesellschaftlichen Bande; sie breitet täglich jenen geselligen Geist aus, der die verschiedenen Stände vereinigt, sie mit einander verschmilzt, die Unterhaltung belebt und die Ecken der gebräuchlichen Ungleichheit abschleift."[281] Das wird dann bei Fourier konsequent fortgesetzt und zum utopischen Bild einer auf Essen und Liebe aufgebauten Gesellschaft der Harmonie ausgestaltet. Beide sind Ausgestaltungen der sozialen Anziehungskräfte und daher in der Gesellschaft der Harmonie keinen Mäßigungsbeschränkungen unterworfen, was Fourier schon zu seiner Zeit den Vorwurf der Immoralität und der Propagierung exzessiver Orgien eingetragen hat. Allerdings erfahren wir über wirkliches Essen von ihm weniger als von seinen gastrosophischen Vorgängern und über wirkliche sexuelle Exzesse weniger als bei de Sade, ihm kam es mehr auf die ökonomischen, philosophischen und politischen Konsequenzen seiner kosmologisch begründeten Annahmen an, daß Essen und Liebe die soziale Welt zusammenhalten würden. Allerdings ist es nicht unwichtig festzuhalten, daß Fourier damit lediglich an der Spitze einer radikalen säkularen Umwertung steht: was die Kirche, und im Einklang mit ihr in diesem Falle die Philosophen, durch die Jahrhunderte hindurch als Sünde oder wenigstens als dem animalischen Bereich zugehörig und damit verächtlich abgewertet hatten, die Freuden der Tafel, das wird hier als besondere, weil sozialisierende Tugend herausgestellt. Das reicht allerdings über den Mandevilleschen Grundsatz hinaus, daß „private vices" „public benefits" seien; denn dieser Grundsatz legitimiert ja nur den privaten ökonomischen Egoismus, der – nach Hegel dann – durch eine „List der Vernunft" in deren Objektivität umschlägt. Hier aber ist das private Laster weder privat noch ein Laster. Die Tafel und das Geschehen an ihr, das als gemeinsames Genießen immer schon mehr ist als das Füllen eines individuellen Körpers mit Nahrungsmitteln, wird zum Ort sozialer Tugenden. Der kommunikative Text der Genossenschaft ist das Geschehen, um das es geht. Die Tafel dezentriert das autonome und sich um sich selbst sorgende Subjekt: „Jemanden einladen, heißt für sein Glück sorgen wollen," sagt Brillat-Savarin.[282]

Auf dem Lande gibt es den Familientisch, an dem auch der Gast und auch der Parasit seinen Platz findet. In der Stadt aber gibt es Gastwirtschaften und Speisegaststätten, in denen der „Stammtisch" eine geregelte Ausnahme bildet. Aller-

---

280 M. Onfray: La raison gourmande, S. 44.
281 J. A. Brillat-Savarin: Physiologie des Geschmacks, S. 171.
282 Ebd., S. 24.

dings hielten sich auch bis weit ins 19. Jahrhundert Gaststätten, die einen „Table d'hôte" hatten, einen großen Tisch in der Mitte des Raumes, an den sich alle setzten und an den gemeinsamen Schüsseln teilhatten. Heute jedoch hat sich durchgesetzt, daß die Gäste sich auf die diversen Tische verteilen; die Familie des Gastwirts, wenn sie überhaupt noch in der Gaststube speist, begibt sich ins Abseits, an den Rand, fast in die Unsichtbarkeit. „Gast" bekommt hier eine ganz andere Bedeutung. Der Tisch als die mögliche Mitte wird in Gastwirtschaften quasi institutionell bereitgehalten. Aber nichts hindert, daß der „Gast" alleine kommt, sich alleine an einen Tisch setzt, d.h. eine Tischgesellschaft vermeidet und eigentlich nur zur Einnahme von Speisen gekommen sein wird. Oft aber wird man gemeinsam in ein Restaurant gehen oder sich dort treffen, um dort mehr zu tun als nur Speisen zu sich zu nehmen.[283] Das Maß der Gemeinsamkeitsorientierung zeigt sich nicht erst am Ende, wenn der Kellner fragt, ob es eine gemeinsame oder getrennte Rechungen geben solle, es zeigt sich schon am Anfang in den Verhandlungen über das Menü. Wird etwas Gemeinsames bestellt, oder bestellt jeder für sich à la carte. Südeuropäisch ausgerichtete Restaurants gehen in stärkerem Maße von einer Gemeinsamkeit aus, sie bieten Vorspeisenplatten (antipasti) für x Personen an, oder auch Hauptgerichte mit einer Diversität, die nur für mehrere Personen sinnvoll und machbar ist. Aber selbst wenn man – mitteleuropäisch – à la carte bestellt, gibt es Abstimmungsprobleme. Wählt nämlich einer eine Vorspeise, der andere aber nicht, dann zwingt er diesen zum Warten, während er schon speist. Also ist auch diese Entscheidung keine, die allein vom individuellen Körper und seinem Magen diktiert wird. Das gleiche gilt für die Auswahl des Weins. Die Zeiten, in denen der Mann diese Auswahl auch für seine Partnerin traf, sind – wenn es sie jemals gegeben haben sollte – jedenfalls vorbei. In einem Benimm-Ratgeber von 1958 heißt es noch: Auf deine Tischdame „wirst du übrigens schon deshalb ein Auge haben, weil es dir obliegt, sie mit Essen und Trinken zu versehen." Im übrigen auch mit einer „kleinen Unterhaltung".[284] Heute – wenn nicht schon immer – wird man sich über den Wein zu einigen versuchen, zumal dann wenn man eine Flasche bestellen möchte, oder darüber, daß jeder sein eigens Getränk nach Maßgabe der gewählten Speisen auswählt.

Die Wichtigkeit des sozialen Aspekts des Speisens erkennt Joanne Finkelstein auch darin, daß heuzutage im „Dining-out", im Auswärts-Speisen, jenseits des Speisen-Angebots und der kulinarischen Fertigkeiten des heimischen Kochs

---

283 Zum Restaurant als Ort sozialer Präsentation s. die soziologische Untersuchung von J. Finkelstein: Dining out.

284 Für jeden Tag, hg. v. Georg Kleemann, Stuttgart: Franck'sche Verlagshandlung 1958, S. 23.

oder der Köchin, ein sozialer Aspekt zur Geltung komme.[285] Sie ist allerdings (1989) noch der Überzeugung, daß der Code von 1958, den ich erwähnte, immer noch seine Gültigkeit habe: Frauen dürften nicht zuende essen, wenn ihre männlichen Partner abgeschlossen hätten, Frauen dürften durch besondere Speisekarten in manchen Lokalen nicht wissen, was die Gerichte kosteten, weil der Mann zu bezahlen hat, Frauen würden sich unwohl fühlen in der Sonderrolle, bedient zu werden, wo sie doch zum dienen erzogen seien (Grundlage dieser letzteren Aussage ist eine Studie von Murcott von 1983 über „some South Wales households"), Frauen werden, wenn sie ohne Männer in Restaurants erscheinen, schlechter bedient usw.[286]

Platons Vorbehalte gegen den Essengenuß hatten wir schon kennengelernt. Nun gibt es einen der Platonischen Dialoge, der auf den ersten Blick in die gegenteilige Richtung zu weisen scheint, ich meine den Dialog „Das Gastmahl/Symposion". Dieser Dialog geht auf eine tatsächliche Begebenheit zurück, nämlich ein Gastmahl, das der Dichter Agathon im Jahre 416 v. Chr. gegeben hat. Zweifellos hat Platon den etwa 15 Jahre später geschriebenen Dialog sehr frei gestaltet. Und so kommt es, daß auch in diesem Dialog wieder einmal Sokrates die Hauptfigur ist und nicht der seine Erfolge feiernde Gastgeber Agathon. Das ist so, obwohl Sokrates sich erheblich verspätet. Aus dem Anlaß dieses Gastmahls hat der „Stadtstreicher" Sokrates[287] sich gebadet und Schuhe angezogen, „was bei ihm eine Seltenheit war"[288]. Und auch sein Nocht-nicht-Erscheinen, so wie es berichtet wird, ist seltsam: er „steht etwas abseits in der Vortür eines Nachbarhauses"; der Aufforderung, doch einzutreten, folgt er nicht, sondern in seiner gewohnten Art „entfernt er sich zuweilen ein Stück und bleibt stehen, wo es gerade ist [...] Stört ihn also nicht, sondern laßt ihn."[289] Während

---

285 J. Finkelstein: Dining out, S. 2: „Of course, it is necessary to eat to maintain the body, but, in a restaurant, eating is not a simple matter of survival, dining out transforms the act into a social event rich in the character of its setting."

286 Ebd., S. 49-51.

287 So Gabriel Laub: „Das Geschäft des Philosophen", in: Conceptus 18, 44 (1984), S. 136-143.

288 Ich zitiere im folgenden unter der Stephanus-Angabe aus der Übersetzung von O. Apelt. Platons Gastmahl, übers. v. O. Apelt, Leipzig: Meiner 1926 ND Hamburg 1988, hier 174a. Daß Sokrates anläßlich der Einladung gebadet hat und dieses eigens erwähnt wird, kann tatsächlich nur als eine Besonderheit dieser Person besondere Erwähnung finden; denn das Baden vor dem Mahl war in Griechenland allgemein üblich: Nur also wenn man die Lebensweise von Sokrates als Maß wählt, ist sein Baden erwähnenswert; für ihn ist es eine erwähnenswerte Anpassung an die guten Sitten seiner Zeitgenossen, s. Matthias Klinghardt: Gemeinschaftsmahl und Mahlgemeinschaft, Tübingen, Basel: Francke 1996, S. 47ff.

289 175b.

alle anderen sich nun am Festmahl ergötzen, bleibt der Urvater der Philosophie dösend vor dem Nachbarhaus stehen.

Und als er dann endlich nach der Hälfte des Mahles doch noch erscheint und der Gastgeber ihn ironisch-scherzend auffordert, neben ihm Platz zunehmen, „damit auch mir der Weisheitsfunken zugute komme, der dir dort am Hauseingang aufblitzte", da weiß Sokrates nur voller Spott zu antworten. Immerhin nimmt er dann gemäß dem Bericht am Rest des Mahles und des Trinkens teil. Von dem Essen selbst, wie könnte es auch anders sein, erzählt Platon weiter nichts, wohl aber von dem Trinken. Nach einem Intermezzo, bei dem Gott Dionysos geopfert wird und dieser Gott von Agathon zum Schiedsrichter in Fragen der Weisheit ausgerufen wurde (immerhin bemerkenswert, daß dieser Gott der Ausschweifungen als Gott der Weisheit angesehen wird, erst Nietzsche wird wieder darauf zurückkommen), beginnt das Trinkgelage. Wegen eines Trinkgelages bereits am Vortage wählt man die „freieste und leichteste Form" des Trinkens, das heißt wohl, daß das Trinken durch Gespräche und Reden aufgelockert werden soll, obwohl hier Sokrates als einer geschildert wird, der so trinkfest ist, daß ihm auch die harte Form des Trinkens, also eines Kampftrinkens, läge. Man einigt sich also, unterstützt durch Bedenken des Arztes gegen Trunkenheit, auf ein Trinken ohne Zwang, nur nach Behagen des Einzelnen. Auch eine Flötenspielerin wird gleich wieder fortgeschickt: „sie mag sich selbst etwas vorspielen oder wenn sie will, den Weibern dort drinnen".[290] Die Männer wollen sich durch Reden unterhalten, Musik stört da anscheinend nur. (Man hört Platons Vorbehalte gegen die Musik, das wird bei Kant wiederbegegnen.) Die einzelnen Gegenstände dieser Reden und Gespräche, die sich alle um Eros drehen, sind für unseren Zusammenhang von geringerem Interesse, mehr jedoch der Modus dieser Reden, wie er dann von Sokrates entlarvt wird.

Alle haben nach Kräften den Eros gelobt, einer schöner als der andere. Sokrates aber, als die Reihe an ihn kommt, erweist sich wieder einmal als der Spielverderber, als den wir ihn auch aus den anderen Dialogen kennen. Er sagt nämlich, er habe geglaubt, Loben bestünde darin, gutes Wahres auszusagen, d.h. unter dem Wahren das Gute und Schöne auszuwählen und rednerisch auszubreiten, das könne er, da er ein Wahrheitsexperte sei. Aber er habe nun die Erfahrung gemacht und begriffen, daß es den Lobredenden überhaupt gar nicht auf die Wahrheit ankomme. Vielmehr reiche den Lobredenden offenbar der bloße Anschein in ihrem Loben, d.h. ein bloß scheinbares Loben. Indem Sokrates die Unterscheidung des Anscheins des Lobens von dem wirklichen Loben (nämlich des in Wahrheit Lobenswerten) einführt, zerstört er das gesellige einträchtige Spiel,

---

290 176d.

indem er die verabredete Spielebene und ihre Regeln verläßt, so als würde während eines Schachspiels einer der Spieler pseudo-entlarvend feststellen, eine fragliche Figur sei in Wirklichkeit gar kein König, sondern bloß eine Elfenbeinfigur. Der ungezogene Spielverderber Sokrates steigert seinen Wahrheitsfanatismus dann noch um ein weiteres Stück mit der Einführung der Unterscheidung von Zunge und Geist. Seine Zunge habe versprochen zu loben, sein Geist aber könne das nicht auf die Weise, wie hier Loben verstanden würde und die anderen es getan hätten, also gewissermaßen, nur mit der Zunge. „Auf diese Weise geb' ich mich zu keinem Lobe mehr her. Ich könnte es ja nicht. Indes die Wahrheit, wenn es euch recht ist, will ich doch sagen auf meine Art, nicht im Ton euerer Reden, um mich nicht lächerlich zu machen."[291] Es ist nicht ganz klar, was er mit diesem Lächerlichmachen meint. Ist es die Furcht, die Wahrheitsbindung des Geistes als eine Behinderung im Wettstreit der Lobenden zu erfahren und also durch diese Behinderung im Vergleich zu den anderen eine schlechte Figur abzugeben, oder ist es die Furcht, sich vor sich selbst (vor dem „Geist" also, der nichts mit der Zunge zu tun hat) so lächerlich zu machen, wie alle anderen es bereits mit ihrem spielerischen Verzicht auf Wahrheitsbindung unfreiwillig getan hatten?

Die dann ausgebreitete Liebeslehre, in der sich Sokrates auf seine Liebeslehrerin Diotima beruft,[292] verdiente eine eigene Untersuchung, die aber nicht in dieses Spiel einer „Kritik der kulinarischen Vernunft" gehörte. Die Ironie des Textes besteht nun darin, daß nach der Rede des Sokrates alle Anwesenden „voll des Lobes" gewesen wären. Wie kann der, der als Spielverderber auftreten und ernstgenommen werden wollte, die Erweiterung der Spielregeln hinnehmen, durch die sein Spielverderbertum als ein möglicher und besonders raffinierter Zug des Spiels selbst gewertet werden kann. Die Wirklichkeit der Transzendenz bleibt demnach selbst immanent. („Die Transzendenz: eine typisch europäische Krankheit"[293])

Interessant ist auch die letzte Szene des „Gastmahls". Dort poltert der betrunkene Alkibiades auf den Spielplatz des Geschehens, begleitet von einer der zuvor ausgeschlossenen Flötenspielerinnen. Der trunkene Alkibiades erhebt, wegen seiner Trunkenheit unfähig, sich zu verstellen, gleichfalls Anspruch auf Wahrheit.[294] Wir haben es also hier mit der Alternative der worttrunken Lobenden, deren Spiel durch den philosophischen Wahrheitswillen infrage steht, der aber sei-

---

291 199a/b.
292 Dazu immer noch lesenswert Friedrich Schlegel: „Über die Diotima", in: ders.: Prosaische Jugendschriften, hg. v. Jakob Minor, Wien: Konegen 1882, I, S. 46-74.
293 G. Deleuze/F. Guattari: Tausend Plateaus, S. 32.
294 O. Apelt, in: Platon: Sämtliche Dialoge, S. 80, kommentiert: „Wein und Wahrheit stehen in gutem Einvernehmen miteinander."

nerseits fast gelobt, d.h. in das Spiel einbezogen worden wäre einerseits, dem weintrunkenen, dionysischen „Wahrheits"sager andererseits zu tun. Oder wenn man es anders ausdrücken möchte: der hochkulturellen Vermittlung, die nach Sokrates die Wahrheit verdeckt, einerseits, der Unmittelbarkeit andererseits zu tun, oder wenn man nach Davos blicken möchte, mit Cassirer und Heidegger.[295] – Der im Text der Lobpreisungen eingebundene und vermittelte Gott Eros wird von Dionysos herausgefordert, der ja schon zu Beginn des Dialogs als Schiedsrichter in Fragen der Weisheit ausgerufen worden war.[296] Der lärmende Alkibiades wird mit Jubel zugelassen, und prompt nimmt er die von der Struktur des Platonischen Denkens eigentlich nicht vorgesehene Position des Dritten ein:[297] er zwängt sich zwischen Agathon, den gefeierten Gastgeber und Sokrates, den zuvor auf andere Weise störenden philosophischen Stadtstreicher.

Alkibiades, dieser Dritte, stellt nun als allererstes die Frage nach dem Dritten, weil er den Sokrates zuerst nicht wahrgenommen hatte. Wer aber jeweils der Dritte ist im Sozialen, das steht nicht fest, sondern diese Zuschreibung rotiert.[298] Alkibiades greift Sokrates an, indem er bezweifelt, daß dieser zu recht seinen Platz neben dem „Schönsten aller Tischgenossen" eingenommen habe und möchte ihn, obwohl wir wissen, daß er frisch gebadet ist, lieber in der Ecke der Spaß-

---

295 Abgedruckt ist das von Joachim Ritter angefertigte Protokoll jener Begegnung in: Martin Heidegger: Gesamtausg. I, 3, Frankfurt a. M.: Klostermann 1991, S. 274-296; s. dazu Karlfried Gründer: „Cassirer und Heidegger in Davos 1929", in: Über Ernst Cassirers Philosophie der symbolischen Formen, hg. v. Hans-Jürg Braun, Helmut Holzhey, Ernst Wolfgang Orth, Frankfurt a. M.: Suhrkamp 1988, S. 290-302; Hans Blumenberg: „Affinitäten und Dominanzen", in: ders: Ein mögliches Selbstverständnis, Stuttgart: Reclam 1997, S. 161-168; Cassirer – Heidegger. Siebzig Jahre Davoser Disputation, hg. Dominic Kaegi, Enno Rudolph, Hamburg: Meiner 2002.

296 175e.

297 Vgl. K. Röttgers: „Der Sophist"

298 Das ist in doppelter Hinsicht interessant. Einerseits zeigt das Gerangel, daß die feste soziale Ordnung auseinandergeraten ist, die eine feste Sitzordnung vorsah, s. M. Klinghardt: Gemeinschaftsmahl und Mahlgemeinschaft, S. 75ff., in der die einzelnen Positionen sogar ihre festen Bezeichnungen hatten. Andererseits verweist dieses Gerangel um den Platz des Dritten auf ein noch bestehendes Bewußtsein der Bedeutung der Position des Dritten. Das Standard-Syssitium bestand aus drei um einen Tisch gruppierten Triclinien, Sofas, auf denen jeweils drei Personen (liegend) Platz fanden. Folgen wir Platons Darstellung, dann müssen wir offenbar annehmen, daß auf dem mittleren Triclinium vor dem Eintreffen des Alkibiades nur zwei Personen lagen, Agathon und Sokrates. Das aber bedeutet nicht weniger als daß sich Agathon, der ja Sokrates einlud, neben sich Platz zunehmen, sich auf das agonale, dialogische Spiel des Sokrates eingelassen hatte, bevor der Dionysische zum sophistischen Dreierspiel zurückkehren ließ, s. Kurt Röttgers: „Der Sophist".

macher sehen. Eigentlich gibt Sokrates dieser Zuweisung sogar recht, indem er Agathon höchst ironisch um Hilfe vor der auf ihn bezüglichen Liebesraserei des Alkibiades bittet. Das wird von Alkibiades der Sache nach zurückgewiesen, zugleich aber lobt er ihn als den, „der im Redekampf alle Menschen [...] immerdar überwindet."[299] Die Lästerungen des Sokrates durch Alkibiades lassen nicht nach: „glaubst du denn irgend etwas von dem, was Sokrates soeben sagte? Laß dir nur gesagt sein: das gerade Gegenteil von dem, was er sagte, ist wahr."[300]

Alkibiades' Wendung ist mehr als raffiniert. Er unterstellt dem Sokrates, wenn dieser sich gegen die Lobrednerei gewandt habe, daß er selbst sich für den allein der Wahrheit nach Lobenswerten halte. Also ist es nur konsequent, wenn Alkibiades jetzt zu einer Lobrede auf Sokrates statt auf den Eros anhebt. Sokrates begreift die Ironie und fragt. „Willst du in deiner Lobrede mich lächerlich machen?" Denn zuvor hatte Alkibiades angekündigt, daß eine Lobrede auf Sokrates auch eine Rache an ihm sein könnte. Und er toppt das Argument des Sokrates, das er wegen seiner verspäteten Ankunft gar nicht kennen konnte, nur die reine Wahrheit werde er sagen. In dieser Lage kann natürlich Sokrates, dieser Wahrheitsfanatiker, gar nicht mehr anders als zuzustimmen, ja es zu befehlen, daß nun Alkibiades die Wahrheit über Sokrates sage. Diese Wahrheit über Sokrates gipfelt in der These: „Sein ganzes Leben aber ist ein fortwährendes ironisches Spiel der Verstellung und der Hänselei[301] der Menschen." Als Beleg erzählt er die Geschichte, wie er versucht habe, den Sokrates zu verführen. Er tat es aber in drei sich steigernden Schritten: 1) durch bloßes Alleinsein mit Sokrates; 2) durch gymnastische Übungen und Ringkämpfe mit ihm: „alles umsonst"; 3) durch Speisen mit Sokrates. Daß nun hier von Platon dem Speisen die stärkste erotische Verführungskraft zugeschrieben wird, stärker als Gymnastik und Ringen, scheint für uns sehr bemerkenswert, und wir werden darauf zurückzukommen haben. Sokrates aber habe für die Schönheit und die verführerischen Reize des Alkibiades nur „Spott und Hohn" übrig gehabt. Die Weisheit des Sokrates, die auch Alkibiades schmerzlich begreifen mußte, ist Leibverachtung, Unempfänglichkeit für sinnliche Reize. Veranschaulicht wird diese starke These auch durch den Bericht über Erfahrungen im gemeinsamen Feldzug und die Tischgenossenschaft. Sokrates kann mühelos auf Nahrung verzichten, und er kann auf der anderen Seite essen und trinken „in Saus und Braus" – „ohne besondere Neigung dafür [für das Trinken]." Er ist trinkfest, aber er wird nie trunken. Diese Leibverachtung,

---

299 213e.

300 214d.

301 Schleiermacher übersetzt: „treibt Scherz mit ihnen". Platon: Sämtliche Werke, hg. v. Walter F. Otto, Ernesto Grassi u. Gert Plamböck, Reinbek: Rowohlt 1957, II, 216e (S. 244).

das hat Alkibiades sehr wohl begriffen, und er bewundert es, ohne es für sich nachvollziehen zu können und vielleicht auch nicht zu wollen, ist geschuldet der Erfindung eines Inneren, einer sogenannten unsterblichen Seele, die mit dem Leib, der Sinnlichkeit und allen, auch den kulinarischen, Reizen in keinerlei Verbindung steht. Deswegen erscheint Sokrates' Behandlung seiner Mitmenschen, die normalerweise auch leibvermittelt und sinnlichkeitsvermittelt miteinander verkehren, wegen dieser Distanz seines „Inneren" davon als Hohn und Spott. Der wahre Sokrates ist eben nicht der, der am Tisch Platz genommen hätte.– Nach einem Gerangel um den Platz des Dritten, d.h. desjenigen, der in der Mitte sitzen darf, bricht ein allgemeines Chaos aus und der Bericht endet alsbald.[302]

Michel Serres, in seinem „Parasiten", kommentiert die Szene der sokratischen Liebesverweigerung:

„Welche Verachtung, welcher Hohn, welche Beleidigung. Er macht keine Liebe. Und gerade das, sagt man, ist sein Ruhm, sein Wert, das großartige Standbild. Sie haben nie etwas anderes getan als reden, reden, übers Reden reden, reden, um zu sagen, was sie reden werden, eine geschwätzige Philosophie. [...] Kein Brot für die Armen, keine Liebe für die Menschen, kein Wein für die Feste, nichts, immer nichts, Wind, nichts als Wind. [...] nicht einen Bissen, nicht ein Glas, nicht das mindeste, nur Worte, nichts als Worte. / Auf diesem Gastmahl gab es nichts zu beißen. Alte Philosophie, neue Küche."[303]

Die Dreierkonstellation Agathon – Sokrates – Alkibiades deutet Serres, etwas gewagt, so: Sokrates, der Philosoph, liebt (auf philosophische, d.h. sich nicht erfüllende Weise) den Agathon, das heißt das Gute, verbunden mit dem Schönen und Wahren. Alkibiades tritt dazwischen, er ist der Dritte, zugleich aber die Inkarnation des Eros (des Mediums zwischen den Menschen), Alkibiades liebt nicht die Ideen, sondern die Menschen. „Er liebt Agathon, er will von Sokrates geliebt werden, er will nicht, daß Sokrates den Agathon liebt."[304]

„Plötzlich tritt Sokrates zwischen Alkibiades und Agathon. Er stört ihre Liebe, nun ist er dazwischen, ist er Parasit. Aber Alkibiades, der den Agathon liebt, bittet diesen, sich zwischen ihn und Sokrates zu setzen, damit sie beide ihn sehen und berühren können; doch der Philosoph verweigert dies aus Gründen der gewohnten Redeordnung. Er kann es nicht ertragen, daß das Gute in der Position des Eros stehe."[305]

---

302 Die implizite Botschaft dieser Beschreibung ist klar: Der Dritte muß ausgeschlossen werden, er stört.
303 M. Serres: Der Parasit, S. 377.
304 Ebd., S. 380.
305 Ebd., S. 380f.

Hat man nach dem Platonischen Bericht den Eindruck, das antike Griechenland wäre eine Säufergesellschaft gewesen und der trinkfeste Sokrates sowie sein trunkener Verehrer Alkibiades Prototypen dieser Gesellschaft und nimmt man dann noch den offensichtlichen Alkoholismus Alexanders „des Großen" hinzu,[306] so hat man ein im wesentlichen falsches Bild gewonnen. Das Wesentliche an den Gastmählern war nicht die Trunkenheit, die man sich ohnehin außer im Heer Alexanders nur selten erlauben konnte. Das Wesentliche war die Tischgenossenschaft. Diese war, am konsequentesten in Sparta, das Verbindende und Definierende einer sozialen Gruppe, nämlich dort der Männer über 30, die sich als συσ-σίτοι organisierten, als diejenigen, die zusammen lebten und zusammen speisten, an einem συσσίτιον (einer gemeinsamen Mahlzeit) teilnahmen. Charakteristisch ist ferner, daß das griechische Verbum für „essen" ein Passivum ist (σι-τεύεσθαι) zu dem Verb zu „füttern". Essen heißt also gefüttert werden. Die Mahlzeit ist demnach primär eine soziale Distributionsveranstaltung. Daher ist in unserem Sinne der Tisch, das Medium, so wichtig, er definiert die Esser. Nach Georg Simmel symbolisiert der Teller in seiner kreisförmig-idealen Abgeschlossenheit die Ordnung, die dem Individuum, dem einzelnen Esser, gibt, was ihm als Teil einer Ganzheit zusteht und zugleich ihn daran hindert, darüber hinauszugreifen. In ihrer zugestandenen Individualität aber sind alle wiederum gleich, symbolisiert durch die Gleichheit aller Teller.[307]

Anders als bei den griechischen Symposien oder Syssitien, die die Geschlechter trennten und wir im Grunde nur von den Mahlzeiten der Männer etwas wissen, war es in Rom üblich, in der Familie, d.h. unter Einschluß der Frauen und Kinder, zu essen. Auch Rom kannte jedoch das feierliche Gastmahl[308], cena genannt, und es ist höchst bemerkenswert, was Gellius darüber aus Varros Satiren berichtet; er schreibt, daß die Zahl der Gäste die Zahl der Grazien überschreiten, die Zahl der Musen unterschreiten solle.[309] „Denn mehr Gäste (einzuladen),

---

306 Hans-Joachim Gehrke: Alexander der Große, München: Beck 1996, S. 10ff.

307 G. Simmel: „Soziologie der Mahlzeit".

308 Daß die täglichen Mahlzeiten sowohl in Griechenland als auch in Rom sehr viel bescheidener aussahen, auch viel bescheidener als im heutigen Europa, das ist vorstellbar, Einzelheiten dazu wiederum bei M. Klinghardt: Gemeinschaftsmahl und Mahlgemeinschaft, S. 49ff.

309 Diese Maxime findet sich dann spät sogar noch in Kants Maximen zur Bewirtung; und viele wiederholen oder erwähnen die Kantische Regel, ohne von der antiken Quelle zu wissen. Kant selbst erwähnt allerdings Chesterfield als Quelle dieser Maxime. I. Kant: Gesammelte Schriften VIII, S. 278. Auf welche der Schriften Chesterfields sich Kant bezieht, konnte nicht festgestellt werden, offenbar nicht auf die weit verbreiteten „Letters to his Son", die 1774-1777 auch in deutscher Übersetzung vorlagen, infrage kämen auch die „Miscellaneous works", die 1778-80 in deutscher Übersetzung erschienen waren. Auch R. Brandt löst dieses Rätsel

fährt er selbst fort, scheint deshalb weniger geeignet, weil eine größere Anzahl meist überlaut lärmt [...]"[310] Insgesamt gelte es vier Dinge zu beachten: die Auswahl der Gäste, der Lokalität, der Zeit und der Speisen. Was die Gäste betrifft, so solle man „weder schwatzhafte, noch stumme Gäste einladen, weil sich ein Breitmacher mit seiner Beredtheit wohl für öffentliche wie für Privatverhandlungen eigne, ein fortwährendes Stillschweigen sich aber nicht mit der Tafelfreude vertrage, sondern mehr in die Schlafkammer gehöre."[311] Antisokratisch sind auch seine Empfehlungen für die Gesprächsgegenstände, sie sollen „angenehm und anlockend sein und unter Scherz und Munterkeit nur Nützlichkeitsrücksichten anstreben."[312] Das Wichtigste war also auch hier der soziale Aspekt der Tischgenossenschaft. Diese Aspektverschiebung wurde in Rom getragen und unterstützt von der stoischen Komponente des römischen Selbstverständnisses, für das Poseidonius etwa die Mäßigkeit im Essen (darin sich selbst absetzend von der immer noch als überlegen empfundenen griechischen Kultur) typisch für den Römer ansah. Das änderte sich freilich in der späteren Kaiserzeit, aus der wir Beschreibungen üppigster Gastmähler und ihrer Ausschweifungen haben.

Tischsitten

Wenn die Mahlzeit eine Kulturform der Organisation von Sozialem zwischen der Gemeinschaft, die vorgängig besteht, und der Gesellschaft, die nur auf Übereinkunft (Vertrag, Tausch o. ä.) beruht, ist, dann wird diese Kulturform sich auch in so etwas wie Regeln und Normen der Ausgestaltung dieses Sozialen ausdrücken. Zu dieser Thematik gibt es umfangreiche Untersuchungen von Elias[313], Lévi-Strauss, Bourdieu, Fisher; diese werden hier nicht ausführlich referiert, sondern nur einige Grundlinien aufgezeigt, im übrigen pauschal auf diese Werke verwiesen, deren Beiträge nicht unbedingt zum Focus einer Kritik der kulinarischen Vernunft gehören. Das fängt an bei einer gewissen temporalen Ordnung, einer Regelmäßigkeit der Essenszeiten, die nur so als gemeinsame möglich sind. Im Zuge einer um sich greifenden Entdifferenzierung von Gesellschaft wird heu-

---

nicht auf: Reinhard Brandt: Kritischer Kommentar zu Kants Anthropologie in pragmatischer Hinsicht (1798), Hamburg: Meiner 1999, S. 280.

310　Aulus Gellius: Die attischen Nächte, hg. v. Fritz Weiß, 2. Bde., Leipzig: Fues 1875 (ND Darmstadt 1981), II, S. 180.

311　Ebd. II, S. 181.

312　Ebd.; auch darin konvergiert Simmel, der für Tischgespräche vorschreibt, sie sollten „allgemeine, typische Gegenstände und Behandlungsarten" beinhalten, G. Simmel: „Soziologie der Mahlzeit", S. 146: Intimitäten oder individuelle „Tiefen" seien zu vermeiden. Auch Kant ist Anti-Sokratiker in dieser Hinsicht, dazu s. u.

313　Norbert Elias: Über den Prozeß der Zivilisation, 2. Aufl., Bern, München: Francke 1969, I, S. 110-174: „Über das Verhalten beim Essen".

te das Jederzeit-Essen sowohl ermöglicht durch Restaurants, die rund um die Uhr immer das gleiche anbieten, als auch propagiert und angeregt wird, z.B. durch rund um die Uhr gesendete Fernsehprogramme, während derer man jederzeit irgend etwas essen kann und, durch Werbung angeregt, essen sollte.[314] Das geht aber dann auch über in die Ordnung der Örtlichkeiten, des Mobiliar und der Gerätschaften für die Einnahme der Mahlzeiten und geht schließlich über in die Körperhaltungen beim Essen und die zulässigen Gesprächsgegenstände und die Umgangsformen bei Tisch. (Methodische Zwischenbemerkung: Während Raum und Zeit in der „Kritik der reinen Vernunft" in die Transzendentale Ästhetik des einzelnen, aber die Allgemeinheit repräsentierenden Subjekts gehört, ist in einer der Sozialphilosophie des kommunikativen Textes verpflichteten „Kritik der kulinarischen Vernunft" der Platz von Raum und Zeit auch in der Transzendentalen Dialektik, weil die Sinnlichkeit des Nahsinns Geschmack keinen Raum erschließt und seine Zeit vergißt, welche dann erst als sozial organisierte und kulturelle in Erscheinung treten.)

Die Essenszeiten waren und sind bis heute regional verschieden. Die Hochkulturen der Antike sahen – als mediterrane Kulturen – eine Hauptmahlzeit am Abend vor. In der Mittagshitze die Hauptmahlzeit zu sich zunehmen, wäre nicht nur unzweckmäßig für die Körperfunktionen, sondern auch für die sozialen Funktionen. In Deutschland dagegen hat sich aus Zeiten, als die Familienbetriebe um das Haus organisiert waren, sei es bäuerlich, sei es handwerklich, und wo die Sonne eher unterging, man also eher zu Bett ging, die Mittagsmahlzeit als Hauptmahlzeit etabliert und in gewissem Sinne und in gewissem Umfang bis heute erhalten. Trotz Empfehlungen von Ernährungsphysiologen hat sich nur in wenigen Gesellschaft die erste Mahlzeit am Tage als bedeutende Mahlzeit etablieren können („full English breakfast", man vergleiche demgegenüber „le petit dejeuner", für das eigentlich nur eine große Tasse Kaffee obligatorisch ist). Das Wichtige aber ist, daß es feste Essenszeiten gibt, durch die der sozial bestimmte Abstand von dem reinen Naturalismus der Beseitigung individueller Hungergefühle, wann immer sie auftreten, festgelegt ist.

Viele Kulturen sehen für die Einnahme der Speisen spezielle Räumlichkeiten vor, ein weiteres Indiz, daß es nicht nur um Ernährung dabei geht. Die Räum-

---

314 J. Finkelstein: Dining out, S. 117, meint sogar (ich vermute irrtümlicherweise), daß das Jederzeit-Essen die Ethik der bürgerlichen Moderne sei, und zwar weil es keine Befriedigung der unendlichen Bedürfnisse des bürgerlichen Subjekts gebe. Die Zerstörung des Instituts der Essenszeiten geht einher mit der Aufhebung des Tabus, jemanden privat zu Essenszeiten anzurufen. Dem Jederzeit-Essen entspricht ein telekommunikatives „Allzeit zuhanden"; s. dazu: Allzeit zuhanden, hg. v. Kristóf Nyíri, Wien: Passagen 2002.

lichkeiten der antiken Mahlzeiten sind einigermaßen bekannt.[315] Private Mahlzeiten wurden im Triclinium eingenommen. Dessen Name rührt daher, daß standardmäßig drei Dreierliegen um einen Tisch herum angeordnet wurden. Für größere Festmähler mit geladenen Gästen wurde in Griechenland das Herrenzimmer (Andron) genutzt. Unter sozialphilosophischem Aspekt ist die Ausgestaltung des Speisezimmers durch eine Dreierordnung höchst aufschlußreich und belegt die allgemeine These, daß Gesellschaftlichkeit nicht durch die Verallgemeinerung von Anerkennungsstrukturen in Dyaden, sondern durch Auftreten der Figur des Dritten konstituiert wird. Lagen in Griechenland nur zwei Personen auf einer dieser Liegen, dann „fehlte" einer. Im Platonischen „Symposion" mit seiner durch Sokrates gestifteten Unordnung bleibt unklar, wer der Dritte sei: Sokrates oder Alkibiades.[316] In der Regel aber gab es eine strenge Platzordnung, gerade damit kein Streit entstehen konnte. Es gab privilegierte Plätze, und es gab Personen, die durch eine Positionsprivilegierung ausgezeichnet werden sollten. Durch die Dreierzahlen der Mahlteilnehmer ergab sich die Zahl Neun als Selbstverständliches, aber Abweichungen sowohl nach unten als auch nach oben durch Erweiterung durch weitere Neunergruppen um weitere Tische waren ohne weiteres möglich. Allerdings sollten nicht mehr als drei Personen auf einer Liege sein, um den Anstand zu wahren.

Der älteste überlieferte Architektur-Theoretiker, Vitruv, beschreibt in seinen „De architectura libri decem" im 6. Buch die griechischen Häuser.[317] Dort spricht er von den „triclinia cotidiana"[318], d.h. den Alltagsspeisezimmern. Er nennt aber auch größere Säle (oecos), die bequem vier Triklinien aufnehmen könnten, mitsamt den Sklaven zur Bedienung, den Tänzerinnen, Flötenspielerinnen und Spaßmachern. Die Säle befinden sich im Männertrakt der Häuser, wie ja auch, wie schon erwähnt, die Symposien der Griechen reine Männer-Gelage waren. Das ist bei den Triklinien auch ziemlich konsequent. Vitruv schreibt dazu: „Haec autem peristylia domus andronitides dicuntur, quod in his viri sine interpellationibus mulierum versantur."[319] Vitruv meint, daß die Griechen luxuriöser gelebt hätten und auch mehr mit Reichtümern gesegnet seien als die Römer, was sicher

---

315 Einzelheiten bei D. Klinghardt: Gemeinschaftsmahl und Mahlgemeinschaft.
316 Zur „Abschaffung" des Dritten bei Platon und Aristoteles (Prinzip vom ausgeschlossenen Dritten) s. K. Röttgers: „Der Sophist".
317 Vitruv: De architectura libri decem. Zehn Bücher über Architektur, hg. v. Curt Fensterbusch, 5. Aufl., Darmstadt: Wissenschaftliche Buchgesellschaft 1991.
318 Ebd., S. 290.
319 Ebd.

nicht stimmt.[320] Vielleicht verstanden es die Griechen nur besser, seltene, aber üppige Gastmähler zu organisieren als die Römer im 1. Jh. v. Chr. Frauen waren bei den griechischen Symposien nicht zugelassen. Aber alle Ordnungen der Tischsitten kennen irgendwelche Ausschlußregeln, der Frauenausschluß ist nur eine unter einer Vielzahl bekannter Ausschlußregeln. An einem Ort darf man nicht mit Mördern speisen, anderwärts nicht mit Juden, in Indien nicht mit Angehörigen niederer Kasten usw.. Revolutionäre wie Jesus haben immer wieder einmal solche Exklusionsordnungen durcheinandergebracht. Jesus speiste mit Zöllnern und Sündern, und später speisten Judenchristen ungeniert mit Heidenchristen. Der größeren Permissivität moderner Gesellschaften entsprechend ist es vor kurzem als anstößig empfunden worden, daß ein Gastwirt sein Lokal zur kinderfreien Zone erklärt hat. Heute werden ansonsten aber Exklusionen eher funktional begründet, über Kleiderordnungen, Stile und natürlich über die Preise. Daß ein ungeladener Gast auftaucht und Zulassung zum Mahl begehrt, ist daher immer schon als ein zu lösendes Problem empfunden worden, weil in dieser Situation die Gesetze der Gastfreundschaft mit Ordnungsvorstellungen in Konflikt geraten. Ist die Örtlichkeit auf vier Triklinien ausgelegt, so ergibt sich die Zwölf als durch kosmische Ordnungen bedeutete Vollständigkeit. Der dreizehnte Gast ist der Überzählige, der Unglück bringt, weil er die Ordnung sprengt, so die 13. Fee bei Dornröschen. In modernen Gesellschaften sind durch den Kosmos sanktionierte Exklusionen nicht mehr möglich, also werden sie anders und komplexer organisiert. Jeder, der von einer Beerdigung Kenntnis erhält, ist eingeladen, an dieser teilzunehmen; aber wer am anschließenden „Leichenschmaus" teilnehmen darf, das bestimmen die nächststehenden Überlebenden durch ein Kärtchen, das der Todesanzeige beigelegt wird. Selbst in Gastwirtschaften, die ja im Prinzip jedem offenstehen, gibt es Exklusionen durch Stammtische, Reservierungen von Tischen oder ganzen Räumen als „geschlossenen Gesellschaften".

Hochdifferenzierte Systeme von Tischsitten haben immer auch die Funktion, die Unkundigen auszuschließen. In dem Maße, wie der Adel funktionslos wurde, grenzte er sich durch ein überkomplexes System von Tischsitten vom aufstrebenden Bürgertum ab. Das System war so kompliziert, daß die lesekundigen und bildungswilligen Bürger keine Chance hatten, etwa durch Handbücher sich dieses System anzueignen und dadurch den Verhaltensunterschied zum Adel zu nivellieren. In dieses System mußte man hineingeboren und von Kindesbeinen an hineinerzogen worden sein. In dem Maße freilich, in dem das nicht nur ein auf-

---

320 S. die Berichte bei Klinghardt; danach wurde bei den normalen häuslichen Mittagsmahlzeiten ein mit Wasser angerührter und an der Luft getrockneter Gerstefladen namens maza mit etwas Gemüse verabreicht.

gezwungenes Regelwerk der Dressur zu anständigem Essen war, sondern sozusagen in Fleisch und Blut der Esser übergegangen war, war der wahre Adel nicht mehr an der Perfektion der Dressur erkennbar, sondern an dem Seelenadel, der kleine Regelverletzungen mit der Nachsicht wahrer Größe beantworten konnte. Wie jedes System von Normen hat auch das System der Tischsitten eine Zone tolerabler oder sogar innovativer Regelverletzungen bei sich und sogar systemische Varianten, im Sprachsystem die Allophone wie z.b. im Deutschen die Artikulation des „r" mit der Zunge gerollt oder im Rachen artikuliert, im System der Tischsitten offenbar die Sitte oder resp. Unsitte, die Spitze des Frühstückseis zu zerklopfen und dann mit den Fingern zu entfernen oder mit dem Messer abzuschlagen (zu „köpfen").

In den ältesten griechischen Zeiten wurde im Sitzen gegessen. Zunächst in den Adelsschichten, dann allgemein imitiert wurde die persische Sitte übernommen, im Liegen zu speisen. Das ist heute eher die Ausnahme: Frühstück im Bett, Bettlägerigkeit bei Krankheit oder gewisse exzentrische Lokale.

Eßgerätschaften waren anfangs eher selten. Man aß mit den Fingern oder unter Zuhilfenahme von Brot. Heute ist es allgemein eher umgekehrt, „finger food" bei Stehempfängen, die Lizenz, Geflügel auch unter Benutzung der Finger zu essen und natürlich der ganze Fastfoodsektor etwa im Straßenbereich, bilden die Ausnahmen. Die Benutzung von Eßgerätschaften darf allgemein als eine kulturelle Verzögerung und Umwegigkeit angesehen werden; die Fingernutzung leitet eher zum bloßen Verschlingen von Eßbarem an. Aber wie immer hat der Fortschritt in der Zivilisierung der Eßsitten durch Gebrauch von Eßgerätschaften auch seine Kosten: die Distanz sowohl zur Speise als auch zur den Mitessenden wird erhöht, wie Lothar Kolmer in seinem, einschlägige Forschungsergebnisse zusammenfassenden Beitrag unter dem prägnanten Titel „Ein Glas für Sieben – sieben Gläser für Einen" gezeigt hat.[321] Es wird dann in Zeiten des Übergangs von einem System von Regeln zu einem anderen auch geltend gemacht, daß man so zu essen habe, daß der Tischnachbar sich nicht ekele. Das Argument greift ja nur, wenn der fiktive Tischnachbar bereits die neuen Normen, also nicht mit den Fingern zu essen, bereits internalisiert hat, so daß er es als ekelhaft empfindet, wenn seinem Nachbar das Fett zwischen den Fingern durchrinnt.[322] Es wird nicht

---

321 Lothar Kolmer: „Ein Glas für Sieben – sieben Gläser für Einen", in: Mahl und Repräsentation, S. 99-111.

322 So Marperger 1716, zitiert bei Hasso Spode: „Von der Hand zur Gabel", in: Verschlemmte Welt, S. 20-46, hier S. 30, drastisch beklagt sich Johann Christian Barth in seiner „Galanten Ethica" von 1728 über solche Tischsitten: „Bald hängen sie das Maul über die Schüssel, und lassen aus unersättlicher Begierde wohl gar den Geiffer nein lauffen, bald schnauben sie dazu, wie die Pferde, sehen keinen

169

nur die Distanz erhöht, es ergibt sich auch eine Einschränkung der Sinnlichkeit des Essens, wie man am Aufkommen der Benutzung der Gabel zeigen kann. Ursprünglich ist die Gabel ein Werkzeug, mit dessen Hilfe das Tranchieren des Fleisches erleichtert wird: die zweizinkige oder dreizinkige Gabel verhindert, daß sich das Fleischstück wie bei einem einfachen Spieß während des Schneidens drehen kann. Erst spät kam man dazu, mit diesem Gerät die Speise zum Mund zu führen. Diese Sitte wurde offenbar zuerst im Adel in Byzanz gepflegt. Etwa um 1000 taucht dieser Gebrauch der Gabel in Venedig auf. Die griechische Prinzessin Argillo, die einen Dogensohn im Jahre 995 heiratete, benutzte während des Hochzeitsessens eine Gabel, um das Essen, das alle anderen mit den Fingern zum Mund führten, aufzuspießen und von der Gabel zu essen. „Selbst den Gebildetsten und Mächtigsten war diese Eßtechnik unfaßbar, rief Abscheu und Bewunderung, Neid und Spott hervor", sagt Hasso Spode und zitiert Petrus Damiani:

„Der Doge von Venedig, Orseolo II., hatte eine Byzantinerin zur Frau, die in solcher Verzärtelung und Weiblichkeit lebte, daß sie sich nicht nur mit sozusagen abergläubischer Selbstfreude und Verliebtheit streichelte und liebkoste, sondern es sogar verabscheute, sich in gewöhnlichem Wasser zu waschen. [...] Sie rührte keine Speise mit den Fingern an, sondern die Eunuchen mußten ihr die Gerichte in kleine Stücke haargenau schneiden, die sie sich dann mit einem zweizinkigen Gäbelchen aus Gold in den Mund schob."[323]

Der Einfluß Damianis sorgte offenbar sogar dafür, die Gabel als Teufelswerk zu verdammen. Aus welchen Gründen auch immer sah Hildegard von Bingen im Gabelgebrauch eine Verhöhnung Gottes. (Immerhin ist auch heute noch die Erziehung zu der Tischsitte, die Gabel nicht senkrecht nach oben zu halten, von der „Begründung" begleitet, sonst spieße man die Engel auf.) Jedoch das Gabelessen breitete sich von Italien ausgehend über Europa aus; Rationalisierungen konnten auch nicht fehlen: nicht alle Italiener und nicht alle Menschen waschen sich immer vor dem Essen die Hände, so daß es zweckmäßig sei, Gabeln zu benutzen. Wie wir im Vergleich zu Griechenland sehen können, kann man entweder das Waschen oder das Gabelbenutzen zur Norm machen, wenn man möchte, daß die Speise ohne Verunreinigung den Mund erreicht. Das Essen mit den Fingern bot immerhin den Vorteil, den Tastsinn am Essen zu beteiligen, der u.a. die angemessene Temperatur der Speisen prüfen konnte; das ist übrigens einer der Gründe für die Bevorzugung von Silberbesteck: Silber leitet Wärme besser als Holz

---

Menschen an, sondern fressen, ohne ein Wort zu reden, hinter einander weg, bald schmeißen sie das Messer oder die Gabel unter den Tisch." (zit. ebd.)

323 Ebd., S. 21f.

oder heute Edelstahl, und man kann bereits am Löffelstil spüren, ob die Suppe noch zu heiß ist. Durch den Gebrauch der Gabel wird der unmittelbare Tastsinn vom Essen ausgesperrt. Noch im 17. Jahrhundert hatte Moscherosch geltend gemacht, daß, da er sich ja die Hände vor dem Essen wasche, er doch auch den Salat mit den Fingern essen könne: „wie kann mir der Salat wohl schmacken wan ich jhn nicht mit den Fingern Esse?"[324]

Nicht unwichtig ist auch die Sitzordnung an den Tischen.[325] Im Hochmittelalter setzte sich in Deutschland durch, das Alltagsessen in der Familie einzunehmen, Festessen aber auf der Ebene der dörflichen Gemeinschaft zu organisieren. Dort, wie auf den größeren Höfen, wo nicht alle an einem Tisch Platz fanden, gab es oft ein konzentrisches System von Tischen, wobei der innerste Kern von den hierarchisch Bestgestellten eingenommen wurde und der soziale Status zu den äußeren Tischen hin geringer wurde;[326] das entsprach natürlich den Organisationsprinzipien einer hierarchisch geordneten Gesellschaft. Es wird sich gewiß auch in der Art der Zuteilung der Speisen ausgedrückt haben.

Ebenso wichtig sind auch die Orte des Essens, insbesondere beim Auswärts-Essen. Hier können nicht nur die Speisen nach den Örtlichkeiten ausgewählt werden, man geht in ein italienisches oder in ein chinesisches Restaurant und kann erwarten, die entsprechenden einschlägigen Speisen erhalten zu können. Sondern man erwartet auch ein entsprechendes Ambiente. Daher spricht Joanne Finkelstein geradezu davon, daß wir mithilfe der Wahl dieses Ambientes beim Auswärts-Essen unseren Wünschen eine sozial präformierte und sozial akzeptable Gestalt geben. „[...] how human emotions become commodified. Dining out has the capacity to transform emotions into commodities which are made available to the individual as if they were consumer items."[327]

In der französischen Klassik bis in die Revolution hinein wurden soziale öffentliche Vorgänge wie Theateraufführungen inszeniert, man kennt das von den Inszenierungen der Feiern der Revolution. Aber auch die Mahlzeiten wurden choreographisch geplant und als Inszenierung genossen. So hat etwa die „politesse gourmande", wie sie Grimod de la Reynière nach dem Bericht von Michel Onfray plante und durchführte, siebzehn Gäste vorgesehen, nie mehr und nie weniger. Bei den samstäglichen philosophischen Frühstücken erhielten die geladenen

324 Zit. bei H. Spode: „Von der Hand zur Gabel", S. 36.
325 Zum Problem der Sitzordnung von Staatsbanketten s. ausführlich J. Hartmann: „Das Staatsbankett", S. 160ff.
326 G. Hirschfelder: Europäische Eßkultur, S. 126f.
327 J. Finkelstein: Dining Out S. 4; wie sie allerdings dazu kommt, dem Essen bei McDonalds einen „sense of family unity" zuzuschreiben, bleibt mir einstweilen unverständlich.

siebzehn Intellektuellen jeder genau siebzehn Tässchen Kaffee, ein Diener mit schwarzer Robe und weißer Perücke verteilte den Zucker zum Kaffee, einzig ein Cousin von Grimod durfte sich auf die Aufforderung hin „Sucrez-vous, mon cousin" selbst bedienen.[328] Bei diesen kleinen Mahlzeiten waren die Speisen von untergeordneter Bedeutung, Vorrang hatte die Inszenierung und die bei dieser Gelegenheit geführten Gespräche über Aktualitäten des geistigen Lebens. Die Mahlzeit als Theater und Choreographie zu inszenieren, fordert auch den Beteiligten ein Rollenspiel ab, das die wahren eigenen Bedürfnisse und Affekte bestmöglich verbirgt und die der anderen bestmöglich zu dechiffrieren vermag: die Maske und das Pokerface.[329] Wenn man positiv beschreiben will, was nahegelegt werden kann, wird man sagen, der Tisch und die Tischsitten sind die Gelegenheit, Individualismus und Egoismus zurückzustellen zugunsten zivilisierterer Umgangsformen. Das impliziert auch eine Kultur des Respekts vor dem Geheimnischarakter des Anderen, am Tisch ist das vor allem die Verbergung der im engeren Sinne körperlichen Vorgänge, die mit Ernährung und Verdauung verbunden sind, z.B. nicht schmatzend mit offenem Mund zu kauen oder die geräuschvoll Suppe zu schlürfen oder gar zu rülpsen, ja selbst die nicht willentlich zu beherrschenden Körpergeräusche aus dem Magen werden oft als peinlich empfunden.

In seiner Miniatur „Soziologie der Mahlzeit"[330] von 1910 geht Georg Simmel von der Vorstellung aus, daß eine Gemeinsamkeit unter Menschen im allgemeinen auf dem niedrigsten gemeinsamen Niveau stattfinde.[331] „Alles Höhere, Vergeistigte, Bedeutsame entwickelt sich nicht nur an erlesenen Individuen", sondern individualisiert diese kleine Zahl der Erlesenen auch noch weiter. Daher ist das seiner Ansicht nach Primitivste überhaupt, die Nahrungsaufnahme, das Gemeinsamste unter Menschen und dasjenige, das, obwohl streng egoistisch – was einer gelesen hat, das kann auch noch ein anderer lesen, und was einer hört, können viele hören, aber was einer gegessen hat, das kann kein anderer mehr essen – ist gerade die gemeinsam eingenommene Mahlzeit eine Situation der Herstellung

---

328 M. Onrafy: Die genießerische Vernunft, S. 43.
329 N. Elias: Die höfische Gesellschaft, S. 356-380.
330 G. Simmel: Gesamtausgabe XII, S. 140-147.
331 Simmel hätte sich dabei auf eine Episode bei Plinius berufen können (Ep. II 6): „[...] mit wem ich Tisch und Polster teile, den stelle ich in jeder Hinsicht mit mir auf die gleiche Stufe.– Auch die Freigelassenen? – Ja, denn ich sehe in ihnen Tischgenossen, nicht Freigelassene.- Darauf er: Das kommt dich teuer zu stehen.- Keineswegs.- Wieso nicht ?– Weil nicht meine Freigelassenen das gleiche trinken wie ich, sondern ich das gleiche wie sie." (zit. M. Klinghardt: Gemeinschaftsmahl und Mahlgemeinschaft, S. 160, Anm. 12).

von Gemeinsamkeit.[332] „Das gemeinsame Essen und Trinken [...] löst eine ungeheure sozialisierende Kraft aus, die übersehen läßt, daß man ja gar nicht wirklich ‚dasselbe‘, sondern völlig exklusive Portionen ißt und trinkt, und die primitive Vorstellung erzeugt, man stelle hiermit gemeinsames Fleisch und Blut her."[333] Solches gewinnt dann nach Simmel im christlichen Abendmahl seine prägnante Gestalt, indem das Egoistische darin in der Kommunion vollständig verschwunden ist.

Die Genossenschaft

Genossen sind die, die gemeinsam genießen. Der Tischgenosse ist mehr als ein gesellschaftlicher Anderer, der auf ein Selbst durch eine vertrags- oder tauschförmige Beziehung bezogen ist. Er ist zugleich weniger als ein gemeinschaftlicher Anderer. Auch wenn, wie gezeigt, es in vielen Kulturen Einschränkungen (Exklusionen) gibt, mit wem man essen darf, sonst gäbe es ja auch keine kriterielle Unterscheidung von Gesellschaft und Genossenschaft, ist die Gruppe möglicher Tischgenossen keineswegs auf die Gemeinschaft (Familie, Bund oder dgl.) beschränkt. Ja, gerade das zeichnet die Tischgenossenschaft aus, daß es „Gäste" gibt. Oft werden festliche Mahlzeiten gerade wegen eines „Ehrengastes" veranstaltet. Und das Tischgebet „Komm, Herr Jesus, sei unser Gast und segne, was du uns bescheret hast", bringt das zum Ausdruck. Es ist die Bitte um spirituelle Anwesenheit eines Gastes, die eine ganz gewöhnliche Essenaufnahmeveranstaltung durch diesen Ehrengast zu einer quasi festlichen Mahlzeit überformt. Die Geste wird deswegen auch nicht dadurch entwertet, daß der eine oder die andere der Tischgenossen an eine spirituelle Anwesenheit nicht glauben mag. Der virtuelle Gast oder ein realer Ehrengast verleiht dem gemeinsamen Essen Bedeutung. Bedeutungsverleihung ist „Segnung". Wegen dieser Öffnung der Tischgenossenschaft auf den virtuellen oder realen Gast ist auch das Tischgebet keine Magie oder Geisterbeschwörung. Das aber heißt umgekehrt auch, daß es sinnlos wäre oder nur aus einem verbohrten religiösen Fundamentalismus erklärbar, wollte man einem „Power lunching" oder einem Fastfood oder Stehimbiß diese Bitte um Anwesenheit des Gastes beigesellen. Beides ist eben nicht die Situation, daß sich eine Tischgenossenschaft für einen Gast öffnet. Der Gast ist die typische soziale Figur, die die Genossenschaft von der Gemeinschaft einerseits, der Gesell-

---

332 Das gilt auch für die Rückkehr in die gesittete Gesellschaft nach zeitweiligem Ausscheren, s. dazu die Analysen zu Iwein und Parzival bei Trude Ehlert: „Das Rohe und das Gebackene", in: Mahl und Repräsentation, S. 23-40.

333 G. Simmel: Gesamtausg. XII, S. 141.

schaft andererseits unterscheidet. Er gehört weder „zu uns", noch ist er ein bloßer Vertragspartner. Seine Möglichkeit definiert vielmehr die Genossenschaft.[334]

Viele festliche Essen werden durch Trinksprüche oder ganze Tischreden skandiert, so daß der Prozeß nicht nur durch das Auftragen und Abtragen der einzelnen Gänge gegliedert ist, sondern auch eine eigentümliche Textgestalt erhält. Während der einzelnen Gänge wird es Gespräche geben, die jeweils kleinere Gruppen aus der Gesamtgenossenschaft verbinden, d.h. Paralleltexte; diese aber werden unterbrochen z.b. durch Trinksprüche („Toasts"), in denen ein Einzelner am Tisch des Wort ergreift und es für alle an Einzelne oder an alle oder an die Götter richtet. Diese Textstücke binden sich an den Gesamtzweck der Feier zurück und können sich daher aufeinander, gewissermaßen als Überwölbung der Partialtexte, beziehen.

Speise, Tisch und Text sind aber nicht die alleinigen Organisationselemente; entscheidend ist auch die Einbettung des Trinkens in diesen Zusammenhang. Während in Frankreich Wein eigentlich nur während der Mahlzeit genossen wird, wodurch das Ende der Mahlzeit scharf markiert ist, oft noch zusätzlich betont durch Angebot von Kaffee als Abschluß, ist es in Deutschland durchaus möglich, das Trinken über das Ende der Mahlzeit hinaus fortzusetzen. Im alten Griechenland war genau das der Normalfall, daß den Eßgelagen (den Syssitien) ein Trinkgelage (das eigentliche Symposion) folgte. Das Trinken begann jedoch schon während der Mahlzeit, es wurden Trankopfer dargebracht, auf die Götter, auf Zeus soter und auf die Anwesenden und ihre Gesundheit. Das Ende der Mahlzeit wurde mit einem abschließenden Trinken, evtl. begleitet von gemeinsamem Singen, begangen. Erst im anschließenden Symposion wurde dann auch möglicherweise unverdünnter Wein gereicht. Es gab – wie auch in vielen späteren und anderen Kulturen – feste Trinkordnungen, nach denen nicht jeder trinken darf, wann er will oder wenn ihn der Durst überkommt, sondern nur im Rahmen eines festen Zeremoniells und auf Aufforderung. Allerdings kann man nicht nur nicht ohne Aufforderung trinken, sondern auf Aufforderung hin kann man sich dem gemeinsamen Trinken auch nicht entziehen. Es gilt die Regel: Wer nicht trinken will, soll gehen. Das gilt unverändert bis heute, nur Autofahrern, Schwangeren und Alkoholkranken wird eine Ausnahme gestattet. Die Bemerkung, man habe schon genug getrunken oder man müsse morgen früh heraus, dagegen wird zwar nicht mit der Aufforderung zu gehen quittiert, aber doch als Ungeselligkeit wahrgenommen und oft auch mit der insistierenden Aufforderung zur Rückkehr in die Trinkgenossenschaft quittiert.

---

334 Zur Gastlichkeit umfassend und vieles zusammenfassend: Burkhard Liebsch: Gastlichkeit und Freiheit, Weilerswist: Velbrück 2005.

Daß der Sinnlichkeits-Akkord „Wein, Weib und Gesang" offenbar schon im alten Ägypten das harmonische Gerüst eines Festes abgab, belegt Jan Assmanns Studie „Der schöne Tag".[335] Aber, so ergänzt er mit einer Formel von A. Hermann, es sei bei den altägyptischen Festen „für alle Sinne gesorgt" gewesen, daher sei auf allen bildlichen Darstellungen sowohl auf die Präsentierung erlesener Speisen und Getränke bei den Gastmählern Wert gelegt worden, als sogar auch auf die Darstellung der wohlriechenden Salben und Öle. Assmann faßt seine Befunde zusammen: „[...] sie [die beim Fest eingesetzten diversen Künste] wirken dem Alltag entgegen. Sie dienen der ‚Entalltäglichung' des Lebens, und zwar durch eine gezielte Intensivierung von Sinnenreizen."[336]

Es ist denkbar, aber keineswegs zwangsläufig, daß aus einer Genossenschaft (mit der Möglichkeit von Gästen zu einer Kern-Gemeinschaft der gemeinsam Speisenden) selbst wiederum eine auf Dauer gestellte Gemeinschaft erwächst. Motiv dürfte dann allerdings sein, daß aus der Gemeinsamkeit des Essens und Trinkens eine weitere dauerhafte Gemeinsamkeit hervorgehen sollte und von ihr überformt wird. Das nennen wir dann den kommunikativen Text. Tischgespräche finden hier und da statt, Trinksprüche werden dann und wann ausgebracht. Im alten Griechenland hatte die Abfolge von Mahl und anschließendem Trinkgelage offensichtlich auch den Sinn, den wir in Platons „Symposion" realisiert finden, im zweiten Teil die Gelegenheit der Entfaltung der Kontinuität des kommunikativen Textes zu geben. Das kann durch eine Themenvorgabe geschehen wie bei Platon die Lobreden auf den Eros. Das kann sich aber auch von der Themenvorgabe entfernen, wie es Sokrates in diesem Zusammenhang praktiziert; es kann aber auch die Stiftung einer den Leib, d.h. letztlich das Essen, das Trinken und die Sterblichkeit transzendierenden Gemeinde sein, wie es das letzte Abendmahl des Nazareners Jesus gewesen ist. Das „Leben der Gemeinde" (sinngemäß Hegel und daran anknüpfend wörtlich Volker Schürmann[337]) ist dann mehr als die Gepflogenheit, gemeinsam zu speisen. Es ist übrigens höchst unwahrscheinlich, daß bei jenem letzten Abendmahl nur die erwähnten und sakral aufgewerteten Brot und Wein dargebracht wurden. Das „Leben der Gemeinde" ist sehr wohl die Leiblichkeit gemeinsamen Essens und Trinkens. Dabei stellten sich für die christlichen Gemeinden, die die griechischen Mahlpraktiken übernahmen, mehrere Probleme. Erstens wuchsen die Gemeinden in einem Maße, daß sie nicht mehr in

335 Jan Assmann: „Der schöne Tag", in: Das Fest, hg. v. Walter Haug u. Rainer Warning, München: Fink 1989, S. 3-28, hier bes. S. 6.

336 Ebd., S. 7.

337 Volker Schürmann: „Der Geist ist das Leben der Gemeinde", in: Geschichtsphilosophie und Ethik, hg. v. Domenico Losurdo, Frankfurt a.M. u.a.: Lang 1998; vgl. ders.: Heitere Gelassenheit, Magdeburg: Parerga 2002, S. 167ff.

Triklinien organisierbar waren, zweitens aber gab es unter den Gemeindemitgliedern erhebliche soziale Unterschiede, so daß als Alternative aufkam, daß entweder jeder mitbrachte, was er zu essen beabsichtigte, so daß das Mahl nur in der Copräsenz der Essenden, aber nicht im Teilen des Mahls bestanden hätte, oder daß alle Gleiches bekämen. Paulus tadelt im zweiten Korintherbrief die Praxis dieser Gemeinde, daß jeder zum Abendmahl der Gemeinde mitbringt, was er verspeisen oder trinken möchte; denn aufgrund der sozialen Unterschiede ist auf diese Weise am Ende „einer [...] hungrig, der andere ist trunken." (2. Kor. 11, 21) Sein Rat läuft darauf hinaus, daß alle gleich wenig bekommen, so daß, wer wirklich Hunger hat, diesen zuvor zu Hause befriedigen soll. Ein solcher Egalitarismus des Elends überzeugt aber offenbar Paulus selbst auch nicht so recht; denn er fügt hinzu: „Das andere will ich ordnen, wenn ich komme." Das Leben der Gemeinde, manifest im gemeinsamen Mahl, ist zugleich aber mehr: es ist der kommunikative Text, der die Sterblichkeit der Leiber überdauert. Als Medium der Sozialität ist – anders als die Phänomenologie in der Nachfolge Merleau-Pontys glaubte – die Kontingenz der Leiber unzureichend. Analog dazu ist auch die Dauerhaftigkeit einer Lebenspartnerschaft zwar nicht ohne gemeinsames Essen und Trinken („Tisch") und notabene erotische und sexuelle Gemeinschaft („... und Bett") denkbar, zugleich aber auch mehr, nämlich ein kommunikativer Text, der in der Form des Gedenkens auch die kontingente Sterblichkeit der Leiber überdauert. Im Zusammenhang des Kulinarischen kann solches Gedenken seinerseits materiellen Ausdruck finden, etwa wenn für Verstorbene oder Vermißte ein Platz am Tisch freigehalten wird.

Nun ist aber der kommunikative Text und sein Inhalt nicht eine fremde und unbeeindruckte Überlagerung des Leibprozesses am Tisch des gemeinsamen Mahles, sondern die Form und der Inhalt sind in einer zwar nicht notwendigen, aber auch nicht jeweils neu und beliebig wählbaren Verbindung. Daher rührt auch die Beliebtheit der Speisemetaphern für Textuelles.[338] Der kommunikative Text entfaltet sich in typisierten Kommunikationssituationen. Diese können kategorial beschrieben werden in den drei Dimensionen: des Sozialen, des Temporalen und des Diskursiven. Jede dieser Dimensionen ist ausgelegt in Differenz zur Vollzugs-Präsenz des Textes als bipolar (Vergangenheit/Zukunft; Selbst/Anderer; Normatives/Epistemisches), aber auch als Differenzierung von Nähe und Distanz zur Vollzugs-Präsenz (z.B. Retention/Reproduktion; Gemeinschaft/Gesellschaft; Moral/Recht), sowie zu der Grenze, jenseits derer das Fremde, das

---

338 Dazu Ernst Robert Curtius: Europäische Literatur und lateinisches Mittelalter, 8. Aufl., Bern 1973, S. 45, 144, passim. Diese Speisemetaphern sind seit der Antike literarisch belegt, Pindar etwa sagt von seiner Dichtung, daß sie etwas zum Essen bringe.

Unerwartbare und das Unverständliche liegen. Jede Kommunikationssituation kann als spezifische Selektion aus diesen (und weiteren, z.B. der Kategorie des Dritten) kategorialen Ebenen bestimmt werden. Der Text wandert (mehr oder weniger) durch dieses Labyrinth textueller Möglichkeiten,[339] sucht Anschlüsse und praktiziert Brüche und Übergänge über Bruchkanten. Von daher ist es verstehbar, daß es einen erheblichen Unterschied ausmacht, ob ein symphilosophierender Text an den Tisch und das Mahl und das Trinken angebunden ist oder ob er sich sozusagen vertrocknet und verhungert bewegt. Es wäre mit R. Barthes zu erwägen, ob nicht der kommunikative Text, der solcherart als Tischgenossenschaft Gestalt hat, grundsätzlich auch als ein spezifischer Ort der Lust beschrieben werden müßte.[340]

Daß die griechische Polis kein Staat ist, erst recht keiner, der im Sinne der neuzeitlichen Staatsbegründungstheorien auf ein Vertragsverhältnis autonomer Subjekte zurückzuführen ist, ist bekannt. Daß ferner Aristoteles die Polis auf Vereinigungen von „Dörfern" und diese wiederum letztlich auf Hausgemeinschaften zurückführt,[341] gibt einen Grund dafür ab, daß die für den Weingenuß bei Symposien beachtete Moral des Maßhaltens als eine Schule politischen Verhaltens angesehen werden kann. Demokratie als entartete Regierungsform des Pöbels kann daher wenigstens als symptomatisch für oder gar als verursacht durch zuviel Weingenuß dargestellt werden.[342] Symposion und Polis sind aber keineswegs einfach aufeinander abbildbar. Vertrauen ist für die Tischgemeinschaft wie für die Polis unverzichtbar. Ist aber im politischen Verband Gleichheit als Grundlage vorauszusetzen, damit Vertrauen gedeihen kann, so ist es bei der Tischgenossenschaft eher umgekehrt: das Vertrauensverhältnis begründet die Isonomie. Wegen der strukturellen Nichtidentität von Tisch und Polis und je deutlicher die Differenz hervortritt – auch als die Differenz von sozialer Mikropolitik des Politischen und der Rechtsförmigkeit von Politik benennbar[343] –, desto wahrscheinlicher wird das Auftreten der utopischen Idee, Genossenschaft als Modell der Gesellschaftsorganisation überhaupt aufzufassen.[344] Als andere an Verfassungen herumbastelten, um das ideale soziale Modell des Zusammenle-

339 Vgl. K. Röttgers: „Wandern und Wohnen in labyrinthischen Texturen".

340 R. Barthes: Die Lust am Text; ders.: Das Rauschen der Sprache, S. 297.

341 Zu den Unterschieden s. Peter Koslowski: „Haus und Geld. Zur aristotelischen Unterscheidung von Politik, Ökonomik und Chrematistik", in: Philosophisches Jahrbuch 86 (1979), S. 60-83.

342 M. Klinghardt: Gemeinschaftsmahl und Mahlgemeinschaft, S. 159.

343 Dazu des Näheren und als Begründung K. Röttgers: „Flexionen des Politischen".

344 Wilhelm Weitling: Garantien der Harmonie und Freiheit, Berlin: Akademie 1955 einerseits, Otto von Gierke: Das deutsche Genossenschaftsrecht, 4 Bde., Berlin: Weidmann 1868ff. andererseits.

bens zu inaugurieren,[345] wurde auch die Idee einer gastronomnischen Organisation der Gesellschaft geboren.

„Un univers policé est l'antidote d'un monde où dominent les passions brutes: la table est un microcosme de cette politesse entendue comme une politique. ... Grimod n'aura de cesse d'illustrer que la table, comme le théâtre, est un laboratoire pour de sages révolutions à venir. ... La gastronomie fonctionne comme le discipline qui permet la codifications de ces règles singulières, une méthode pour réaliser de nouvelles relations entre les hommes, mais aussi entre le corps et l'âme, entre le corps et lui-même."[346]

1494 hat Sebastian Brant die Idee des Schlaraffenlandes in die Welt gesetzt als Persiflage der Paradiesesvorstellungen seiner Zeitgenossen, die sich das Paradies als Ort der Faulenzer, Prasser und Säufer dachten. Dieses utopische Land ist vor allem durch seine kulinarischen Merkmale charakterisiert: in diesem Land, ohne die Mühe der Erarbeitung, fließen Milch, Honig und Wein in den Flüssen und die gebratenen Vögel fliegen den Bewohnern direkt in die offenen Mäuler – ein auf Dauer gestelltes Festmahl.

Noch unter einem anderen Aspekt sind Tischgenossenschaft und Polis zu kontrastieren, und das eine kann nicht als Modell des anderen dienen, nämlich im Hinblick auf den Frieden. Die Poleis (und ebenso die neuzeitlichen Staaten) sind auf Krieg eingestellt, das Gastmahl aber setzt einen Friedensrahmen voraus; nicht nur am Tisch selbst muß Frieden herrschen, sondern Sicherheit und Wohlstand, Symposien abzuhalten, sind nur in Friedenszeiten gegeben. Aber so einfach läßt sich diese Kontrastierung denn doch nicht durchführen, durch die sich eine einfache Option für den gemeinschaftlichen Genuß und gegen den Krieg ergäbe. Einerseits kann sich der Zwist in die Gespräche selbst einmischen, es bedarf also

---

345 [L.-J. Frey, alias M. Dobruschka:] Philosophie sociale, Paris: Froullé 1793.

346 M. Onfray: La raison gourmande, S. 47f.; vgl. S. 62, wo Onfray als das bleibende Verdienst von Grimod de la Reynière herausstellt: „Une pratique hédoniste témoignant d'une théorie qui la soutient, un désir politique, l'aspiration à une société harmonieuse dont la table fournirait le modèle." Man darf freilich nicht verschweigen, daß diese Harmonie sich einer choreographisch präzise durchgeplanten Inszenierung verdankt und nicht etwa einem Modell freier Geselligkeit, wie es Schleiermacher wenig später in Deutschland entwarf. Diese moderne gastronomische Ordnung synthetisiert Ethik und Ästhetik zu einer Politik der Gesellschaft im großen Stil. Tatsächlich war Grimod weder Anhänger des Ancien Régime noch der politischen Revolution; gezählt hätte für ihn einzig eine kulinarische Revolution der ganzen Gesellschaft, die die Lüste vermehrt hätte. In dieser wäre keiner mehr egoistischer Einzel-Hedonist, sondern die gastronomische Ordnung des Tisches sieht als ihre Möglichkeitsbedingung vor, daß ein jeder nur dann genießen kann, wenn auch die anderen genießen.

gewisser Vorkehrungen dagegen. Die zugelassenen Gesprächsgegenstände sollen Harmonie ermöglichen. Zudem aber sollen der Streit und der Krieg auch nicht als Gegenstände der Tischgespräche auftauchen. Die Auswahl des Gegenstandes im Platonischen „Symposion", Lobreden auf den Eros zu halten, ist daher ein ideales Thema für die, die kala legones sein wollen, bis dann der Spielverderber Sokrates auftaucht. Aber wie wir gesehen haben, wird Sokrates' Forderung nach Wahrheit im Lob von den Anwesenden selbst als eine schöne Rede wahrgenommen. Letztlich kann auch noch der, der mit dem Wahrheitskriterium eine Kontroverse entfachen möchte, in die allgemeine Harmonie eingebunden werden, wie auch derjenige, der unserer Tage vom „zwanglosen Zwang des besseren Arguments" sprach, ungeachtet des problematisierbaren Wahrheitsanspruchs wegen der Schönheit der Formulierung bewundert werden darf. Andererseits kann aber sogar auch die gemeinsame Mahlzeit als kriegsförderlich dargestellt werden, wie wir es als die kretische Begründung für das Gesetz gemeinsamer Mahlzeiten in Platons „Nomoi" finden. Der Kreter erläutert jenes kretische Gesetz, daß Mahlzeiten gemeinsam einzunehmen seien, mit einem allgemeinen Kriegszustand unter Menschen, nämlich Polis gegen Polis, Dorf gegen Dorf, Haus gegen Haus und letztlich eines jeden Menschen gegen sich selbst. Deswegen ist der durch gemeinsame Mahlzeiten gestiftete Notzusammenhang der Krieger jeder dieser Ebenen wichtig und überlebensnotwendig.

Aber für Platon spielt die gemeinsame Mahlzeit noch unter einem anderen, eben nicht dem kritischen Ziel der Kriegsertüchtigung gewidmeten, Gesichtspunkt eine Rolle. Eingeführt wird dieser Gesichtspunkt in den „Nomoi" über eine „Lücke" in der sonst perfekten Gesetzgebung der Kreter. Die kretischen Gesetze leiten nämlich allgemein dazu an, Schmerzen zu ertragen, bzw. ihnen nicht zu erliegen. Nur unzureichend dagegen scheinen sie anzuleiten, den Verführungen der Lüste nicht zu erliegen.[347] Es müßte in einem wohlgeordneten Staat Einrichtungen geben, die so in die Lüste einführen, daß man sich in ihnen übt, ohne ihnen zu verfallen, oder wie Platon sagt „gegen Genüsse tapfer"[348] zu sein. Der Athener in den „Nomoi" (sprich: Platon) meint nun, dieses könne ebenfalls ein Sinn der gemeinsamen Mahlzeiten sein, ohne Ausschweifung zu genießen, d.h. eine Übung – in einer anfechtenden Situation – in „maßhaltender Besonnenheit".[349] Die Mahlzeiten sind nicht per se versittlichend, im Gegenteil: Platon nennt zwei mögliche und nicht unwahrscheinliche negative Folgen, erstens den Aufruhr (was nicht näher begründet wird), zweitens aber die Verkehrung des Geschlechtstriebs ins Unnatürliche. Durch das Beieinanderliegen der Männer und

---

347 Platon: Nomoi 633D.
348 634A.
349 636A.

mehr noch durch die gemeinsamen gymnastischen Übungen werde die in der ganzen Natur zu beobachtende Ausrichtung des Geschlechtstriebs auf die Fortpflanzung gefährdet. Für Platons Ordnungsvorstellungen kann das Widernatürliche daran auch nicht religiös oder mythisch gerechtfertigt werden. Gerade wegen dieser Gefährdungen aber ist das gemeinsame Essen eine Schule der Tugend.

Dem Athener fällt dann eine weitere Lücke in der kretischen Gesetzgebung auf. Die gemeinsamen Mahlzeiten der Männer sind zwar geregelt, nicht aber die der Frauen, also

„gerade dasjenige der beiden Geschlechter, das als das schwächere begreiflicherweise auch weit hinterhaltiger [sic!] und verschlagener ist, das weibliche nämlich, ist zu Unrecht unberücksichtigt geblieben, weil der Gesetzgeber wegen der Schwierigkeit hier Ordnung zu schaffen sich an diese Aufgabe nicht wagen wollte."[350]

Die Schwierigkeit besteht darin, Frauen zu zwingen, gemeinsam in der Öffentlichkeit zu speisen.

„Denn es gibt nichts, was das weibliche Geschlecht mit größerem Widerstreben über sich ergehen lassen würde. Denn gewohnt in der Verborgenheit und im Dunkel zu leben, wird es, wenn gewaltsam ans Licht hervorgezogen, keinen Widerstand unversucht lassen und dem Gesetzgeber weit überlegen sein."[351]

Feige Furcht des Gesetzgebers vor diesem lichtscheuen Gesindel, genannt Frauen, also ist nach Platon die Ursache dieser Gesetzeslücke. Platons aufs Ganze gehender Mut zur Ordnung sieht hier allerdings einen Regelungsbedarf. Man muß auch für Frauen gemeinsame Mahlzeiten einführen, so schlägt er vor, unweit derer der Männer, „mit amtlichen Aufsehern und Aufseherinnen, die Tag für Tag die Haltung der Tischgenossen zu beobachten und zu überwachen und den Schluß der Mahlzeiten zu bestimmen haben [...]"[352]

---

350 Nomoi 781A.
351 781C.
352 806E. Ein anderer Utopist, nämlich Thomas Morus schätzt ebenfalls die gemeinsamen öffentlichen Mahlzeiten hoch ein. In Utopia nimmt man die gemeinsamen Mahlzeiten in den Hallen ein. Zwar ist es nicht verboten, die zugeteilten Speisen mit nach Hause zu nehmen, aber niemand tut das gerne, weil man dann selbst die Mühe der Zubereitung hätte und es nicht so gut machen könnte wie die Köchinnen in den Hallen. Anders sieht es freilich auf dem Lande aus, wo die einzelnen Wohnstätten entfernt voneinander liegen, dort speist jeder bei sich zu Hause. Überhaupt gibt sich Morus Mühe, in der Ausgestaltung des Essenswesens Liberalität zu zeigen und alles sehr wohlgefällig auszugestalten. Th. Morus: Utopia, in:

Ordnungstotalitarismen versuchen oft, Organisationsformen sozialer Nähe auf Gesamtgesellschaften zu übertragen. Helmuth Plessner hat erfolglos davor gewarnt, das (deutsche) Volk als eine Volks-Gemeinschaft zu begreifen. Im Ansatz noch krasser sind die Philosophien der Anerkennung, weil sie versuchen, einen Mechanismus vorsozialer Intersubjektivität, vorsozial, weil den Dritten nicht kennend, als generalisierbare Grundorientierung des Sozialen anzusetzen. Platon seinerseits versuchte vorzuschlagen, Genossenschaft als Gesellschaftsorganisationsmodell zu begreifen. Es ist immerhin bemerkenswert, daß es auch im Recht zwei grundsätzlich unterschiedene Typen von Anerkennung gibt: die völkerrechtliche Anerkennung und die familienrechtliche. Im Völkerrecht können sich Staaten oder Regierungen oder dgl. als zu Recht existierend gegenseitig anerkennen, es bedarf dazu keines Dritten, wenn wir einmal hilfsweise unterstellen, daß Staaten oder Völker letztgültige Zurechnungs-Subjekte sind. Die Anerkennung einer Vaterschaft außerhalb einer Ehe setzt jedoch nach § 1592 (2) BGB die Zustimmung der Mutter des fraglichen Kindes voraus, sowie als weiteren Dritten die öffentliche Beurkundung. In Nachbarschaften, vielleicht auch in kleineren Dörfern mag es manchmal gelingen, Anerkennung allein auf Zweierbeziehungen zu begründen, aber schon in der Polis Athen, erst recht im Imperium Romanum oder in den Flächenstaaten der Neuzeit ist das nur totalitär und diktatorisch durchzusetzen. Ob in diesen größeren Einheiten darum zwangsläufig Vertrag und Tausch die einzig übrig gebliebenen Formen der Organisation sozialer Distanzbeziehungen sind, wie man uns gerne suggeriert und ob nicht im „Zeitalter des Hermes"[353] Kommunikation und Information durch Kommunikation an deren Seite getreten sind, mag an dieser Stelle undiskutiert bleiben. Die These, auf die es hier ankam, war lediglich, daß die Tischgenossenschaft kein Gesellschaftsmodell abgibt.[354]

Zu betonen wäre allerdings auch, daß die Genossenschaft zugleich eine Form ist, den Zwängen der Gemeinschaft zu entkommen und sich von ihr distanzieren zu können. Das ist gerade deswegen wichtig, weil es in modernen Gesellschaften nicht mehr die Familie gibt, die unbeschadet neuer Mitglieder als solche identisch fortbesteht, sondern Familien sind heute auf der Grenze zwischen Gemeinschaften und Gesellschaften, für die die Genossenschaften der Tische die angemessene offene, aber zugleich verbindliche Form abgeben. Heute wird jede Familie neu gegründet, muß ihren Familienstil finden; weder die Schwiegermütter

---

Der utopische Staat, hg. v. Klaus J. Heinisch, Reinbek: Rowohlt 1960, S. 7-110, zu den Mahlzeiten S. 60ff.

353 M. Serres: Hermes.

354 I. Därmann: „Kants Kritik der Tischgesellschaft und sein Konzept der Hospitalität".

noch die Schwiegertöchter können allein den Stil bestimmen, sondern den Männern kommt (anstelle dieser Lineation) eine mitkonstituierende Rolle zu. Insofern haben die neu gegründeten Familien zwar keine absolute Archè, an der alles überhaupt erst zu begründen wäre, sondern in ihren Beginn fließen zwei Familientraditionen ein und müssen sich irgendwie finden und „zusammenraufen". Insofern folgt Familiengründung heute eher dem Skandierungsprinzip, wie es für die Tischgenossenschaft als die Folge der Gänge oder die „Wiederholung" eines Essens gebräuchlich ist. Es ist daher opportun und auch nicht ungewöhnlich, die Eltern und Schwiegereltern zum Essen einzuladen.

Unter den wenigen Philosophen, die das Genießen, bzw. den Genuß, überhaupt behandeln, sollen hier in einem kleinen Exkurs zwei hervorgehoben werden: Hegel und Lévinas. Für Hegel ist der Begriff des Genusses ganz eng an den der Arbeit gekoppelt. Sowohl in der Arbeit als auch im Genuß, so lehrt die „Phänomenologie des Geistes", ist die Chance enthalten, sich selbst zu finden als innere Gewißheit seiner selbst – unnötig zu betonen, daß damit auch für Hegel, auch wenn das nicht seine Terminologie ist, Genuß ein reines Kulturphänomen ist. Aber dieser Selbstgenuß scheitert, insofern er nur für sich ist. Eine erste Annäherung einen erweiterten Begriff des Genusses, der zugleich Genuß der Dinge und des Selbst ist, wird erst erreicht auf einer Stufe der Entwicklung des Geistes, auf der es eine wirkliche Allgemeinheit gibt, auf der also Sein und Sein-für-Anderes miteinander vermittelt sind.

„Ob er [der Reichtum, K.R.] zwar das Passive oder Nichtige ist, ist er ebenfalls allgemeines geistiges Wesen, ebenso das beständig werdende Resultat der Arbeit und des Tuns Aller, wie es sich wieder in den Genuß Aller auflöst.– In dem Genusse wird die Individualität zwar für sich oder als einzelne, aber dieser Genuß selbst ist Resultat des allgemeinen Tuns, so wie er gegenseitig die allgemeine Arbeit und den Genuß aller hervorbringt."[355]

Diese Allgemeinheit der Vermittlung von Arbeit und Genuß, die sie der zufälligen Individualität enthebt, sieht nun Hegel im Staat verwirklicht. In ihm meint zwar jeder, nur für sich und eigennützig zu arbeiten und zu genießen, und meint daher, es handle sich um einen bloß besonderen und bloß materiell bestimmten Prozeß, aber seine Wirklichkeit hat dieser Prozeß überhaupt nur durch seine Vermitteltheit im Allgemeinen. „[...] allein auch nur äußerlich angesehen zeigt sich, daß in seinem Genusse jeder allen zu genießen gibt, in seiner Arbeit ebenso für alle arbeitet als für sich und alle für ihn."[356] Indem also Hegel Genuß als den

---

355 G. W. F. Hegel: Werke, III, S. 367.
356 Ebd.

Genuß „Aller" bestimmt und den Einzelgenuß zu recht als eine Selbsttäuschung entlarvt, hat er doch zugleich die spezifische und relative Allgemeinheit mancher zwischen Individualität und der Allgemeinheit als „Allgemeinheit Aller" übersprungen. Ob auf den Triklinien normalerweise genau neun Personen Platz fanden, an Artus' Tafelrunde 12 (+x) saßen oder ob Jesus Zehntausend speiste, in jedem Fall ist es eine begrenzte Zahl, die immer auch durch Gäste erweiterbar, d.h. an den Rändern quantitativ unscharf war, nie war gemeint, daß „Alle" am Tisch Platz finden könnten. Die Exklusion ist zwangsläufig die andere Seite der Inklusion. Es ist sicher rührend und lobenswert einen hungernden Heimatlosen zum Weihnachtsmahl einzuladen, aber doch nicht „Alle". Die Genossenschafts-Moral läßt sich nicht zu einem Weltgesellschafts-Ethos umformulieren. Ein solches Ethos müßte zwangsläufig abstrakter sein, um allgemein gelten zu können, und vielleicht wird es sogar wegen dieser Abstraktheit am Ende von niemandem wirklich als verpflichtend empfunden werden können wie z.B. die Pop-Kultur des „melting pots". Aber selbst solch ein Weltethos wird nicht ohne Exklusionen auskommen, aber diese müßten ebenfalls auf einer abstrakteren Stufe angesetzt werden, wobei die Probleme, die hier nicht unser Thema sind, dadurch entstehen könnten, daß Abstraktionen grundsätzlich in verschiedene Richtungen verlaufen können und ganz verschiedene Verallgemeinerungen als Resultat haben können, je nachdem von welchen konkreten Einzelheiten man jeweils abzusehen sich entschließt.

Auch für Lévinas sind Arbeit und Genuß korrelative subjektive Bezüge auf Welt. Nach ihm lebt der Mensch sein Leben nicht teleologisch auf etwas hin und auch nicht primär mit Anderen (Dasein und Mitsein bei Heidegger), sondern der primäre Weltbezug sei der eines Lebens-von. Darin impliziert ist eine Umkehrung der phänomenologischen Intentionalitätsstruktur, die die Bedürftigkeit des Leibes wichtig nimmt. Nicht mehr das Sehen und das Wahrnehmen oder auch Hören von Tönen (wie bei Husserl) sind die Schlüsselphänomene, sondern der Hunger. Er ist ein Begehren, das nicht ausgreift, sondern einverleibt. Das Subjekt ist daher zunächst ganz Genuß. „Das Nahrungsbedürfnis hat nicht die Existenz zum Ziel, sondern die Nahrung."[357] Darin ist das Subjekt egoistisch, es will sich und bedarf dazu etwas, das seinen Hunger stillt, aber dieses Bedürfnis ist anders als anderes Begehren stillbar in der Sättigung. Das Genießen begrenzt sich in einer begrenzten Welt, es kennt auch die Sorge um den künftigen Genuß und seine Sicherstellung nicht, es ist reine Sinnlichkeit. Im Genießen sind nach Lévinas die

---

357 Emmanuel Lévinas: Totalität und Unendlichkeit, Freiburg, München: Karl Alber 1987, S. 190.

Anderen ausgeschaltet, ja genauer: sie sind gar nicht, sie werden nicht gesehen und nicht gehört:

„Im Genuß bin ich absolut für mich. Egoistisch ohne Bezug auf Andere – bin ich allein ohne Einsamkeit, unschuldig egoistisch und allein. Kein ‚gegen die Anderen‘, kein ‚was mich betrifft‘ – sondern vollständig taub für Andere, außerhalb aller Kommunikation und aller Verweigerung von Kommunikation – ohne Ohren wie ein hungriger Bauch.“[358]

Das Bewußtsein ist im Genuß ganz bei sich. – Genau das hatte Hegel als Illusion und Selbsttäuschung des Bewußtseins entlarvt. Im Genuß ist dieses gerade nicht allein. Im Kapitel über Herr und Knecht der „Phänomenologie“ hatte Hegel gezeigt, daß der Herr, um genießen zu können, auf die Arbeit des Knechts angewiesen ist.– Bei Lévinas ist Arbeit dagegen eine andere und unabhängig vom Genießen darstellbare Art der Weltzuwendung. Er unterscheidet den Genuß als Unmittelbarkeit von der vermittelnden Tätigkeit des Arbeitens. Er schreibt:

„Der Besitz der Dinge [...] der sich kraft der Arbeit ereignet, unterscheidet sich von der unmittelbaren Beziehung [...] im Genuß, vom Besitz ohne Erwerb, deren sich die Sinnlichkeit erfreut; die Sinnlichkeit [...] ‚besitzt‘, ohne zu ergreifen. Im Genuß übernimmt das Ich nichts. Von Anfang an lebt es von ... [im Orig.] Der Besitz durch den Genuß fällt mit dem Genuß zusammen. Keinerlei Tätigkeit geht der Sinnlichkeit voraus.“[359]

Zwar leugnet Lévinas nicht, daß wir Sterblichen vielfach arbeiten müssen, um genießen zu können; aber das ändert nichts an der unterstellten Unmittelbarkeit des Genusses und der Vermittlung der Arbeit. Um es in ein Bild zu fassen: Mund und Bauch genießen, mag auch immerhin die Hand vorher arbeiten müssen, um die Speisen zuzubereiten und zuletzt zum Mund zu führen.

Wir sehen, wie Hegel und Lévinas, obwohl in der gegenseitigen Verwiesenheit von Genießen und Arbeiten aufeinander in mancher Hinsicht sehr ähnlich verfahren, sie doch im Hinblick auf das uns hier interessierende Thema einander entgegengesetzte Extrempositionen einnehmen. Bei Hegel sind im Genießen – recht verstanden – „Alle“ dabei, bei Lévinas keiner. So reduziert sich bei Lévinas das angebliche Genießen auf reine Gefräßigkeit, bei Hegel dagegen ufert es aus. Beide sind daher außerstande, eine genossenschaftliche Sozialität zu denken, die konstitutiv auf einer Begrenzung des Sozialen aufruht, die zwischen Gemeinschaft und Gesellschaft liegt.

---

358 Ebd.
359 Ebd., S. 227.

Die Tischgenossenschaft als Organisationsform
des kommunikativen Textes

Im gemeinsamen Essen einer Mahlzeit wird weder bloß ein physiologisch bedingter Bedarf (Hunger) auf diätetisch optimale Weise befriedigt, noch wird bloß einem hoch artifiziell ausgebildeten Differenzierungsvermögen von Zunge Gaumen und Nase (Genuß) gehuldigt. Die Mahlzeit ist vielmehr letzten Endes ein sozialer Prozeß. „Riechen und Schmecken sind die soziogenen Sinne par excellence", sagt Jan Assmann und fährt fort: „Daher ist das gemeinsame festliche Essen, d.h. Geschmackserlebnis, eine Kommunion, in der sich die Gruppe ihrer Gemeinsamkeit und der einzelne seiner Zugehörigkeit zur Gruppe vergewissert. Der Geschmack ist ‚soziogen' im doppelten Sinne: er beruht auf, und stiftet, Gemeinsamkeit."[360] Der soziale Prozeß darf als kommunikativer Text gedeutet werden. Der kommunikative Text fügt zwei naturale Gegebenheiten, nämlich die Speisen und den Mund, zu einer Sinngestalt zusammen. Zwischen Essen und Mund liegt gewissermaßen das Buch.[361] Der kommunikative Text, der sich in den Dimensionen der Zeit, des Sozialen und des Diskursiven entfaltet, ist in zweiter Hinsicht bestimmt durch die Differenz von Nähe und Distanz. Wir hatten gesehen, wie der Tisch als Medium – als eine mögliche Materialisierung des kommunikativen Textes – eine Zwischenform zwischen dem Anderen in der Nähe (Gemeinschaft) und dem Anderen in Distanz (Gesellschaft) organisiert. Diese Organisationsform hatten wir in Anknüpfung an das gemeinsame Genießen Genossenschaft genannt. Der Autor-im-Text, unterschieden von einem Menschen, der etwas sagen will und es dann auch tut, können wir in gewisser Hinsicht mit dem im Abendmahl erscheinenden Geistlichen Leib Christi vergleichen. Dieser ist in der Wandlung das Gleiten vom Signifikat auf den Signifikanten. So wie Brot und Wein als solche in ihrer chemischen Substanz erhalten bleiben, in der Wandlung aber als solche keine Rolle mehr spielen, so steht hinter dem Autor-im-Text immer auch ein Mensch und dahinter immer auch chemische Substanzen, aber das ist für die Entfaltung des kommunikativen Textes irrelevant. In der Genossenschaft des gemeinsamen Mahles wird der Prozeß mehrfach skandiert. Die Rede des Selbst ist unterbrochen, wenn er als Anderer eines anderen Selbst angesprochen wird, und sie ist gebrochen durch den Wechsel von Essen, Trinken und Reden, die aber aufeinander bezogen sind und so einen komplexen Rhyth-

---

360   Jan Assmann: „Der schöne Tag", S. 9.
361   Den geographischen Kalauer, der hier möglich wäre, unterdrücke ich.

mus bilden.[362] Anders aber als im labyrinthischen Tanz, der die Rhythmen in eine Bewegung integriert, schreibt der Tisch als Mitte eine Seßhaftigkeit vor. Später werden wir sehen, daß auch diese Statik in Bewegung versetzt werden kann; das werden wir dann die Ausschweifung nennen.

Die in sozialphilosophischer Hinsicht interessante Frage ist nun, wie diese Mittelform, die den Dritten immer schon kennt und die den Fremden (aus dem Jenseits der Gesellschaft) als Gast mühelos integrieren kann, sich mit den anderen Dimensionen des kommunikativen Textes verbindet.

Fragen wir zunächst nach dem inneren Anderen eines Selbst, so ist zuallererst auffällig, daß es möglich scheint, alle seelischen Abschattungen zu beteiligen, Ausschlüsse sind eher kulturell-historisch bedingt als von grundsätzlicher Natur. Sowohl das Gemüt der Tischgenossen als auch bewußte Reflexionen sind zugelassen. Das konnten wir an der Rolle des Sokrates in Platons „Symposion" studieren: Trotz seiner intervenierenden und störenden Bezugnahme auf die Wahrheit im Diskurs des Lobens sind er und seine Rede als eine ein-passende willkommen. Selbst dem Unbewußten (dem Fremden im Inneren) kann wenigstens über den Witz[363] ein Platz zugemessen werden. Ob nun allerdings auch im Seelischen eine solche zwischen Nähe und Distanz vermittelnde Sphäre entdeckt werden kann, bleibt zukünftiger Forschung überlassen; soviel aber darf hier schon vermutet werden, daß es eine Form des Selbstgenusses sein würde, die weder der intimen Unmittelbarkeit des Begehrens folgt, noch in der Reflexivität des Bewußtseins ihren Ort hat. Die antiken Glückslehren haben diesen Ort gesucht und unterschiedlich bestimmt; vielleicht aber ist er am angemessensten mit dem völlig aus der Mode geratenen Begriff der „schönen Seele" als Platzhalter markiert.[364]

Was nun die Zeitlichkeit dieser Organisationsform des kommunikativen Textes betrifft, so ist diese besonders interessant. Während der kommunikative Text als solcher keine immanenten Grenzen kennt – von Gewalt und mystischem Schweigen als „äußerer" Begrenzung soll hier nicht die Rede sein – ist die Organisationsform der Tischgenossenschaft als Mahl-Zeit klar begrenzt. Selbst das

---

362 Dazu einschlägig Maurice Blanchot: L'entretien infini, Paris: Gallimard 1969, S. 106ff.: L'interruption: „[...] quand deux hommes parlent ensemble, ils ne parlent pas ensemble, mais tour à tour ; l'un dit quelque chose, puis s'arrête, l'autre autre chose (ou la même chose), puis s'arrête. [...] Le fait que la parole a besoin de passer de l'un à l'autre [...] montre la nécessité de l'intervalle."

363 Sigmund Freud: „Der Witz und seine Beziehung zum Unbewußten", in: ders.: Studienausg., hg. v. Alexander Mitscherlich, Frankfurt a. M.: S. Fischer 1982ff., IV, S. 9ff.

364 Ralf Konersmann: Der Schleier des Timanthes, 2. Aufl., Berlin: Parerga 2006, S. 187ff.

Bild einer auf Dauer gestellten Tischgenossenschaft wie der Artus-Runde können wir uns nicht anders vorstellen als eine getaktete Folge von Mahlzeiten, nicht aber als eine unbegrenzte Dauer von Mahlzeit, immerhin war die Artusrunde definiert durch die Heldentaten ihrer Mitglieder und die Berichte darüber. Die Mahlzeiten wiederholen sich.[365] Die unendliche Mahlzeit, wie sie in einem 24 Stunden geöffneten Fast-food-Restaurant mit stets gleichem Speisenangebot, d.h. ohne Speisenfolge, auftritt, wird man wohl kaum als eine Realisierung des kommunikativen Textes verstehen wollen. Für die Tischgenossenschaft gibt es vielmehr festgelegte Essenszeiten und eine Abfolge der Speisen („Gänge") und damit des Gesamtgeschehens. Die einzelnen Gänge sind durch Trinksprüche oder Tischreden skandiert. Bereits im Mittelalter war die mehrgängige Hauptmahlzeit in den gehobenen Schichten die Regel, selbst dann wenn jeder einzelne Gang durch eine Mehrzahl von Gerichten, die gleichzeitig serviert wurden, bestimmt war. Während in England die dreigängige Mahlzeit die Regel war, war dieses in Frankreich das absolute Minimum. Das hat zur Folge, daß sich die Mahlzeit sowohl als erfüllte Zeit temporaler Nähe (Retention und Protention, die die Kontinuität des Schmeckens und Genießens konstituieren) entfaltet als auch als formale Zeit temporaler Reflexivität, wobei sich erstere eher, aber nicht ausschließlich auf das Wie, die zweite eher auf das Was des Genossenen bezieht. Wie in jedem Prozeß läßt sich auch hier von einem Modus auf den anderen umschalten: das soeben Erlebte, noch Nachklingende kann der eigenen Intentionalität der Wiedererinnerung zugeführt werden. Das besondere der Mahlzeit ist die stetige Kopräsenz beider Modi. Das hat mit der irreduziblen Leiblichkeit zu tun. Selbst dann, wenn sich jemand während des Hauptganges einer Mahlzeit oder in den Pausen darum herum wiedererinnernd auf das Hors d'œuvre bezieht oder erwartend auf das Dessert, ist doch die „Nähe" des Verzehrens und des sich füllenden Magens immer auch präsent.

In seiner „Soziologie der Mahlzeit" geht Georg Simmel von einem vermeintlichen Grundsatz der Nivellierung auf dem niedrigsten Niveau einer Gesellschaft aus. Ferner stellt er fest, daß es, ungeachtet aller sonstigen Unterschiede und jenseits aller bloß vermeintlichen Gemeinsamkeiten aller Menschen eine nicht wegzuredende tatsächliche Gemeinsamkeit gibt, nämlich „daß sie essen und trinken müssen".[366] Obwohl diese Tatsache eine universelle ist, bleibt doch die Nahrungsaufnahme etwas, das nicht geteilt oder mitgeteilt werden kann. Diese Spannung zwischen Universalität und Singularität wird daher sozial organisiert: man

---

365 Daß Wiederholung die Differenz impliziert, dazu Gilles Deleuze: Differenz und Wiederholung, München: Wilhelm Fink 1992; dazu auch sowie zu den einschlägigen Stellen in „Mille Plateau" K. Röttgers: „Das Ritornell".

366 G. Simmel: Gesamtausgabe XII, S. 140.

ißt gemeinsam. Das physiologische Bedürfnis, das regelmäßig wieder auftritt, gibt der Wiederkehr der Mahlzeiten eine Verläßlichkeit, die anderen, oft allein auf Verabredungen beruhenden Zusammenkünften fehlt. Eine verabredete Kommunikation kann man vergessen oder durch andere Kommunikationszusammenhänge von ihnen abgehalten werden, an die Notwendigkeit der Mahlzeiten erinnert indispensibel unser Leib. Genau deswegen ist in der Kulturgeschichte die Mahlzeit immer wieder als Form einer verläßlichen Organisation des Sozialen aufgetreten vom Opfermahl, in dem eine Gottheit in die Mahlzeit einbezogen und so die Singularität der Nahrungsaufnahme in einen verpflichtenden Zusammenhang eingebracht wird bis zur Überhöhung im christlichen Abendmahl, bis hin zu Arbeitsessen und Staatsbanketten. „Das gemeinsam Essen und Trinken [...] löst eine ungeheure sozialisierende Kraft aus, die übersehen läßt, daß man ja gar nicht wirklich ,dasselbe', sondern völlig exklusive Portionen ißt und trinkt, und die primitive Vorstellung erzeugt, man stelle hiermit gemeinsames Fleisch und Blut her."[367]

Die verpflichtende Herstellung der Gemeinsamkeit der Tischgenossenschaft hat nun allerdings zur Konsequenz, daß es auch strenge Regeln der Zulassung zu ihr geben muß. Ferner leiten sich gerade aufgrund oder mithilfe der Ausgrenzung feste Regeln der Durchführung der Mahlzeiten kulturell her, die rein ernährungsphysiologisch keinen oder nur wenig Sinn machen. Das erste, was Simmel hier erwähnt, ist die Regelmäßigkeit der Einnahme der Mahlzeiten ab einem geringen Zivilisationsgrad der Völker. Simmel konnte nicht ahnen, daß wir heute zu diesem geringen Zivilisationsgrad regredieren. Zivilisierte Menschen essen zu Zeiten, zu denen es sozial vorgesehen ist und nicht, wenn der Bauch es diktiert. Die Freiheit von der Sinnlichkeit, um kurz Kantischen Denklinien zu folgen, also die Autonomie des Vernunftwesens, ist von vornherein eine sozial gebundene Freiheit; so können wir zwar sagen, was wir wollen, aber nur in Sprachen, die sozial vorgegeben sind, sonst sprechen wir nicht, sondern grunzen bloß, und sonst handeln wir nicht, sondern sind bloß in Aktion, und sonst essen wir nicht, sondern fressen bloß Zuhandenes. Ferner enthält die zivilisierte Mahlzeit eine Sequenzierung, die sogenannten einzelne „Gänge". Diese und weitere Regeln der Tischsittenordnung, die alle nicht funktional zum Sättigungsbedürfnis stehen, machen aus der Essenseinnahme ein ästhetisches Ereignis. Jedoch hat die Stilisierung der Mahlzeit zum Kunstwerk ihre Grenzen; denn sie darf nach Simmel nicht wie andere Kunstwerke individualisiert werden. So folgt der gedeckte Tisch dem Gebot der nichtindividualisierenden Ästhetisierung. Simmel schreibt daher für die Tischeindeckung und das Geschirr die Farbe Weiß und für das Besteck Silber

---

367 Ebd., S. 141.

vor, weil Farben und andere Abweichungen, indem sie individualisieren, die Kraft der sozialisierenden Wirkung der Mahlzeit schmälern würden. Und auch die Ästhetik der Speisen sei von einer in der Kunst sonst längst überwundenen Simplizität der Farben und Formen. Während es in der Kunst Prämien auf Innovation gibt, darf und muß die Ästhetik der Mahlzeit sich sehr viel konventioneller geben. „Auch der gedeckte Tisch darf nicht als ein in sich geschlossenes Kunstwerk erscheinen."[368]

Das Kunstwerk in seiner in sich geschlossenen Individualität hält den Betrachter oder den Zuhörer auf Distanz. Nur so vermag es Kunst, wie Adorno später formulieren sollte, eine eigene Form der Erfahrung zu sein: „Autonom ist künstlerische Erfahrung einzig, wo sie den genießenden Geschmack abwirft. [...] die Emanzipation der Kunst von den Erzeugnissen der Küche oder der Pornographie ist irrevokabel. [...] Wer Kunstwerke konkretistisch genießt, ist ein Banause [...]"[369] Die hier aufbrechende Differenz zu Adorno brauchen wir an dieser Stelle nicht zu vertiefen; denn ganz so eindeutig wie die Zusammenstellung des Kulinarischen und des Pornographischen klingt, ist es bei Adorno denn doch nicht; immerhin fügt er hinzu: „Der Bürger wünscht sich die Kunst üppig und das Leben asketisch; umgekehrt wäre es besser." Es ist die Tendenz zum Verspeisen und Verdauen, die den Kunst„genuß" für ihn problematisch erscheinen läßt. Hier liegt nun aber in der Tat ein wesentlicher Unterschied zwischen sichtbaren und hörbaren Kunstwerken und kulinarischen Kunstwerken; denn diese sollen genossen werden, d.h. die Distanz muß verhindert werden, z.B. durch verführerische Gerüche, aber auch – „das Auge ißt mit" – selbst für den distanzierenden Gesichtssinn muß im Anblick des kulinarischen Kunstwerkes etwas Verführerisches liegen, ein Reiz, der die Tischgenossen an die Mahlzeit bindet.

Auch die Tischgespräche haben sich nach Simmel dem einzufügen, sie dürfen nicht von der Mahlzeit und ihrer dominant sozialisierenden Kraft wegführen, sei es in philosophische Tiefsinnigkeiten hinein, sei es auf das Feld politischer Kontroversen oder gar intimer Probleme. Unverbindlich und in gewissem Sinne banal haben die Gegenstände der Tischgespräche zu sein, damit sie nicht vom Zweck der Mahlzeit ablenken oder ihn stören.

Tischgenossen sind „verführte" Subjekte, nicht autonome.[370] Simmel bemüht sich, darin doch noch so etwas wie Keime der Sittlichkeit zu entdecken. Nur das verführte Subjekt könne sich zur Sittlichkeit befreiend erheben. Oder in Kant-

---

368 Ebd., S. 145.
369 Theodor Wiesengrund Adorno: Gesammelte Schriften, Frankfurt a. M.: Suhrkamp 1970, VII, S. 26f.
370 Ausführlicher zu dieser Unterscheidung K. Röttgers: „Autonomes und verführtes Subjekt".

näherer Terminologie: Autonomie setzt den Durchgang durch die Heteronomie voraus. Und genau hier liegt dann auch die optische Täuschung, der Simmel in seiner Philosophie der Mahlzeit unterliegt. Um etwa zu übertreiben: Das Schmutzige, Niedrige und Tierische des Essenmüssens wird in der gemeinsamen Mahlzeit als Zwischenstufe aufgehoben und befähigt ihre Teilnehmer zur Teilhabe an den hohen Werten der Kultur, die jenseits des Essens liegen. „Denn hier ist das Niedrige und Nichtige durch sich selbst über sich selbst hinausgewachsen, die Tiefe hat gerade, weil sie Tiefe ist, sich in die Höhe des Geistigeren und Sinnvolleren gehoben."[371]

Es ist aber zugleich auch dieses die Stelle, an der sich unsere Sozialphilosophie des kommunikativen Textes der Tischgenossenschaft vom hedonistischen Materialismus eines sonst so bemerkenswerten Buches, wie es Michel Onfrays „Raison gourmande" darstellt, trennen muß. Ist dieser Hedonismus auf die simple Aussage gegründet „Pas de philosophie sans philosophe, et pas de philosophe sans corps",[372] so muß eine Sozialphilosophie, die sich auf eine Ontologie des Zwischen gründet, sich von einer solchen Naivität verabschieden. Ihr geht es um das Geschehen am Tisch und nicht um den Inhalt eines Bauches.[373] Vieles von dem, was er auch mit Sympathie berichtet über die Inszenierungen von Mahlzeiten und die Sozialität des Tischgeschehens läßt sich mit dieser Bauchzentrierung nicht in Einklang bringen, noch weniger die Berufungen auf Deleuze.[374] Seine Nichtübereinstimmung mit Nietzsche, den er trotzdem liebt, bemerkt er selbst. Wie seinerzeit die Philosophie-Simpels der staatssozialistisch erwarteten „Philosophie" alles auf den ewigen Gegensatz von Materialismus und Idealismus brachten, so macht er es sich auch ganz leicht, indem er alles Philosophieren auf den Gegensatz von Hedonismus und Asketismus bringt. Selbstverständlich kennt er als Philosoph den Unterschied eines primitiven, rein egoistischen Hedonismus von einem kultivierten, der auch den Anderen berücksichtigt. Aber das ist meiner Einschätzung nach nichts anderes als das Eingeständnis, daß es auch andere Bäuche gibt und daß sich zwischen diesen verschiedenen Bäuchen etwas abspielt, also nur eine modifizierte Egozentrik. Wenn sich, wie Onfray sagt, Gastronomie zu Ernährung so verhält wie Erotik zur Sexualität, dann können doch in seinem hedonistischen Entwurf Gastronomie und Erotik nur Mittel zu den Zwecken der

---

371 G. Simmel: Gesamtausgabe XII, S. 147.
372 M. Onfray: La raison gourmande, S. 261, dt. Ausg. S. 228.
373 Vgl.auch Michel Onfrays früheres Buch: Le ventre des philosophes, Paris: Le livre de poche 1989.
374 „[...] une philosophie du corps soucieuse de la seule immanence des machines désirantes", M. Onfray: La raison gourmande, S. 64, dt. Ausg. S. 53: „[...] eine Philosophie des Körpers [...], der es allein um die Immanenz der Wunschmaschinen geht."

lustvollen Füllung der Bäuche und des lustvollen Austauschs von Körperflüssigkeiten sein.

Ebenso zerstörerisch für die Idee des Tisches als Chiffre für die Gemeinsamkeit des Genießens und des kommunikativen Textes ist die Vorschrift des Augustinus, daß die Mönche nur einmal täglich eine karge Mahlzeit zu sich nehmen sollten und daß die Klosterbrüder während der Mahlzeit schweigend eine Lesung hören sollten, die zugleich von profanen körperlichen Bedürfnissen ablenken und Kommunikation verhindern sollte und die Aufmerksamkeit allein auf die geistige Speise für die Seele lenken sollte. Wie der Individualismus des Bauches bei Onfray steht auch der Individualismus des Seelenheils bei Augustinus der Gemeinsamkeit des körperlichen und geistigen Genießens bei Tisch feindlich gegenüber. „Der Spaß am Essen wird systematisch unterhöhlt. Das irdische Miteinander, das im Gespräch beim gemeinsamen Essen entstehen könnte, wird durch das gemeinsame Schweigen zugunsten der heiligen Gemeinschaft, die auf Gott hin ausgerichtet ist, boykottiert", sagt Jutta Anna Kleber im Hinblick auf Augustinus.[375]

Besonders interessant zu werden verspricht eine Untersuchung der Inhalte des Textes der Tischgespräche. Auch hier müßte die leitende Frage sein, ob die Tischgenossenschaft ein Mittleres bereithält zwischen dem gelebten Ethos und der normativen Ethik einerseits und dem Know-how und dem erkannten oder bekannten Wissen andererseits. Die Tischsitten, zu denen eben auch die zulässigen oder unzulässigen Gesprächsgegenstände gehören, werden wichtige Fingerzeige dazu liefern können, was aber ebenfalls einer zukünftigen Untersuchung vorbehalten bleiben muß. Was sich auf solchen frühneuzeitlichen Festmahlen ereignete und besprochen wurde, bzw. was sich ereignen sollte, das schildert 1574 das Werk „La Civil Conversazione" von Stefano Guazzo, wie uns Aleida Assmann berichtet:

„Die Hände werden gewaschen und nach einem Tischgebet werden Fleischgerichte aufgetragen. Die Hausherrin entschuldigt sich für die Frugalität des Mahls, doch man ist sich allgemein darin einig, daß der Genuß dieses Banketts ‚weniger im edlen Geschmack der Speisen als in den vergnüglichen Unterhaltungen der Festgesellschaft besteht'."[376]

Wir wenden uns hier statt dessen dem Ende der Mahlzeit zu.

---

375 Jutta Anna Kleber: „Zucht und Ekstase", in: Verschlemmte Welt, S. 235-253, hier S. 240f.
376 A. Assmann: „Festen und Fasten", S. 227.

Das Ende der Mahlzeit

Wirft man die Frage auf, wann und wie eine Mahlzeit endet, so wäre es eine banale und das hier entwickelte Konzept des Kulinarischen ignorierende Antwort zu sagen: dann, wenn alle gesättigt sind. Schon die Diätetiker würden dem widersprechen und würden sagen, man müsse aus Gesundheitsrücksichten immer etwas weniger essen als bis man gesättigt ist. Die Antwort ist so trivial wie eine Auskunft aus der Küche, die Mahlzeit ende dann, wenn die Speisekammer leer ist. Wenn das Essen eine kulturelle Veranstaltung ist, dann kann das Ende der Mahlzeit nicht durch die bloß naturale Faktizität voller Bäuche oder leerer Speisekammern markiert werden.

Wenn es sehr feste Reglements für die Mahlzeiten gibt, wenn sie etwa choreographisch durchgeplant sind, dann gibt es auch Reglements für das Ende der Mahlzeit und was danach geschieht. So sah etwa das Reglement einer „politesse gourmande" auf der Grundlage eines „contrat gastronomique" des Grimod de la Reynière auch ein strenges Zeit-Regime vor, das vorschrieb, in welchem zeitlichen Abstand vor dem gastronomischen Ereignis die Einladungen zu erfolgen hätten, wann man sich zu bedanken hätte (zwischen 5 und 10 Tagen nach dem Ereignis!) und wann man eine „visite d'appetit" zu absolvieren hätte, um das nächste derartige Ereignis vorzubereiten. Am interessantesten ist die Regel, daß man mindestens sechs Monate nach einer Essenseinladung über den Gastgeber nichts Schlechtes sagen dürfe: immerhin konnte man durch eine dichte Folge von Einladungen auf diese Weise verhindern, daß die eingeladenen Personen überhaupt in diesem Sinne den Mund aufmachen konnten, die Speisung verstopfte ihnen gewissermaßen auch das Schandmaul.[377] Ähnlich streng war hier natürlich auch das Zeitregiment während der Mahlzeit zwischen Gastgeber und Küchenchef durchgeplant – wie bei einem Ballett: keine falsche Handbewegung, kein falscher Tritt, keine Bewegung zum falschen Moment. Alles hatte wie ein Apparat zu funktionieren. Die Hedonisten des ausgehenden Ancien Régime und des Revolutionszeitalters – und darin ist de Sade Grimods Bruder im Geiste – versuchten, die Lüste des Gaumens oder der Geschlechtsorgane zu dekomponieren und zu einer Vielfalt neuer lustvoller Komplexe neu zu komponieren. Die Asketen des gleichen Zeitalters warfen die gleichen perfektionistischen Planungs-Energien auf andere Gebiete wie Verfassungsbasteleien und Gesetzgebungswerke.

Streng geregelte Essensveranstaltungen wie Bankette haben selbstverständlich auch Regeln für die Beendigung der Mahlzeit. Wenn Gastgeber und Ehren-

---

377   Einzelheiten nach M. Onfray: La Raison gourmande, S. 76ff.

gast sich nach dem Dessert erheben, ist dieses das Zeichen, daß die Mahlzeit beendet ist, gleichviel wieweit die anderen Gäste gekommen sind, sie können nicht an der Tafel ausharren oder „aufessen", was sich noch auf ihrem Tellerchen befinden mag.

Aber wie endet man eine als kommunikativer Text gelungene Mahlzeit? Der Text will, seiner eigenen Logik zufolge, weitergehen. Er ist im Prinzip unendlich. Wenn aber weder die Naturalität des gefüllten Bauches oder der leeren Speisekammer noch die Kulturalität eines Textendes die Möglichkeit hergeben, eine Mahlzeit zu beenden, so bedarf es anderer medialer Vorkehrungen, und zwar solcher, in denen beides seine Berücksichtigung findet. Und das ist die allseitige Versicherung oder die sozial garantierte Sicherheit, daß ein derartig gelungenes Ereignis wiederholt werden müsse. Solche Mahlzeiten sind damit ein Sonderfall eines Festes. Jedes Fest ist zwar einzigartig in der Unterbrechung des Alltags, aber diese Einzigartigkeit wiederholt sich. Damit hat das Fest eine paradoxe Struktur. Um diese paradoxe Struktur eines sich wiederholenden, einzigartigen Ereignisses aufrechtzuerhalten, sind bestimmte Dinge verboten. Man darf nicht daran erinnern, wie außergewöhnlich schön doch ein anderes, vergangenes Fest gewesen sei, noch weniger darf man die Hoffnung aussprechen, daß ein zukünftiges Fest einzigartig sein werde. Und während eines Essens darf man nicht ein anderes Essen lauthals loben. Durch die paradoxe Struktur ist gewährleistet, daß beides Realität wird, die Tafel kann „aufgehoben" werden, zumal (nicht weil!) die Bäuche voll und die Kammer leer ist, und es kann weitergehen. Die paradoxe Zeitstruktur gebiert einen Rhythmus von Naturalität und Kulturalität, für die das gemeinsame Essen überhaupt das geeignete Medium ist, wobei unter Rhythmus allgemein die Begegnung (Durchkreuzung oder Überlagerung) zweier Zeiten zu verstehen ist. Jede Rhythmisierung erzeugt Zeitverdichtungen und Zeitverdünnungen; die Mahl-Zeit ist eben kein ununterbrochenes Kauen und Schlucken, und schon wenn Gespräche die Mahlzeit begleiten, muß der jeweils Sprechende (in den Termini der Sozialphilosophie des kommunikativen Textes gesprochen: das Selbst) innehalten, während die Zuhörenden (die Anderen) weiter essen dürfen, bis die Funktionspositionen die Besetzungen der Positionen wechseln. Der Leichtigkeit der Tischgespräche unangemessen wäre es, wenn die jeweils Anderen aufhörten zu essen, wenn das Wort an sie gerichtet wird. Das müßte als eine übertriebene Dramatisierung des Textes erscheinen, tendenziell sogar konfliktträchtig. Denn die Rede von Selbst wird nicht durch den Einspruch des Anderen skandiert, sondern dadurch daß Selbst seinerseits etwas zu sich nimmt und so eine Pause erzeugt, in der nun der Andere das Wort ergreifen darf und so zum Selbst des Textes aufrückt. Sinnvoll ist dabei auch die Skandierung des Essen durch verschiedene „Gänge", so daß ein letzter Gang als ein solcher letzter erkennbar wird: Dessert oder Käse heute. Ist allerdings nach dem Essen ein sich fortsetzendes Trinken möglich (das Symposion und seine Nachfolger), so ist das Ende nicht ganz so klar definiert. Auch hier kann nicht die Naturalität der allseits erreichten Trunkenheit den Ausschlag geben und der damit erreichten Unfähigkeit, den Text des Gesprächs fortzusetzen. Gibt es einen „Ehrengast", so fällt ihm die Rolle zu, das Zeichen zum Aufbruch zu geben. Mit oder ohne Symposion wird zur Besiegelung des Endes der Mahlzeit Kaffee angeboten werden. Ich sehe hier von solchem Ende der Mahlzeit ab, die aus einem Abbruch des kommunikativen Textes herrührt: durch Gewalt oder Schweigen. Zu den gepflegten Tischsitten gehört, dieses beides jedenfalls als Grund des Endes der Mahlzeit zu vermeiden. Daher sind bestimmte Inhalte der Gespräche wie Politik oder Religion, die in der Regel ein leidenschaftliches Engagement provozieren können, zu vermeiden, und es ist auch dafür zu sorgen, daß das Gespräch nicht ins Stocken gerät. Für beides kann man durch eine Sitzordnung Sorge tragen, z.B. indem man einen politischen Hitzkopf oder einen religiösen Eiferer neben eine Tischpartnerin setzt, die sich dafür nun überhaupt nicht interessiert und die dazu nicht mehr zu sagen weiß, als daß es sehr interessant sei.[378] Und um Schweigen zu vermeiden, wird man nicht unbedingt alte Ehepaare nebeneinander setzen wollen. Aus diesen Gründen des Abbruchs des Textes darf die Mahlzeit ebenso wenig enden wie aus den Gründen des Fassungsvermögens der Körper. Auch das Ende der Mahlzeit hat daher paradox zu bleiben, was manchmal in den ebenfalls paradoxen Satz gekleidet wird, man solle dann enden, wenn es am schönsten ist. Paradox ist der Satz, weil, wenn er einfach allgemein wahr wäre, viele Leben so etwa im Alter von 25 Jahren enden sollten und so manche Symphonie nach dem zweiten Satz, und vielleicht auch so manches Essen an anderer Stelle als am Ende der Mahlzeit. Nietzsche nannte diese paradoxe Struktur die „Wiederkehr des Gleichen": man müsse so leben, daß man mit der Wiederholung einverstanden sein könne. Die Mahlzeiten wiederholen sich, man ißt immer wieder das Gleiche, aber nie ist es dasselbe, was im exakten Sinne auch sehr unappetitlich wäre, obwohl wegen der gewandelten Andersartigkeit der Umstände es auch niemals „dasselbe" sein wird. Man kann die Paradoxie des Endes der Mahlzeit verbergen, indem man das Ende „gleitend" gestaltet, z.B. das Dessert an einem Dessert-Buffet kredenzt. Oder man kann – eine englische Sitte – Männer und Frauen in verschiedene Räume abwandern lassen, damit jedes Geschlecht sich geschlechtsspezifischen Genüssen hingeben kann, z.B. Zigarren rauchen. Beide gleitenden Übergänge

---

378 Der Wechsel der Genera bezieht sich hier auf eine gemischte Sitzordnung; folglich könnte es auch heißen: ... eine religiöse Eiferin neben einen Tischpartner, der ... usw.; in der Tat scheint mir eine gemischte Sitzordnung als solche bereits normalerweise einen moderierenden Effekt zu haben.

sind nicht unproblematisch, weil sie die Genossenschaft schon während des Mahles partiell zerstören. Die Universalisierung dieser Destruktion der Tischgenossenschaft ist der Stehempfang.

Die Mahlzeit endet paradox, und eben deswegen kann sie wiederholt werden. Was hier exemplarisch für das Essen mit Gästen durchgespielt wurde, gilt mutatis mutandis auch für die einfachen Mahlzeiten etwa in der Familie. Es gilt natürlich nicht für die Fast-food-Abfütterungen und ähnliche Sättigungsveranstaltungen, für die der kommunikative Text eines gemeinsamen Genießens keine Rolle spielt, sondern nur das Erreichen eines bestimmten Sättigungsgrades des Körpers und für das Trinken das Erreichen eines erwünschten Trunkenheitsgrades.

Metakritik

Eine Metakritik stellt das kritische Unternehmen auf einen anderen, manche meinen: höheren Boden. So hatte Hamann seine Metakritik sprachlich fundiert und die Vermutung aufgestellt, daß die Vernunft ihren Grund in der Struktur der Sprache habe, was im 20. Jahrhundert von der Analytischen Philosophie erneut und ohne Kenntnis Hamanns behauptet worden ist. Und Herder hatte seine ausführliche Metakritik der Kantischen Kritik auf den Boden der Geschichte gestellt und damit den Gedanken eines historischen Apriori vorbereitet, wie er dann von Nietzsche und der Nietzsche-Rezeption des 20. Jahrhunderts, etwa bei Foucault, erneut stark gemacht worden ist.[379]

Innerhalb der Kantischen Kritiken hatte die Metakritik natürlich keinen Ort, sondern hier schließen sich die ohne große liebevolle Sorgfalt ausgeführten Teile einer Methodenlehre oder einer Geschichte der Vernunft an. Folgt man jedoch nicht der von der Schule der Kantianer gepflegten und letztlich auch von Kant übernommenen Überzeugung, daß mit den ersten drei Kritiken das kritische Geschäft auf immer erledigt worden sei, sondern nimmt die an Kant anschließende Entwicklung der Philosophie als Maßstab der Entfaltung der Vernunft in der Geschichte, dann wird man die Metakritik und ihre Fortsetzung in dem Typ einer Hegelschen Philosophie als zur Entfaltung der Kritik zugehörig begreifen müssen. Inwiefern gerade diese Integration der Metakritik in das kritische Unternehmen auch bestimmten Impulssetzungen der Kantischen Spätphilosophie gerecht wird, inwiefern also eine Kritik der kulinarischen Vernunft nicht ohne eine Metakritik auskommen kann, werden wir im abschließenden Kapitel sehen.

Stellt allgemein die Metakritik die Kritik auf einen anderen Boden, so wird eine Metakritik der kulinarischen Vernunft die Logik des Alimentären verlassen,

---

379 S. dazu K. Röttgers: Kritik und Praxis, S. 105-114.

ohne allerdings die Idee des Essens und des gemeinsamen Speisens aufzugeben oder gar zu funktionalisieren. Einer der Aspekte wird sein zu untersuchen, wie das Essen im Text selbst erscheint, also nicht nur wie der Text das Essen skandiert und rhythmisiert und das Essen den Text, sondern das Essen auf der Inhaltsebene des Textes erscheint, m.a.W. wie man über das Essen, das gemeinsame Speisen, den Tisch und die Genossenschaft redet und was es da zu erzählen gibt. Schon die alten Griechen sprachen bei den Syssitien – anders als uns Platons „Symposion" suggeriert – vorwiegend über das Essen selbst. Auch später verbietet es eine gepflegte Gesprächskultur bei Tisch, Wahrheitsfragen und Fragen der Ethik zu debattieren, da sie schnell das leidenschaftliche Engagement provozieren, was die Harmonie der Tischgesellschaft gefährdet. So kann man zwar über das Essen bei Tisch reden, nicht aber über eine „Ethik des Essens" (Lemke) oder eine „Kritik der kulinarischen Vernunft".

Die Kritik der kulinarischen Vernunft hat das Kochen, das Essen, die Mahlzeit, den Tisch und das gemeinsame Genießen zum Gegenstand. Die Metakritik verschiebt den Gegenstandsbereich, sie hat den Text, der sich auf all dieses bezieht, im Visier: die Kochbücher, die Speisekarten, die Regularien der Tischsitten und dgl. Aber die erste Frage wird sein: Wozu dient überhaupt dieses Palaver über das Zubereiten und das Genießen? Reicht es nicht, es zu tun? Nein, denn Genuß ist steigerbar, und vermutlich genießen die Anderen anders und mehr (intensiver oder extensiver) als man selbst, die Adeligen mehr als die Bürgerlichen, die Bürgerlichen mehr als die Bauern und die Proletarier; die Chinesen mehr als die Elsässer (oder umgekehrt), und die Elsässer mehr als die Pommern usw.. Die fremde Küche kann, jedenfalls nach Einführung des Buchdrucks, am einfachsten aus Büchern gelernt werden, obwohl es auch in den Klöstern bereits eine ausgedehnte Abschreibpraxis für Rezeptsammlungen gab, und selbst aus der Antike die ersten Rezeptsammlungen bekannt sind. Oft tun sich allerdings Grenzen der Imitierbarkeit des Fremden auf, so wird mancher, der die Küche der Reichen und Vornehmen imitieren möchte und durch ein Kochbuch dort auf echte italienische weiße Trüffel als notwendige Zutat verwiesen wird, sich vielleicht mit Rücksicht auf seinen Geldbeutel mit anderen Pilzen behelfen; der Kochbuchschreiber hatte immerhin mit der Forderung dieser Zutat signalisiert, daß er selbst zu den Insidern der Reichen und Vornehmen gehört. Und wenn der arme Imitator der Reichen meint, auch mit Champignons auskommen zu können, erweist er sich als Ignorant, der glaubt, daß es auf diese Unterschiede letztlich nicht ankomme. Andere Grenzen der Zulassung des fremden Geschmacks sind bestimmte Tabus. Der Autor eines Kochbuchs für indonesische Küche wird zwar Nasi goreng beschreiben und auch bestimmte Versionen von Saté, aber vergeblich wird der Leser ein Rezept der Zubereitung von „Hund" suchen. Auch Froschschenkel und

Schildkrötensuppe sind heute – aus wiederum anderen Gründen – nicht mehr in Kochbüchern zu finden.[380] In Kochbüchern der ansonsten so beliebten italienischen Küche fehlen Rezepte für Amseln. Mit der Nouvelle Cuisine begann dann die Tendenz, das innere Ausland und seine Exotismen aufzusuchen und diese Suche nach dem unbekannten Eigenen für eine Form authentischer Selbstverwirklichung auszugeben. Man kann aber auch Namenszauber betreiben und den Gerichten Namen geben, die alles andere sind als ein klarer Hinweis auf die Hauptzutaten, z.B. den Gerichten französische oder italienische Namen geben, für die die in der Schule erworbenen Fremdsprachenkenntnisse zur Entschlüsselung nicht ausreichen. So kommt es durchaus zuweilen vor, daß eine Speisekarte Bezeichnungen enthält, die auch der Kellner nicht erklären kann. Das gilt nicht nur für das chinesische Gericht namens „long hu dou" (= „der Kampf des Drachens mit dem Tiger"), bestehend aus Schlangen und Katzen, das angeblich Chruschtschow vorgesetzt wurde und das die russisch-chinesische Feindschaft besiegelt haben soll.[381] Freedman erwähnt aus einer französischen Speisekarte um 1960 „Caneton Raphaël Weill" und „Caneton des vendanges". So hat das Essen, begleitet von dem es umspielenden Text der Speisekarten, zuweilen die Funktion, „anderswo" zu sein, sozial, temporal oder kulturell. Brillat-Savarin stellte dazu lapidar fest: „Geistreiche Menschen lieben ganz besonders die Feinschmeckerei, andere sind einer Beschäftigung nicht fähig, die aus einer Masse von Urtheilen und Versuchen zusammengesetzt ist."[382] Allgemeiner gesagt: Gebildete und philosophische Menschen lieben die Vielheit, einfache die Einheit.

Es gibt eine ganz eigene Poetik der Speisekarten, die das Spiel der Ambivalenz zwischen der Bezeichnung des verwendeten natürlichen Rohmaterials und der Mystifikation der geheimnisvollen und geheimnisumwitterten Kunst der Köche als eine Art Alchemie betreibt. Der Leser soll einerseits informiert werden, daß ein Gericht z.B. vom Reh stammt und vielleicht auch, welches Stück vom Reh Verwendung findet, z.B. das Filet, aber zugleich soll er verzaubert werden durch die Bezeichnung „Rehfilet nach Kucsbaer Art".[383] Liest man aber folgendes Menü: „1. Gambas unter toskanischem Tomatenmus – 2. Fisch-Consommé

---

380 In der Rezeptsammlung, die sich im Internet unter http://www.unix-ag.uni-kl.de/ befindet, gibt es allerdings unter den 38.000 gesammelten Rezepten immerhin doch noch eines für „Gebratene Froschschenkel"; in der Rezeptsammlung „Chefkoch" (http://www.chefkoch.de/rezepte/) immerhin drei für Froschschenkel, allerdings alle drei mit französischen Namen (gesehen am 26.12.2007).

381 So P. Freedman: „Einführung", in: Essen – Eine Kulturgeschichte des Geschmacks, hg. v. P. Freedman, S. 6-33, hier S. 8.

382 J. A. Brillat-Savarin: Physiologie des Geschmacks, S. 401.

383 Imre Gundel: Ungarische Wildgerichte 1834-1894, Budapest: Artemis 1990, S. 72f.

mit Safran und bunten Gemüsen – 3. Wildlachs-Turban mit Kern von Jakobsmuschel-Rogen – 4. Cassis-Häschen auf Wirsing im eigenen Blatt – 5. Citroniertes Kirsch-Sorbet mit Minzeblättchen", so ist hier bereits diese Beschreibung ein Gedicht und setzt die Phantasie in Gang, welche Geheimnisse insbesondere auch der Zubereitung sich hinter diesen poetischen Andeutungen verbergen.[384] Daneben gibt es allerdings auch diskursiv festgefügte Codierungen. Ein Jägerschnitzel wird immer mit Pilzen serviert. Andere meinen auch eine feste Codierung, aber die Decodierungskompetenz ist nicht allgemein: „à la Normandie" soll auf eine Zubereitung mit Äpfeln und /oder Calvados verweisen.

Und natürlich ist der soziale Distinktionswert der Essenbeschreibungen nicht zu unterschätzen.[385] Eine Schnecke bleibt eine Schnecke, auch wenn sie auf einer Speisekarte „escargot" genannt wird;[386] der Kundige aber fühlt sich als Eingeweihter in die Arkana der Kulinarik versetzt und genießt den sozialen Distinktionswert. Wer allerdings, egal unter welcher Bezeichnung, Schnecken für „Ungeziefer" hält und das Angebot von „Ungeziefer" auf einer Speisekarte für empörend, wie Else in Wofgang Menges Fernsehserie „Alfred", dem nützt auch die sprachliche Aufwertung der Schnecke zum „escargot" nichts.

Nach Michel Onfray war Antonin Carême der erste, der einen gesteigerten Wert auf die Linguistik des Kulinarischen legte.[387] So hielt er nicht viel davon, Speisebezeichnungen mit Körperteilen der Tiere zu verwenden, z.B. „Ochsenschwanz"-Suppe oder Kutteln. Für ihn war der Seheindruck an der Tafel vorrangig und sollte nicht durch solche Körperteil-Namen gestört werden.

Pasi Falk, dessen Entwicklungsdiagnose in ihrer Einfachheit uns oben schon problematisch erschien, wagt in diesem Zusammenhang den empirisch ganz gewiß falschen Satz: „Erst wenn Essen individualisiert und auf eine unidirektionale ‚Aufnahme' reduziert wird, erhält die Sprache ihre zentrale Rolle als das ‚Wesentliche' sozialer Interaktion."[388] Die griechischen Symposien waren gewiß nicht individualisiert und das Essen wurde geteilt und nicht getauscht, gleichwohl war Kommunikation zentral.

---

384 François Gillet/Peter Ustinov/Jochen Gehler: Edition pour Gourmets, Bielefeld: I. M. Initiative Marken, o. J., S. 17, 24f., 50f., 60f., 128f., 224f.
385 Vgl. E. Barlösius: Soziologie des Essens, S. 151f.
386 „Instead of the differences in the use of single foods social classes are likely to differ in the way they talk about food [...]. Without any changes in nutrient content a snail becomes an escargot." Patricia Crotty: A Sociology of Food and Nutrition. Melbourne: Oxford University Press 2000, S. 145, mit Bezug auf R. Prättälä.
387 M. Onfray: La raison gourmande, S. 182.
388 P. Falk: „Essen und Sprechen", S. 105.

Die Reste des Mahls

Was geschieht mit dem, was übrig blieb? Hierbei muß man zweierlei unterscheiden, die eigentlich ungenießbaren Teile der Speisen: die Kerne und Steine in Kern- und Steinobst, die Knochen und Gräten in tierischer Nahrung usw. sind zu unterscheiden von dem Zuviel, dem, was nicht den Geschmack der Esser traf, und dem Teil, der für andere reserviert ist, z.b. Götter oder Küchenpersonal. Die Grenzen sind fließend. Ist Knorpel, sind Fettstreifen, sind Kerne der Weintrauben ungenießbar oder bloß nicht dem Geschmack oder den auferlegten Diätvorschriften entsprechend?

Werfen wir zunächst einen Blick auf die Antike. Hier sind uns natürlich vor allem die nicht verallgemeinerungsfähigen Berichte über ganz erstaunliche Bankette erhalten, etwa die Berichte von Poseidonius über die Bankette Antiochus VII., die noch unglaublicheren Berichte Plutarchs über die Gastmähler des Marc Anton in Alexandrien; dort wurden dem Vernehmen nach für zwölf Gäste neben vielen anderen Speisen acht Wildschweine zubereitet. Da ist es natürlich dann kein Wunder, wenn etwas übrig bleibt.[389] Üblich war, daß sich die Gäste mitnehmen konnten, soviel sie wollten – heute würde man es neudeutsch „doggy bag" nennen, selbst dann, wenn gar kein Hund zu Hause wartet. Auch die Sklaven bekamen ihren Teil von den Resten; die Abfolge war nach übereinstimmenden Berichten genau geregelt: Nach dem Mahl wurde zunächst geopfert, dann verteilt und dann ging man zum Trinkgelage über. Daß man bei der Verteilung der Reste auch arge Mißgriffe tun konnte, zeigt die von Vössing interpretierte Stelle bei Sueton, in der die Freigiebigkeit Kaiser Galbas, weil er nicht an „Standesgleiche", also Aristokraten, gewissermaßen als Auszeichnung ihrer Gleichheit verteilte, sondern an alle unterschiedslos, was dann als „Völlerei" verurteilt wird: „Man berichtet, daß er sehr viel Nahrung zu sich genommen habe [...]; beim abendlichen Bankett [...] soll er so üppig gespeist haben, daß er die Reste des Mahls auf den Händen (der Tischsklaven) auftürmen, herumtragen und an die Dienerschaft der Gäste austeilen ließ".[390]

Im ländlichen Bereich wurden die Reste des Essens oftmals an die Schweine verfüttert, so konnten die Reste im Schwein überdauern, bis dann auch das Schwein auf dem Tisch landete, gewissermaßen eine Vorform jener Resteverwertung, die heute als Einfrieren der Reste vielfach praktiziert wird. Und dann gibt es eine längere Tradition solcher Kochrezepte, deren Generalüberschrift lau-

---

389 Die Angaben hierzu und zum weiteren folgen Konrad Vössing: „Kaiser Galbas *edacitas* und *liberalitas* (Suet. Gal. 22,1)", in: Rheinisches Museum für Philologie 145 (2002), S. 354-365.
390 Ebd., S. 365.

tet „Resteverwertung". So stellt etwa „Dr. Oetkers Schulkochbuch" im Kapitel „Die Verwendung von Speiseresten" fest, daß sich Reste nie ganz vermeiden lie- ßen. „Reste vom Mittagessen wird man in den meisten Haushaltungen am Abend aufgewärmt geben."[391] Das war in jener Zeit nach dem I. Weltkrieg, als der Hausfrau angeraten wurde, „mit Hilfe des Hausherrn" einen Haushaltsplan auf- zustellen, und davon ausgegangen wurde, daß der „Familienvater" 170 Mark monatlich verdiene.

Man kann sich natürlich auch bemühen, keine Reste entstehen zu lassen, alles zu verwerten und alles zu essen, „was auf den Tisch kommt". Als protestantisch erzogener Bürgerlicher einer Nachkriegsgeneration, mußte ich lernen, daß man nicht beten kann „Unser täglich Brot gib uns heute" und, wenn man es dann gnä- dig erhält, es achtlos wegzuwerfen, zumal es auf der ganzen Welt viele hungern- de Kinder gibt, die froh wären usw.

Man kann natürlich auch, Daniel Spoerri tut es, wie erwähnt, die Reste des Mahls inklusive des schmutzigen Geschirrs am Tisch festkleben, das ein „Fallen- bild" nennen, weil der Alltag, so wie er ist, hier dem Künstler in die Falle gegan- gen ist und nun nicht mehr aus dem Bild heraus kann, es als Kunst verkaufen und sich vielleicht eines Tages von dem Erlös solcher Bilder eine Spülmaschine kau- fen.

Das Fasten/Kochkunst als nichtige Ausnahme

Für das Fasten kann man mehrere, auch gemischte Gründe haben. Religiöse Ge- bote können Fastenzeiten, Fastentage oder das Verbot bestimmter Speisen zu be- stimmten Zeiten oder an bestimmten Orten vorschreiben. Es kann sogar das Fa- sten als der Weg zur eigentlichen geistlichen Nahrung gedeutet werden.[392] Fasten kann aber auch als gesundheitsdienlich angesehen werden und damit gehört das Thema in diesen Abschnitt der Diätetik. Wieviel Körperfülle Gesundheit verrät, ist kulturell sehr verschieden gedeutet und festgelegt worden (und heutige medi- zinische Vorschriften sind auch nur eine bestimmte kulturelle Ausprägung; denn es gehört natürlich zu jedem kulturellen Bestand, daß er als Wahrheit geglaubt

---

391 Dr. Oetker's Schulkochbuch, Ausg. C, zus.gest. v. Emilie Henneking, 2. Aufl., Bielefeld o.J. (ca. 1920), S. 106.

392 So Augustinus, s. dazu in Interpretation seiner Schrift „De beata vita" J. A. Kle- ber: „Zucht und Ekstase", in: Verschlemmte Welt, S. 238ff., z.B. „Die Askese dient dazu, die Bindung des Menschen an seinen Körper zu lösen und die Sehn- sucht nach dem Leib (Christi) zu schüren." (S. 240) Das wurde durch die Kloster- ordnung mit der Vorschrift einmaligen gemeinsamen Essens der Mönche unter- stützt, wer außerhalb dieser Mahlzeit, gar außerhalb des Klosters ißt und damit der Genußsucht des Körpers frönt, sollte von seinen Mitbrüdern denunziert werden.

wird). Und schließlich hat Fasten auch seinen Ort in einem hedonistischen Kalkül. Das erste Steak nach Wochen fleischloser Kost schmeckt sehr viel besser als in einer Folge von Fleischtagen, und das erste Bier nach alkoholfreien Wochen ist ein wahrer Genuß. Seltenheit steigert den Genuß, und Seltenheit läßt sich durch Fasten herstellen.

Es gibt Gründe für das Fasten, und es gibt Gründe dagegen. In jedem Fall ist das Fasten zeitlich begrenzt, anders als Kafkas Hungerkünstler, der fortwährend hungern mußte, weil er nicht anders konnte: Sterbend erklärt er: „[...] weil ich die Speise nicht finden konnte, die mir schmeckt. Hätte ich sie gefunden, glaube mir, ich hätte kein Aufsehen gemacht und mich vollgegessen wie du und alle."[393]

Selbst wenn im Fasten, z.B. im Monat Ramadān, das Fasten als Einrichtung einer Atmosphäre der Spiritualität, der Selbsterziehung durch Entdeckung und Stärkung des eigenen Willens und seiner Ausrichtung auf die Geistigkeit und den Willen Gottes gepriesen wird, wird doch keineswegs gefordert, man solle stets so leben. Denn natürlich ist es richtig, daß fortwährende Zügellosigkeit des Genießens vom Denken und Erkennen ablenkt oder abzieht, aber eben so richtig ist es, was Thomas Morus von den Utopiern schreibt:

„Aber freilich: den Schmuck körperlicher Schönheit zu verachten, die Kräfte zu zermürben, [...], den Körper durch Fasten zu entkräften, die Gesundheit willkürlich zu untergraben und überhaupt die natürlichen Freuden zu verschmähen [...], keinem zu Nutzem sich selbst zu peinigen, nur um des nichtigen Scheines der Tugend willen oder um künftige Beschwerden leichter ertragen zu können [das war das Platonische Argument für Askese, K.R.], die vielleicht niemals auftreten werden: das freilich halten sie für den Gipfel der Narrheit, Grausamkeit gegen sich selbst und äußerste Undankbarkeit gegenüber der Natur, deren sämtliche Wohltaten man von sich stößt, als ob man sich für zu gut halte, ihr etwas zu verdanken."[394]

Kant allerdings unterstellte in seiner Religionsschrift den Mohammedanern, sie wollten durch Fasten und Einhaltung der anderen vier Grundgebote die Gottheit zum Wohlwollen betören oder gar erpressen.[395] Einen ähnlichen Argwohn äußert Hegel, er nennt die Zweckbezogenheit einer Handlung im Rahmen des Glaubens „naiv":

„[...] zu naiv, um eine Handlung zu sein; es ist zu naiv zu fasten, um von der Lust der Mahlzeit sich befreit, – zu naiv, sich, wie Origines, andere Lust vom Leibe wegzuschaf-

---

393 Franz Kafka: Romane und Erzählungen, Frankfurt a. M.: Zweitausendeins 2004, S. 1218.

394 Th. Morus: Utopia, in: Der utopische Staat, S. 77.

395 I. Kant: Gesammelte Schriften VI, S. 194.

fen, um sie abgetan zu erweisen. Die Handlung selbst erweist sich als ein äußerliches und einzelnes Tun; die Begierde aber ist innerlich eingewurzelt und ein Allgemeines; ihre Lust verschwindet weder mit dem Werkzeuge noch durch einzelne Entbehrung."[396]

Bemerkenswert dagegen scheint eine Äußerung Kierkegaards zu sein, der in seiner Abhandlung über die „Ästhetische Gültigkeit der Ehe" die Beständigkeit der Ehe gegenüber der Rastlosigkeit des Eroberns verteidigt. Sein fiktiver Kontrahent („A") hatte sinngemäß gesagt, daß das Erobern das Ursprüngliche sei, das Besitzen aber das Erworbene und Abgeleitete. Dieser Kontrahent mag folgendes gesagt haben: „Zum Erobern gehört Stolz, zum Besitzen Demut; zum Erobern gehört Heftigkeit, zum Besitzen Geduld; zum Erobern – Begehrlichkeit, zum Besitzen – Genügsamkeit; zum Erobern gehört Essen und Trinken, zum Besitzen Beten und Fasten."[397] Demgegenüber macht Kierkegaards „B" (eine der vielen Masken Kierkegaards, wie übrigens selbstverständlich auch „A") geltend, daß Besitz eigentlich ein fortwährendes Erwerben sei. „Hier siehst Du wiederum, daß die besitzende Natur die erobernde in sich trägt [...]" Kierkegaard führt die Übertragung aufs Essen nicht aus, doch die Botschaft ist klar. Weil das Fasten das Essen „in sich" trägt, von ihm belebt ist, hat es Sinn, nicht aber als eine eigene Handlungsform. Das führt uns zum unserem Ausgangsgedanken zurück: Fasten rhythmisiert den Genuß. Fasten kreiert Sinneinheiten sinnlichen Genießens. Die ruhige Abfolge und Wiederkehr der Mahlzeiten muß in zwei Richtungen überschritten werden (können), ins Fasten einerseits, in den Exzeß andererseits. Fest und Fasten umrahmen das kulinarische Genießen. Es kann also immer nur um eine Rhythmisierung der Lüste gehen; denn natürlich ist der Sophismus, den Th. Hobbes kolportiert, Unsinn, nach dem man gar nicht fasten könne, wenn fasten heiße, nichts zu essen, weil man „nichts" gar nicht essen könne.[398]

Der Ekel

Ekel ist, bezogen auf das Essen, eine der Formen, die eine Metakritik des Kulinarischen zu berücksichtigen hätte, und zwar deswegen, weil hier eine rein ästhetische Betrachtung nicht ausreicht, noch weniger aber eine ethische Betrachtung an sie heranreicht. Ekel ist ein umfassenderes Gefühl, und der Ekel vor Speisen und Getränken nur eine seiner Manifestationen. Ekel an bestimmten Speisen oder Ge-

---

396 G. W. F. Hegel: Werke III, S. 422.

397 Søren Kierkegaard: Entweder – Oder, hg. v. Hermann Diem u. Walter Rest, 2. Aufl., Köln, Olten: Jakob Hegner 1960, S. 676.

398 Vgl. die Klärung der wichtigsten aller Menschheitsfragen durch J. L. Scherb: „Nichtet das Nichts wirklich nicht?", in: Philos. Jb. 115 (2008), S. 18-32.

tränken wird zudem erlernt. Babies und Kleinkinder haben zwar eine Vorliebe für Süßes und eine Abneigung gegen Bitteres, aber von Ekel wird man bei ihnen nicht reden können. Ekel wird durch Erfahrungen angeeignet und ist kulturell hochdifferenziert. Bestimmte Schalentiere werden in unserer Eßkultur mit Genuß verspeist, z.B. Hummer, anderen dagegen wird mit Ekel begegnet, z.B. Küchenschaben. Würmer werden im allgemeinen „bei uns" nicht gegessen, in anderen Kulturen sehr wohl, und manche stört ein Wurm im Tequila auch bei uns nicht.

Die Abhängigkeit des Ekels von Erfahrungen wird bereits von Leibniz thematisiert. In § 1 des 33. Kapitels seiner Nouveaux Essais schreibt er: „Ein Kind hat zu viel Honig gegessen, sich danach übel befunden und kann nun, nachdem es erwachsen ist, das Wort Honig nicht hören, ohne Ekel zu bekommen." Bemerkenswert ist hier nicht nur die Erlernbarkeit von Ekel, sondern auch die angesprochene assoziative Verknüpfung, daß bereits das Wort „Honig", nicht erst der Geschmack des Honigs den Ekel auszulösen imstande ist. In einer bei Rolf Degen angeführten[399], aber nicht näher belegten Untersuchung des Gießener Ernährungswissenschaftlers Kübler sollen sich Probanden geweigert haben, mit einem Kamm umgerührte Suppe oder in einer Urinflasche servierten Orangensaft zu sich zu nehmen, auch wenn die Objekte absolut sauber waren. Bemerkenswert ist eben so sehr, daß alles, was aus dem Inneren unseres Körpers stammt, mit Ekel besetzt ist. So ist nicht nur Erbrochenes eklig, sondern selbst den eigenen Speichel, den wir doch ständig im Munde haben, mögen wir nicht, wenn wir ihn denn in eine Tasse gesammelt hätten, wieder zu uns nehmen.

Aber schon früh ist der direkte Zusammenhang von Lust und Ekel bekannt. Einer der Gründe ist die Nichtverzögerung der Lust, d.h. daß sie nicht in ihrer kulturell überformten Form auftritt, sondern in ihrer reinen, schamlosen Naturalität.[400] Nach Friedrich Schiller empört ein Mensch, der „unterjocht vom Bedürfniß, den Naturtrieb ungebunden über sich herrschen läßt" „nicht nur den moralischen Sinn [...]; auch der ästhetische Sinn [...] wird sich mit Ekel von einem solchen Anblick abwenden."[401] In der Tat ist eine „Kritik der kulinarischen Vernunft" keine „Ethik des Essens", sondern beansprucht einen eigenen Status, der sie nicht einfach als einen Typ der um sich greifenden angewandten Ethiken erscheinen läßt. So wie bei Kant die „Kritik der Urteilskraft" die Verbindung zwischen Kritik der theoretischen Vernunft und Kritik der praktischen Vernunft zu

399 Rolf Degen: „Nicht nur Verdorbenes macht Angst", in: Tabula 2 (2005), S. 4-7.
400 So bereits Demokrit: „Unzeitige Lüste erzeugen Unlüste", Fragment 71, Die Fragmente der Vorsokratiker II, S. 159.
401 Friedrich Schiller: Werke. Nationalausg. XX: Philosophische Schriften I, Weimar: Hermann Böhlaus Nachf. 1962, S. 281.

schaffen unternimmt, so wird eine „Kritik der kulinarischen Vernunft" die Lücke zwischen Ethik und Ästhetik zu schließen versuchen.

Über den Ekel äußerte sich Kant in der „Kritik der Urteilskraft" an der Stelle, wo er auf die Fähigkeit der Kunst zu sprechen kommt, auch das an sich Häßliche schön darstellen zu können wie z.b. Verwüstungen des Krieges; dann jedoch fährt er fort:

„... nur eine Art Häßlichkeit kann nicht der Natur gemäß vorgestellt werden, ohne alles ästhetische Wohlgefallen, mithin die Kunstschönheit, zu Grunde zu richten: nämlich diejenige, welche Ekel erweckt. Denn, weil in dieser sonderbaren, auf lauter Einbildung beruhenden Empfindung der Gegenstand gleichsam, als ob er sich zum Genüsse aufdränge, wider den wir doch mit Gewalt streben, vorgestellt wird: so wird die künstliche Vorstellung des Gegenstandes selbst in unserer Empfindung nicht mehr unterschieden, und jene kann alsdann unmöglich für schön gehalten werden."[402]

Oder es wird eine Reflexionsform des Ekels imaginiert dergestalt, daß von einem „Ekel an der Lust" gesprochen werden kann, so der Kirchenvater Tertullian.[403] In ähnlichem Sinne deutet Sigmund Freud die Entstehung von Ekel und Scham, nämlich als Reaktionen gegen eine Schmier-, Zeige- und Schaulust der analen Phase der kindlichen Entwicklung.[404]

Zuweilen wird diese weiter gefaßte Emotion des Ekels auch auf das Essen bezogen, aber dann eher im Sinne einer exemplarischen Veranschaulichung, so etwa wenn es bei Spinoza heißt:

„Es kommt nämlich sehr oft vor, daß wenn wir den Gegenstand, nach welchem wir Verlangen hatten, genießen, der Körper durch diesen Genuß eine Veränderung seines Zustandes (Verfassung, Beschaffenheit) erfährt, so daß er anders bestimmt wird und Vorstellungen anderer Dinge in ihm wachgerufen werden; womit zugleich der Geist sich etwas anderes vorzustellen und etwas anderes zu wünschen beginnt. Wenn wir uns z.B. etwas vorstellen, was uns durch seinen Geschmack zu erfreuen pflegt, begehren wir es zu genießen, d.h. zu essen. Während wir es aber genießen, wird der Magen angefüllt, und der Körper gelangt damit in eine andere Verfassung. Wenn also die Verfassung des Körpers bereits eine andere geworden ist und die Vorstellung dieser Speise, weil sie selbst gegenwärtig ist, noch lebhafter wird, und folglich auch das Bestreben oder die

---

402 I. Kant: Akad. Ausg. V, S. 311.
403 Tertullian, in: Patrologiae cursus completus. Series II: Ecclesia latina, hg. v. Jacques Paul Migne, Paris: Migne 1841ff., ND Turnhout: Brepols I, Sp. 735A.
404 Sigmund Freud: Gesammelte Werke, hg. v. Anna Freud, London: Imago 1942, V, S. 78.

Begierde, sie zu essen, so wird der neue Zustand dieser Begierde oder diesem Bestreben widerstreben, und folglich wird die Gegenwart der Speise, nach der wir Verlangen hatten, verhaßt. Das ist es, was man Überdruß und Ekel nennt."[405]

Dieser phänomenologisch genauen Beschreibung einer Dialektik des Begehrens braucht, so glaube ich, kein Kommentar hinzugefügt zu werden.

Oftmals aber wird gerade von jenem erweiterten Begriff des Ekels Gebrauch gemacht, für den der Ekel am Essen nur eine Instanz wäre. Sartres Deutung des Ekels läuft beispielsweise darauf hinaus, daß im Ekel als einer existentiellen Befindlichkeit eine unmittelbare Konfrontation mit dem Sein vorliegt anstelle eines sinnhaften, verstehenden Zugangs.[406] Nietzsche hatte zuvor von einem Ekel an der Absurdität des Daseins gesprochen, der im Komischen zu einer künstlerischen Entladung kommen könne. Das kann dann allerdings auch wieder zu einem Ekel am Essen in Analogie gesetzt werden. So sagt Nietzsche in der „Fröhlichen Wissenschaft", daß die Kunst des Umgangs mit Menschen auf der Geschicklichkeit beruhe, „eine Mahlzeit anzunehmen, einzunehmen, zu deren Küche man kein Vertrauen hat. [...] Ah, wie schwer sind die Mitmenschen zu verdauen!" Eine Methode sei es, „seinen Widerwillen zwischen die Zähne nehmen, seinen Ekel hinunter stopfen."[407] In ähnlichem Sinne spricht der Aphorismus 282 von „Jenseits von Gut und Böse" aus. Anspruchsvolle Geister werden nur selten einen passend gedeckten Tisch finden, sie werden sich in einem Zeitalter befinden, mit dem sie nicht aus einer Schüssel essen möchten und werden von einem plötzlichen Ekel befallen sein.

„Wir haben wahrscheinlich Alle schon an Tischen gesessen, wo wir nicht hingehörten; und gerade die Geistigsten von uns, die am schwersten zu ernähren sind, kennen jene gefährliche *dyspepsia*, welche aus einer plötzlichen Einsicht und Enttäuschung über unsre Kost und Tischnachbarschaft entsteht,– den *Nachtisch-Ekel*."[408]

Der Nachtisch-Ekel ist genau das, was sich in einer Metakritik an die eigentliche „Kritik der kulinarischen Vernunft" anzuschließen hat. Aber diese könnte sich auch auf andere Digressionen aus dem kulinarischen Genießen beziehen. Als nächstes werden wir daher den Übergang in die Erotik ansprechen.

---

405   Baruch Spinoza: Die Ethik, Stuttgart: Reclam 1977, S. 391/393; vgl. auch F. Nietzsche: Sämtliche Werke III, S. 429.

406   Jean-Paul Sartre: La nausée, Paris: Gallimard 1938, S. 32-34, 156f., 161-171.

407   F. Nietzsche: Sämtliche Werke III, S. 612

408   Ebd. V, S. 230f.

Essen mit Hintergedanken

Als wir oben in der Dialektik des Kulinarischen soziale Formen wie das Arbeits-Essen thematisierten, hatten wir schon Essen mit Hintergedanken im Blick, jedoch dort unter dem Aspekt der Organisationsform. Hier wird es uns auf das ankommen, wodurch die Mahlzeit auf ein anderes jenseits ihrer überschritten wird. Der Grundgedanke, der dahinter steht, drückt sich in dem Sprichwort aus, daß der Mensch nicht lebe um zu essen, sondern esse um zu leben, was übrigens bereits von Diogenes Laërtius als ein Ausspruch von Sokrates berichtet wird. In dem „Um-zu" ist die Form des Hintergedankens angesprochen. Nicht alle Hintergedanken sind final oder teleologisch ausgerichtet. Es gibt auch solche Komplexe kommunikativer Textschließungen, die über das Essen hinausgreifen und das Essen nur als ein Initialmoment bei sich führen. Die erwähnte griechische Form der Folge von Syssition und Symposion ist eine solche übergreifende Form, von der man kaum wird sagen können, daß gegessen wurde, nur „um zu" anschließendem Trinken übergehen zu können. Ebenso wenig wird das Abendmahl gefeiert, „um" anschließend den Segen zu erhalten. Aber gerade in der Neuzeit haben Essen vielfach auch diese Zweck-Mittel-Form. In ihr wird das Essen zu einem Mittel, um etwas anderes zu erreichen, es hört damit auf, Mitte zu sein.

Eine seit alters her bekannte Gestalt wollen wir das erotische Essen nennen. Allerdings würde „erotisches Essen" auch heißen dürfen, wenn das Essen selbst erotisiert ist. Im Rahmen der Metakritik wird jedoch nur Thema sein jene Gestalt des Essens, das den Zweck hat oder seine Erfüllung findet in einem Transzendieren der Mahlzeit auf eine andere Ebene des Sozialen hin, das man das Erotische nennen kann.[409]

Unzählige „Aphrodisiaka" sind in der einschlägigen Literatur bekannt, die „Sie" oder „Ihn" animieren sollen.[410] Die Internet-Seite „Glamour.de" behauptet: „Treffen Safran, Sellerie und Lychee in geeigneter Kombination aufeinander, gibt es kein Halten mehr." Außerdem werden die Gewürze Chili, Zimt, Vanille

---

409 Ob das Erotische wirklich eine Sozialform ist, mag strittig sein, Lévinas hat es mit großer Eindeutigkeit als asozial bezeichnet; auch wir sind der Überzeugung, daß das Soziale erst mit der Figur des Dritten beginnt. Allerdings scheint mir, daß auch in der erotischen Situation der Dritte (mindestens als explizit ausgeschlossener Dritter) anwesend ist.

410 Wieso aber „Pasta mit Lachs und Zucchini" ein besonders erotisches Essen sein soll, so http://www.oekolandbau.de/jugendliche/life/amore-bio-erotic-food/, zuletzt gesehen am 14.10.2008, bleibt mir unerfindlich. Da es eine Seite für Jugendliche sein soll, bleibt nur der dunkle Verdacht, daß die Jugendlichen gerade nicht erotisiert werden sollen.

und Ingwer als „Scharfmacher" genannt. Als Aphrodisiaka der Haute Cuisine werden aufgeführt: Austern, Jakobsmuscheln und Beluga-Kaviar.[411] Wikipedia erwähnt die mittelalterlichen Vorstellungen, daß Grünkohl, Petersilie und Muskat Aphrodisiaka seien, Goethe glaubte an die Artischocke. Andere Empfehlungen sind Bohnen, Karotten, Knoblauch, Sellerie, also lauter Sachen, die wir sowieso regelmäßig essen. Das Entscheidende scheint hier eher der Glaube an die Funktionalität zu sein. Natürlich wird dieser Glaube in unserem naturwissenschaftsgläubigen Zeitalter verstärkt, wenn die Wirkungen bestimmter chemischer Substanzen in diesen Nahrungsmitteln auf die Geschlechtsorgane „bewiesen" werden können.

Die Aphrodisiaka überschreiten die Transzendentale Analytik des Kulinarischen; wird jedoch auf der Ebene der Dialektik die erotische Überschreitung des Essens geprobt, so ist das Fluidum, die Atmosphäre dasjenige, was die Hintergedanken steuert. Hier wird es zunehmend schwerer, das gelungene Mahl zu Zweit von einer Einbettung des Essens in einen erotischen Gesamtentwurf zu unterscheiden. Oftmals wird sich dieses auch erst während des Essens herausstellen. Wenn das Essen nicht in einem manipulativen Vorentwurf eingebaut ist, durch die der Plan eines Partners zur Verwirklichung kommt, wird das Interaktionsergebnis eher offen sein. Aber selbst in diesem Fall errät der andere Partner möglicherweise die „Hintergedanken" und hat nun die Wahl, sich darauf einzulassen oder aber auf dem Charakter der Mahlzeit zu bestehen. Weil das aber so ist, wird selbst der, der den Plan hatte, „Sie" oder „Ihn" „herumzubekommen", dieses Spiel nicht so ohne weiteres manifest werden lassen, damit er nicht dazu gezwungen ist, das Spiel, so weit es gemeinsam gespielt wurde, d.h. die Mahlzeit selbst, für mißlungen zu erklären, sondern dabei bleiben kann zu sagen, es sei ein schöner Abend gewesen. Immerhin ist allerdings schon ein Arrangement eines Essens zu Zweit, d.h. der Ausschluß des Dritten, eine Weichenstellung von einer gewissen Eindeutigkeit.

Der Übergang vom Kulinarischen zum Erotischen folgt der Logik der Übergänge, die Deleuze/Guattari als Deterritorialisierung/Reterritorialisierung interpretiert haben. Eine ganz neue Ebene wird nach Ende der Mahlzeit eröffnet. Was hier geschieht, ist in keiner Weise durch die Strukturen des Kulinarischen bestimmt. Selbst die „enthemmende" Wirkung des genossenen Alkohols tritt im Erotischen in eine ganz andere Semantik ein, wenn wir nämlich mit erotischen Prozessen etwas anderes und Komplexeres meinen als den Vollzug des Sexualakts. Diese mehrdeutigen Anschlüsse, die durch den Ebenenwechsel entstehen,

---

411 http://www.glamour.de/glamour/2/4/content/05298/index.php, zuletzt gesehen am 14.10. 2008, allerdings wird zu Austern Casanovas Bemerkung mitgeliefert, daß es schon 50 Stück sein müßten.

können wir gleichwohl als „Verstehen" interpretieren, wenn wir unter „Verstehen" sinnvolle, d.h. auch sinnkonstituierende Anschlüsse meinen und nicht auf psychische oder gar metaphysische Hintergrundgarantien solcher Anschlüsse rekurrieren zu müssen meinen. Insofern gibt es auch verstehende Anschlüsse, die einen Übergang und Ebenenwechsel inszenieren, d.h. ein rhizomatisches Verstehen.

Das Schmatzen der Toten in ihren Gräbern/Das Totenmahl/ Die Totemmahlzeit (Freud)

Auch ins Jenseits der Tafelrunde und der Tischgenossenschaft, infolgedessen in die Metakritik einer Kritik der kulinarischen Vernunft gehört das folgende Thema. Man weiß, bzw. wußte „von dem Kauen und Schmatzen der Toten in Gräbern", so der Traktat von Michael Ranft aus dem Jahre 1734.[412] Es gibt Tote – nicht alle pflegen dieser Unsitte –, die in ihrem Grab beginnen, zunächst ihr Leichentuch und Leichenhemd zu verspeisen und anschließend eigene Körperteile. Nun könnte man ja diese seltsame Autodegustation auf sich beruhen lassen, wenn sie nicht Folgen hätte, besonders für nahe Angehörige. Sie entzieht ihnen die Lebenskraft, und auch sie werden dann in Kürze dahingerafft. Man nennt diese kauenden und schmatzenden Toten auch Nachzehrer. Einige dieser Nachzehrer verlassen sogar die Gräber und quälen als Wiedergänger die Überlebenden. Die Nahrungsgewohnheiten dieser Wesen sind bizarr, erstens was ihre Kost betrifft, zweitens aber auch, daß niemals von gemeinsamen Mahlzeiten dieser geräuschvollen Esser berichtet wird. Ein Pfarrer aus dem Schlesischen berichtet 1601, daß „[...] tote Leute, sonderlich Weibspersonen, die an der Pest gestorben, im Grabe ein Schmätzen getrieben, als eine Saw, wenn sie isset [...] Anno 1553 als die Pest allhier zum Lauban regierte, ist dergleichen auch geschehen, daß eine Weibsperson im Grabe also geschmätzet hat."[413] Die erste literarische Kunde

---

412 Michael Ranft: Tractat von dem Kauen und Schmatzen der Todten in Gräbern, worin die wahre Beschaffenheit derer Hungarischen Vampyrs und Blutsauger gezeigt, auch alle von dieser Materie bißher zum Vorschein gekommene Schrifften recensiret werden, Leipzig: Teubner 1734. Diese Schrift geht auf die Dissertation Ranfts von 1725 zurück, die er erweitert um eine zweite Abhandlung 1728 u.d.T. „Masticatione mortuorum in tumulis Liber singularis, continens duas Dissertationes, quarum prior Historico-Critica, posterior vero Philosophica est. Auch neu hg. v. Nicolaus Equiamicus, Diedorf: Ubooks 2006. das Original ist zugänglich über die digitalen Quellen der Herzogin Anna Amalia Bibliothek Weimar: http://oraweb.swkk.de/digimo_online.

413 Martin Böhm: Die drei großen Landtplagen, Wittenberg 1601, zit. nach: Von den Vampiren oder Menschensaugern, hg. v. Dieter Sturm u. Klaus Völker, 3. Aufl., München: Hanser 1973, S. 441.

dieser Unsitte gewisser Verstorbener stammt von Martin Böhm aus dem Jahre 1601, aber der Volksglaube geht in vorchristliche Zeiten zurück und ließ sich auch durch die Bekehrung der Kelten und Germanen nicht ausrotten. Zur Verhinderung dieser Unsitte der Toten hat man sich allerlei einfallen lassen, von der Fesselung der Toten bis zur Beerdigung mit dem Gesicht nach unten.[414] Wo man an eine Mitwirkung des Teufels an diesem Unwesen glaubt, hilft auch, dem Toten eine Reihe von Erbsen mit ins Grab zu geben, erst kommt dann das Erbsenzählen, dann erst die Mahlzeit. Da aber der Teufel nie über die geheiligte Zahl Drei hinauskommt, kann man so das Schmatzen verhindern. Die Verhinderung des Schmatzens schützt aber auch die Toten vor sich selbst; und so legte man dem Toten eine Münze oder einen Stein in den Mund oder ein Stück Rasen auf die Brust, damit sie sich nicht selbst zerfleischen.

Die Nachzehrer gehören allgemein zu den Untoten wie Vampire und Wiedergänger. Aber im Unterschied zu diesen verläßt der Nachzehrer sein Grab nicht und schmatzt dort vor sich hin. Seine schädigende Wirkung erfolgt daher rein telepathisch (was allerdings, da die Seele diese Körper ja bereits verlassen hat, eine rein körperlich wirkende Telepathie voraussetzt). Die Untoten sind allgemein gesprochen diejenigen lebenden Wesen, deren Seele den Körper bereits verlassen hat, deren Körper jedoch in einer Eigendynamik fortlebt. Aufgeklärte Denker haben daher immer auch an den Berichten gezweifelt; die Seele hat ja doch den Körper gerade deswegen verlassen, weil er ihr nicht mehr zu Diensten sein und ihre Begehrungen nicht mehr ausführen konnte; und wenn sie dann in „Abrahams Schoß" oder in der Hölle ist, ist der Körper nichts als ein verfaulender Leichnam. Also fragt sich Otto Graf zum Stein:

„Können nicht andere natürliche Ursachen dahinter stecken? Hast du denn, lieber Pneumatophile, niemals gehöret, was die Naturkündiger von einem gewissen Thier Hyäna genannt, angeben? Dieses soll eintzig und allein in dem menschlichen Cörper seine Nahrung suchen, und deßwegen die innersten Theile der Erde durchdringen, auf dem Erdboden aber sich gar selten antreffen lassen. Dieses Thier kann also vielleicht bey seinen geheimen Mahlzeiten besagtes Geschmatze verrichten zumal wenn es einen guten Bissen vor sich findet."[415]

---

414   Nikolaus Kyll: „Die Bestattung der Toten mit dem Gesicht nach unten", in: Trierer Zs. f. Kunst u. Geschichte 27 (1964), S. 168-183.

415   O. Graf zum Stein: Unverlohrnes Licht und Recht derer Todten unter den Lebendigen... Berlin, Leipzig 1732, zit. in: Von denen Vampiren oder Menschensaugern, S. 449.

Weil aber auch diese Erklärung nicht so hundertprozentig überzeugt (ein Tier, das wie eine „Erd-Mauß" in der Erde wohnt, aber schmatzt wie eine Sau), nimmt man in dieser Schrift Zuflucht zu der Hypothese einer Surrogat-Seele, namens „Astral-Geist", die diese Körper-Bewegungen des Kauens und Schmatzens hervorrufe.

Da jedoch unter Bedingungen der Postmoderne mit dem immer dichter werdenden Netz der Überwachung und des Seelen-Scanning durch Kundenkarten, Mobiltelefone, GPS, Online-Durchsuchungen und Überwachungskameras und durch die Transparenz aller unserer Antriebe, weil wir ja nichts zu verbergen haben und alles zu befürchten haben, es immer fraglicher wird, ob wir noch eine Seele haben,[416] die ja seit ihrer Erfindung durch Sokrates immer ein Geheimes gewesen war, ja ob wir vielleicht nie eine gehabt haben, sondern immer nur von der Illusion einer Seele beseelt waren, leben wir wahrscheinlich längst als Untote unter lauter Untoten. Da den Untoten die Seele abhanden gekommen ist, ist es nicht verwunderlich, daß sie keine Essens-Genossenschaft pflegen, sondern in ihrem Grab einem Solipsismus convictorii – wie Kant es genannt hat – nachgehen. Wer stets alleine ißt und darüber hinaus in seiner Kost nicht sehr wählerisch ist, sondern das verzehrt, was gerade zuhanden ist, und sei es ein Leichentuch, der ist bereits tot.

Daß die seelenlosen, essenden Körper („nutrition clients" möchte man sie fast nennen) weder Gotteswerk noch Teufelswerk sind, das bemüht sich der Prediger Michael Ranft in seinem oben genannten Werk darzulegen. So obliegt ihm die Pflicht, andere Erklärungen für die Schmatzgeräusche aus den Gräbern zu finden, da er diese wegen vielfältiger Zeugnisse, auch wenn er sie selbst nie gehört hat, als solche nicht bestreiten will. Und da gibt es mehrere Möglichkeiten: Erstens theologisch: in der Bibel wird derartiges nicht erwähnt, also scheidet eine transzendente Erklärung aus; zweitens psychologisch: überreizte Phantasie, insbesondere von „Weibspersonen", auf Friedhöfen, also reine Einbildung; drittens physikalisch und psychologisch: das Einfallen der Sargwände erzeuge Geräusche, die leicht mit Kaugeräuschen von der Art des Kauens von Schweinen verwechselt werden könnten; viertens biologisch: es gibt Kleinbelebewesen, vor allem Schlangen, die die Leichen schmatzend verzehren würden. Ranft will nicht an die Erzählungen glauben, „daran sich nur die alten Weiber ergötzen", nämlich „von diesen in Gräbern fressenden Todten".[417] Jedoch würden die Katholiken, so der Protestant, an „das Kauen und Schmatzen der Todten in Gräbern" bereitwillig glauben und es sogar für ein göttliches Wunder ausgeben.

---

416 Julia Kristeva fragt: „Haben Sie eine Seele? [...] Gibt es noch eine Seele?" Julia Kristeva: Die neuen Leiden der Seele, Hamburg: Junius 1994, S. 9.
417 M. Ranft: Tractat von dem Kauen und Schmatzen der Todten in Gräbern ..., S. 20.

Trägt man alle Kenntnisse zusammen, so ergibt sich folgendes Bild: Die Toten kauen mit einem hellen Geräusch, das meist dem Kauen der Schweine ähnelt, sie fressen zuerst ihre Leichen-Kleider, sie sind normalerweise weiblichen Geschlechts, sie kommen vor allem in Zeiten der Pest vor, und sie schädigen immer die nächsten Verwandten, deren Lebenskraft sie telepathisch aussaugen, so daß auch diese bald sterben. Ist man Katholik und/oder abergläubisch genug, wird man die seltsamen Geräusche auf dem Friedhof tatsächlich hören, sagt Ranft.

In jeder Hinsicht verläßt das „Kauen und Schmatzen der Toten in Gräbern" den Rahmen einer Kulinarik. Selbst wenn man über die Motive der Nachzehrer nichts weiß; denn sie vertrauen sie ja nicht per Kundenkarte einer Datenbank an, ist doch ihre Erscheinungsweise weit außerhalb dessen, was man eine kulinarische Vernunft nennen könnte. Gemeinhin wird denn auch dieser Verzehr der Toten von Leichentüchern und eigenen Körperteilen als „Fressen" bezeichnet. Tatsächlich steht dieses „Schmatzen" unterhalb einer tierischen Nahrungsaufnahme, die immerhin der Selbsterhaltung des Organismus dient, während diese Toten sich selbst verzehren und dann telepathisch die Lebenskraft der nächsten Angehörigen absaugen, das tut kein Tier.

Kommen wir daher schleunigst zur anderen Seite des Todes. Die Hinterbliebenen begehen einen Leichenschmaus. Das ist ein Essen, das von den Angehörigen des Verstorbenen ausgerichtet wird. Den Sinn dieser Sitte kann man nur aus der oben entwickelten Idee des gemeinsamen Genießens herleiten. Insofern ist die Speisenfolge, obwohl teilweise sogar als Brauchtum bekannt, beginnend mit einer Kraftbrühe usw., oftmals allerdings auch beschränkt auf belegte Brötchen und Kaffee, ziemlich unerheblich und daher hier auch nicht Gegenstand weiterer Überlegungen. Hier wie auch sonst schon mehrfach erwähnt, kannten frühere Zeiten gehörige Exzesse, so daß teilweise Bestimmungen erlassen werden mußten, die etwa den Bierkonsum der Sargträger einschränkten, ja teilweise sogar den Leichenschmaus überhaupt untersagten. Tatsächlich aber gibt es kein geeigneteres Mittel, den Zusammenhalt der Hinterbliebenen untereinander und die fortbestehende gemeinsame Verbundenheit mit dem Verstorbenen zu befestigen als eine gemeinsame Mahlzeit. In ihr kann auch die je individuelle Trauer, entstanden durch das Zerreißen des Bandes mit dem Verstorbenen durch den Tod, überführt und aufgehoben werden in eine Gemeinsamkeit des Trauerns, aber auch in eine Bewältigung der Trauer. In der Nähe der Friedhöfe haben sich darauf spezialisierte gastronomische Betriebe angesiedelt, sie tragen oft Namen wie „Tränenkrug" o.ä. Hier ist die gemeinsame Einnahme einer Mahlzeit nach der Beerdigung auch die Veranlassung, den Tränenfluß zu unterbrechen; denn man kann schlecht zugleich weinen und essen. Daher sind die durch den Leichenschmaus ermöglichten Gespräche geeignet, positive Erinnerungen an den Verstorbenen auszutauschen, so daß der kommunikative Text dominiert ist durch einen einzigen Inhalt, das Leben des nun Abwesenden. Seine Abwesenheit im Textgeschehen, die zugleich die Anwesenheit im Textinhalt ist, kann auch und wird oft signalisiert durch einen leeren Stuhl am Tisch des Leichenschmauses. Man kann den Leichenschmaus sogar so interpretieren, daß es der Schmaus mit einer Leiche ist; der Tote und nicht die Hinterbliebenen ist dann der Ausrichtende des Essens. Die Abwesenheit des Verstorbenen, insofern sein Fehlen, seine Zero-Stelle im Text und im Essen, merklich ist, ist daher auch die Anwesenheit des Abwesenden. Er ißt nicht mehr und er spricht nicht mehr. Wie aber jedes Sprechen das Essen skandiert und sich in seinen Pausen einnistet und es dadurch rhythmisiert, und umgekehrt, ebenso skandiert und rhythmisiert der Tote nun in doppelter Weise den kommunikativen Text der Mahlzeit.

Der Leichenschmaus ist daher fast allen Trauerzeremonien der Kulturen eigentümlich. Die Gemeinschaft der Lebenden und der Toten wird auf diese Weise begangen, die nicht nur dem Toten gerecht zu werden versucht, sondern vielfach auch eine Vorsichtsmaßnahme der Hinterbliebenen ist, daß nicht etwa die Toten mit ihrer neuen Macht aus dem Jenseits Unheil stiften und die Überlebenden schädigen oder nachholen sollten.[418]

Ein weiteres Thema im Jenseits des reinen gemeinsamen Genießens ist die Henkersmahlzeit, der Hans von Hentig eine eigene Studie gewidmet hat.[419] Nach ihm ist bereits in der frühen Neuzeit ein mehrtägiges „üppiges" Mahl für die zum Tode Verurteilten belegt. Teilweise profitierten von der Vergünstigung auch bereits diejenigen, deren Verfahren wegen eines Kapitalverbrechens noch lief. Außerdem war es allgemein üblich, dem Verurteilten auf dem Weg zum Schafott reichlich Wein zu verabreichen, dem dann auch zuweilen die Henkerknechte eifrig zusprachen. Diese Sitte ist sehr alt und beruft sich auf Sprüche Salomons 31, 6-7: „Gebt starkes Getränk denen, die am Umkommen sind, und den Wein den betrübten Seelen, daß sie trinken und ihres Elends vergessen und ihres Unglücks nicht mehr gedenken." Auch Jesus wurde vor den Kreuzigung ein Trank angeboten, der sowohl nach jüdischer als auch nach römischer Sitte narkotisierende Ingredienzien enthalten haben wird; Math. 27, 34 spricht von „Essig [...] mit Galle vermischt", Markus 15, 36 nennt nur Essig, allerdings ist von zwei verschiedenen Situationen die Rede. Mathäus berichtet von einem vor der Kreuzigung angebotenen Trank, der wohl aus Wein und den narkotisierenden Zusätzen, die bitter geschmeckt haben mögen, bestanden haben wird, den Jesus probiert und dann ablehnt. Die von Markus berichtete Szene bezieht sich auf den Jesus, der bereits

---

418 Vgl. auch Michael Maurer: Zur Systematik des Festes, in: Das Fest, hg. v. Michael Maurer, Köln, Weimar, Wien: Böhlau 2004, S. 55-80, bes. S. 64ff.
419 Hans von Hentig: Vom Ursprung der Henkersmahlzeit, Tübingen: Mohr 1958.

am Kreuz hängt, der von den Herumstehenden verspottet wird und der dann mit einem mit „Essig" getränkten Schwamm versorgt (oder, wenn dieses wirklich Essig war, zusätzlich verspottet) wird. Warum Jesus den das Sterben erleichternde Trank vor seiner Kreuzigung ablehnte, ist unbekannt und lädt lediglich zu Spekulationen ein.

Während in der Neuzeit andere Gefangene bei dem sprichwörtlichen „Wasser und Brot" gehalten wurden und nicht wenige auch bei dieser Kost verstarben, erfreuten sich die zur Hinrichtung Bestimmten einer besonders bevorzugten Beköstigung, teils durch die Gefängnisverwaltung, teils aber auch von kirchlicher Seite. Von Hentig zitiert eine Quelle, nach der dem Todgeweihten täglich zwei Pfund Brot, ein Pfund Fleisch, Gemüse und ein Maß Wein gereicht wurden. Diese Vergünstigungen steigerten sich dann noch in der eigentlichen Henkersmahlzeit, zu der der Delinquent sich oft wünschen durfte, was er wollte und bei der die Kosten keine Rolle spielten. Oft erhielten so die armen Verurteilten eine schönere und üppigere Verköstigung als jemals zuvor in ihrem ganzen Leben. Manche Verurteilten zerbrachen sich auch den Kopf, welche schwer zu beschaffenden Speisen sie sich wünschen sollten, von Hentig erwähnt Wachtel auf Toast mit frischem Spargel – kurz vor dem Tod also: das Schlaraffenland. In den niederländischen Kolonien Südostasiens war der Höchstbetrag einer Henkersmahlzeit auf 10 Gulden festgesetzt, während ein normaler Javaner mit 2,5 Cent am Tag auskommen mußte, d.h. mit einem Vierhundertstel einer Henkersmahlzeit. Der 1920 in den USA hingerichtete Massenmörder Hamby soll nach von Hentig bestellt und bekommen haben: Rumpsteak mit Pilzen, Hummersalat, Erdbeeren und einen Mokka, der Mädchenmörder Witt dagegen begnügte sich mit 2 Beefsteaks mit Kartoffeln und einer ganzen Flasche Rotwein.

Man kann die Henkersmahlzeit auch als ein Modell betrachten, weil wir Sterblichen in gewissem Sinne ja alle „zum Tode verurteilt" sind. Wir sollten uns also die Mahlzeiten vor dem Tode so angenehm und genußreich gestalten, als wir es können. Die seit Platon in der Philosophie, der insbesondere protestantischen Religion, aber dann auch in der Medizin zu beobachtende Verteufelung des Genusses von Essen und Trinken, tut so, als könnte die Henkersmahlzeit auf die Zeit nach der Hinrichtung verschoben werden oder als würde die Verweigerung des Genusses die Hinrichtung hinausschieben helfen. In anderer Hinsicht ist die Henkersmahlzeit das Gegenteil einer gelungenen Mahlzeit, und auch das ist lehrreich: der Mensch in der Todeszelle kann dort kein Gastmahl veranstalten. Ohne Tischgenossenschaft muß er die schönsten Dinge in Einsamkeit verspeisen, Solipsismus convictorii wird Kant das nennen und verdammen. Auch fehlt der Henkersmahlzeit das Merkmal der Wiederholung einer gelungenen Mahlzeit. Insofern besteht sein Vorbildcharakter allein in der Empfehlung der Vermeidung von Dauer-Askese und -Diät.[420]

Nun fragt sich, und von Hentig geht dieser Frage nach, welchen Sinn es macht, den Hinzurichtenden vor seiner gerechten Strafe noch kulinarisch zu verwöhnen. Unter ökonomischem Gesichtspunkt kann man sich kaum eine sinnlosere Fehlinvestition denken; wem nützt ein Beefsteak in den Därmen eines Geköpften? Auch unter Abschreckungsgesichtspunkten erscheint diese Sitte ziemlich dysfunktional. Von Hentigs Befund ist, daß Todesstrafe und Menschenopfer im Ursprung dasselbe waren. Durch einen ungeheuren Frevel ist eine Gottheit beleidigt und erzürnt worden; nur ein Menschenopfer kann die Gottheit versöhnen und wieder freundlich stimmen. Was liegt näher, als daß der Frevler sich selbst zum Opfer bringt. Wenn es aber als Opfer einen Wert haben soll, dann muß es in absoluter Freiwilligkeit geschehen. Das heißt, der zu Tötende muß sein Sterben gerne darbringen. Was liegt nun wiederum näher, als daß die Gemeinschaft ihm in dieser schweren Freiwilligkeit beisteht und sein Sterben so angenehm wie möglich gestaltet. Als die Todesstrafe vor allem Sühne war, war der zu Tötende kein Ausgestoßener der Gesellschaft, sondern einer, der das Opfer für alle erbringt; denn die Gottheit würde in ihrem Zorn nicht individualisieren. Dem zu Opfernden wird daher bei seinem schweren Gang alle nur erdenkliche Hilfe zuteil. Die Henkersmahlzeit ist in ihrem Ursprung eine Hilfe der Gemeinschaft für den, der sich für sie opfert, um den Frieden mit der Gottheit wiederherzustellen. Gerät aber dann – spätestens in der Neuzeit – der einzelne Täter ins Visier, und ist der Verletzte nicht mehr eine Gottheit, sondern die Gesellschaft oder „die Menschheit", dann wird die Henkersmahlzeit widersprüchlich. Warum soll die Gesellschaft demjenigen, der sie verletzte, auf seinem letzten Gang auch noch Wohltaten nachwerfen?– Und so entstehen durchaus Bedenken, insbesondere gegen die Verabreichung von Wein oder Narkotika; der Täter sollte tunlichst nicht in seiner Empfindungsfähigkeit herabgestimmt werden, damit er die ganze Härte

---

420 Ich meine bei diesen Invektiven niemals die medizinisch notwendigen Diäten, etwa bei Diabetes, sondern jene selbst auferlegten Vermiesungen des Lebens, um dieses vermieste Leben möglichst lange führen zu können. Dazu gehören nicht nur die, die in Entsetzensschreie ausbrechen, wenn sie sehen, daß man noch weißen Kristallzucker verwendet, sondern auch die radikalen Vegetarier, die bei einem Gastmahl sich danach erkundigen, in welchen Speisen tierische Produkte Verwendung fanden und die dann weder die Hammelkeule, noch die Böhnchen im Speckmantel, noch die Soße des Hammelbratens anrühren und uns erklären, ihnen würden die Salzkartoffeln ohne Soße vollkommen ausreichen. Sie vermiesen sich nicht nur ihr eigenes Leben, sondern auch die soziale Situation. Sie sollten ihre Salzkartoffeln ohne Soße allein ihrer Zelle essen und Einladungen zum Essen grundsätzlich ausschlagen.

der Strafe schon im Vorfeld seiner Hinrichtung spürt, bevor er stirbt und dann sowieso nichts mehr fühlt. Auch jene andere Sitte wird nun verdächtig, durch die der Scharfrichter den Delinquenten vor der Hinrichtung um Verzeihung bittet.

Die Ausschweifung

Die ersitzende und die nomadische Vernunft

Die Vielfalt der Speisen verführt zu einem Kosten hier und dort, seien diese nun gleichzeitig oder nacheinander serviert, zu einem erotisch-kulturellen, unproduktiven und unökonomischen Hinausschieben der Sättigung.

Schon kleine Kinder werden von ihren Erziehern dazu angehalten, während der Mahlzeiten ruhig am Tisch sitzenzubleiben und nicht dauernd herumzulaufen während der Mahlzeiten. Insofern ist das oben beschriebene Grazing ein Rückfall in diese ungezogene Art zu essen.

Aber das ist nun gar kein Einwand gegen ein in der Postmoderne fälliges Plädoyer für nomadische Vernunft.[421] Denn eine solche ist nicht eine Vernunft, die niemals Ruhepunkte einnähme, sondern es ist eine, die keine absoluten Ruhepunkte kennt: kein ego cogito, keine transzendentale Apperzeption, keinen Gott, keine unbezweifelbare Ordnung; sehr wohl aber ab und zu eine Vernunft, ab und zu eine Göttin, und ab und zu auch einmal Ordnungen. Auf die Mahlzeiten einer nomadischen Vernunft angewandt, besagt das: wir sitzen nicht ohne Unterbrechung, vielleicht in der Art einer Artus-Runde, am selben Tisch und essen fortwährend dasselbe, etwa Nektar und Ambrosia. Die Wiederholung,[422] skandiert durch ganz andere Formen im kommunikativen Text, ist stets Variation. Wir schweifen durch den Raum des Kulinarischen, und zwar nicht nur in einer evolutiven Reihe von Muttermilch über Hipp-Gläschen bis zu Rehrücken, sondern wir lassen uns auch – und das ist die Kultur des Umgangs mit dem Fremden – immer wieder durch fremde Speisen verführen, die an den Rändern der jeweiligen kulinarischen Ordnungen locken. Die seßhafte und ersitzende Vernunft war es, die – mit Kant zu sprechen – jedem Ding seine Stelle zugewiesen hatte.[423] Die Erfindung der nomadischen Vernunft machte nicht nur deutlich, daß die Metakritik zur Bewegung einer Kritik der Vernunft selbst gehört, sondern auch, daß Kultur genau dieses ist, nicht mit sich identisch zu sein. So hat die Kritik der reinen Vernunft den Streit zwischen Dogmatismus und Skeptizismus als Streit zwischen Ismen überwunden, aber nicht die Differenz zwischen Skepsis

421 Ausgehend von Gilles Deleuze/Félix Guattari: Capitalisme et schizophrénie II: Mille Plateaux, Paris:Éditions de Minuit 1980, chap. 12: Traité de nomadologie.

422 Vgl.Gilles Deleuze: Differenz und Wiederholung, München: Fink 1992.

423 I. Kant: Ges. Schriften III, KrV B 294.

und Dogma beseitigen können, sie vielmehr als Methodenspielarten zu integrieren versucht, was aber nicht gelungen ist, noch gelingen kann. Die ersitzende Vernunft dekretiert Diätvorschriften oder nimmt hin, was die Fastfood-Kette gerade diese Woche im Angebot hat. Die schweifende Vernunft experimentiert, sie macht moralische Experimente und sie macht kulinarische Experimente mit dem Hintergedanken einer flexiblen Ethik und einer differenzierten Sinnlichkeit. Der Gedanke der moralische Experimente leitet sich aus der Frühromantik her und ist durchaus auf die Sphäre der Kulinarik übertragbar. Wenn wir nicht auf dem moralischen Status quo erstarren wollen, d.h. das Grundanliegen der Ethik gutheißen müssen, Moral reflektieren zu können, dann sollten wir der Idee der moralische Experimente folgen. Danach muß es, um zu einer Objektivität der Ethik zu gelangen, im Ausgangspunkt eine Pluralität oder eine Differenzstruktur der Moralen geben.[424] Diese Pluralität wird von Friedrich Schlegel durchaus individualistisch angesetzt, so daß eine plurale individuelle Bildung zur Selbständigkeit eine wichtige Bedingung moralischer Forschritte ist. Weder allgemeine Prinzipien à la Kant, noch die herrschende Moral der Leute stehen als Kriterien reflexiver sittlicher Moralbildung zur Verfügung; also bleibt nichts anderes übrig als ein die Möglichkeiten auslotendes moralisches Experimentieren im Ausgang von möglichst prägnant ausgebildeten Individualisierungspunkten. Moralische Bildung ist auf solche moralischen Experimente angewiesen, weil ihr die Sicherheiten unbezweifelbarer Prinzipien ebenso abhanden gekommen ist wie das Vertrauen in die herkömmliche Moral der Leute. Schlegel dachte als Medium solcher Experimente an „Essays", und gemeint sind dabei sicher die Essays Montaignes oder allgemein an die französische Moralistik. Wir setzen an diese Stelle die allgemeinere und formalere Struktur des Narrativen; allerdings bleibt auch darauf hinzuweisen, daß uns in der echten Postmoderne nicht nur der Glaube an die letztbegründenden Prinzipien und das Vertrauen in die Meinungen der Leute abhanden gekommen ist, sondern auch etwas, von dem Schlegels zukunftsseliger Glaube an die Objektivität der Ethik noch getragen war: die geschichtsphilosophische Zuversicht. Vielleicht hilft hier die Kritik der kulinarischen Vernunft weiter. Die exzentrische Praxis[425] des kulinarischen Nomadismus unterstellt, daß immer auch noch anderes möglich ist, zwar nie alles

---

424 Vgl.auch Amélie Oksenberg Rorty: „Varieties of Pluralism in a Polyphonic Society", in: The Review of Metaphysics 44 (1990), S. 3-20 mit ihrem Plädoyer für moralischen Pluralismus.

425 Exzentrik hier genommen im Sinne von Helmuth Plessners „exzentrischer Positionalität" als conditio humana. Helmuth Plessner: Gesammelte Schriften, hg. v. Günter Dux, Odo Marquard u. Elisabeth Ströker, Frankfurt a. M.: Suhrkamp 1980ff.: Bd. IV Die Stufen des Organischen und der Mensch.

zugleich, aber doch auch nicht nur ganz Bestimmtes. Die nomadische Praxis ist eine Praxis der Differenzierung. Der Geschmackssinn ist zwar ein konservativer Sinn, „Und wat de Buer nich kennt, dat frett he nich", aber Konservativismus heißt nie Wandlungsfeindlichkeit oder Bewegungsunfähigkeit.[426] Bei Kant haben wir noch den Widerspruch zwischen dem Bild des „Alleszermalmers" (so Mendelssohn) zu dem Bild des Subjekts als „Verwaltungsgremiums der Erfahrung"[427], dagegen möchte eine als nomadisch konzipierte Vernunft der Sinnlichkeit und damit der Singularität der Erfahrung Raum verschaffen. Nomaden sind Experten für Übergänge, ihre Verteilungen sind flexibel, d.h. sie können das zu Verteilende stets neu verteilen, während Seßhafte dazu unfähig sind. Ihr Ersitzen ist grundiert durch ein Besitzen.[428]

Unser Plädoyer für nomadische Vernunft auch im Kulinarischen ist also auf einer abstrakteren Ebene angesiedelt als eine Sitzordnung, eine Kleiderordnung oder die Ordnung eines Menüs es wäre. Es läuft auf eine Verteidigung der Ausschweifung hinaus.

Das Fest

Philosophen des Festes waren im letzten Jahrhundert vor allem Josef Pieper und Hans-Georg Gadamer. Josef Pieper befürchtete 1963, daß eine Zeit ohne Feste drohe, weil der Mensch seiner Zeit festunfähig geworden sei, räumt allerdings ein, daß es immer schon schwierig gewesen sei, „dem Anspruch zu genügen, die großen Feste wahrhaft festlich zu feiern."[429] Jedenfalls tauche nunmehr die Möglichkeit auf, daß das Fest durch das „Anti-Fest" abgelöst werde. Auf der Suche nach einer Definition des Festes verwendet Pieper Begriffe wie die Arbeits-Ruhe, das Spielerische und die Freude. Und so kommt er dann zu seiner Definition: „Ein Fest feiern heißt: die immer schon und alle Tage vollzogene Gutheißung der Welt aus besonderem Anlaß auf unalltägliche Weise begehen."[430] Da er einzig das kultische Fest für ein Fest hält, sind für ihn die Revolutionsfeiern der Französischen Revolution und der 1. Mai der Arbeiterbewegung ihrer Tendenz nach

---

426 Zu einem Konservativismus unter gewandelten Bedingungen s. Kristóf Nyíri: „Konservativ sein im Zeitalter des Internets", in: Philosophia Hungarica: Profile zeitgenössischer Forschung in Ungarn, hg. v. Wolfram Hogrebe, Würzburg: Königshausen & Neumann 2001, S. 113-123.

427 Wolfgang Langer: Gilles Deleuze, Berlin: Parerga 2003, S. 334.

428 Vgl. dazu Carl Schmitt: „Nomos – Nahme – Name", in: Der beständige Aufbruch. Fs. Erich Przywara, hg. v. Siegfried Behn, Nürnberg: Glock u. Lutz 1959, S. 92-105, hier S. 100f.

429 Josef Pieper: Über das Phänomen des Festes, Köln, Opladen: Westdeutscher Verlag 1963.

430 Ebd., S. 12.

Anti-Feste. Den Unterschied definiert er über die Freiwilligkeit. Angeblich feiern die Gläubigen im kultischen Fest in absoluter Freiwilligkeit ihr Einverständnis mit der Schöpfung und preisen ihren Schöpfer; die profanen Anti-Feste seien dagegen Zwangsveranstaltungen totalitärer Regime. Nachdem er zunächst festgestellt hatte, daß die wahren Feste der kultischen Preisung zurückgingen und durch Pseudo-Feste ersetzt würden (Fêten, Festivals, Parties u. dgl.), stellt er dann ein wenig überraschend fest: „Der Kern und Ursprung des wahren Festes ist unversehrbar anwesend inmitten der menschlichen Gemeinschaft, heute nicht anders als vor tausend Jahren: in der Gestalt der kultischen Preisung, die buchstäblich zu jeder Stunde vollzogen wird."[431] Und: „Die Aktualität von alledem aber liegt darin, daß die latente Anwesenheit des immerwährenden Festes, allem Anschein zum Trotz, zu den Elementen auch unserer eigenen Gegenwart gehört."[432]

Angemessener scheint mir schon Gadamers Interpretation des Festes zu sein, die auf dem Gedanken aufbaut, daß im Fest die Feier der Gemeinsamkeit zur Darstellung kommt. Er schildert Komponenten solcher Feierlichkeiten wie z.B. Festreden, aber auch das feierliche Schweigen. Besonders wichtig sind auch seine phänomenologischen Befunde zur Zeitstruktur des Festes.[433]

Beiden Darstellungen des Festes aber ist eigentümlich, daß sie nicht eigentlich über das Essen und Trinken sprechen, nur bei Pieper gibt es eine beiläufige Bemerkung dazu, allerdings anläßlich der Revolutionsfeiern, die ja für ihn keine richtigen Feste sind. Gadamer schweigt zu dem Thema vielleicht deswegen, weil sein eigentliches und Rahmenthema ja die Aktualität des Schönen in Spiel, Symbol und Fest ist. Effekt aber ist bei beiden Autoren, daß sie das Fest konzeptuell von der Sinnlichkeit lösen. Bei Pieper ist das alles klar und eindeutig: die immerwährende Lobpreisung des Schöpfers ist eben keine sinnliche Veranstaltung. Die wiederkehrende, d.h. also gerade nicht fortwährende Gemeinsamkeitsfeier des Festes bei Gadamer verlangte eigentlich geradezu nach einer begrifflichen Integration des Sinnlichen, und d.h. vor allem des gemeinsamen Genießens von Essen und Trinken in der Festmahlzeit. Pieper ist konsequent falsch, so darf man vielleicht sagen, Gadamer dagegen inkonsequent richtig; angesichts dessen wird es zur eher willkürlichen Opotion wird, ob man mehr die Konsequenz oder die deskriptive Nähe zum Phänomen bewundert oder schätzt. Demgegenüber bemerkt Michael Maurer in seinen an Gebhardt anschließenden Definitionsversuchen des Festes lapidar und beiläufig:

---

431   Ebd., S. 32.
432   Ebd., S. 19.
433   Hans-Georg Gadamer: Die Aktualität des Schönen, Stuttgart: Reclam 1977, S. 52ff.

„Im Fest wird der Alltag auf Zeit aufgehoben, seine Regeln werden temporär außer Kraft gesetzt. Das Fest erlaubt und fordert spontanes, emotionales Handeln. Es zeigt den Ausstieg, erlaubt Ekstase, Verschwendung. Zum Fest gehören Mahlzeiten und (alkoholische) Getränke, vielleicht sogar Drogen, jedenfalls Musik und Tanz, Rhythmus und Licht."[434]

Ausschweifung als Synthese/Die List der kulinarischen Vernunft

Ausschweifungen sind nötig.[435] Sie markieren die Kultur im Unterschied zur Natur auf der einen Seite, zur Ökonomie auf der anderen. Aber Ausschweifungen sind auch nicht auf Dauer zu stellen, sie sind die Ausnahme, wer dauernd ausschweifen wollte, verdürbe sich selbst die Ausschweifung. Mahlzeiten sind Gelegenheiten zu Ausschweifungen, vornehmlich natürlich die Festmahle und damit verbindbaren Trinkgelage. Und umgekehrt: Man kann sich Feste kaum vorstellen ohne kulinarische Ausschweifungen. Wer ein Hochzeitsessen an Diätrichtlinien wie etwa Trennkost ausrichtete, hätte mit Sicherheit schon alles verdorben.

Aber Ausschweifungen sind Ausnahmen. Wer Ausschweifungen auf Dauer stellen wollte, verdürbe sie ebenfalls genau damit. Gewiß, die Gesellschaften haben immer wieder auch die Rolle des Dauer-Auschweifers kreiert, um nicht selbst ausschweifen zu müssen, den Narr, den Perversen, den Lustmolch, den Skeptiker, den Zigeuner und den Vielfraß, der viel vertragen kann und der genau deswegen in der Gesellschaft nicht immer ertragen werden muß. Daher ist festzuhalten, daß Mahlzeiten und Symposien zwar Ausschweifungen ermöglichen, daß sie aber nicht dazu verpflichten.

Auch wenn die Ernährung allgemein der Reproduktion (der Ware Arbeitskraft, hätte Marx gesagt) des animalischen Körpers der Menschen dient, ist doch die Mahlzeit, wie wir sie hier geschildert haben, in genau dem Ausmaß, in dem sie das physiologisch Überlebensnotwendige überschreitet und selbst noch in den Formen der abfütterungsförmigen Erzeugung von Fettleibigkeit, eine Form, in

---

434 Michael Maurer: „Prolegomena zu einer Theorie des Festes", in: Das Fest, hg. v. M. Maurer, S. 10-54, hier S. 35. Auch Marquard, der den Gedanken des Abstands vom Alltag zum Kern seiner „kleinen Philosophie des Festes" macht, weiß nichts zu Essen und Trinken zu sagen, statt dessen vom Schlafen. Odo Marquard: „Moratorium des Alltags", in: Das Fest, hg. v. W. Haug u. R. Warning, S. 684-691.

435 In diesem Sinne sprach sich O. Marquard auch für Metaphysik aus: sie ist ein „exzessiv ausschweifendes Beantwortungsleben", die vielen Antworten der Metaphysik auf das Theodizee-Problem bewahren „das Problem ohne es wirklich zu lösen." Und da freut sich der Skeptiker, der die eine Antwort ebenso fürchtet wie keine Antwort. Odo Marquard: „Theodizeemotive in der neuzeitlichen Philosophie", in: Information Philosophie 1985/1, S. 6-21, hier S. 21. Auf das Essen übertragen, hieße das, die Genüsse vervielfältigen und genau dadurch die Sättigung hinausschieben.

der der Lebensvollzug sich der Einfügung in den Produktionszusammenhang entzieht. Der produktive Körper der Menschen macht dem nutzlos genießenden Leib Platz. Die darin enthaltene Verausgabung ist freilich etwas anderes als Konsumismus,[436] und sie ist auch etwas anderes als eine bloße Vernichtung, weil diese beiden Dimensionen der Regel der Produktion unterliegen; der Sinnengenuß einer festlichen Mahlzeit aber ist ganz dieser Regel entzogen. Bei ihr ist es nicht entscheidend, ob viel gegessen oder getrunken wird (Aspekt der Vernichtung der Produkte), noch ob es kostspielig und üppig ist (Aspekt des Konsums). Daher ist es nicht unrichtig, was oft, aber ebenso oft mit falschem Akzent, gesagt wird, daß sich ein kulinarischer Genuß auch mit ganz einfachen Zutaten erreichen läßt. Die gelungene Mahlzeit ist unproduktiv par excellence und entzieht sich der Dominanz des Ökonomischen. Die Logik der Mahlzeit ist daher ebensowenig diejenige der sogenannten Selbstverwirklichung. Selbstverwirklichung unterliegt im Hinblick auf ein darin unterstelltes „Selbst" der Logik der Pro-Duktion. Im Sichausleben im Kulinarischen gestaltet sich statt dessen eine Logik der Hingabe (nämlich der Sinne an das Objektive), die nicht mehr das autonome, sich selbst verwirklichende und die Welt gestaltende Subjekt, sondern das im Genießen verführte Subjekt performiert.

Das Miteinander-Essen ist etwas Intimes, daran besteht kein Zweifel. Oder wie Roland Barthes an schon zitierter Stelle sagt: „[...] das Zusammensein bei Tisch, die Lust am gemeinsam Essen ist also weniger unschuldig, als es den Anschein hat [...]" Daher ist selbst die Ritualisierung der Regelverletzung zu einer Regel der Regelverletzung oder zur geregelten Regelverletzung der Mahlzeit eigentümlich. Was in den Swingerclubs hinsichtlich des Sexuellen als reine Regelverletzung auftritt, ist am Tisch geregelte Un-Sitte: man ißt mit einer Partnerin (Tischdame), die nicht die eigene Lebenspartnerin ist.

So gehören allerdings der Exzeß und die Regelhaftigkeit, deren subtile Analyse uns Simmels „Soziologie der Mahlzeit" gelehrt hatte, eng zusammen. Sigmund Freud deutete diesen innigen Zusammenhang von Regel und Exzeß folgendermaßen:

„Bei allen Verzichten und Einschränkungen, die dem Ich auferlegt werden, ist der periodische Durchbruch der Verbote Regel, wie ja die Institution der Feste zeigt, die ursprünglich nichts anderes sind als vom Gesetz gebotene Exzesse und dieser Befreiung auch ihren heiteren Charakter verdanken."[437] „Ein Fest ist ein gestatteter, vielmehr ein gebotener Exzeß, ein feierlicher Durchbruch eines Verbotes. Nicht weil die Menschen

---

436 Norbert Bolz: Das konsumistische Manifest, München: Fink 2002.
437 S. Freud: Werkausgabe in zwei Bden., hg. v. A. Freud u. I. Grubrich-Simitis, II, S. 472.

infolge irgendeiner Vorschrift froh gestimmt, sind, begehen sie die Ausschreitungen, sondern der Exzeß liegt im Wesen des Festes; die festliche Stimmung wird durch die Freigebung des sonst Verbotenen erzeugt."[438]

So lernen wir, daß Ethik des Essens oder Diätetik und eine festliche Mahlzeit, die zur Gemeinschaft der Genießenden verbindet (Mahl-Genossenschaft) eine contradictio in adjecto sind. Aber wir brauchen nicht unbedingt auf Freud und seine Urhorde Bezug zu nehmen, um das zu begründen und ihm einen philosophisch reflektierten Sinn abzugewinnen. Nietzsche vermutete zur Psychologie des Nihilisten, bezogen auf Stawrogins Brief an Daria Pavlovna in Dostojewskis „Dämonen": „Um diese Zeit überredet er [d. i. Stawrogin] sich zur Ausschweifung. Man unterschätze die Logik darin nicht; man muß Philosoph <sein>, um das zu verstehen. [...] Es ist der letzte Hunger nach ‚Wahrheit', der die Ausschweifung anräth [...]"[439]

Die kulinarische Ausschweifung (aber natürlich auch die erotische) ist eine der Formen, durch die wir uns dem Fremden gegenüber öffnen. Die Begegnung mit dem Fremden ist immer eine prekäre Sache: der oder die Fremde könnte – wir wissen nichts über sie oder ihn – uns töten, gar uns verspeisen wollen. Das Fremde erweckt Angst, es ist das Gegenteil heimelnder Eigenheit. Hinter dem Fremden tut sich ein Abgrund auf, vielleicht gar ein Abgrund des Nichts. Vielleicht aber auch ist es ein faszinierender Abgrund, der uns von unseren Fesseln und Beengungen (Ängsten) befreit. Die Begegnung mit dem Fremden ist ein Abenteuer, oder nüchterner gesprochen: ein Risiko. Lassen wir aber die Fremde zu, dann kann das auf grundsätzlich zweierlei Weise geschehen. Entweder wir „verstehen" den Fremden/die Fremde, dann anerkennen wir – immer in „verkennender Anerkennung"[440] freilich – daß er oder sie eine oder einer ist wie wir, wir können mit ihr Geschäfte machen, Verträge schließen, immer unter Beobachtung eines Dritten, und seien es selbst Verträge „zum wechselseitigen Gebrauch der Geschlechtseigenschaften", wie Kant es unnachahmlich dezent ausgedrückt hat.[441] So wird der/die Fremde zum gesellschaftlichen Anderen eines Selbst. Oder aber – das ist die andere Möglichkeit – wir essen mit dem/der Fremden oder lieben uns mit ihm/ihr. Dazu müssen wir ihn/sie nicht verstehen, oder dürfen es vielleicht sogar gar nicht. Hier wird der/die Fremde zum gemeinschaftlichen Anderen eines Selbst. Während Verträge und Versprechen mit dem gesellschaftlichen Anderen auf Dauer angelegt sind, d.h. auch morgen noch Bestand

---

438 Ebd., S. 312.
439 F. Nietzsche: Sämtliche Werke XIII, S. 143.
440 Thomas Bedorf: Verkennende Anerkennung, Frankfurt a. M.: Suhrkamp 2009.
441 I. Kant: Ges. Schriften VI, S. 277.

haben und nicht jeden Tag wiederholt oder bekräftigt werden müssen, sondern fortdauernd gelten bis zum Moment ihrer Einlösung, können erotische oder kulinarische Situationen nicht dauern, sie müssen daher wiederholt werden, sie sind auf ihre Wiederholung hin angelegt, und dazwischen geschieht anderes; selbstverständlich kann die Wiederholung auch durch ein Versprechen abgesichert werden, aber das ist nicht zwangsläufig so, im Gegenteil scheint ein absolut gelungenes festliches Mahl seine zukünftige Wiederholung in sich zu tragen und eines Versprechens nicht zu bedürfen. Fast scheint es so, als würden vor allem halb gelungene Mahle, d.h. nicht wirklich ausschweifende durch ein Versprechen abgesichert werden. Versprechen dagegen dürfen nicht wiederholt werden, ohne sich selbst zu untergraben: wer sein Versprechen von gestern wiederholt, erweckt Zweifel, wer ein gelungenes Mahl wiederholt, räumt sie aus.

Mit den Fremden, die Carl Schmitt z.B. nur als Feinde kennt, als die „eigene Frage als Gestalt"[442], gemeinsame Sache zu machen, eine Tischgenossenschaft etwa, mit Sündern und Zöllnern zu essen, ist ausschweifend. Es gibt selbstverständlich andere Ausschweifungen als diejenigen der Zusammensetzung der Tischgenossenschaft, z.B. um des Genusses willen gegen Diätvorschriften zu verstoßen oder als moralisch begründeter Vegetarier mit Wohlgefallen ein saftiges Steak zu verzehren, oder verbotene Drogen gemeinsam zu konsumieren. Regeln, die nicht zuzeiten und auch wiederholt verletzt werden, sind keine Regeln, sondern Notwendigkeiten. Regeln dagegen, die niemals befolgt werden, sind ebenfalls keine, zur Regel gehört die Überschreitung.[443] Für die Athener waren die Böotier die Ausschreitenden, die fette Aale, fette Gänse und sogar Tiere wie Wiesel, Füchse und Maulwürfe aßen.[444] Genau in dem Zwischenraum der Moralität ermöglichenden Unmoral ist die Ausschweifung situiert. Das gemeinsame Essen und Trinken, das Zusammensein bei Tisch, ist ein optimaler Ausgangspunkt für Ausschweifungen verschiedenster Art. In seiner „Soziologie des Orgiasmus" mit dem Titel „Der Schatten des Dionysos" leitet Michel Maffesoli das fünfte Kapitel mit der lapidaren Bemerkung ein, daß „das Essen (das Kochen und der Verzehr) zur Orgie überleitet."[445] Es komme deswegen darauf an, „der untersuchten Sache einen gewissen Leichtsinn nicht auszutreiben." Ich habe mich in diesem Büchlein zur Kritik der kulinarischen Vernunft darum bemüht, dem

---

442 Carl Schmitt: Ex Captivitate Salus, Köln: Greven 1950, S. 89f.
443 Michel Foucault: „Zum Begriff der Übertretung", in: ders.: Schriften zur Literatur. Frankfurt a. M.: Suhrkamp 1988, S. 69-89.
444 Veronika Grimm: „Zum leckerbereiteten Mahle", in: Essen, hg. v. P. Freedman, S. 63-97, hier S. 68.
445 Michel Maffesoli: Der Schatten des Dionysos, Frankfurt a. M.: Syndikat 1986, S. 136.

Leichtsinn eine Stimme zu geben, müßte mich allerdings langsam fragen, ob einem Deutschen das Dionysiertum je gelingen wird, gebraucht doch z.b. Nietzsche das Wort „Ausschweifung" ausschließlich in seinem umgangssprachlich negativ besetzten Sinne. Bei Maffesoli stehen die angeführten Bemerkungen in einem Abschnitt über den Wein, er enthält die starke Behauptung, daß der Wein ein soziales Bindemittel bereitstelle, „das die Gemeinschaft für ihren Zusammenhalt benötigt. Auf außergewöhnlichen Wegen führt der Wein zu einem Zustand ohne Festlegungen; und das geht meistens zugunsten der Vereinigung [...]"[446] Damit meint Maffesoli durchaus auch die Liebesvereinigung: es sei sicher kein Zufall, daß in vielen Kulturen der Gott des Weines zugleich der Gott der Liebe sei, oder bei den Kelten naturgemäß auch der des Bieres. Die Gemeinschaftsbindung durch Wein gipfeln bei Maffesoli in Worten kosmischer Bedeutung: „So wie die Erde [...] das Wasser braucht, braucht das Gemeinschaftsleben den Wein."[447]

Die Ausschweifung ist ein Sonderfall der Transgression. Es gibt eine Philosophie des 20. Jh., für die wie für keine andere gilt, daß sie eine Philosophie der Überschreitung (transgression) ist, die Philosophie von Georges Bataille:

„Die Überschreitung zur Grundlage der Philosophie zu machen (das ist das Unterfangen meines Denkens), heißt, die Sprache durch eine schweigende Kontemplation ersetzen. Es ist die Kontemplation des Seins auf dem Gipfel des Seins. Die Sprache ist keineswegs verschwunden. Wäre der Gipfel zugänglich, wenn der Diskurs nicht die Zugänge erschlossen hätte? Aber die Sprache, die sie beschrieb, hat im entscheidenden Augenblick keinen Sinn mehr, wenn die Überschreitung selbst, als Bewegung, an die Stelle der diskursiven Darstellung der Überschreitung tritt."[448]

Was also für Bataille allein zählt, ist die Praxis der Überschreitung, nicht eine wie immer ausgearbeitete Theorie derselben. Auch er bezieht die Überschreitung auf ein Verbot einer Norm oder ein Tabu. Dahinter verbirgt sich allerdings die viel grundsätzlichere und im Kern paradoxe Figur eines Übergangs vom Kontinuierlichen zum Diskontinuierlichen und umgekehrt. Für Bataille ist dieser Übergang die Überschreitung auf Tod und Erotik hin, die die Trennung der Individuen ablöst. Zum Menschen wurde der Mensch durch Arbeit und Verbote, d.h. durch eine normative soziale Ordnung. Droht das Verbot mit einer Strafe für die Transgression, so lockt es zugleich mit einem Begehren, mit dem es unauflöslich verbunden ist. So ist die Überschreitung keineswegs eine Negation des Verbots,

446 Ebd.
447 Ebd., S. 138.
448 Georges Bataille: Die Erotik, München: Matthes & Seitz 1994, S. 266f.

sondern seine notwendige Ergänzung. Im zur Tötung tendierenden Gewaltakt oder im Sexualakt, die beide die Diskontinuität der Existenz des Individuums infrage stellen, werden die Grundlagen der Gesellschaft immer erneut befestigt: „Die organisierte Überschreitung bildet mit dem Verbot ein Ganzes, und dieses Ganze definiert das soziale Leben."[449] „Die Kontinuität besteht im Überschreiten der Grenzen. [...] Weil sie den Übergang in eine organisierte Welt einführt, ist die Überschreitung das Prinzip einer organisierten Unordnung."[450] Die gegenseitige Verweisung der Begriffe Überschreitung und Grenze wird besonders von Michel Foucault herausgestellt.[451]

Angesichts von Batailles Konzept der Überschreitung konnte man auch auf die Idee verfallen, die Überschreitung iterativ zu überschreiten, und zwar weil die Praxis der Überschreitung das Wissen der Überschreitung überschreitet. Das Konzept der Transgression bei Bataille in der Metapher des Übergangs stellt nämlich eben so sehr auf den Übergang ab, den der Tod und die Erfindung der Unsterblichkeit bedeutete, weil im Unterschied zur Diskontinuität der Ordnung der Arbeit und der Norm die Sexualität und der Tod die praktische Wiederherstellung einer Unordnung der Kontinuität darstellen. Die individuelle Unsterblichkeit dagegen ist der Versuch, die Diskontinuität auch noch dem Tod, der eigentlich alle Unterschiede in einer Alleinheit aufhebt, den Sieg der Ordnung überzustülpen. Daher ist der Tod für Bataille auch nicht die Negation des Lebens, sondern der Exzeß des Lebenstriebes. Der Tod ist der Selbst-Verlust an das ganz Andere, die individuelle Unsterblichkeit dagegen versucht, das zu reparieren, indem sie die Disparatheit und die Diskontinuität der je individuellen Seelen restituiert. Das Wichtige nämlich an der Überschreitung in Sexualität, Tod und aber auch in revolutionären Akten ist, daß sie das Individuum auflöst, bzw. die persistierende individuelle Identität. Für Bataille ist die Überschreitung kein Verlust des Menschlichen, sondern die Aufdeckung der eigentlichen Conditio humana. Und so wird man auch ausschweifendes Essen und Trinken als eine zwangsläufige Manifestation des Menschlichen zu begreifen lernen müssen.

Die gesittete Mahlzeit und die Ausschweifung bilden zusammen den Komplex der Kultur des Essens und Trinkens, die sich in Gegensatz zu einer entdifferenzierenden Ökonomie bringt. „Eine Ökonomie des Trinkens kann es nicht geben. Kürzertreten kann allenfalls ein Individuum. Hingegen ist die Situationsbildung in erster Linie etwas Kollektives und Teil der Inszenierung eines allgemei-

---

449 Ebd., S. 68; Vgl. Hajo Schmidt: Sozialphilosophie des Krieges, Essen: Klartext 1990, S. 69, Vgl. auch Andreas Hetzel/Peter Wiechens (Hg.): Georges Bataille. Vorreden zur Überschreitung, Würzburg: Königshausen & Neumann 1999.
450 Georges Bataille: Der heilige Eros, Frankfurt a. M.: Ullstein 1979, S. 116.
451 M. Foucault: „Zum Begriff der Übertretung", S. 70, 73 u. ö.

nen ‚Als ob', es teilt jedem seine Rolle [...] zu [...]."[452] Der kommunikative Text, als der eine Tischgenossenschaft hat gedeutet werden können, kennt Funktionspositionen (Selbst, Anderer, Dritter, Fremder usw.), die nicht auf Individuen festgeschrieben sind. Die jenseits der individuellen Sättigungen von Bäuchen, und der individuellen Räusche von Köpfen sich herstellende Objektivität der Gemeinsamkeit mag man auch mit dem von Hegel sich herleitenden Begriff einer „List der kulinarischen Vernunft" bezeichnen. Solche Gemeinsamkeit, die Gemeinsamkeit des Genießens, hat niemand wollen können, sie ergibt sich vielmehr jenseits der Intentionen von Individuen, die Individuen wollten nur sich sättigen und den Durst löschen. Anders aber als Hegels Optimismus trotz aller auch von ihm anerkannten widrigen Widerfahrnisse wird man wohl unumwunden zugeben müssen, daß dergleichen sich nicht immer einstellt. Ja, vielleicht ist es sogar der direkte Weg zum Mißlingen, wenn man die Herstellung von Gemeinsamkeit direkt intendiert. Die Peinlichkeit gewisser Selbstfindungs-Gruppen beruht wahrscheinlich genau darauf. Die oblique Indirektheit der Genossenschafts-Bildung am Tisch der Mahlzeit ist das Medium der Sinnbildung.[453] Kann das Gelingen niemand garantieren, werden gleichwohl für das Mißlingen regelmäßig Schuldige gefunden, bzw. auch erfunden. Das hat auch seinen guten Grund; nur wenn man den Mißlingensgrund identifizieren kann, hat man eine Lernchance, und nur aufgrund einer solchen Lernchance macht eine Wiederholung Sinn. Und darum geht es ja, eine diskontinuierliche Verknüpfung im sozialen Prozeß zu ermöglichen.

Die Diskontinuität des Essens und Trinkens, die Skandierung des Flusses des Sozialen macht das aus, was man die sinnliche Rhythmisierung des Logos nennen könnte.

Das Essen ohne zu essen

So wie der Kundige eine Partitur lesen kann und innerlich hört, was sie zu hören gäbe, und der Cineast schon sieht, was ein Drehbuch nur vorsieht, so gibt es Gourmets, die ihr Vergnügen bereits darin finden, Rezepte zu lesen. Ebenso soll

---

452 M. Maffesoli: Der Schatten des Dionysos, S. 141.
453 Genau darauf verweist O. Marquards „Diätetik der Sinnerwartung", Odo Marquard: Apologie des Zufälligen, Stuttgart: Reclam, S. 33-53. In seinem Werk „Aesthetica und Anaesthetica" nennt er das auch die „Methode Kuckucksei"; weil (bei Kant) die moralische Vernunft sich nicht direkt in die Wirklichkeit umsetzen läßt, geht Kant zur Sphäre der Sinnlichkeit über, die Vernunft durch „Ausbrüten" ihrer Erzeugnisse zuarbeiten müsse. Wir werden im dritten Kapitel darauf zurückzukommen haben. Odo Marquard: Aesthetica und Anaesthetica, Paderborn, München, Wien, Zürich: Schöningh 1989, S. 30.

es Übergewichtige mit dem Vorsatz abzunehmen geben, die statt zu essen Rezepte lesen. Nur im ersten Anschein haben derartige Dinge etwas Absurdes. Es ist offensichtlich, daß Virtualisierungen ihre Vorteile haben. Wenn es gelingt, Geschichten über Gewalt an die Stelle wirklicher Gewalt zu setzen, dann haben wir eine Zivilisierung erreicht. Hedge-Fonds, die wesentlich von der Virtualisierung in Derivaten leben, wollen ein Absicherung zugrundeliegender Prozesse, durch Virtualisierung erreichen, mit welchem Erfolg mag dann immer noch offen bleiben. Und wenn die Übergewichtigen unserer Gesellschaften statt zu essen, Gourmet-Zeitschriften lesen, haben auch sie etwas gewonnen. Der Erfolg dieser vielen Magazine des Genres und die vielfältigen Kochsendungen im Fernsehen ist nicht anders zu erklären als daß die Leute es partiell vorziehen „essen ohne zu essen". Eine Philosophie des „Stattdessen", wie sie Odo Marquard entwickelt hat,[454] gibt den philosophischen Rahmen dafür ab, die Simulationen von Realität als eine neue Schicht der Realität zu verstehen.

---

454 „[...] denn Menschen sind ja die, die etwas statt dessen tun." O. Marquard: Abschied vom Prinzipiellen, S. 37.

3. Ansätze im Kantischen Werk

Und das alles sollte eine für Kant fremde Welt gewesen sein?[1] Nun ist also die Frage, die sich schon im Fall der Kritik der bildlichen Vernunft aufdrängte, ob es nicht im Werk Kants Ansätze zu einer solchen Kritik der kulinarischen Vernunft gibt. Und meine nur prima vista gewagte These ist, daß es sie tatsächlich gibt.

Erstmalig äußert sich Kant im dritten Abschnitt seiner Schrift „Der Streit der Fakultäten", in der es um die Frage geht, ob man den physischen Menschen auf moralische Weise therapieren könne („Von der Macht des Gemüts, durch bloßen Vorsatz seiner krankhaften Gefühle Meister zu sein"), zum Thema „Vom Essen und Trinken". Gemäß der Leitfrage, die eine medizinische oder medizinphilosophisch-moralische ist, ist der Hauptgesichtspunkt hier ein diätetischer. Die Gesichtspunkte entstammen weitgehend einer bereicherten Lebenserfahrung. Zum Teil sind diese auch kurios, wenn er z.B. meint, daß Gedärme, „wenn sie noch warm aus dem Tier gerissen und zerhauen werden", wie Würmer fortkriechen und dabei sogar Geräusche von sich geben. Im Alter werden diese inneren Würmer träger, daher kann man sich nicht allein auf gewohnte Erfahrungen, was einem gut tut, allein mehr verlassen, was, so Kant, sonst im Leben eine angemessene Haltung sei. Da es im Alter besser sei, nur eine Mahlzeit am Tag einzunehmen, also auf die Abendmahlzeit zu verzichten, kann der Hunger am Abend im Alter tatsächlich als ein krankhaftes Gefühl angesehen werden, dessen man in der Tat durch Vorsatz beikommen könne. Das alles ist für unseren spezifischen Zweck noch nicht sehr ergiebig.

---

1   Völlig unbrauchbar ist in dieser Hinsicht Michel Onfray: Der Bauch der Philosophen, Frankfurt a. M.: Campus 1990, Kap. 4: Kant und der ethische Äthylismus, S. 67-82; Onfray mischt in nahezu unseriöser Weise Biographisches der Person Immanuel Kant mit Aussagen über die Kantischen Schriften.

Ich schlage vor, einen Blick auf jenes Spätwerk Kants zu werfen, die Anthropologie. Das Auffällige an der „Anthropologie in pragmatischer Hinsicht" von 1798 ist zunächst, daß, im Vergleich zu dem, was wir von der Kantischen Philosophie, insbesondere der praktischen Philosophie, zu wissen meinen, Kant hier in drei Abschnitten die Sinnlichkeit gegen Vorwürfe verteidigt.[2] Erstens, so sagt er, verwirren die Sinne nicht den Verstand, vielmehr ist der Verstand in seiner die Eindrücke zu Erfahrungen ordnenden Tätigkeit auf die Sinne angewiesen. Zweitens tritt die Sinnlichkeit nicht als „Herrscherin" auf, die das große Wort führte, sie gebietet nicht, sondern bietet ihre Dienste an, erheischt allerdings auch Anerkennung für die Wichtigkeit ihrer Dienste.

„Die Sinne machen darauf keinen Anspruch und sind wie das gemeine Volk, welches, wenn es nicht Pöbel ist (ignobile vulgus) seinem Obern, dem Verstande, sich zwar gern unterwirft, aber doch gehört werden will. Wenn aber gewisse Urtheile und Einsichten als unmittelbar aus dem innern Sinn (nicht vermittelst des Verstandes) hervorgehend, sondern dieser als für sich gebietend und Empfindungen für Urtheile geltend angenommen werden, so ist das baare Schwärmerei, welche mit der Sinnenverrückung in naher Verwandtschaft steht."[3]

Drittens aber, die Sinne betrügen auch nicht. Sie betrügen deswegen nicht, weil sie gar keine Urteile fällen; wenn es also zu trügerischen Urteilen kommt, dann sind diese vielmehr Resultat eines unbedachten Verstandes, der z.B. eine bloße Sinnen-Erscheinung bereits für eine Erfahrung hält oder ausgibt. An dieser Rehabilitation der Sinnlichkeit ist vielleicht nicht der unwichtigste Aspekt die Analogie mit den politischen Verhältnissen. Zwar gibt es Herrschaft (Obrigkeit, Verstand), aber diese wäre nichts ohne das Volk (resp. die Sinnlichkeit), das sich der Herrschaft freiwillig unterwirft, aber eben auch gehört werden will und soll. Wenn unser heutiges Grundgesetz noch deutlicher wird, indem es in Artikel 20 festhält, daß alle Staatsgewalt vom Volke ausgeht, so trifft aber eben dieses auch auf die Kantische Deutung des Verhältnisses von Verstand und Sinnlichkeit zu: Alle Erfahrung nimmt ihren Ausgang in der Sinnlichkeit.

Auf die Einteilung der Sinne in die verschiednen Formen braucht hier nicht weiter eingegangen zu werden, aber es verdient doch für unsere Zwecke festgehalten zu werden, daß Kant mehr objektive und mehr subjektive Sinne unterscheidet. Die ersteren zielen auf Erkenntnis ab, zu ihnen gehören Tastsinn, Gesichtssinn und Gehör. Die zweite Gruppe zielt auf Genuß, und dazu gehören Geschmackssinn und Geruchssinn. Die meisten Zweifel könnte man hinsichtlich der

---

2   I. Kant: Gesammelte Schriften VII, S. 143ff.
3   Ebd., S. 145.

Zuordnung des Tastsinns hegen; aber Kant meint ganz eindeutig nur den Sinn des Ertastens von Gegenständen und lokalisiert diesen Sinn, der ein Organsinn sei (im Unterschied zu den Vitalsinnen), in den Fingerspitzen; so ordnet er alle anderen Sinnesempfindungen der Berührungen den Vitalsinnen zu, die dann den ganzen Körper durchziehen (Empfindungen von Wärme oder Kälte, Erschauern). Für die lokalisierbaren Berührungsempfindungen außerhalb der Fingerspitzen hat Kant keinen Begriff; das sind gewissermaßen die theoretischen Kosten der Entscheidung, dem Tastsinn den Erkenntnisbezug zuzusprechen und damit eine Berührungslust oder –unlust zu ignorieren und den Tastsinn damit von Geschmack und Geruch ganz abzutrennen, wo doch z.B. die Zunge nicht nur Geschmacksempfindungen vermittelt. Allerdings war sich Kant in dieser Frage selbst nicht ganz sicher, wie die Manuskripte zeigen.[4] So erwog er auch einen sechsten Sinn, den Geschlechtssinn anzunehmen; aber der bereitet in der Konzeption Schwierigkeiten, ist er doch im Sinne Kants kein Organsinn, sondern ein Vitalsinn, zugleich aber rein subjektiv, d.h. auf Genuß und nicht auf Erfahrung und Erkenntnis ausgerichtet. Anders als die anderen Sinne, die Kant ja rehabilitiert hatte, nennt er in den Manuskripten diesen Sinn gefährlich, und die publizierte Fassung verschweigt ihn. Über Geschmack und Geruch weiß Kant an dieser Stelle nur wenig zu berichten, es sind gerade einmal sechs Zeilen mit einer zugesetzten Erklärung.[5]

Den hier eingeführten Begriff des Geschmacks verwendet Kant an späterer Stelle auch als Ausgangspunkt , wenn er auf denjenigen Begriff von Geschmack zu sprechen kommt, der bezeichnet wird als „Gefühl für das Schöne, d. i. der theils sinnlichen theils intellectuellen Lust in der reflectirten Anschauung".[6] Dieser Übergang vom Schmecken zum ästhetischen Geschmack vollzieht sich folgendermaßen. Vom Geschmack auf der Zunge, der sich nur auf das Genießen eines Subjekts bezieht, geht Kant über zu dem sinnlichen „Beurtheilungsvermögen", „auch nach einer gewissen Regel zu wählen, die als für jedermann geltend vorgestellt wird."[7] Ist die Begründung dieser Regel empirisch, dann kann ihre Allgemeinheit nur eine relative Allgemeinheit sein, die keine strenge Notwendigkeit bei sich führt:

„So gilt nämlich die Geschmacksregel in Ansehung der Mahlzeiten für die Deutschen, mit einer Suppe, für Engländer aber, mit derber Kost anzufangen: weil eine durch Nach-

4   R. Brandt: Kritischer Kommentar zu Kants Anthropologie in pragmatischer Hinsicht (1798), S. 206f.
5   I. Kant: Gesammelte Schriften VII, S. 157.
6   Ebd., S. 239.
7   Ebd., S. 240.

ahmung allmählig verbreitete Gewohnheit es zur Regel der Anordnung einer Tafel gemacht hat.

Aber es giebt auch einen Wohlgeschmack, dessen Regel a priori begründet sein muß, weil sie Nothwendigkeit, folglich auch Gültigkeit für jedermann ankündigt, wie die Vorstellung eines Gegenstandes in Beziehung auf das Gefühl der Lust oder Unlust zu beurtheilen sei (wo also die Vernunft ingeheim mit im Spiel ist, ob man zwar das Urtheil derselben nicht aus Vernunftprincipien ableiten und es darnach beweisen kann); und diesen Geschmack könnte man den vernünftelnden zum Unterschiede vom empirischen als dem Sinnengeschmack (jenen gustus reflectens, diesen reflexus) nennen."

Der größte Sinnengenuß – so Kant – ist „Ruhe nach der Arbeit".[8] Ruhe ohne Arbeit ist nicht nur kein wirklicher Genuß, weil ihr der Kontrast einer Differenz, in unserem Sinnen die Skandierung des Prozesses, durch die der Genuß als Genuß bemerklich werden könnte, fehlt, sondern eine solche Ruhe ist auch moralisch verdächtig: „Faulheit".

Das eigentlich Zukunftsweisende für eine Kritik der kulinarischen Vernunft im Werk Kants aber findet sich im § 88,[9] der von zentraler Wichtigkeit ist, weil er die Frage der Verbindbarkeit von Gesichtpunkten der Sittlichkeit mit denen des Wohllebens aufwirft; dieses nennt Kant das „höchste moralisch-physische Gut". Die Ausgangsüberlegung ist, daß es sich bei der Verbindbarkeit nicht um eine „Vermischung" handeln dürfe, die die Reinheit der Prinzipien gefährde und damit sowohl die Sittlichkeit als auch das Wohlleben bedrohten, ja, vernichteten. Es ist die Spannung und der Konflikt der zwei Prinzipien, der die Humanität des sozialen Umgangs ausmacht. In der Ausgestaltung dieser nicht-nivellierenden Vereinigung von Wohlleben und Tugend lernen wir einen Kant kennen, der neben dem Willen zur Einheit der Vernunft durchaus auch eine Lust an der Vielheit der Genüsse kennt, der also vielleicht auch unter Aisthesis etwas anderes als die Wahrnehmung durch die distanzierenden und synthetisierenden Sinne verstehen könnte, z.B. die Wahrnehmung und den Wissenserwerb durch die differenzierenden Nahsinne des Geschmacks und Geruchs.

Kant spricht von den guten Mahlzeiten und den geselligen Vergnügen, bei denen gepflegte Gespräche geführt werden, durch die die Menschen sich so unterhalten, daß sie „einander selbst zu genießen die Absicht haben". Er hat ziemlich genaue Vorstellungen davon, was zerstörerisch oder hinderlich für die Entfaltung eines solchen geselligen Gesprächs anläßlich einer guten Mahlzeit sein wird: Musik, Tanz und Spiel. Sie stören oder zerstören die angestrebte Verbindung von Wohlleben und Tugend, weil sie die „Conversation" hindern. Aber

---

8 Ebd., S. 276.
9 Ebd. VII, S. 277ff.

auch die bloße gute Mahlzeit (als „Gelag und Abfütterung" bezeichnet) ist nach Kant geschmacklos. Die Mahlzeit ist nur die Form der Organisierung des geistreichen Gesprächs. Wesentlich ist das belebende Spiel der Gedanken in einer Gesellschaft, d.h. die Vielfalt. Kant verdammt daher den „Solipsismus convictorii". Ein philosophierender Gelehrter dürfe einfach nicht alleine speisen, das sei sogar ungesund, sagt er. Denn der Philosophierende trage seine Gedanken immer mit sich herum, er kann sie nicht ablegen, wie es die Wissenschaftler der empirischen Wissenschaften können. Also wird er auch beim „Solipsismus convictorii" von seinen Gedanken gequält, so daß sein Essen zur erschöpfenden Arbeit, nicht zur Erholung der Kräfte gerät, wohingegen ein Mahl in guter Gesellschaft ihm eine Vielheit von Anregungen und Ablenkungen von seinen festgefahrenen Gedanken geboten hätte. Die Vielheit der Gerichte an einer vollen Tafel hält diese Vielheit der Gespräche in Gang. Die Gespräche haben nach Kants Beobachtungen in der Regel drei Phasen: Erzählen, Räsonnieren, Scherzen. Immer aber kommt es darauf an, daß sich wirklich alle Tischgenossen beteiligen können. Die von Kants Tischgenosse Hippel seinerzeit eingeforderte „Kritik der kulinarischen Vernunft" hat Kant zwar nicht ausgeführt, aber hier in der Anthropologie im Ansatz bereits skizziert. Und es ist diese nicht ausgeführte vierte Kritik, die die Vielheit rehabilitiert. Hier ist von den „Gesetzen der verfeinerten Menschheit" (im Plural!) die Rede statt von dem einen Sittengesetz. „Der Purism [...] ohne gesellschaftliches Wohlleben" ist für ihn hier eine verzerrte Gestalt der Tugend. Und daß es sich dabei um die nicht aufzulösende Auseinandersetzung von Einheit und Vielheit handelt, wird überdeutlich durch Anm. 3 dieses Paragraphen. Hier wird nämlich der philosophierende Gelehrte, der – wie gesagt – besser nicht alleine speisen sollte, unterschieden von dem Begriff des Philosophen, der eine Idee bezeichnet und von dem daher überhaupt nur im Singular die Rede sein kann. Im Plural von den Philosophen zu reden, hieße, eine Vielheit anzunehmen von dem, „was doch absolute Einheit ist". Das korrespondiert mit KrV B 407, wo davon die Rede ist, daß das Denken, das Ich der Transzendentalen Apperzeption, ein „Singular" ist, „der nicht in eine Vielheit der Subjekte aufgelöst werden kann."

Wenn es bei Kant jene ausgeführte Kritik der kulinarischen Vernunft gäbe, dann hätte sie folglich im Bereich der praktischen Philosophie eine ähnliche Vermittlungsaufgabe wie das Schematismus-Kapitel als Nucleus einer Kritik der bildlichen Vernunft im Bereich der theoretischen Philosophie. Diese Kritik liefe nicht auf eine Ethik hinaus, sondern auf eine um Gesichtspunkte der Aisthesis erweiterte Diätetik der Lebensführung. Nicht um Sittlichkeit ginge es ihr, sondern um Fragen der Zuträglichkeit sowohl der Sittlichkeit als auch der Sinnlichkeit. Daß das alles aber nicht nur eine reife Alterseinsicht Kants ist, was sich hier als Kern einer Kritik der kulinarischen Vernunft in der Anthropologie findet, belegt die jüngst von Werner Stark herausgegebene Vorlesungsnachschrift der Vorlesungen zur Moralphilosophie bereits der Jahre 1773-75. Dort heißt es anläßlich der Behandlung der Moral des Kynikers Diogenes, die sich auf den Leitsatz bringen lasse: „Ihr könnt glücklich seyn ohne Überfluß, ihr könnt sittlich seyn ohne Tugend."[10]: Die Reduktion auf Naturalität fahre – so Kant – die Ansprüche sowohl im Hinblick auf das Wohlleben als auch im Hinblick auf die Sittlichkeit so weit zurück, daß es kein Problem ist, beide verträglich zu halten. Kant aber sah zu Recht und im Unterschied zu Rousseau das Problem der Moderne darin, die irrevozible Ausdifferenzierung der Sphären der Sittlichkeit und des Wohllebens noch integrieren zu können. Genau das hätte eine Kritik der kulinarischen Vernunft, jene ungeschriebene Schrift Kants, zu leisten.

Der Gesichtspunkt, daß Kant eben nicht jene sinnlichkeitsfeindliche Philosophie vertreten hat, unter der die „Kritik der praktischen Vernunft" prima vista erscheint und wahrgenommen worden ist, das hat zuletzt durch eine gründliche Analyse Beatrix Himmelmann nachgewiesen.[11] Nach ihr lassen sich ausgehend von Kant durchaus „Maximen des Glücksstrebens" formulieren. Eine der Maximen artikuliert sich vor dem Hintergrund der Frage, ob wir in der Verfolgung des Glücksstrebens „der Natur" oder „der Kunst" folgen sollten. Das hatten wir oben als die Alternative von Natur und Kultur angesprochen. Und Kants Antwort ist eindeutig und liegt genau auf der Linie unserer Ausführungen. Himmelmann interpretiert:

„Der Kunst zu folgen hieße [...], die von der Natur angelegten Bedürfnisse möglichst weitgehend zu kultivieren. Zu dieser Kultivierung gehört zwangsläufig ihre Vervielfältigung, die mit der Ausdifferenzierung vormals ungeschliffener, ‚roher' Begehrungen einhergeht. Die Anzahl der Begierden wächst also und [...] auch der zu erwartende Genuß."[12]

Freilich würde man über das Ziel hinausschießen, wollte man annehmen, Kant sei nun insgeheim ein Hedonist passiven Wohllebens. Zur Kultur der Ausdifferenzierung der Begehrungen gehört für ihn ein Tätigsein. Und so ist es insgesamt eher der Wechsel, die Skandierung des Genießens, der das Wesen des Glücks ausmacht, d.h. das Fest einer gelungenen Mahlzeit, nachdem zuvor entbehrungsreich gearbeitet wurde.

---

10 Immanuel Kant: Vorlesung zur Moralphilosophie, hg. v. Werner Stark, Berlin, New York: de Gruyter 2004, S. 15.
11 Beatrix Himmelmann: Kants Begriff des Glücks, Berlin, New York: de Gruyter 2003.
12 Ebd., S. 173.

Eine „Kritik der kulinarischen Vernunft" ist also in gewissem Sinnen eine Forschreibung einer „Kritik der Urteilskraft", weil sie mit ihrer Steigerung der Reflexion auf das Genießen die soziale Komponente allen Genießens stößt und damit die Unmittelbarkeit nur noch als vermittelte Unmittelbarkeit kennt. Aber ohne diese (vermittelte) Unmittelbarkeit kommt sie hinwiederum nicht aus, deswegen ist nicht der transzendentale Überblick ihr Geschäft, sondern die Vermittlung von Verführung und zuletzt Ausschweifung mit der Objektivität des kommunikativen Textes. Ihre Lehre ist: Man muß sich bis zum Exzeß an den Genuß auszuliefern bereit sein, man muß dem Naheliegenden der Nahsinne zu folgen bereit sein, aber diese Bereitschaft in einer „Methode" (eher: Labyrinthik) der Umwege kultivieren.

Insofern ist eine Kritik der kulinarischen Vernunft ein Unternehmen, das auf der Linie von Bemühungen liegt, die Kant in seinem Spätwerk immer wieder beschäftigt hat, nämlich eine Theorie der Übergänge bereitzustellen. Wenn es im „Opus postumum" ein durchgehendes Motiv gibt, dann ist es dieses. Die „Kritik der reinen Vernunft" und die „Kritik der praktischen Vernunft" stehen sich in gewissem Sinne unversöhnlich gegenüber und würden für sich genommen eine Zwei-Welten-Theorie anstoßen. Die „Kritik der Urteilskraft" soll aber dann die Vermittlung zwischen beiden bereitstellen. Das „Opus postumum" gibt Rechenschaft darüber, daß dieses nicht endgültig gelungen ist, sondern sich nun die Frage der Vermittlung des Vermittelnden mit dem Vermittelten erneut stellt.[13] An genau dieser systematischen Stelle stünde dann auchdie Kritik der kulinarischen Vernunft, sie sucht die Verbindung von Tugend und Wohlleben. Während R. Brandt meint, die vierte Kritik wäre die zugleich nötige und unmögliche abschließende und alles zusammenfassende Kritik, wird hier die These vertreten, daß die vierte Kritik zwar systematisch an der Stelle der Vermittlung der „Kritik der Urteilskraft" mit den anderen beiden Kritiken steht, daß aber damit das Vermittlungsproblem eben nicht ein für alle Mal gelöst ist, sondern sich in die Bewegung metakritischer weiterer Vermittlungen auflöst, deren mächtigste Gestalt dann die Dialektik Hegels sein wird. Die vierte Kritik wäre nicht diejenige, die das Kritische Unternehmen endgültig zur Einheit abschlösse, wenn es sie geben

---

13 Die Wichtigkeit der Themas der Übergänge für die Kantische Philosophie allgemein, für das Opus postumum insbesondere betont Gerhard Lehmann: „Das philosophische Grundproblem in Kants Nachlaßwerk", in: ders.: Beiträge zur Geschichte und Interpretation der Philosophie Kants, Berlin: de Gruyter 1969, S. 272-288; ferner Joachim Kopper: „Kants Lehre vom Übergang als die Vollendung des Selbstbewußtseins der Transzendentalphilosophie", in: Kant-Studien 55 (1964), S. 37-68 u. Eckart Förster: „Die Idee des Übergangs", in: Übergang, hg. v. Forum f. Philosophie Bad Homburg, Frankfurt a. M.: Klostermann 1991, S. 28-48; Vgl. auch K. Röttgers: „Übergang", S. 472f.

könnte, sondern sie ist diejenige, die den Reigen der Vielheit zukünftiger Vermittlungen eröffnet. Vor diesem Hintergrund wären dann selbst eine „Ethik des Essens" (Lemke) und eine „Kritik der Kochkunst" (Hippel) nicht mehr so absurd, wie es auf den ersten Blick erscheinen mußte.

Gewiß, wenn Kant eine Kritik der kulinarischen Vernunft (oder eine andere vermittelnde Kritik) geschrieben hätte, hätte sie anders ausgesehen als hier beschriebene. Unsere Aufgabe konnte es nur sein, etwas „statt dessen" zu tun.[14] Insofern ist dieses nicht die „Kritik der kulinarischen Vernunft", sondern die Beschreibung der Möglichkeit einer solchen, wenn man so will auch eine Klärung der Bedingungen der Möglichkeit einer solchen. Aus historischer Erfahrung des Fortgangs des Philosophierens nach Kant konnte insofern zweierlei nicht ignoriert werden, erstens die Bewegung einer Metakritik von Hamann über Herder bis zur Hegelschen Dialektik und zweitens die Entstehung einer zu einer Kritik und ihrer Metakritik alternativen Weisheitslehre des Kulinarischen („Gastrosophie") von Brillat-Savarin über Fourier bis letztlich hin zu Onfray und Lemke[15]. Diese wurde hier nur erwähnt, ihrer Methode jedoch nicht gefolgt. Vielmehr reiht sich unser Versuch doch mehr oder weniger ein in die Tradition kritischen Denkens von Kant bis Nietzsche und Deleuze, überschreitet sie jedoch praktisch auch in Richtung der Postmoderne.

---

14 O. Marquard: Abschied vom Prinzipiellen, S. 37.

15 Es ist Lemke zuzustimmen, wenn er sagt: „In der Tat hätte Kants Philosophie [...] diese vierte Kritik, eine Kritik der Kochkunst [eigentlich eher: eine Kritik der kulinarischen Vernunft, weil es ja im kritischen Unternehmen nirgends um Kritik der Sachen geht, sondern um die Kritik der Strukturen der Welt- und Handlungsorientierung, s. seine Bemerkung in der Vorrede zur 1. Aufl. der „Kritik der reinen Vernunft": „Ich verstehe aber hierunter nicht eine Kritik der Bücher und Systeme, sondern die des Vernunftvermögens überhaupt [...]" (A XII)], entwickeln können." H. Lemke: Ethik des Essen, S. 217. Aber es ist mit Sicherheit eine Fehlinterpretation, wenn H. Lemke des weiteren behauptet: „Er selbst [Kant] liefert in seiner ‚Ästhetik' und schließlich in seiner späten *Anthropologie* die ästhetischen und moraltheoretischen Begriffe für eine gastrosophische Ethik." (Ebd., S. 218). Die Kritik der kulinarischen Vernunft, die Aspekte der Sittlichkeit mit denen des Wohllebens verbindet und damit eine Übergangsphilosophie ist, ist eben *keine* Ethik.

4. Nachwort

Eine „Kritik der kulinarischen Vernunft" nimmt sich einer „niedrigen" Materie, der Ernährung, in der Überzeugung an, daß es in der Philosophie nicht auf die Exzellenz (oder gar Transzendenz) der Gegenstände ankommt, sondern auf die Art ihrer Behandlung. Wenn es also dem einen oder der anderen befremdlich vorgekommen sein mag, daß hier Sokrates und sein Zuspätkommen beim Gastmahl des Agathon ebenso ernsthaft behandelt wird wie die Frage, an welcher Stelle des Tafelrunde Artus gesessen haben mag, und wie man das Schmatzen und Kauen der Nachzehrer verhindern kann, dann beruht das genau auf der Entscheidung für eine rein methodische Orientierung einer Philosophie des Sozialen, die das Soziale als ein Zwischen (als „kommunikativen Text") konzipiert und sich dabei nicht von der vermeintlichen Dignität der Gegenstände irritieren läßt.[1] Daher schließt sich diese Behandlung der Ernährung ohne weiteres an unseren letzten Versuch einer philosophischen Darstellung von Engeln und Teufeln an.

Wie Georg Simmel gesagt hat, erhält ein Lebenstypus seine Bedeutsamkeit dadurch, „daß er auch das Unbedeutende nach sich zu bilden nicht verschmäht."[2] Darin zugleich kann eine philosophische Behandlung des Kulinarischen ihren Auftrag erblicken, nämlich zur Kultivierung dieser Sphäre aufzufordern und der Entdifferenzierung des „Grazing" oder der „Abfütterung" den Kampf, oder vielmehr die Subversion, anzusagen. In der Kultur des Kulinarischen, die immer auf einer Pflege der Umwege zu einer bloßen Bauchfüllung beruht, wächst das „Niedrige" und Unbedeutende der Nahrungsaufnahme über sich selbst hinaus.

---

1   Vgl. auch M. Serres, der seine strukturale Analyse kultureller Inhalte nicht dadurch beeindrucken lassen wollte, „[...] ob es sich dabei nun um Gott, einen Tisch oder eine Waschschüssel handelt [...]" M. Serres: Hermes I, S. 40).
2   G. Simmel: „Soziologie der Mahlzeit," S. 147.

Nach Simmel ist damit die Mahlzeit das Gegenteil der Tragödie, die ihrer Struktur nach darin besteht, daß das Hohe und Bedeutende an sich selbst zerbricht.

Literaturverzeichnis

Adorno, Theodor Wiesengrund: Negative Dialektik, Frankfurt a. M.: Suhrkamp 1973

Adorno, Theodor Wiesengrund: Gesammelte Schriften, Frankfurt a. M.: Suhrkamp 1970

Anonym [vermutlich Dobruschka, Moses]: Philosophie sociale dédiée au peuple François, par un Citoyen de la Section de la République Françoise, ci-devant du Roule, Paris 1793

Apicius, Caelius (oder: Marcus Gavius): Das Kochbuch der Römer, Düsseldorf, Zürich: Artemis 1999

Ariès, Paul: Les fils du McDo, Paris: L'Harmattan 1997

Assmann, Aleida: „Festen und Fasten", in: Das Fest, hg. v. Walter Haug u. Rainer Warning, München: Fink 1989, S. 227-246

Assmann, Jan: „Der schöne Tag", in: Das Fest, hg. v. Walter Haug u. Rainer Warning, München: Fink 1989, S. 3-28

Aulus Gellius: Die attischen Nächte, hg. v. Fritz Weiß, 2. Bde., Leipzig: Fues 1875 (ND Darmstadt 1981)

Baader, Franz von: Vom Sinn der Gesellschaft, hg. v. Hans A. Fischer-Barnicol, Köln: Jakob Hegner 1966

Bachl, Gottfried: Eucharistie   Essen als Symbol, Zürich, Einsiedeln, Köln: Benziger 1983

Barlösius, Eva: Soziologie des Essens, Weinheim: Juventa 1999

Barthes, Roland: Die Lust am Text, Frankfurt a. M.: Suhrkamp 1974

Barthes, Roland: Œuvres complètes, Paris: Éd. du Seuil 1992ff.

Barthes, Roland: Das Rauschen der Sprache, Frankfurt a. M.: Suhrkamp 2006

Bataille, Georges: Der heilige Eros, Frankfurt a. M.: Ullstein 1979

Bataille, Georges: Die Erotik, München: Matthes & Seitz 1994

Baudrillard, Jean: Transparenz des Bösen, Berlin: Merve 1992

Baumgartner, Hans Michael: „Thesen zur Grundlegung einer transzendentalen Historik", in: Seminar: Geschichte und Theorie, hg. v. Hans Michael Baumgartner u. Jörn Rüsen, Frankfurt a. M.: Suhrkamp 1976, S. 274-302

Becher, Johann Joachim: Chymischer Glücks-Hafen, oder grosse chymische Concordantz und Collection, von 1500 chymischen Processen: Durch viel Mühe und Kosten auss den besten Manuscriptis [...] zus. getr., Frankfurt 1682, ND Hildesheim: Olms 1974

Beck, Jakob Sigismund: Erläuternder Auszug aus den Critischen Schriften des Herrn Prof. Kant auf Anrathen desselben. Bd. III, welcher den Standpunct darstellt, aus welchem die critische Philosophie zu beurtheilen ist, Riga 1796, ND Brüssel: Culture et Civilisation 1970

Becker, Karin: Der Gourmand, der Bourgeois und der Romancier, Frankfurt a. M.: Klostermann 2000

Bedorf, Thomas: Dimensionen des Dritten, München: Fink 2003

Bedorf, Thomas: Verkennende Anerkennung, Frankfurt a. M.: Suhrkamp 2009

Belliger, Andréa/Krieger, David J.: „Repräsentation und Selbst-Referenz oder Man ist, was man is(s)t", in: Mahl und Repräsentation, hg. v. Lothar Kolmer u. Christian Rohr, 2. Aufl., Paderborn, München, Wien, Zürich: Schöningh 2002, S. 63-67

Bernheim, Pierre-Antoine/Stavridès, Guy: Cannibales! Paris: Plon 1992

Blanchot, Maurice: L'entretien infini, Paris: Gallimard 1969

Blandiana, Ana: Kopie eines Alptraums, Göttingen: Steidl 1990

Blumenberg, Hans: Die Sorge geht über den Fluß, Frankfurt a. M.: Suhrkamp 1987

Blumenberg, Hans: „Anthropologische Annäherung an die Rhetorik", in: ders.: Wirklichkeiten in denen wir leben, Stuttgart: Reclam 1993, S. 104-136

Blumenberg, Hans: „Affinitäten und Dominanzen", in: ders: Ein mögliches Selbstverständnis, Stuttgart: Reclam 1997, S. 161-168

Bode, Christoph: „Distasteful Customs", in: Das Andere Essen, hg. v. Daniel Fulda u. Walter Pape, Freiburg: Rombach 2001, S. 147-168

Böhm, Martin: Die drei großen Landtplagen, Wittenberg 1601

Bonaventura: Opera Omnia, Ad Claras Aquas (Quaracchi): Typogr. Collegii S. Bonaventurae 1882

Bolz, Norbert: Das konsumistische Manifest, München: Fink 2002

Bonnain-Merdyck, Rolande: „Fourier gastrosophe", in : Actualité de Fourier, ed. Henri Lefebvre, Paris: Anthropos 1975, S. 145-180

Brand, Gerd: Welt, Ich und Zeit. Nach unveröffentlichten Manuskripten Edmund Husserls, Den Haag: Martinus Nijhoff 1969

Brandt, Reinhard: Kritischer Kommentar zu Kants Anthropologie in pragmatischer Hinsicht (1798), Hamburg: Meiner 1999

Brandt, Reinhard: Die Bestimmung des Menschen bei Kant, Hamburg: Meiner 2007

Brelet, Gisèle: Le temps musical, 2 Bde., Paris: Presses Universitaires de France 1949

Brillat-Savarin, Jean Anthèlme: Physiologie du Goût, ou Méditations de Gastronomie Transcendante, ouvrage théorique, historique et à l'ordre du jour, dédié aux Gastro-

nomes parisiens, par un Professeur, membre de plusieurs sociétés littéraires et savantes, Paris: Sautelet 1825

Brillat-Savarin, Anthèlme: Physiologie des Geschmacks, Braunschweig: Vieweg 1865,
ND Wien, Köln: Böhlau 1984

Broekman, Jan M.: „Holism, Law, and the Principle of Expressibility", in: Rechtstheorie 21 (1990), S. 415-440

Brundtland-Bericht: Unsere gemeinsame Zukunft, hg. v. Volker Hauff, Greven: Eggenkamp 1987

Bruno, Giordano: Von der Ursache, dem Prinzip und dem Einen, Hamburg: Meiner
1977

Cabanis, Pierre-Jean-Georges: Rapports du Physique et du Morale, Nouv. Ed. Paris:
Charpentier 1867

Caillé, Alain: „Die doppelte Unbegreiflichkeit der Gabe", in: Gift – Marcel Mauss' Kulturtheorie der Gabe, hg. v. Stephan Möbius, Wiesbaden: VS Verlag für Sozialwissenschaften 2006, S. 157-184

Camartin, Iso: Lob der Verführung, Zürich, München: Artemis 1987

Chamfort, Sébastien Roch: Caractères et anecdotes, in : Chamfort, 8. Aufl., Paris : Société du Mercure de France o. J.

Composto, Renato: La Quarta Critica Kantiana, Palermo: Manfredi 1954

Cowan, Brian: „Neue Welten, neue Geschmäcker", in: Essen. Eine Kulturgeschichte des
Geschmacks, hg. v. Paul Freedman, Darmstadt: Primus 2007, S. 196-231

Crotty, Patricia: A Sociology of Food and Nutrition, Melbourne: Oxford University
Press 2000

Curtius, Ernst Robert: Europäische Literatur und lateinisches Mittelalter, 8. Aufl.,
Bern: Francke 1973

Därmann, Iris: „Kants Kritik der Tischgesellschaft und sein Konzept der Hospitalität",
in: Denkwege des Friedens, hg. v. Pascal Delhom u. Alfred Hirsch, Freiburg, München: Karl Alber 2007, S. 364-386

Därmann, Iris: „Platons politische Philosophie des Fleischesseropfers", in: Die Tischgesellschaft, hg. v. Iris Därmann u. Harald Lemke, Bielefeld: transcript 2008, S. 87-
105

Därmann, Iris: „Die Tischgesellschaft", in: Die Tischgesellschaft, hg. v. Iris Därmann u.
Harald Lemke, Bielefeld: transcript 2008, S. 15-41

Dante: Tutte le Opere, Florenz:Barbèra 1919

Debord, Guy: Die Gesellschaft des Spektakels, Hamburg: Nautilus 1978

Degen, Rolf: „Nicht nur Verdorbenes macht Angst", in: Tabula 2 (2005), S. 4-7

Deleuze, Gilles/Guattari, Félix: Capitalisme et schizophrénie II: Mille Plateux, Paris:
Éditions de Minuit 1980

Deleuze, Gilles/Guattari, Félix: Tausend Plateaus, Berlin: Merve 1992

Deleuze, Gilles: Differenz und Wiederholung, München: Fink 1992

Delhom, Pascal: Der Dritte, München: Fink 2000

Derivaux, Jean Claude/Ruhstrat, Ekke-Ulf: Zur Geschichte der Sozialutopie, Pfaffen-weiler: Centaurus 1987

Diels, Hermann u. Walther Kranz (Hg.): Die Fragmente der Vorsokratiker, 6. Aufl., Berlin-Grunewald: Weidmannsche Verlagsbuchhandlung 1951f.

Dierse, Ulrich: „Ideologie", in: Historisches Wörterbuch der Philosophie, hg. v. Joachim Ritter, Karlfried Gründer u. Gottfried Gabriel, Basel, Stuttgart, Darmstadt: Schwabe & Co. 1971ff., IV, Sp. 148-164

Dietzsch, Steffen: „Schema & Bild", in: Perspektive in Literatur und bildender Kunst, hg. v. Kurt Röttgers u. Monika Schmitz-Emans, Essen: Die Blaue Eule 1999, S. 166-173

Dietzsch, Steffen: Immanuel Kant, Leipzig: Reclam 2003

Dilthey, Wilhelm: Gesammelte Schriften, Leipzig, Berlin: B. G. Teubner 1922 ff.

Dollase, Jürgen: Kulinarische Intelligenz, Wiesbaden: Tre Tom 2006

Duden, 6. Aufl., Mannheim: Bibliographisches Institut 2007

Durosoy, Jean Baptiste: Philosophie sociale, Paris: Berton 1783

Dusy, Tanja/Schenkel, Ronald: Indien, München: Graefe & Unzer o. J. [2005]

Ehlert, Trude: „Das Rohe und das Gebackene", in: Mahl und Repräsentation, hg. v. Lothar Kolmer u. Christian Rohr, 2. Aufl., Paderborn, München, Wien, Zürich: Schöningh 2002, S. 23-40

Elias, Norbert: Über den Prozeß der Zivilisation, 2. Aufl., Bern, München: Francke 1969

Elias, Norbert: Die höfische Gesellschaft. 2. Aufl. Darmstadt, Neuwied: Luchterhand 1975

Ette, Ottmar: Roland Barthes, Frankfurt a. M.: Suhrkamp 1998

Equiamicus, Nicolaus (Hg.): Neuausg. u. Berabeitung von: Ranft, Michael: Tractat von dem Kauen und Schmatzen der Toten in Gräbern, Diedorf: Ubooks 2006

Falk, Pasi: „Essen und Sprechen", in: Verschlemmte Welt, hg. v. Alexander Schuller u. Jutta Anna Kleber, Göttingen, Zürich: Vandenhoeck und Ruprecht 1994, S. 103-131

Feld, Helmut: Das Verständnis des Abendmahls, Darmstadt: Wissenschaftliche Buchgesellschaft 1976

Ferguson, Patricia Parkhurst: „Belly Talk", in: XIX 1 (2003), S. 2-15

Ferguson, Patricia Parkhurst: Accounting for Taste, Chicago: University of Chicago Press 2004

Feuerbach, Ludwig: Das Wesen des Christentums, Stuttgart: Reclam 1969

Feuerbach, Ludwig: Gesammelte Werke, hg. v. Werner Schuffenhauer, Berlin: Akademie 1971

Fichte, Johann Gottlieb: Werke, hg. v. Reinhard Lauth u. Hans Jacob, Stuttgart-Bad Cannstatt: Frommann 1964 ff.

Finkelstein, Joanne: Dining out, Cambridge, Oxford: Polity Press 1989

Fischer, Peter/Witte, Gabriele Rose: Schlaraffenland, nimms in die Hand, Berlin: Wagenbach 1975

Förster, Eckart: „Die Idee des Übergangs", in: Übergang, hg. v. Forum f. Philosophie Bad Homburg, Frankfurt a. M.: Klostermann 1991, S. 28-48

Ford, Julienne: Paradigms and Fairy Tales, 2 Bde., London, Boston: Routledge & Kegan Paul 1975

Forster, Georg: Philosophische Schriften, hg. v. Gerhard Steiner, Berlin: Akademie 1958

Forster, Georg: Reise um die Welt, hg. v. Gerhard Steiner. Frankfurt a. M.: Insel 1983

Foucault, Michel: Archäologie des Wissens, Frankfurt a. M.: Suhrkamp 1981

Foucault, Michel: „Zum Begriff der Übertretung", in: ders.: Schriften zur Literatur, Frankfurt a. M.: Suhrkamp 1988, S. 69-89

Fourier, Charles: Œuvres complètes, Paris: Anthropos 1966-68

Fourier, Charles: Le Nouveau Monde Amoureux, 2me. ed., Paris: Anthropos 1967

Freedman, Paul: „Einführung", in: Essen – Eine Kulturgeschichte des Geschmacks, hg. v. Paul Freedman, Darmstadt: Primus 2007, S. 6-33

Frese, Jürgen: „Sprechen als Metapher für Handeln", in: Das Problem der Sprache, hg. v. Hans-Georg Gadamer, München: Wilhelm Fink 1967, S. 45-55

Freud, Sigmund: Gesammelte Werke, hg. v. Anna Freud, London: Imago 1942

Freud, Sigmund: Werkausgabe in zwei Bden., hg. v. Anna Freud u. Ilse Grubrich-Simitis, 2. Aufl., Frankfurt a. M.: S. Fischer 1978

Freud, Sigmund: „Der Witz und seine Beziehung zum Unbewußten", in: ders.: Studienausg., hg. v. Alexander Mitscherlich, Frankfurt a. M.: S. Fischer 1982ff., IV, S. 9ff.

Frey, Lucius-Junius, alias Moses Dobruschka: Philosophie sociale, Paris: Froullé 1791

Gadamer, Hans-Georg: Die Aktualität des Schönen, Stuttgart: Reclam 1977

Garhammer, Erich: „Gott und Gaumen", in: Mahl und Repräsentation, hg. v. Lothar Kolmer u. Christian Rohr, 2. Aufl., Paderborn, München, Wien, Zürich: Schöningh 2002, S. 77-85

Gehrke, Hans-Joachim: Alexander der Große, München: Beck 1996

Geisen, Richard: Macht und Mißlingen, Berlin: Parerga 2005

Gellert, Christian Fürchtegott: Moralische Vorlesungen, hg. v. Johann Adolf Schlegel u. Gottlieb Leberecht Heyer, Leipzig: M. G. Weidmanns Erben u. Reich 1770

Gierke, Otto von: Das deutsche Genossenschaftsrecht, 4 Bde., Berlin: Weidmann 1868ff.

Gillet, François/Ustinov, Peter/Gehler, Jochen: Edition pour Gourmets, Bielefeld: I. M. Initiative Marken o. J.

Gilli, Marita: „Auf dem Weg von der Wissenschaft zur Philosophie und Politik: ‚Ueber Leckereyen' und ‚Ueber die Schädlichkeit der Schnürbrüste'", in: Georg-Forster-Studien 12 (2008)

Godelier, Maurice: Das Rätsel der Gabe, München: Beck 1999

Gööck, Roland: Schnell gekocht im kleinen Haushalt, Gütersloh: C. Bertelsmann 1965

Grimm, Veronika: „Zum leckerbereiteten Mahle", in: Essen – Eine Kulturgeschichte des Geschmacks, hg. v. Paul Freedman, Darmstadt: Primus 2007, S. 63-97

Groß, Felix: Immanuel Kant, Berlin: Deutsche Bibliothek 1912

Gründer Karlfried: „Cassirer und Heidegger in Davos 1929", in: Über Ernst Cassirers Philosophie der symbolischen Formen, hg. v. Hans-Jürg Braun, Helmut Holzhey, Ernst Wolfgang Orth, Frankfurt a. M.: Suhrkamp 1988, S. 290-302

Gundel, Imre: Ungarische Wildgerichte 1834-1894, Budapest: Artemis 1990

Habermas, Jürgen: „Die Einheit der Vernunft in der Vielheit ihrer Stimmen", in: ders.: Nachmetaphysisches Denken, Frankfurt a. M.: Suhrkamp 1988, S. 153-186

Hahn, Alois: „Das Glück des Gourmets", in: Quellen des Glücks – Glück als Lebenskunst, hg. v. Alfred Bellebaum u. Hans Braun, Würzburg: Ergon 2004, S. 163-181

Hall, Stuart: „The Question of Cultural Identity", in: Modernity and its Futures, hg. v. Stuart Hall, Cambridge: Polity Press 1992, S. 273-316

Hartmann, Eduard von: „Was sollen wir essen?", in: ders.: Moderne Probleme, Leipzig: Friedrich 1886, S. 1-20

Hartmann, Jürgen: „Das Staatsbankett", in: „Essen und Trinken ist des Menschen Leben", hg. v. Stephan Loos u. Holger Zaborowski, Freiburg, München: Karl Alber 2007, S. 148-172

Haug, Wolfgang Fritz: Kritik der Warenästhetik, 6. Aufl., Frankfurt a. M.: Suhrkamp 1977

Head, Brian W.: Ideology and Social Science, Dordrecht, Boston, Lancaster: Nijhoff 1985

Hegel, Georg Wilhelm Friedrich: Grundlinien der Philosophie des Rechts, hg. v. Johannes Hoffmeister, 4. Aufl., Hamburg: Meiner 1955

Hegel, Georg Wilhelm Friedrich: Werke, Frankfurt a. M.: Suhrkamp 1969ff.

Heidegger, Martin: Gesamtausgabe I, 3, Frankfurt a. M.: Klostermann 1991

Heidegger, Martin: Kant und das Problem der Metaphysik, Frankfurt a. M.: Klostermann 1998

Heinze, Thomas: „Kulturmanagement. Zum Selbstverständnis einer neuen Disziplin", in: Kultur und Wirtschaft, hg. v. Thomas Heinze, Opladen: Westdeutscher Verlag 1995, S. 60-86

Held, Klaus: Lebendige Gegenwart, Den Haag: Martinus Nijhoff 1966

Hellmann, Kai-Uwe: „Erst das Fressen, dann die Moral?" in: Ernährung, Kultur, Lebensqualität, hg. v. Irene Antoni-Komar u.a., Marburg: Metropolis 2008, S. 93-111

Henneking, Emilie: Dr. Oetker's Schulkochbuch, Ausg. C, 2. Aufl., Bielefeld o. J. (ca. 1920)

Hentig, Hans von: Vom Ursprung der Henkersmahlzeit, Tübingen: Mohr 1958

Herder, Johann Gottfried: Werke, hg. v. Heinrich Düntzer, Berlin: Gustav Hampel o. J. [1869ff.]

Herder, Johann Gottfried: Metakritik zur Kritik der reinen Vernunft, hg. v. Friedrich Bassenge, Berlin: Akademie 1955

Hetzel, Andreas/Wiechens, Peter (Hg.): Georges Bataille. Vorreden zur Überschreitung, Würzburg: Konigshausen & Neumann 1999

Himmelmann, Beatrix: Kants Begriff des Glücks, Berlin, New York: de Gruyter 2003

Hirschfelder, Gunther: „Fruchtwein und Schnaps, Bürgertochter und Fabrikmädchen", in: Männlich – Weiblich, hg. v. Chr. Köhle-Hetzinger, Münster, New York, München, Berlin 1999, S. 282-294

Hirschfelder, Gunther: Europäische Eßkultur, Frankfurt, New York: Campus 2001

Hüsch, Sebastian: Möglichkeit und Wirklichkeit, Stuttgart: ibidem 2004

Huntington, Samuel P.: „The Clash of Civilizations", in: Foreign Affairs 72.3 (1993), S. 22-50

Husserl, Edmund: Logische Untersuchungen I., 4. Aufl., Halle: Max Niemeyer 1928

Husserl, Edmund: Husserliana IV, Den Haag: Martinus Nijhoff 1969

Husserl, Edmund: Husserliana XV, Den Haag: Martinus Nijhoff 1973

Husserl, Edmund: „Von Gourmets und Gourmants", Ms. A VI 3/72b des Husserl-Archivs, mitgeteilt im Mitteilungsblatt für die Freunde des Husserl Archivs Nr. 27 (2004)

James, William: „Essays in religion and morality", in: ders.: Works XI, Cambridge/Mass., London: Harvard University Press 1982, S. 3-63

Jean Paul: Ideen-Gewimmel. Texte und Aufzeichnungen aus dem unveröffentlichten Nachlaß, hg. v. Thomas Wirtz u. Kurt Wölfel, Frankfurt a. M.: Eichborn 1996

Jonas, Hans: Das Prinzip Verantwortung, Frankfurt a. M.: Suhrkamp 1992

Jütte, Robert: „Vom Notwendigkeitsgeschmack zum Einheitsaroma", in: Geschmackskulturen, hg. v. Dietrich v. Engelhardt u. Rainer Wild, Frankfurt a. M., New York: Campus 2005, S. 47-58

Kaegi, Dominic/Rudolph, Enno (Hg.): Cassirer – Heidegger. Siebzig Jahre Davoser Disputation, Hamburg: Meiner 2002

Kafka, Franz: Romane und Erzählungen, Frankfurt a. M.: Zweitausendeins 2004

Kammerhofer-Aggermann, Ulrike: „Imaginäre Modelle der Vergangenheit", in: Mahl und Repräsentation, hg. v. Lothar Kolmer u. Christian Rohr, 2. Aufl., Paderborn, München, Wien, Zürich: Schöningh 2002, S. 227-249

Kant, Immanuel: Gesammelte Schriften, hg. v. d. Preußischen Akademie der Wissenschaften, Berlin: de Gruyter 1910ff.

Kant, Immanuel: Köche ohne Zunge, Göttingen: Steidl 1997

Kant, Immanuel: Vorlesung zur Moralphilosophie, hg. v. Werner Stark, Berlin, New York: de Gruyter 2004

Kaufmann, Jean-Claude: Kochende Leidenschaft, Konstanz: UVK 2006

Kellner, Douglas: „Popular Culture and the Construction of Postmodern Identities", in: Modernity and Identity, hg. v. Scott Lash u. Jonathan Friedman, Oxford: Blackwell 1992, S. 141-177

Kern, Hermann: Labyrinthe, Erscheinungsformen und Deutungen, München: Prestel 1982

Keupp, Heiner: „Ambivalenzen postmoderner Identität", in: Riskante Freiheiten, hg. v. Ulrich Beck u. Elisabeth Beck-Gernsheim, Frankfurt a. M.: Suhrkamp 1994, S. 336-350

Kierkegaard, Søren: Entweder – Oder, hg. v. Hermann Diem u. Walter Rest, 2. Aufl., Köln, Olten: Jakob Hegner 1960

Kleber, Jutta Anna: „Zucht und Ekstase", in: Verschlemmte Welt, hg. v. Alexander Schuller u. Jutta Anna Kleber, Göttingen, Zürich: Vandenhoeck und Ruprecht 1994, S. 235-253

Kleemann, Georg (Hg.): Für jeden Tag, Stuttgart: Franck'sche Verlagshandlung 1958

Kleist, Heinrich v.: Werke in zwei Bden., hg. v. Helmut Sembdner, München, Wien: Hanser 1977

Klinghardt, Matthias: Gemeinschaftsmahl und Mahlgemeinschaft, Tübingen, Basel: Francke 1996

Kolmer, Lothar: „Ein Glas für Sieben – sieben Gläser für Einen", in: Mahl und Repräsentation, hg. v. Lothar Kolmer u. Christian Rohr, 2. Aufl., Paderborn, München, Wien, Zürich: Schöningh 2002, S. 99-111

Konersmann, Ralf: „Das wahre Stilleben oder die Wirklichkeit der Malerei. Sprachbilder und Bildersprache bei René Magritte", in: Zeitschrift für Ästhetik und Allgemeine Kunstwissenschaft 34 (1989), S. 196-212

Konersmann, Ralf: „Umweg und Methode", in: Vernunft und Freiheit in der Kultur Europas, hg. v. Ralf Elm, Freiburg, München: Karl Alber 2006, S. 219-244

Konersmann, Ralf: Der Schleier des Timanthes, 2. Aufl., Berlin: Parerga 2006

Konersmann, Ralf: „Umwege der Kultur", in: Internationale Zs. f. Philosophie 15 (2006), S. 5-17

Kopper, Joachim: „Kants Lehre vom Übergang als die Vollendung des Selbstbewußtseins der Transzendentalphilosophie", in: Kant-Studien 55 (1964), S. 37-68

Koslowski, Peter: „Haus und Geld. Zur aristotelischen Unterscheidung von Politik, Ökonomik und Chrematistik", in: Philosophisches Jahrbuch, 86 (1979), S. 60-83

Koslowski, Peter: Wirtschaft als Kultur, Wien: Passagen 1989

Kraus, Wolfgang: Das erzählte Selbst, 2. Aufl., Herbolzheim: Centaurus 2000

Kristeva, Julia: Die neuen Leiden der Seele, Hamburg: Junius 1994

Kyll, Nikolaus: „Die Bestattung der Toten mit dem Gesicht nach unten", in: Trierer Zs. f. Kunst u. Geschichte 27 (1964), S. 168-183

Landert, Jürg: „Die 23 Gebote des Ferran Adrià", unter: http://www.jlz.ch/7_downloads/downloads/23%20gebote.pdf, zuletzt gesehen am 18.9.2008

Lang, Johannes: „'Kult und Überkultivierung' des Weins am Beispiel südostbayerischer Augustiner-Chorherrenstifte", in: Mahl und Repräsentation, hg. v. Lothar Kolmer u. Christian Rohr, 2. Aufl., Paderborn, München, Wien, Zürich: Schöningh 2002, S. 205-211

Lang, Joseph Gregor: Reise auf dem Rhein, ND Köln: Bachem 1975

Langer, Wolfgang: Gilles Deleuze, Berlin: Parerga 2003

Langosch, Karl: König Artus und seine Tafelrunde, Stuttgart: Reclam 1980

Laub, Gabriel: „Das Geschäft des Philosophen", in: Conceptus 18, 44 (1984), S. 136-143

Leakey, Richard E.: Die Suche nach dem Menschen, Frankfurt a. M.: Olten 1981

Lebek, Wolfgang Dieter: „Kannibalen und Kariben auf der ersten Reise des Columbus", in: Das Andere Essen, hg. v. Daniel Fulda u. Walter Pape, Freiburg: Rombach 2001, S. 53-112

Lehmann, Gerhard: „Das philosophische Grundproblem in Kants Nachlaßwerk", in: ders.: Beiträge zur Geschichte und Interpretation der Philosophie Kants, Berlin: de Gruyter 1969, S. 272-288

Leibniz, Gottfried Wilhelm: Philosophische Schriften, hg. v. Carl Immanuel Gerhardt, Berlin: Weidmann 1875ff.

Leibniz, Gottfried Wilhelm: Neue Abhandlungen über den menschlichen Verstand, 3. Aufl., hg. v. Ernst Cassirer, Leipzig: Felix Meiner 1915

Lejeune, Claire: „Das Schreiben und der Baum der Mitte", in: LE GRIF: Essen vom Baum der Erkenntnis, Berlin 1977, S. 62-75

Lemke, Harald: „Feuerbachs Stammtischthese oder zum Ursprung des Satzes: ‚Der Mensch ist, was er ißt'", in: Aufklärung und Kritik 11 (2004), S. 117-140

Lemke, Harald: Ethik des Essens, Berlin: Akademie 2007

Lévi-Strauss, Claude: Mythologiques I: Le cru et le cuit, Paris: Plon 1964

Lévi-Strauss, Claude: Mythologiques III : L'origine des manières de table, Paris : Plon 1968

Lévi-Strauss, Claude: Mythologica I: Das Rohe und das Gekochte, Frankfurt a. M.: Suhrkamp 1976

Lévinas, Emmanuel: Totalität und Unendlichkeit, Freiburg, München: Karl Alber 1987

245

Lichtenberg, Georg Christoph: Schriften und Briefe, hg. v. Wolfgang Promies, München: Hanser 1968

Liebsch, Burkhard: Gastlichkeit und Freiheit, Weilerswist: Velbrück 2005

Lillge, Claudia: „All the world's a ‚kitchen'", in: Interkulturelle Mahlzeiten, hg. v. Claudia Lillge u. Anne-Rose Meyer, Bielefeld 2008: transcript, S. 297-313

Lincke, Hans-Joachim: Doing Time, Bielefeld: transcript 2007

Locke, John: Works, Neudr. Aalen: Scientia 1963

Luhmann, Niklas: Macht, Stuttgart: Enke 1975

Luhmann, Niklas: Paradigm lost: Über die ethische Reflexion der Moral, Frankfurt a. M.. Suhrkamp 1990

Maffesoli, Michel: Der Schatten des Dionysos, Frankfurt a. M.: Syndikat 1986

Marcus, Hugo: Die Philosophie des Monopluralismus, Berlin: Concordia 1907

Marinetti, Filippo Tommaso/Fillìa, Luigi: La cuisine futuriste, Paris: Métaillé 1982

Marquard, Odo: Abschied vom Prinzipiellen, Stuttgart: Reclam 1981

Marquard, Odo: „Theodizeemotive in der neuzeitlichen Philosophie", in: Information Philosophie 1985/1, S. 6-21

Marquard, Odo: „Die Diätetik der Sinnerwartung", in: ders.: Apologie des Zufälligen, Stuttgart: Reclam 1986, S. 33-53

Marquard, Odo: „Moratorium des Alltags", in: Das Fest, hg. v. Walter Haug u. Rainer Warning, München: Fink 1989, S. 684-691

Marquard, Odo: Aesthetica und Anaesthetica, Paderborn, München, Wien, Zürich: Schöningh 1989

Maurer, Maurer: „Prolegomena zu einer Theorie des Festes", in: Das Fest, hg. v. Michael Maurer, Köln, Weimar, Wien: Böhlau 2004, S. 10-54

Maurer, Michael: „Zur Systematik des Festes", in: Das Fest, hg. v. Michael Maurer, Köln, Weimar, Wien: Böhlau 2004, S. 55-80

Mauss, Marcel: Die Gabe, 2. Aufl., Frankfurt a. M.: Suhrkamp 1984

Meadows, Donella H./Meadows, Dennis L./Randers, Jørgen: Die Grenzen des Wachstums, Stuttgart: Hirzel 1992

Meyers Großes Konversations-Lexikon, 6. Aufl., Leipzig, Wien: Bibliographisches Institut 1905

Migne, Jacques-Paul (Hg.): Patrologiae cursus completus. Series II: Ecclesia latina, Paris: Migne 1841ff., ND Turnhout: Brepols I

Moebius, Stephan (Hg.): Gift – Marcel Mauss' Kulturtheorie der Gabe, Wiesbaden: VS Verlag für Sozialwissenschaften 2006

Moleschott, Jacob: Lehre der Nahrungsmittel: für das Volk, Erlangen: Enke 1850

Montaigne, Michel de: Essais, Frankfurt a. M.: Eichborn 1998

Montanari, Massimo: „Die Dreiständeordnung des Mittelalters im Spiegel der Ernährung", in: Mahl und Repräsentation, hg. v. Lothar Kolmer u. Christian Rohr, 2. Aufl., Paderborn, München, Wien, Zürich: Schöningh 2002, S. 53-61

Montesquieu, Charles de Secondat, Baron de la Brède et de M.: Vom weisen und glücklichen Leben, Zürich: Diogenes 2004

Montignac, Michel: Essen gehen und dabei abnehmen, 3. Aufl., München: Deutscher Taschenbuch Verlag 1996

Morus, Thomas: Utopia, in: Der utopische Staat, hg. v. Klaus J. Heinisch, Reinbek: Rowohlt 1960, S. 7-110

Nadolny, Sten: Die Entdeckung der Langsamkeit, München: Piper 1990

Nancy, Jean-Luc: singulär plural sein, Berlin. diaphanes 2004

Nietzsche, Friedrich: Sämtliche Werke. Kritische Studienausgabe, hg. v. Giogio Colli u. Mazzino Montinari, München, Berlin, New York: Deutscher Taschenbuch Verlag, de Gruyter 1980

Novalis: Schriften, hg. v. Paul Kluckhohn u. Richard Samuel, 2. Aufl., Darmstadt: Wissenschaftliche Buchgesellschaft 1968

Nowotny, Helga: Eigenzeit, 2. Aufl., Frankfurt a. M.: Suhrkamp 1989

Nyíri, Kristóf: Kritik des reinen Bildes unter: http://www.phil-inst.hu/highlights/pecs_kant/schema.htm

Nyíri, Kristóf: „Konservativ sein im Zeitalter des Internets", in: Philosophia Hungarica: Profile zeitgenössischer Forschung in Ungarn, hg. v. Wolfram Hogrebe, Würzburg: Königshausen & Neumann 2001, S. 113-123

Nyíri, Kristóf (Hg.): Allzeit zuhanden, Wien: Passagen 2002

Nyíri, Kristóf: Vernetztes Wissen, Wien: Passagen 2004

O'Doherty, Sir Morgan [d.i. Maginn, William]: „Maxims", in: Blackwood's Edinburgh Magazine 15 (1824)

Oksenberg Rorty, Amélie: „Varieties of Pluralism in a Polyphonic Society", in: The Review of Metaphysics 44 (1990), S. 3-20

Oliver, Jamie: Kochen mit Jamie Oliver, London: Hyperion 2004

Onfray, Michel: Le ventre des philosophes, Paris: Le livre de poche 1989

Onfray, Michel: Der Bauch der Philosophen, Frankfurt a. M.: Campus 1990

Onfray, Michel: La raison gourmande, Paris: Grasset 1995

Onfray, Michel: Die genießerische Vernunft, Baden-Baden, Zürich: Elster 1996

Onfray, Michel: Die Formen der Zeit. Theorie des Sauternes, Berlin: Merve 1999

Onfray, Michel: Gastrosophie. Petite phénoménologie de la raison suspendue, Bordeaux: Éditions Mollat o.J.

Pankoke, Eckart.: „Soziale Frage", in: Historisches Wörterbuch der Philosophie IX, hg. v. Joachim Ritter u. Karlfried Gründer. Basel, Stuttgart: Schwabe & Co AG 1995, Sp. 1129-1134

Pape, Waltzer: „Das ist eine harte Rede/Wer kann sie hören?", in: Das Andere Essen, hg. v. D.aniel Fulda u. Walter Pape, Freiburg: Rombach 2001, S. 303-339

Pascal, Blaise: Über die Religion und über einige andere Gegenstände. (Pensées), 8. Aufl., Heidelberg: Lambert Schneider 1978 (Werke, hg. v. Ewald Wasmuth Bd. I)

Peter-Röcher, Heidi: Mythos Menschenfresser, München: Beck 1998

Peters, Klaus: „Über die Erkennbarkeit der Welt", in: Dialektik 14, Köln: Pahl-Rugenstein 1987, S. 143-156

Petersen, Elly: Kochbuch 1915, Dachau: Der Gelbe Verlag 1915

Petrini, Carlo/Padovani, Gigi: Slow Food Revolution, New York: Rizzoli 2006

Pieper, Josef: Zustimmung zur Welt. Eine Theorie des Festes, München: Kösel 1963

Pieper, Josef: Über das Phänomen des Festes, Köln, Opladen: Westdeutscher Verlag 1963

Pinsel, E. Melvin/Dienhart, Ligita: Power lunching, Chicago/Ill.: Turnbull & Willoughby 1984

Platon: Sämtliche Werke, hg. v. Walter F. Otto, Ernesto Grassi u. Gert Plamböck, Reinbek: Rowohlt 1957

Platon: Sämtliche Dialoge, hg. v. Otto Apelt, ND Hamburg: Meiner 1988

Plessner, Helmuth: Grenzen der Gemeinschaft, 2. Aufl., Bonn: Bouvier 1972

Plessner, Helmuth: Gesammelte Schriften, hg. v. Günter Dux, Odo Marquard u. Elisabeth Ströker, Frankfurt a. M.: Suhrkamp 1980ff.: Bd. IV Die Stufen des Organischen und der Mensch

Plutarch: Tischgespräche, in: ders.: Vermischte Schriften I, München, Leipzig: Müller 1911

Popitz, Heinrich: Phänomene der Macht, 2. Aufl., Tübingen: Mohr 1992

Rader, Olaf B.: „Becher oder Tod" in: Mahl und Repräsentation, hg. v. Lothar Kolmer u. Christian Rohr, 2. Aufl., Paderborn, München, Wien, Zürich: Ferdinand Schöningh 2002, S. 113-123

Radkau, Joachim: Das Zeitalter der Nervosität, München: Hanser 1998

Ranft, Michael: Tractat von dem Kauen und Schmatzen der Todten in Gräbern, worin die wahre Beschaffenheit derer Hungarischen Vampyrs und Blutsauger gezeigt, auch alle von dieser Materie bißher zum Vorschein gekommene Schrifften recensiret werden, Leipzig: Teubner 1734

Ricœur, Paul: Zeit und Erzählung, 3 Bde., München: Fink 1988ff.

Rigotti, Francesca: Philosophie in der Küche, München: Beck 2002

Ritzer, Monika: „Physiologische Anthropologie", in: Materialismus und Spiritualismus, hg. v. Andreas Arndt u. Walter Jaeschke, Hambugr: Meiner 2000, S. 113-140

Robbins, Lionel Robbins: An Essay in the Nature and Significance of Economic Science, 2. Aufl., London: Macmillan 1949

Röttgers, Kurt: Kritik und Praxis, Berlin, New York: de Gruyter 1975

Röttgers, Kurt: Der kommunikative Text und die Zeitstruktur von Geschichten, Freiburg, München: Karl Alber 1982

Röttgers, Kurt: „Der Ursprung der Prozeßidee aus dem Geiste der Chemie", in: Archiv f. Begriffsgeschichte 27 (1983), S. 93-157

Röttgers, Kurt: Spuren der Macht, Freiburg, München: Karl Alber 1990

Röttgers, Kurt: Kants Kollege und seine ungeschrieben Schrift über die Zigeuner, Heidelberg: Manutius 1993

Röttgers, Kurt: „Der Standpunkt und die Gesichtspunkte", in: Archiv f. Begriffsgeschichte 37 (1994), S. 257-284

Röttgers, Kurt: Sozialphilosophie, Essen: Die Blaue Eule 1997

Röttgers, Kurt: „Kants Zigeuner", in: Kant-Studien 88 (1997), S. 60-86

Röttgers, Kurt: „Zwei Königsberger ‚Bäume'", in: Königsberg-Studien, hg. v. Joseph Kohnen, Frankfurt a. M., Berlin, Bern usw.: Lang 1998, S. 273-293

Röttgers, Kurt: „Michel Serres. Strukturen mit Götterboten", in: Von Michel Serres bis Julia Kristeva, hg. v. Joseph Jurt, Freiburg: Rombach 1999, S. 87-111

Röttgers, Kurt: „Erfahrungsverluste durch Moral – alles halb so schlimm", in: Ethik und wissenschaftliche Objektivität, hg. v. Josef Fellsches u. Werner L. Hohmann, Essen: Die Blaue Eule 2001, S. 19-38

Röttgers, Kurt: „Spuren der Macht und das Ereignis der Gewalt", in: Reden von Gewalt, hg. v. Kristin Platt, München: Wilhelm Fink 2002, S. 80-120

Röttgers, Kurt: „Autonomes und verführtes Subjekt", in: Proteus im Spiegel, hg. v. Paul Geyer u. Monika Schmitz-Emans, Würzburg: Königshausen & Neumann 2003, S. 65-85

Röttgers, Kurt: „Der Anfang vom Ende", in: Anfänge und Übergänge, hg. v. Kurt Röttgers u. Monika Schmitz-Emans, Essen: Die Blaue Eule 2003, S. 246-252

Röttgers, Kurt: „Das Leben eines Autors", in: Dialektik 2005/1, S. 5-22

Röttgers, Kurt: „In der Mitte: Das Medium", in: Mitte, hg. v. Kurt Röttgers u. Monika Schmitz-Emans, Essen: Die Blaue Eule 2006, S. 16-33

Röttgers, Kurt: „Der Sophist", in: Das Leben denken – Die Kultur denken, hg. v. Ralf Konersmann, Freiburg, München: Karl Alber 2007, I, S. 145-175

Röttgers, Kurt: „Kultur und Ökonomie", in: Das Leben denken – Die Kultur denken, hg. v. Ralf Konersmann, Freiburg, München: Karl Alber 2007, II, S. 37-57

Röttgers, Kurt: „Übergang", in: Wörterbuch der philosophischen Metaphern, hg. v. Ralf Konersmann, Darmstadt: Wissenschaftliche Buchgesellschaft 2007, S. 471-475

Röttgers, Kurt: „Seele und Gesellschaft in der Sicht der Sozialphilosophie", in: Wolfgang Mack/Kurt Röttgers: Gesellschaftsleben und Seelenleben, Göttingen: Vandenhoeck & Ruprecht 2007, S. 10-58

Röttgers, Kurt: „Menschliche Erfahrung: Gewalt begegnet dem Text des Erzählens (Alexander und Schehrezâd)", in: Narrative Ethik, hg. v. Karen Joisten, Berlin: Akademie 2007, S. 95-113

Röttgers, Kurt: „Verantwortung für Innovationen", in: Verantwortung als marktwirtschaftliches Prinzip, hg. v. Ludger Heidbrink u. Alfred Hirsch, Frankfurt a. M.: Campus, 2008, S. 433-455

Röttgers, Kurt: „Wandern und Wohnen in labyrinthischen Texturen", in: Universität und Lebenswelt. Fs. Heinz Abels, hg. v. Wieland Jäger u. Rainer Schützeichel, Wiesbaden: VS Verlag für Sozialwissenschaften 2008, S. 9-28

Röttgers, Kurt: „Arbeit am Mythos des Labyrinths", in: Das Daedalus-Prinzip. Fs. Steffen Dietzsch, hg. v. Laila Kais, Berlin: Parerga 2008, S. 13-38

Röttgers, Kurt: „Das Ritornell", in: Spiegel – Echo – Wiederholungen, hg. v. Kurt Röttgers u. Monika Schmitz-Emans, Essen: Die Blaue Eule 2008, S. 7-21

Röttgers, Kurt: „Fremdheit", in: Neues Handbuch philosophischer Begriffe, hg. v. Armin G. Wildfeuer u. Petra Kolmer, Freiburg, München: Karl Alber 2009

Röttgers, Kurt: „Flexionen des Politischen", in: Die Politik und das Politische, hg. v. Thomas Bedorf u. Kurt Röttgers, Frankfurt a. M.: Suhrkamp 2009

Rumohr, Karl Friedrich von: Geist der Kochkunst, Frankfurt a. M.: Insel 1978 [nach der 2. Aufl. von 1832]

Sahlins, Marshall David: „Raw Women, Cooked Men, and Other ‚Great Things' of the Fiji Islands", in: The Ethnography of Cannibalism, ed. Paula Brown, Donald Tutzin, Washington: Society of Psychological Anthropology 1983, S. 72-93

Said, Edward W.: „The Clash of Definitions", in: The New Crusades, ed. Emran Qureshi, Michael A. Sells, New York: Columbia University Press 2003, S. 68-87

Salani, Massimo: A Tavola con le religioni, Bologna: Dehoniane 2000

Sartre, Jean-Paul: La nausée, Paris: Gallimard 1938

Scherb, J. L.: „Nichtet das Nichts wirklich nicht?", in: Philos. Jb. 115 (2008), S. 18-32

Schiller, Friedrich: Friedrich Schiller: Werke. Nationalausg. XX: Philosophische Schriften I, Weimar: Hermann Böhlaus Nachf. 1962

Schiller, Reinhard: Hildegard-Ernährungslehre, Augsburg: Pattloch 1993

Schlagdenhauffen, Alfred: Frédéric Schlegel et son groupe, Paris: Les Belles Lettres 1934

Schlegel, Friedrich: „Über die Diotima", in: ders.: Prosaische Jugendschriften, hg. v. Jakob Minor, Wien: Konegen 1882, I, S. 46-74

Schmidt, Hajo: Sozialphilosophie des Krieges, Essen: Klartext 1990

Schmitt, Carl: Ex Captivitate Salus, Köln: Greven 1950

Schmitt, Carl: „Nomos – Nahme – Name", in: Der beständige Aufbruch. Fs. Erich Przywara, hg. v. Siegfried Behn, Nürnberg: Glock u. Lutz 1959, S. 92-105

Schönberger, Gesa U.: „Sinne und Sensorik, Essen und Ambiente", in: Geschmackskulturen, hg. v. Dietrich v. Engelhardt u. Rainer Wild, Frankfurt a. M., New York: Campus 2005

Scholem, Gershom: „Ein Frankist: Moses Dobruschka und seine Metamorphosen", in: Max Brod. Ein Gedenkbuch, hg. v. Hugo Gold, Tel Aviv: La Menu 1969, S. 77-92

Schröder, Gerhard: „Gegen den Luxus der Langsamkeit", in: Stimmen gegen den Stillstand, hg. v. Manfred Bissinger, Hamburg: Hoffmann und Campe 1997, S. 206-211

Schürmann, Volker: „Der Geist ist das Leben der Gemeinde", in: Geschichtsphilosophie und Ethik, hg. v. Domenico Losurdo, Frankfurt a. M. u.a.: Lang 1998

Schürmann, Volker: Heitere Gelassenheit, Magdeburg: Parerga 2002

Serres, Michel: Der Parasit, Frankfurt a. M.: Suhrkamp 1981

Serres, Michel: Hermes, 5 Bde., Berlin: Merve 1991ff.

Serres, Michel: Die fünf Sinne, 2. Aufl., Frankfurt a. M.: Suhrkamp 1994

Simmel, Georg: „Soziologie der Mahlzeit", in: Gesamtausgabe, hg. v. Otthein Rammstedt, Bd. XII., Frankfurt a. M.: Suhrkamp 2001, S. 140-147

Smith, Pamela H.: The Business of Alchemy, 2. Aufl., Princeton: Princeton University Press 1997

Spaemann, Robert: Glück und Wohlwollen, Stuttgart: Klett-Cotta 1989

Spode, Hasso: „Von der Hand zur Gabel", in: Verschlemmte Welt, hg. v. Alexander Schuller u. Jutta Anna Kleber, Göttingen, Zürich: Vandenhoeck und Ruprecht 1994, S. 20-46

Stammler, Rudolf: Wirtschaft und Recht nach der materialistischen Geschichtsauffassung, Leipzig: Veit & Comp. 1896

Stark, Werner: Kant und Kraus. Eine übersehene Quelle der Königsberger Aufklärung, in: Reinhard Brandt/Werner Stark (Hg.): Neue Autographen und Dokumente zu Kants Leben, Schriften und Vorlesungen, Hamburg: Meiner 1987, S. 165-200

Stein, O. Graf zum: Unverlohrnes Licht und Recht derer Todten unter den Lebendigen [...] Berlin, Leipzig 1732

Stekeler-Weithofer, Pirmin: Sinnkriterien: Die logischen Grundlagen kritischer Philosophie von Platon bis Wittgenstein, Paderborn: Schöningh 1995

Stenger, Georg: Philosophie der Interkulturalität, Freiburg, München: Karl Alber 2006

Stentzler, Friedrich: „Gesegnete Mahlzeit", in: Verschlemmte Welt hg. v. Alexander Schuller u. Jutta Anna Kleber, Göttingen, Zürich: Vandenhoeck und Ruprecht 1994, S. 197-214

Stephenson, Peter H.: „Going to McDonald's in Leiden", in: Ethos 17 (1989), S. 226-247

Ström, Åke von: „Abendmahl I. Das sakrale Mahl in den Religionen der Welt", in: Theologische Realenzyklopädie, hg. v. Gerhard Krause u. Gerhard Müller, Berlin, New York: de Gruyter 1977, I, S. 43-46

Sturm, Dieter/Völker, Klaus (Hg.): Von den Vampiren oder Menschensaugern, 3. Aufl., München: Hanser 1973

Taylor, Mark C./Saarinen, Esa: Imagologies, London: Routledge 1994

Tissot, Samuel A. D.: Von der Gesundheit der Gelehrten, Zürich: Füeßlin u. Comp. 1768

Tissot, S. A. D.: Die Onanie, oder Abhandlung über die Krankheiten die von der Selbstbefleckung herrühren. o. O. o. J. [1774]

Ulrich, Peter: Integrative Wirtschaftsethik, Bern, Stuttgart, Wien: Paul Haupt 1997

Vaerst, Friedrich Christian Eugen Baron von: Gastrosophie oder Lehre von den Freuden der Tafel, 2 Bde., München: Georg Müller 1922

Villefosse, Louis de/Bouissounouse, Janine: L'opposition à Napoléon, Paris : Flammarion 1969

Vitruv: De architectura libri decem. Zehn Bücher über Architektur, hg. v. Curt Fensterbusch, 5. Aufl., Darmstadt: Wissenschaftliche Buchgesellschaft 1991

Vössing, Konrad: „Kaiser Galbas *edacitas* und *liberalitas* (Suet. Gal. 22,1)", in: Rheinisches Museum für Philologie 145 (2002), S. 354-365

Voigt, Johannes: Das Leben des Professor Christian Jacob Kraus, Königsberg: Nicolovius 1819

Waldenfels, Bernhard: „Fremdspeise. Zur Phänomenologie von Essen und Trinken", in: Die Tischgesellschaft, hg. v. Iris Därmann u. Harald Lemke, Bielefeld 2008: transcript, S. 43-59

Weitling, Wilhelm: Garantien der Harmonie und Freiheit, Berlin: Akademie 1955

Wetzel, Michael/Rabaté, Jean-Michel (Hg.): Ethik der Gabe, Berlin: Akademie 1993

Whitehead, Alfred North: Process and Reality, New York: Macmillan 1965

Wolfram von Eschenbach: Parzival, hg. v. Gottfried Weber, Darmstadt: Wissenschaftliche Buchgesellschaft 1963

Zaborowski, Holger: „Essen, Trinken und das gute Leben", in: „Essen und Trinken ist des Menschen Leben", hg. v. Stephan Loos u. Holger Zabarowski, Freiburg, München: Karl Alber 2007, S. 14-43

Zenkert, Georg: Die Konstitution der Macht, Tübingen: Mohr Siebeck 2004

Edition Moderne Postmoderne

Iris Därmann, Harald Lemke (Hg.)
Die Tischgesellschaft
Philosophische und kulturwissenschaftliche
Annäherungen

2008, 244 Seiten, kart., 24,80 €,
ISBN 978-3-89942-694-6

Christian Filk
Günther Anders lesen
Der Ursprung der Medienphilosophie
aus dem Geist der ›Negativen Anthropologie‹

September 2009, ca. 150 Seiten, kart., ca. 16,80 €,
ISBN 978-3-89942-687-8

Alexander García Düttmann
Derrida und ich
Das Problem der Dekonstruktion

2008, 198 Seiten, kart., 21,80 €,
ISBN 978-3-89942-740-0

**Leseproben, weitere Informationen und Bestellmöglichkeiten
finden Sie unter www.transcript-verlag.de**

Edition Moderne Postmoderne

MARTIN GESSMANN
Wittgenstein als Moralist
Eine medienphilosophische Relektüre

Juni 2009, ca. 216 Seiten, kart., ca. 23,80 €,
ISBN 978-3-8376-1146-5

MARTIN NONHOFF (HG.)
Diskurs – radikale Demokratie – Hegemonie
Zum politischen Denken von Ernesto Laclau
und Chantal Mouffe

2007, 250 Seiten, kart., 25,80 €,
ISBN 978-3-89942-494-2

CLAUS PIAS (HG.)
Abwehr
Modelle – Strategien – Medien

Juni 2009, 230 Seiten, kart., 25,80 €,
ISBN 978-3-89942-876-6

Leseproben, weitere Informationen und Bestellmöglichkeiten
finden Sie unter www.transcript-verlag.de

Edition Moderne Postmoderne

EMMANUEL ALLOA,
ALICE LAGAAY (HG.)
Nicht(s) sagen
Strategien der Sprachabwendung
im 20. Jahrhundert
2008, 308 Seiten, kart., 28,80 €,
ISBN 978-3-89942-828-5

STEFFEN K. HERRMANN,
SYBILLE KRÄMER, HANNES KUCH (HG.)
Verletzende Worte
Die Grammatik sprachlicher
Missachtung
2007, 372 Seiten, kart., 30,80 €,
ISBN 978-3-89942-565-9

RALF KRAUSE, MARC RÖLLI (HG.)
Macht
Begriff und Wirkung in
der politischen Philosophie
der Gegenwart
2008, 286 Seiten, kart., 27,80 €,
ISBN 978-3-89942-848-3

HARALD LEMKE
Die Kunst des Essens
Eine Ästhetik des kulinarischen
Geschmacks
2007, 220 Seiten, kart., 20,80 €,
ISBN 978-3-89942-686-1

HANS-JOACHIM LENGER,
GEORG CHRISTOPH THOLEN (HG.)
Mnema
Derrida zum Andenken
2007, 262 Seiten, kart., 25,80 €,
ISBN 978-3-89942-510-9

PRAVU MAZUMDAR
Der archäologische Zirkel
Zur Ontologie der Sprache
in Michel Foucaults Geschichte
des Wissens
2008, 598 Seiten, kart., 45,80 €,
ISBN 978-3-89942-847-6

MARIA MUHLE
Eine Genealogie der Biopolitik
Zum Begriff des Lebens
bei Foucault und Canguilhem
2008, 306 Seiten, kart., 29,80 €,
ISBN 978-3-89942-858-2

ANDREAS NIEDERBERGER,
MARKUS WOLF (HG.)
**Politische Philosophie und
Dekonstruktion**
Beiträge zur politischen Theorie
im Anschluss an Jacques Derrida
2007, 186 Seiten, kart., 19,80 €,
ISBN 978-3-89942-545-1

ULRICH RICHTMEYER
**Kants Ästhetik im Zeitalter
der Photographie**
Analysen zwischen Sprache und Bild
Februar 2009, 250 Seiten, kart., 27,80 €,
ISBN 978-3-8376-1079-6

ECKARD ROLF
Der andere Austin
Zur Rekonstruktion/Dekonstruktion
performativer Äußerungen –
von Searle über Derrida zu Cavell
und darüber hinaus
April 2009, 258 Seiten, kart., 26,80 €,
ISBN 978-3-8376-1163-2

LUDGER SCHWARTE (HG.)
Auszug aus dem Lager
Zur Überwindung des modernen
Raumparadigmas in der politischen
Philosophie
2007, 318 Seiten, kart., zahlr. Abb., 31,80 €,
ISBN 978-3-89942-550-5

JÖRG VOLBERS
Selbsterkenntnis und Lebensform
Kritische Subjektivität nach
Wittgenstein und Foucault
Mai 2009, 290 Seiten, kart., 29,80 €,
ISBN 978-3-89942-925-1

**Leseproben, weitere Informationen und Bestellmöglichkeiten
finden Sie unter www.transcript-verlag.de**